# EL PROCEDIMIENTO ADMINISTRATIVO

**INSTITUTO INTERNACIONAL DE DERECHO ADMINISTRATIVO -IIDA**

COLECCIÓN DE DERECHO ADMINISTRATIVO COMPARADO

LIBARDO RODRÍGUEZ RODRÍGUEZ
(Director)

INSTITUTO INTERNACIONAL
DE DERECHO ADMINISTRATIVO -IIDA

COLECCIÓN DE DERECHO
ADMINISTRATIVO COMPARADO

LIBARDO RODRÍGUEZ R.
(Director)

VOLUMEN V

# EL PROCEDIMIENTO ADMINISTRATIVO

ALLAN RANDOLPH BREWER-CARÍAS
(Coordinador)

Volumen en homenaje al profesor
JAIME VIDAL PERDOMO

EDITORIAL TEMIS S. A.
Bogotá - Colombia
2022

Calle 17, núm. 68D-46, Bogotá.
www.editorialtemis.com
correo elec.: gerencia@editorialtemis.com

Hecho el depósito que exige la ley.
Impreso en Editorial Nomos S. A.
Diagonal 18 Bis, núm. 41-17, Bogotá.

ISBN 978-958-35-1901-7
3138 2022008680

Impreso por: Lightning Source, an INGRAM Content company para Editorial Jurídica Venezolana International Inc. Panamá, República de Panamá. Email: editorialjuridicainternational@gmail.com

# PRESENTACIÓN

El Instituto Internacional de Derecho Administrativo -IIDA (www.iida-deradm.com) es una institución sin ánimo de lucro, de carácter académico y científico, que tiene como objeto el fomento y la promoción de la ciencia del derecho administrativo en los diferentes países y en el marco de la comunidad internacional, para lo cual desarrolla actividades tendientes al cumplimiento de los siguientes objetivos específicos:

a) Promover el estudio, la investigación, la profundización y el conocimiento de las diversas expresiones del derecho administrativo en los diferentes países y desde la perspectiva del derecho comparado.

b) Propiciar la reflexión, el debate, el diálogo y el intercambio de ideas y experiencias entre sus miembros y entre ellos y otras personas u organizaciones interesadas en los temas propios del derecho administrativo.

c) Fomentar y fortalecer la docencia, la investigación, la divulgación y el desarrollo del derecho administrativo en los diferentes países.

d) Las demás que sean conducentes para el logro del objetivo general.

En cumplimiento de esos objetivos, el Instituto presenta a la comunidad jurídica la *Colección de Derecho Administrativo Comparado*, cuyo propósito es publicar obras colectivas sobre temas básicos y actuales del derecho administrativo, que permitan, con fundamento en trabajos nacionales que desarrollen el respectivo tema desde la perspectiva de cada país, acometer un análisis de derecho comparado que contribuya a su mejor conocimiento y comprensión.

Para lograr ese cometido comparatista, el contenido de cada uno de los trabajos, en general, se circunscribe a los elementos conceptuales, doctrinales, normativos y jurisprudenciales vigentes en el respectivo país, sin perjuicio de las referencias necesarias a la doctrina, la normativa y la jurisprudencia de otros ordenamientos jurídicos nacionales o internacionales que sean indispensables para la comprensión del propio ordenamiento nacional. Sobre esa base, el Coordinador del Volumen diseña algunas pautas que permitan responder los interrogantes básicos que plantea el tema analizado y que faciliten el análisis comparativo, los cuales deben ser respondidos por los autores, sin perjuicio de los demás análisis que ellos quieran incluir en el desarrollo del trabajo.

A su vez, con fundamento en los trabajos de los diferentes países, el Coordinador de cada volumen tiene a su cargo la elaboración de un documento de análisis comparativo.

En ese orden de ideas, el Volumen V de la Colección, que hoy publicamos, está consagrado al estudio de *El procedimiento administrativo*, con el objetivo de que los estudiantes, especialistas y lectores en general puedan tener una visión global y comparada de este tema que, como se sabe, constituye uno de los más importantes del derecho administrativo.

En este Volumen han participado académicos de diez países, miembros del Instituto, cuyas ponencias se publican en orden alfabético de los países, junto con la traducción al español, por parte de otro administrativista miembro del Instituto, de la ponencia correspondiente a Francia, cuya versión original fue redactada en la lengua materna de su autor. La coordinación del Volumen y el trabajo final de derecho comparado entre las diez ponencias nacionales ha estado a cargo del profesor venezolano ALLAN RANDOLPH BREWER-CARÍAS, miembro fundador del Instituto, del Consejo Directivo y del Consejo Académico de la Colección de Derecho Administrativo Comparado.

De otra parte, este volumen está dedicado a la memoria del ilustre jurista colombiano JAIME VIDAL PERDOMO (1931-2018), académico consagrado al estudio del derecho público y exponente reconocido de la academia en Colombia y en diversos escenarios jurídicos internacionales.

La presencia del profesor VIDAL PERDOMO se destacó en la academia durante más de cincuenta años, por medio de su extensa y fructífera contribución al derecho público, reflejada en su actividad docente y en múltiples publicaciones y trabajos sobre diversos aspectos del derecho constitucional y administrativo, además de su labor pública, como parlamentario y funcionario en cargos de alta responsabilidad. Entre sus obras jurídicas se destacan, por su larga presencia en el medio jurídico colombiano e iberoamericano, sus manuales de *Derecho constitucional general e instituciones políticas colombianas* (10ª ed., Bogotá, Editorial Legis, 2009) y de *Derecho administrativo*, cuya primera edición (Bogotá, Editorial Temis, 1961) se publicó como fruto de su preparación académica y de sus primeros años de enseñanza de la materia, a cuya cátedra accedió al regreso de sus estudios de profundización en la Universidad de París, después de haber culminado con los mayores honores sus estudios de derecho y ciencias políticas en la Universidad Nacional de Colombia. Esta obra emblemática del profesor VIDAL PERDOMO y del derecho administrativo colombiano alcanzó a ser publicada y actualizada en trece ediciones durante su fructífera vida académica y tiene el gran valor de haber trascendido el ciclo natural de vida de su autor por medio de dos ediciones que se han publicado con la colaboración de uno de sus discípulos.

Finalmente, la dirección de la Colección agradece a los autores, al traductor y al coordinador el generoso aporte realizado para la publicación de este volumen, que contribuye positivamente al cumplimiento de los objetivos del Instituto. De igual manera, agradece a la Editorial Temis por hacer posible la publicación de estos trabajos académicos.

LIBARDO RODRÍGUEZ RODRÍGUEZ
Presidente del IIDA y Director de la Colección

# ÍNDICE GENERAL

PÁG.



## ARGENTINA

### EL PROCEDIMIENTO ADMINISTRATIVO EN LA REPÚBLICA ARGENTINA

HERNÁN CELORRIO

PÁG.



## COLOMBIA

### EL PROCEDIMIENTO ADMINISTRATIVO EN COLOMBIA

AUGUSTO RAMÓN CHÁVEZ MARÍN

**Sección primera.** *Breve reseña histórica sobre la legislación y codificación del procedimiento administrativo en Colombia*



**Sección segunda.** *Ámbito de la regulación del procedimiento administrativo*



**Sección tercera.** *Principios del procedimiento administrativo*

PÁG.

**Sección cuarta.** *Inicio y desarrollo del procedimiento administrativo*



**Sección quinta.** *Terminación del procedimiento administrativo*



## COSTA RICA

### ANÁLISIS DEL PROCEDIMIENTO ADMINISTRATIVO EN COSTA RICA

Manrique Jiménez Meza

# ECUADOR

## PROCEDIMIENTO ADMINISTRATIVO EN ECUADOR

EFRAÍN PÉREZ

PÁG.

# ESPAÑA

## EL PROCEDIMIENTO ADMINISTRATIVO COMÚN EN ESPAÑA

TOMÁS CANO CAMPOS

PÁG.

# FRANCIA

## LA PROCEDURE ADMINISTRATIVE NON CONTENTIEUSE EN DROIT FRANÇAIS

RENÉ HOSTIOU

PÁG.

**Sección IV.** *Punto de partida y desarrollo del proceso de participación*

PÁG.



**Sección V.** *Cierre de los procedimientos administrativos no contenciosos*



# ITALIA

## EL PROCEDIMIENTO ADMINISTRATIVO EN ITALIA

FABRIZIO FRACCHIA

**Sección I**



**Sección II**

PÁG.

**Sección III**



**Sección IV**



**Sección V**



## MÉXICO

EL PROCEDIMIENTO ADMINISTRATIVO EN MÉXICO

LUIS JOSÉ BÉJAR RIVERA
CARLOS A. VILLANUEVA MARTÍNEZ



## URUGUAY

EL PROCEDIMIENTO ADMINISTRATIVO EN URUGUAY

CRISTINA VÁZQUEZ

PÁG.



# VENEZUELA

## EL PROCEDIMIENTO ADMINISTRATIVO EN VENEZUELA

ARMANDO RODRÍGUEZ GARCÍA



# ESTUDIO DE DERECHO COMPARADO

## LA CODIFICACIÓN DEL PROCEDIMIENTO ADMINISTRATIVO, SUS PRINCIPIOS Y EL AFIANZAMIENTO DEL PRINCIPIO DE LEGALIDAD EN EL MUNDO LATINO. APROXIMACIÓN COMPARATIVA

ALLAN R. BREWER-CARÍAS

# ARGENTINA

# EL PROCEDIMIENTO ADMINISTRATIVO EN LA REPÚBLICA ARGENTINA

HERNÁN CELORRIO*

## 1. INTRODUCCIÓN

Con su agudeza conceptual reconocida, y concordante sencillez terminológica, el Profesor SAYAGUÉS LASO caracterizaba al procedimiento administrativo como el "conjunto de trámites y formalidades que debe observar la administración al desarrollar su actividad"[1], con lo cual apuntaba a la constitución del elemento vital para la configuración de la voluntad administrativa, sea cual fuere la orientación propia del acto final, corolario del mismo.

Por ello, dada la muy especial prevalencia que la dogmática tradicional ha deferido a los procedimientos recursivos, en los análisis procedimentales, justo es precisar que las referencias y principios generales, alcanzan a todo tipo de procedimientos aunque su énfasis debe concatenarse con la naturaleza de cada actividad.

Sin duda, principios de raigambre netamente garantista han de proyectarse con singular trascendencia, en áreas recursivas, en tanto que principios connaturales a la eficiencia de la acción administrativa han de reconocer particular relevancia en aquellas esferas propias de la debida implementación de políticas públicas, aunque en todos los supuestos, se mantiene en plenitud, la consideración de todo procedimiento como condición inexcusable de conformación de voluntad administrativa válida, y su naturaleza propia de constituir una sucesión de actos concatenados en función de un acto final, que como tal habrá de precisar la relevancia cabal de aquellos actos individualmente evaluables.

Dada la amplitud del espectro de las actividades administrativas resulta lógico intuir una muy variada saga de procedimientos administrativos conforme la diversidad propia de los actos finales[2]. Así, en una muy simplista

* Presidente del Centro Iberoamericano de Derecho Público y Tecnología. Expresidente de la Asociación Argentina de Derecho Administrativo. Profesor titular de Derecho Administrativo y de Cursos de Posgrado en la Universidad de Buenos Aires. Miembro del IIDA y del FIDA. Autor de numerosas publicaciones y expositor en seminarios internacionales de Derecho.

[1] ENRIQUE SAYAGUÉS LASO, *Tratado de derecho administrativo*, t. 1, Montevideo, 1963, pág. 601.

[2] HERNÁN CELORRIO, "El procedimiento administrativo en las relaciones económicas", en HÉCTOR POZO GOWLAND; DAVID ANDRÉS HALPERÍN; OSCAR AGUILAR VALDEZ; FERNANDO JUAN LIMA; ARMANDO CANOSA (dir.), *Procedimiento administrativo*, t. I, Buenos Aires, La Ley, 2012, págs. 727 y ss.

apreciación, surge evidente la difícil equiparación de procedimientos orientados a la emisión de actos reglamentarios, actos administrativos de naturaleza jurisdiccional, de admitirse esta categorización, y de actos administrativos en sentido estricto[3]; pese a lo cual en líneas generales, entre ellos, solo se ha configurado una doctrina muy consecuente y de notable envergadura y proyección en lo atinente a la emisión de actos administrativos *strictu sensu*, y aún más concluyente, en cuanto a tópicos vinculados a la recursiva administrativa, y su eventual revisión judicial ulterior. Por ello, es lugar común en la doctrina nacional que la terminología "procedimientos administrativos" aluda casi con exclusividad a dichos ámbitos jurídicos[4].

Quizás esa visión limitada obedezca a las siguientes líneas argumentales, de indubitable validez sustancial, pero de cierta falibilidad si se consideran omnicomprensivas sin lugar a apreciaciones complementarias, a saber: a) la proyección del derecho administrativo, sobre un fundamento exclusivamente dicotómico ("autoridad vs. libertad"), con obvio énfasis en la segunda premisa, pero con desconocimiento de los requerimientos de activismo estatal, consecuentes con una extraordinaria expansión de derechos fundamentales, a la vera del neoconstitucionalismo, con su vertiente de necesario eficientismo público[5], y b) la rígida interpretación de la teoría de la "división de poderes" con énfasis excluyente en el legislativo formal, con vetusta postergación del análisis de la actividad administrativa reglamentaria.

Por ello, conforme a lo expuesto, es muy destacable la sólida conformación dogmática y normativa sobre las dos áreas *ut supra* referidas, como también es de resaltar las deficiencias aun existentes, en lo atinente a "reglamentos administrativos"[6], extremo de riesgo notorio, si valoramos la definitoria trascendencia de esta actividad, cuya estructuración eficiente supone una conformación sectorial con diversos grados participativos, a diferencia de aquellos dos ámbitos tradicionales, en los cuales la unidad de tratamiento ha sido así unánimemente preconizada por la doctrina y también ha recibido notorio reconocimiento normativo.

De todos modos, cabe poner de relieve la unidad conceptual de todos los procedimientos administrativos en cuanto ello permite visualizar con mayor

[3] Confr. art 95 RNPA y Hernán Celorrio, "El acto administrativo jurisdiccional", en *Revista Argentina de Derecho Administrativo*, Buenos Aires, Plus Ultra, 1975.

[4] Juan Carlos Cassagne, *Curso de derecho administrativo*, cit., t. II, pág. 4 señala que "en los últimos tiempos se advierte un mayor interés por el procedimiento de formación de los actos, tendencia que aparece confirmada en nuestro país con el dictado de los ordenamientos positivos vigentes en el orden nacional y provincial".

[5] Ampliar en Hernán Celorrio, "Contratación administrativa y crisis económica", *Estudios de derecho administrativo*, núm. 20, Montevideo, La Ley Uruguay, 2019, pág. 261.

[6] Confr. Hernán Celorrio, "Las perspectivas futuras del procedimiento administrativo", en *Procedimiento administrativo*. Jornadas organizadas por la Universidad Austral, Facultad de Derecho, Buenos Aires, Ciencias de la Administración, 1998, pág. 537.

precisión los alcances omnímodos de sus principios esenciales, en tanto su vigencia alcanza su espectro completo, sin perjuicio de que su incidencia se perciba con mayor nitidez en algún tipo procedimental determinado. Dos vertientes básicas surgen notorias: por una parte aquellas que priorizan una visión prevalente de los derechos del administrado, y por otra, que visualiza preeminentemente el accionar eficiente administrativo. En verdad, solo se trata de matices en función de análisis unitarios de procedimientos diversos, pues en su esencia ambos prismas de observación se proyectan en la afirmación de los mismos principios sustanciales, tendientes a la formación de un accionar administrativo plenamente ajustado a la legalidad, entendida esta en el marco de los principios generales de derecho aplicables[7].

No existen dudas de que los tradicionales principios del debido proceso adjetivo, parecieran encuadrar cabalmente en una visión prioritariamente garantista, pero sería azaroso limitar al otro prisma la extensa gama de principios que brotan de un adecuado enfoque de la "buena administración", o bien de los correlatos del principio de transparencia, y más aún de la eficacia que a la par de la economía y simplicidad, hacen al correcto *iter* de la recursiva administrativa.

En síntesis, la dogmática, con acierto, ha profundizado los alcances de sus principios rectores que han de resultar aplicables a la panoplia de procedimientos administrativos, y sin perjuicio de la validez de la disyuntiva planteada, sin una mejor comprensión de las técnicas aplicables a los procedimientos en la acción reglamentaria, en los cuales los aspectos propios de la garantía de derechos y de participación comunitaria, deben resultar debidamente concatenados con los requerimientos propios de eficientes políticas públicas[8].

Siendo la República Argentina un país federal, las provincias que lo integran se han reservado las potestades inherentes a la definición normativa de los procedimientos administrativos locales, que constituyen poder no delegado al Estado Nacional. Consecuentemente las 23 provincias y la Ciudad Autónoma de Buenos Aires, registran Códigos Procedimentales, que más allá de ciertas diferencias específicas, prescriben normas acordes con lo prescrito por la Ley Nacional de Procedimientos Administrativos (LNPA) y su Decreto Reglamentario (RNPA). Por ello, para una mejor comprensión de la sustantividad y alcances de tales procedimientos se ha optado por seguir los lineamientos básicos de la normativa nacional, sin perjuicio de algunas referencias a disposiciones locales.

[7] Confr. JUAN CARLOS CASSAGNE, *Los grandes principios del derecho público constitucional y administrativo*, Buenos Aires, Thomson Reuters La Ley, 2015, págs. 432 y ss.

[8] Ver HERNÁN CELORRIO, "Las perspectivas futuras del procedimiento administrativo", en *Procedimiento administrativo*. Jornadas organizadas por la Universidad Austral, Facultad de Derecho, Buenos Aires, Ciencias de la Administración, 1998, pág. 540.

## 2. Breve reseña histórica sobre la legislación y codificación del procedimiento administrativo en el país

Según se señalara, el procedimiento administrativo importa una serie de pautas a las cuales se sujeta, en general, la actividad administrativa y, en particular, la conformación de los actos administrativos. Asimismo constituye un instrumento de control de la legitimidad, que incluye tanto la legalidad formal, su razonabilidad y adecuación a los principios generales, como del acierto de los actos en relación con el bien común (control de oportunidad, mérito o conveniencia)[9].

Resulta así que el procedimiento administrativo es esencial al Estado de derecho en cuanto constituye una etapa fundamental en el proceso de formación de la voluntad administrativa[10] ya que opera simultáneamente como cauce de la actividad administrativa sujetándola a la legalidad —abonando, por lo tanto, el principio de seguridad jurídica— y como garantía para el administrado, en tanto le permite articular la defensa de sus derechos cuando considere que resultan afectados por aquel accionar[11].

La actividad cabal de la administración pública debe ser realizada conforme a un procedimiento; pero, la gran variedad de temas que tiene a su cargo la administración determina la dificultad para establecer y regular un procedimiento administrativo único y común[12]; si bien existen distintas y muy variadas clasificaciones de los procedimientos administrativos, históricamente y hasta el dictado de la Ley 19.549 en el año 1972, cabe distinguir el llamado procedimiento administrativo "formalizado" y el "no formalizado"[13]. El primero es aquel que resulta preestablecido normativamente tanto en lo atinente a las etapas que la administración debe cumplir en miras al dictado de un acto administrativo; y por el contrario un procedimiento administrativo "no formalizado" surge cuando, frente a la ausencia de normas que dispongan la forma de

[9] Juan Carlos Cassagne, *Derecho administrativo*, t. II, Buenos Aires, Abeledo Perrot, 1998, pág. 305, citado por Carlos A. Zubiaur, "Los procedimientos administrativos especiales" en *Procedimiento y proceso administrativo*, AA. VV., Juan Carlos Cassagne (dir.) Buenos Aires, Lexis Nexis, 2005.

[10] Confr. Jorge Luis Maiorano, "El procedimiento administrativo y la defensa de los intereses colectivos", en Héctor Pozo Gowland; David Andrés Halperìn; Oscar Aguilar Valdez; Fernando Juan Lima; Armando Canosa (dir.), *Procedimiento administrativo*, cit. t. II, págs. 198 y ss.

[11] Carlos A. Zubiaur, "Los procedimientos administrativos especiales", cit., pág. 30, con cita de los considerandos del decreto 722/96.

[12] Carlos A. Zubiaur, "Los procedimientos administrativos especiales", cit., págs. 30 y ss.

[13] Ampliar en Jaime Rodríguez Arna Muñoz y Miguel Sendin García, "El procedimiento administrativo como sistema de control por la Administración y por los ciudadanos: legalidad y eficacia", en Héctor Pozo Gowland; David Andrés Halperìn; Oscar Aguilar Valdez; Fernando Juan Lima; Armando Canosa (dir.), *Procedimiento administrativo*, cit., t. I, págs. 107 y ss.

tramitación y de resolución de un caso concreto, es la propia administración la que establece, casuísticamente, las pautas aplicables. Tales pautas podrán ir modificándose, evolucionando y perfeccionándose a lo largo del tiempo; y así frente a la reiteración de casos similares y sin perjuicio de poder sufrir correcciones y modificaciones tendientes a lograr una mayor eficacia y eficiencia, se configurará una práctica administrativa cuya fuerza vinculante se enmarcará en el debido respeto de principios básicos del derecho (igualdad, debido proceso, confianza legítima[14], etc.)[15]. Tales prácticas administrativas, muchas veces depuradas y perfeccionadas por su aplicación continua y sistemática, pueden plasmarse en normas escritas que engrosarán el conjunto de procedimientos formalizados referidos.

La existencia y proliferación de procedimientos "no formalizados" resulta altamente disvaliosa, en cuanto dificulta seriamente la debida defensa de derechos de los administrados; y también a ese efecto es relevante integrar una jurisprudencia administrativa uniforme en su interpretación, en los diversos ámbitos de la administración pública.

Durante muchos años, en nuestro país el procedimiento administrativo no tuvo una regulación específica y autónoma. Así hasta el año 1972 el procedimiento no estuvo formalizado en una norma general preestablecida, existiendo, tan solo escasas normas aplicables sin ningún tipo de sistematicidad ni autonomía.

Hasta el año 1900, sin normativa específica, solo resultaron de incidencia la doctrina de los autores y la jurisprudencia establecida por la Corte Suprema de Justicia de la Nación. En ese año se sancionó la Ley 3.952 que estableció el régimen de demandas al Estado, con algunas pautas diferentes a las prescritas por anterior jurisprudencia; eliminando la necesidad de la venia legislativa para demandar al Estado Nacional. Dicha ley fue modificada posteriormente al ampliarse el espectro de los recaudos previos para llevar a juicio al Estado Nacional.

En el ámbito propio de los procedimientos administrativos solo se reguló el recurso jerárquico; concretado en varios regímenes, el primero de los cuales data del año 1933, mediante el decreto 20.003/33, luego reformado por el decreto 51.192/34. En el primer caso solo regía para los actos de la administración central debiendo el poder ejecutivo o el ministro del área resolver el recurso interpuesto, facultad que luego fue ampliada a los actos dictados por las reparticiones autárquicas[16].

[14] En relación con el principio de confianza legítima en el procedimiento administrativo, ver PEDRO J. J. COVIELO, El procedimiento administrativo y la confianza legítima", en HÉCTOR POZO GOWLAND; DAVID ANDRÉS HALPERÌN; OSCAR AGUILAR VALDEZ; FERNANDO JUAN LIMA; ARMANDO CANOSA (dir.), *Procedimiento administrativo*, cit., t. II, págs. 134 y ss.

[15] Confr. CARLOS A. ZUBIAUR, "Los procedimientos administrativos especiales", cit., pág. 31.

[16] HÉCTOR POZO GOWLAND, "Antecedentes históricos y evolución normativa del procedimiento administrativo en la Argentina", en HÉCTOR POZO GOWLAND; DAVID ANDRÉS HALPERÌN; OSCAR AGUILAR VALDEZ; FERNANDO JUAN LIMA; ARMANDO CANOSA (dir.), *Procedimiento administrativo*, cit., t. I, pág. 466.

Posteriormente, en una segunda etapa en el año 1944 esa regulación fue reemplazada por el decreto 7520/44, reformado por el decreto 2126/61 en el cual se establecieron las pautas no solo del recurso jerárquico sino también de un recurso de reposición complementario. En materia de plazos existieron normas específicas tales como los decretos 21.680/49 y 19.041/51 luego modificado por el 51.192/34.

En esta etapa del procedimiento administrativo "no formal" —en muchos aspectos—, tuvo especial importancia la jurisprudencia de la Procuración del Tesoro de la Nación y de las instancias del poder judicial que con sus dictámenes y fallos colaboraron en forma directa para la formación casuista de las pautas que se debían seguir. Por otra parte, singular relevancia tuvo la doctrina jurídica, la cual fue abonando el camino para formalizar las normas imperantes y fundamentalmente para su elaboración definitiva.

Así, finalmente en 1972 se sanciona la Ley 19.549 de Procedimientos Administrativos (LNPA), extremo que ha sido calificado como uno de los hechos más relevantes en la evolución del derecho administrativo argentino ya que, como lo ha sostenido la doctrina, encauzó la juridización de los trámites ante la administración pública, ordenando su gestión, precisando conceptos, prescribiendo garantías a los administrados en su trato con la administración pública y sometiendo su actividad a reglas preestablecidas y con debida fijación de límites[17].

Esta ley contempló diversas cuestiones, tales como los principios del procedimiento, competencia, la regulación del acto administrativo (requisitos esenciales, efectos, nulidad, revocación, revisión, etc.) su impugnación judicial, el instituto del silencio administrativo y el amparo por mora de la administración entre otras cuestiones; y mediante el decreto 1759/72 se aprobó el llamado "Reglamento de Procedimientos Administrativos" (RNPA), estableciendo con notable detalle las normas propias del pleno desarrollo del procedimiento (partes, tramitación de los expedientes, notificaciones, prueba, recursos administrativos, etc.).

Ambas normas, sin perjuicio de haber sufrido distintas modificaciones a lo largo de los años, mantuvieron su vigencia y han sido de suma importancia en el desarrollo de derecho administrativo en la República Argentina[18].

[17] Ampliar en Héctor Pozo Gowland, "Antecedentes históricos y evolución normativa del procedimiento administrativo en la Argentina", cit., en *Procedimiento administrativo*, cit., t. I, págs. 449 y ss. Y, en particular, pág. 466.

[18] La Ley 19.549 se modificó por la Ley 21.686 de noviembre de 1977, la 25.344 del 19 de octubre de 2000 y el decreto 1023/01; por su parte, el decreto 1959/72 fue modificado por los decretos 9101/72, 1744/73, 242/74, 1383/74, 3799/77, 333/85, 1893/85, 1155/97 y 722/96. Además dada la importancia de las reformas introducidas se destacan el decreto 1883/91, y recientemente el decreto 894/2017 que además aprobaron textos ordenados del reglamento.

## 3. Ámbito de la regulación del procedimiento administrativo. Procedimiento general, procedimientos especiales, procedimientos excluidos. Carácter supletorio del procedimiento civil

### A) *El procedimiento administrativo común o general y los procedimientos administrativos especiales*

Con el devenir del tiempo y con la ampliación de la esfera de actividades desarrolladas por el Estado surgió un conjunto innumerable de normas sobre procedimientos administrativos y prácticas administrativas "no formalizadas"; dado que la multiplicación de las actividades estatales trae aparejada la aparición de una pluralidad de procedimientos especiales que contemplan las particularidades de cada materia; proliferación normativa que no condice sustancialmente con una finalidad esencial del propio procedimiento administrativo, cual es la de propender la seguridad jurídica y la mayor garantía de defensa de los particulares.

Surge así una aparente contradicción entre la pluralidad de normas procedimentales necesarias para encauzar la actividad administrativa, y la unidad procedimental proclive a asegurar las garantías individuales y, en particular, facilitar la defensa de los intereses individuales en el procedimiento recursivo; lo cual genera una constante tensión entre los diversos procedimientos de uno y otro tipo[19]. Paradojalmente el origen de ambos esquemas normativos ha sido históricamente inverso a lo ocurrido en otras ramas del Derecho, ya que así como en general el derecho especial surge como reacción o adecuación en casos específicos ante la norma de Derecho común, en el derecho administrativo en general los llamados procedimientos especiales han precedido a la configuración del procedimiento común. Por ello, este surge, muchas veces, como reacción frente a la proliferación de dichos procedimientos especiales ante la necesidad de establecer pautas uniformes que simplifiquen la posición jurídica del administrado en resguardo de sus derechos[20]. Pese a ello la diversidad material en la actuación administrativa torna problemática la existencia de un procedimiento que, en forma predeterminada, contemple la totalidad de los casos o supuestos aplicables, lo cual genera que distintos sectores de la administración expidan procedimientos formalizados ya sea conforme a planteos de carácter amplio, o bien específicos para ciertos tramites puntuales, respetando en lo demás, al procedimiento formalizado de carácter general[21].

[19] Eduardo García de Enterría y Tomás-Ramón Fernández, *Curso de derecho administrativo*, t. II, Madrid, Cìvitas, 1997, pág. 439.

[20] Confr. Héctor M. Pozo Gowland, "El procedimiento administrativo común y los procedimientos administrativos especiales", cit., en *Procedimiento administrativo*, t. IV, cit., pág. 17.

[21] Ver Francisco González Navarro, "El procedimiento administrativo, garantía de los administrados", en *Procedimiento administrativo*. Ponencias del IV Encuentro hispano argentino sobre Derecho Administrativo, Xunta de Galicia, pág. 46.

Si bien la existencia de estos procedimientos administrativos especiales resulta innegable e imposible de soslayar, es relevante verificar que, a fin de no atentar contra el derecho de defensa de los particulares y dar debida protección al principio de seguridad jurídica, su existencia constituye un supuesto excepcional, debidamente justificado y su contenido se encuentra enmarcado en el contexto o ámbito del procedimiento general. De esta forma se procura la coherencia del procedimiento administrativo en plenitud, considerándolo como una unidad integrada[22].

B) *Los procedimientos especiales*

En nuestro país, frente a la existencia de algunas pautas comunes planteadas por el decreto 7520/44, regulador del recurso jerárquico, proliferaron los procedimientos especiales hasta que, como ya se señalara, se dictó la ley 19.549 y su reglamento aprobado por el decreto 1759/72 donde se estableció un procedimiento de tipo común y general para toda la administración pública[23].

Este plexo normativo se completó luego con el dictado del decreto 9101/72 que enumeró los procedimientos administrativos especiales que —existentes en aquel momento— conservarían vigencia, por lo cual cabe, en primer término, precisar los ámbitos en los cuales no resulta aplicable el procedimiento común.

Conforme prescribe textualmente la Ley 19.549, esta alcanza a "la administración pública nacional, centralizada y descentralizada, inclusive entes autárquicos"[24], y por ende no resulta de aplicación respecto de las actuaciones seguidas por los órganos que integran el poder legislativo y el poder judicial. También quedan excluidos los procedimientos seguidos en el ámbito de los "organismos militares y de defensa y seguridad" y el tercer ámbito excluido lo constituyen los procedimientos administrativos especiales *strictu sensu*; aunque la Ley 19.549 carece de pautas o criterios objetivos útiles para determinarlos. El poder ejecutivo, posteriormente, dictó el decreto 9101/72 estableciendo en forma casuista y asistemática, una enumeración de los procedimientos especiales que continuarían vigentes[25] y si bien dicha disposición apuntaba a la derogación de las normas procedimentales no incluidas, la realidad es que, con el tiempo, los procedimientos especiales fueron multiplicándose, por lo cual se generó una maraña normativa de difícil consideración integral. Posteriormente han existido otros intentos para uniformar estos procedimientos, tales como el decreto 1883/91, pero que al no puntualizar criterios o pautas

[22] Ampliar en CARLOS A. ZUBIAUR, "Los procedimientos especiales", cit., pág. 33.

[23] Confr. JUAN CARLOS CASSAGNE, *Derecho administrativo*, t. II, cit., págs. 313 y ss.

[24] Ver Ley 19.549, art. 1.

[25] Ver decreto 9101/72, art. 1.

objetivas que permitieran sistematizar el tema a fin de cercenar la posibilidad de dictar nuevos procedimientos especiales, su espectro real fue muy limitado.

Finalmente, debe enfatizarse que la regulación de procedimientos especiales no deroga las normas de fondo contenidas en la Ley 19.549 ni sus principios fundamentales del procedimiento administrativo estatuidos y, por ende, estas normas resultan aplicables respecto de los procedimientos especiales, aun cuando estos prevean una regulación específica. Algunas normas procedimentales de tipo especial excluyen expresamente la aplicación de la norma genérica[26], lo cual no impide la aplicación analógica de la Ley 19.549, como con claridad precisa el Profesor Cassagne[27].

## 4. Principios del procedimiento administrativo

El régimen procedimental hace a la esencia de la actividad de la administración por cuanto, según fuera expuesto, constituye la condición básica de legitimidad de la explicitación de la voluntad administrativa, y como tal le alcanzan en plenitud los principios generales del derecho público. En la legislación nacional argentina se estipula entre los requisitos esenciales del acto administrativo el cumplimiento de los procedimientos previstos y "los que resultan implícitos del ordenamiento jurídico"[28] y asimismo dicha Ley, en su artículo 1, prescribe un amplia gama de principios que si bien son aplicables a toda la actividad administrativa nacional, con muy contadas excepciones, se orientan sustancialmente al área recursiva administrativa. De todos modo es necesario un serio replanteo en la consideración de la efectividad de los principios entendiendo la relación administración-particular en un marco cooperativo, excluyendo esquemas de oposición con lo cual la tradicional caracterización de una estructura bipolar procedimental con un pilar predominantemente orientado al principio de legalidad objetiva y sus corolarios, y su otra columna sustancial, en función del principio del debido proceso adjetivo, queden subsumidos en un cauce común bajo los principios básicos de tutela administrativa efectiva y de buena administración, que conjugan en sí las notas garantistas y eficientistas propias de todas la acción administrativa y de fácil proyección a la actividad reglamentaria, de notoria postergación normativa[29]. Los siguientes son los principios básicos procedimentales, receptados por la legislación nacional, con raigambre constitucional directa.

[26] Confr. art. 79 de la ley 27.442 de Defensa de la competencia.

[27] Juan Carlos Cassagne, *Derecho administrativo*, cit., t. ii, pág. 312.

[28] Ver art. 7 inc. e) de la Ley 19.549.

[29] En relación con la actual situación institucional y problemática vigencia de estos principios confr. Jorge Sáenz, "Principios generales del procedimiento administrativo", en *Procedimiento administrativo*, cit., t. i, págs. 325 y ss.

### A) *Principio de legalidad objetiva*

Todo el accionar de la administración debe adecuarse en plenitud al bloque de juridicidad, integrado tanto por la normativa nacional y tratados internacionales aplicables, como a los principios generales de derecho público; y ello por propia gravitación del sistema, más allá de observaciones o reclamos de particulares. Ello implica especiales corolarios en lo atinente a la recursiva ordinaria administrativa y amplias consecuencias en los alcances de los procedimientos administrativos. En efecto, en la tramitación de recursos administrativos se debe proveer a la efectiva aplicación del principio, más allá del reclamo especifico del particular, por cuanto es deber inexcusable del superior jerárquico asegurar el debido ajuste de la acción administrativa a las prescripciones legales vigentes, entendiéndose que sin perjuicio de otros efectos, los planteos recursivos también deben valorarse en el contexto colaborativo expuesto. Ese principio corrobora la razonabilidad de la revisión arbitrada en la esencia de los procedimientos recursivos entre los cuales tradicionalmente el recurso jerárquico ha lucido primacía.

Corolario directo del principio de legalidad objetiva son entre otros, el de verdad material, oficialidad y eficacia, todos los cuales apuntan a una decisión administrativa ajustada a derecho con independencia de los planteos de particulares interesados. El cabal alcance de este principio debe considerarse acompañado con la plena vigencia de los principios generales que quedan comprendidos en el centro del bloque de legalidad, extremo de alta relevancia como punto de conexión con la centralidad de la persona humana, en las concepciones neoconstitucionalistas, y sobre todo, con el principio de buena administración. Cabe señalar que la valoración de la legalidad de un accionar en el orden administrativo presenta aristas más controvertibles que en el orden judicial en tanto fuere aceptable una equiparación entre condiciones de eficiencia y legalidad formal, por lo cual la correcta aplicación del principio exige una remisión concluyente a criterios de razonabilidad y proporcionalidad de entidad superior pero de consustanciación absoluta en el plexo de la legalidad objetiva[30].

### B) *Principio de verdad material*

Con similar raigambre al principio de legalidad objetiva, se presenta el de verdad material, también receptado en la Ley 19.549 y explicitado en la reforma de la ley 21.686, que prescribe la obligación de la autoridad administrativa de no limitarse a los planteos alegados por los interesados sino apuntar al conocimiento preciso de las circunstancias fácticas y jurídicas involucradas.

[30] Confr. MARCOS VAQUER CABALLERIA, "El criterio de eficiencia en el derecho administrativo", en *Revista de la Administración Pública*, 186 (2015), págs. 91-135.

Este principio resulta lógica consecuencia del cometido sustancial de la administración, de la consecución del interés público, en un contexto de plena legitimidad y por ende de adecuado respeto y protección de los derechos de los administrados[31].

Constituye doctrina consolidada del máximo nivel jurídico de la administración que se deben adoptar todas las medidas necesarias para el conocimiento de los hechos reales y tramitar las pruebas pertinentes teniendo presente el principio de la verdad material que rige el procedimiento administrativo. La vigencia de este principio en el orden administrativo[32] representa una clara diferenciación con el proceso judicial en el cual el ejercicio de la función jurisdiccional encuentra precisos límites en las alegaciones y probanzas de las partes y solo muy excepcionalmente procede traspasar los mismos, mientras que la verdad material supone el deber de la administración de avanzar hacia la verdad objetiva con prescindencia de las alegaciones de las partes, constituyendo este principio, como puntualiza el Dr. Cassagne "una derivación del fin que persigue el Estado, que no es otro que la realización de bien común"[33].

Este principio también supone un eslabón concreto en la concepción del particular como colaborador en el desarrollo de los procedimientos, y así lo ha señalado la Corte Suprema de Justicia en *Durusso de Fernández*, al puntualizar que "el recurrente concurre como colaborador en la elaboración de la decisión administrativa, aun cuando defienda sus derechos subjetivos". Los principios de legalidad objetiva, verdad material y oficialidad responden a la misma matriz y se corresponden con el principio de eficiencia en el marco de una perspectiva de acción conjunta y complementaria de administración y administrados[34].

### C) *Informalismo*

El principio de informalismo o formalismo moderado en la terminología de autores modernos[35] es un principio de vieja data en el derecho nacional, integrado en la jurisprudencia de la Procuración del Tesoro y que apunta a

[31] Ver Guido Santiago Tawil, "El principio de verdad material en el procedimiento administrativo", en *Procedimiento administrativo*, AA. VV., Guido Santiago Tawil (dir.), Buenos Aires, Abeledo Perrot, 2009, págs. 117 y ss.

[32] Sobre la recepción normativa nacional y provincial de este principio ver Guido Santiago Tawil, en *Procedimiento administrativo*, Guido Santiago Tawil (dir.), cit., págs. 118 y ss.

[33] Ver Juan Carlos Cassagne, *Los grandes principios del derecho público constitucional y administrativo*, cit. págs. 433-434.

[34] Alfonso Buteler, *Derecho administrativo argentino*, t. iii, pág. 37, Buenos Aires, Abeledo Perrot, 2016.

[35] Confr. Armando N. Canosa, *Procedimiento administrativo: recursos y reclamos*, Buenos Aires, Astrea, Ediciones RAP, 2014, págs. 144 y ss.

facilitar el acceso a la revisión administrativa a todo administrado eventualmente afectado. En su esencia, este principio responde a raigambre similar al principio *pro actione*, y es una manifestación más del planteo de colaboración que debe regir en toda tramitación procedimental dada la convergencia de los intereses públicos y privados en juego, en el contexto de los principios sustanciales de legalidad objetiva y verdad material. Obviamente el informalismo atenuado no supone *waiver* alguno para la administración, ni excusa para el incumplimiento de formalidades esenciales para el administrado, pero implica en modo terminante, una directiva de facilitar al máximo al particular el planteo, la tramitación y la resolución de su reclamo.

La consagración de este principio no supone que presentaciones extemporáneas pueden reputarse planteadas en tiempo hábil ni la subsanación de vicios que configuren una nulidad absoluta, pero en su amplitud permite remediar nominaciones equívocas de recursos planteados, deficiencias formales no esenciales, y presentaciones ante órganos incompetentes, excluyendo la sacralidad de las formas judiciales[36]. Su relevancia radica en la facilitación al particular del acceso a la revisión administrativa, y su corolario directo es la interpretación amplia para asegurar la tramitación de los procedimientos. Por aplicación de este principio, la legislación nacional excluyó la intervención necesaria de patrocinio letrado en los reclamos administrativos, en sentido lato; y también, a su vera, surge natural la obligación de la administración, de cooperar en la debida tramitación recursiva, extremo propio del debido proceso adjetivo.

D) *Principio de oficialidad*

Enmarcado en la legalidad objetiva, el principio de oficialidad o bien de impulsión e instrucción de oficio, como con mayor claridad suele explicitarse[37] ha sido receptado en forma concluyente en la legislación nacional. La naturaleza de los procedimientos administrativos reconoce como actor determinante a la administración en su carácter de responsable directo de la consecución de los cometidos de interés público, sin que ello implique detrimento alguno de la capacidad del interesado, de una participación amplia en resguardo de sus derechos involucrados. Este principio es de aplicación general y reconoce solo limitadas excepciones en los casos en que la ley habilita condiciones de caducidad procedimental[38], y cuando la resolución final eventual solo alcance al interés privado del recurrente.

[36] Ver Fernando E. Juan Lima, "El informalismo en favor del administrado", en *Procedimiento administrativo*, Guido Santiago Tawil (dir.) cit., págs. 135 y ss.

[37] Confr. Armando N. Canosa, "Procedimiento administrativo: recursos y reclamos", cit., págs. 137 y ss.

[38] Art. 1 inc. g) ap. 9 de la Ley 19.549.

Este principio es consecuente directo del interés púbico que reviste para la administración la correcta tramitación procedimental en cuanto se proyecta conjugado con principios ya comentados, en un elemento relevante para asegurar la legalidad de la acción administrativa. La contundencia de esta aseveración surge notoria en la normativa nacional y así el artículo 70 del RNPA estatuye que la administración puede continuar con las actuaciones aun cuando se hubiere presentado desistimiento, si de alguna manera estuviere comprometido el interés general. La oficialidad también se conjuga con el principio *pro actione* en cuanto ambos aun con perspectivas originarias diversas confluyen en asegurar los cauces más amplios para una debida tramitación procedimental, en beneficio del interés general, incluyendo el interés directo del recurrente, pero con proyección mayor; correspondiendo a la administración, en función de su conformación jerárquica, asegurar la legalidad de su accionar de por sí, más allá del debido respeto de derechos eventualmente afectados en el marco de los alcances de los agravios vertidos. Esencialmente, hace a una obligación propia, generadora de responsabilidad en caso de deficiente cumplimiento[39]; configurándose una situación común, en la cual la diversidad de fundamentación de origen no obsta a la coordinación de la acción pública y privada, en función de la consecución de finalidades de interés general.

E) *Gratuidad y ritualismo inútil*

Estos principios apuntan también a facilitar la gestión del particular en las vías recursivas. La gratuidad ya esbozada al referir la ausencia del recaudo de patrocinio letrado supone esencialmente la ausencia de costo alguno para el particular excepto lo atinente a las pericias que pudiere ofrecer; a diferencia de las actuaciones judiciales donde asume costos de patrocinio obligatorio y los gastos causídicos ordinarios, siendo la proyección de su planteo ajeno a consideraciones económicas directas. Esta conclusión no es aplicable a procedimientos impugnatorios en contrataciones públicas en los cuales, normativas especificas han prescrito condiciones de recurribilidad que pueden involucrar costos correlativos, tendientes a asegurar la seriedad del reclamo.

El principio de interdicción de ritualismo inútil se integra plenamente con el principio *pro actione* y con los atinentes a celeridad y economía procedimental, pues resulta obvio que si es objetivo del procedimiento, asegurar el cumplimiento de la legalidad de la acción administrativa, cualquier elemento dilatorio estará fuera de lugar, y en ese prisma debe valorarse el "ritualismo inútil". Por otra parte, dado el principio de informalismo reseñado que de por sí inhibe de valoración positiva a los aspectos rituales, resulta natural la

[39] Ampliar en María Paula Rennella, "El principio de oficialidad en el procedimiento administrativo", en *Procedimiento administrativo*, Guido Santiago Tawil (dir.) cit., págs. 109 y ss.

repulsión a la admisibilidad de elementos de inutilidad reconocible en función del acto final resolutivo. Asimismo, el texto original de la LNPA receptaba este principio en lo atinente a la tramitación del reclamo administrativo previo exigible para el acceso a la justicia, y si bien una modificación legislativa ulterior lo derogó, en modo alguno su vigencia como principio procedimental ha sido alterado pues su esencia condice con los principios *ut supra* precisados y, fundamentalmente, es conteste con el principio de finalidad y los corolarios propios de la revisión jerárquica[40].

F) *Eficacia*

Como ya se dijo, sin perjuicio de la relevancia propia de los procedimientos recursivos, son de alta significación aquellos orientados a la emisión del acto administrativo final, en todas las áreas de competencia de la administración; y así como todos los principios procedimentales son aplicables a la acción administrativa en plenitud, algunos han sido desarrollados con mayor énfasis en la vertiente recursiva, tales como los atinentes al debido proceso adjetivo, mientras que en otros, tales como transparencia[41], buena administración[42] y confianza legítima[43], han sido proyectados con especial relevancia en la acción administrativa general.

El principio de eficacia constituye un caso muy particular pues su consideración apunta proyecciones distintas en cuanto al valorarse en el área recursiva, ha sido objeto de profuso análisis asociado naturalmente con aquellos de economía y simplicidad, en el marco del formalismo moderado, con el claro objetivo de acelerar la emisión final; mientras que en lo concerniente al dictado de actos administrativos ordinarios, con proyección diversa a su enfoque, su análisis ha sido muy postergado en la dogmática tradicional, preocupada básicamente por las consideraciones alusivas a la legitimidad del acto.

En tal sentido, cabe precisar que la nota de eficiencia no ha sido objeto de especial interés en la doctrina administrativista tradicional, la cual ha dedicado

[40] Ampliar en Agustina Fanelli Evans, "El concepto de ritualismo inútil en la Ley Nacional de Procedimientos Administrativos", en Héctor Pozo Gowland; David Andrés Halperìn; Oscar Aguilar Valdez; Fernando Juan Lima; Armando Canosa (dir.), *Procedimiento administrativo*, cit., t. ii, págs. 765 y ss.

[41] Mario Rejtman Farah, "El principio de transparencia en el procedimiento administrativo", en *Procedimiento y proceso administrativo*, cit., Juan Carlos Cassagne (dir.), cit. págs. 79 y ss.

[42] Confr. Martín Galli Basualdo, *La buena administración en las organizaciones públicas nacionales y en la gobernanza global*. Gobernanza, gobierno abierto, simplificación administrativa, better regulation y administración electrónica, Madrid, Marcial Pons, 2019, págs. 69 y ss.

[43] Pedro J. J. Coviello, "El procedimiento administrativo y la confianza legítima", cit., en *Procedimiento administrativo*, cit., t. ii, págs.134 y ss.

su celo máximo a la profundización de los aspectos que hacen a la legitimidad del accionar público y con particular énfasis en la interdicción de arbitrariedad en los procedimientos de la administración. Dicho enfoque ha constituido un camino virtuoso en cuanto fuere atinente al debido resguardo de los derechos individuales ante el ejercicio indebido del prerrogativas públicas, pero a la vez denota insuficiencia cuando la magnitud de los cometidos estatales involucrados en la extensa difusión de derechos fundamentales inserta en las perspectivas neoconstitucionalistas, exige compromisos de actuación pública que deben ser operados en condiciones ordinarias de eficiencia administrativa.

Tradicionalmente no constituía equívoco sustancial descartar mayores referencias a las consideraciones de eficiencia en cuanto la connotación jurídica se limitaba a parámetros de legalidad, evaluables con mayor o menor espectro y dimensión, en tanto que lo atinente a las modalidades operativas, eran propios de las ciencias de la administración, o bien de elaboración de políticas públicas. Sin embargo, al presente la nota de eficiencia ha sido plenamente incorporada al espectro normativo[44], y más aún en varios sistemas, con rango constitucional, extremo que obliga, sin dudas, a actualizar aquellas premisas tradicionales, asimilando a condiciones de legitimidad los términos de eficiencia, sin perjuicio de admitir las notorias diferencias que hacen a su sustantividad y naturaleza, y sin desconocer la evolución histórica que condujo a su consagración y reconocimiento constitucional[45].

La eficiencia exigible en toda actuación administrativa constituye un principio jurídico sustancial y, por ende, planteada y reconocida la formal juridización del concepto de eficiencia, resulta evidente, dada su notoria gravitación, que el control de la actividad administrativa, preventivo o ulterior, plenamente aceptado en notas de legitimidad, debe también alcanzarle como objeto de la fiscalización. Obviamente tal contralor operará con pautas muy diversas de las que habitualmente se entienden connaturales a las propias de legitimidad, lo cual no implica desconocer la gravitante relevancia de tal condición. En efecto, debido a la ya apuntada proficua extensión de los cometidos estatales, las condiciones presupuestarias han adquirido un particular énfasis prioritario, y a nadie escapa la muy directa vinculación entre un proceder eficiente y la calidad de la erogación fiscal involucrada.

Concordantemente, los principios *favor acti* y *conservatio acti* coadyuvan a tornar eficaz la acción administrativa y se proyectan con mayor certeza en esta área, pues en lo referente al contexto recursivo deberán ser ponderados restrictivamente para no afectar alcances propios de la garantía del debido proceso en el ámbito administrativo.

[44] Art. 103 de la Constitución española.

[45] Hernán Celorrio, "Legalidad y eficacia" en *Contratación administrativa y crisis económica*, cit..

La normativa nacional trata conjuntamente los recaudos de "celeridad, economía, sencillez y eficacia" de los trámites[46], entendiendo bajo esa enunciación conjunta la directiva tendiente a asegurar definiciones administrativas en tiempos razonables, aspecto muy relevante que se corresponde con los postulados elementales de buena administración.

De todas modos, la exigencia de eficiencia en los procedimientos ordinarios continúa siendo materia pendiente en la normativa nacional y aún de muy limitada proyección en nuestra dogmática, pese a la evidencia de que la complementación entre las condiciones de legitimidad y eficiencia es hoy definitoria y hace a la esencia de la actividad pública, por cuanto se estructura en función de una doble finalidad: la interdicción de arbitrariedad y la eficacia de la acción administrativa, y como puntualizara Vaquer Caballería[47], "el ordenamiento jurídico no solo goza de validez y eficiencia formal, sino que persigue tener eficacia material, efectividad y eficiencia", utilizando la terminología más amplia para precisar el concepto propio de accionar eficiente.

Las aseveraciones precedentes, de notoria evidencia, en cuanto precisan la ineluctable necesidad de una adecuada composición de legitimidad y eficacia, no han sido, sin embargo, tradicionalmente así comprendidas, a punto tal que no son escasas las ocasiones en que se plantearon en condiciones antagónicas; y como acotara Alejandro Nieto, con su singular agudeza, "muchas veces la administración desquicia su funcionamiento en las vías del derecho".

### G) *Debido proceso adjetivo*

Constituye el principio básico del procedimiento administrativo revisor y, por su naturaleza, se expande a todos los procedimientos administrativos como bien explícita el Pacto de San José de Costa Rica (art. 8)[48]. En su esencia comprende: a) derecho a ser oído; b) derecho a ofrecer y producir pruebas, y c) derecho a decisión fundada, extremos unánimemente reconocidos por doctrina y jurisprudencia[49].

Adicionalmente cabe sumarles el derecho a una decisión en tiempo razonable y el derecho a una tramitación imparcial. La imparcialidad se constituye en un principio general que debe evaluarse en función del interés general al tiempo de la toma de decisiones, y también implica un recaudo de alta relevancia la

[46] Art. 1, inc. de la ley 19.549.

[47] Vaquer Caballería, "El criterio de eficiencia en el derecho administrativo", cit., pág. 121.

[48] Ampliar en Armando Canosa, "El principio de la tutela administrativa efectiva", en Héctor Pozo Gowland; David Andrés Halperìn; Oscar Aguilar Valdez; Fernando Juan Lima; Armando Canosa (dir.), *Procedimiento administrativo*, cit., t. i, págs. 644. y ss.

[49] Ver Carlos F. Balbin, *Tratado de derecho administrativo*, t. iii, Buenos Aires, La Ley, 2010, págs. 507 y ss.

sincronía del decisorio, pues a nadie escapa que resoluciones extemporáneas suponen denegación de justicia[50].

La normativa nacional recepta explícitamente el principio del debido proceso adjetivo puntualizando sus tres atributos tradicionales y precisando a su respecto que:

a) El derecho a ser oído comprende el derecho a exponer las razones de las pretensiones y defensas antes de la emisión de actos referidos a derechos subjetivos o intereses legítimos e interponer recursos;

b) El derecho a la prueba comprende el ofrecimiento y su producción en cuanto fuere pertinente; el derecho a presentar alegatos y producir los informes y dictámenes necesarios para el esclarecimiento de los hechos, y

c) El derecho a una decisión fundada implica la necesidad de que la decisión tenga una adecuada motivación, atendiendo a la consideración de los principales argumentos y cuestiones propuestas en cuanto fueren conducentes al caso.

Cabe puntualizar como elemento relevante la exigencia estatuida por la LNPA [51] de dictamen jurídico previo a todo acto que pudiere afectar derechos subjetivos o intereses legítimos, revistiendo tal recaudo procedimental carácter esencial, lo cual impide toda posibilidad de subsanación ulterior; y asimismo, precisa la pauta de la razonabilidad del decisorio, dado que los actos emitidos deben ser proporcionalmente adecuados a la finalidad habilitante de la competencia (LNPA, art. 7 inc. f))[52].

### H) *Buena administración*

La legislación argentina carece de normativa formal relativa a la buena administración; sin embargo, al constituir un principio general de derecho público adquiere plena vigencia en el marco de los alcances del neoconstitucionalismo y de las proyecciones del artículo 33 de la Constitución Nacional.

Recuerda el Dr. CASSAGNE que este derecho fundamental "se integra con la totalidad de los principios generales de derecho administrativo"[53] incluida la tutela administrativa efectiva, y como tal se transforma en columna vertebral en la cual se integran todos los principios procedimentales, tanto en su aspecto recursivo como en lo atinente a la formación de actos ordinarios de efectos individuales y de alcances generales. Más aun, en su espectro pueden valorarse

[50] ARMANDO N. CANOSA, "Procedimiento administrativo: recursos y reclamos", cit., pág. 170.

[51] Ver art. 7 inc. d) de la Ley 19.549.

[52] Al respecto ampliar en EZEQUIEL CASSAGNE, "El principio de razonabilidad", en HÉCTOR POZO GOWLAND; DAVID ANDRÉS HALPERÌN; OSCAR AGUILAR VALDEZ; FERNANDO JUAN LIMA; ARMANDO CANOSA (dir.), *Procedimiento administrativo*, cit., t. I, págs. 681 y ss.

[53] JUAN CARLOS CASSAGNE, *Los grandes principios del derecho público constitucional y administrativo*, cit., pág. 430.

correctamente los principios de legalidad objetiva y eficacia en cuanto coadyuvan a proyecciones colaborativas entre particulares y administración, soslayando tradicionales perfiles antagónicos.

Tanto el artículo 41 de la Carta de Niza como el Capítulo 2 de la Carta Iberoamericana de Derechos y Deberes del Ciudadano en Relación a la Administración Pública delinean principios esenciales incluidos en el principio general de buena administración y si bien esta última no registra conformación normativa local reviste carácter de *soft law*[54]. Por ello, resulta concluyente la afirmación consistente de algunos de sus principios integrativos, a saber: 1) principio de servicio objetivo al interés general y a los ciudadanos; 2) principio de racionalidad en la motivación; 3) principio de eficacia; 4) principio de seguridad jurídica, previsibilidad y certeza normativa; 5) principio de transparencia, y 6) principio de debido proceso.

La correcta valoración de la trascendencia del principio de buena administración que cubre en su manto los principios procedimentales *ut supra* referenciados se proyecta en plenitud al contemplar que la fuerza y calidad de los principios integran un plexo jerárquico superior a las normas escritas y son exigibles de por sí, con independencia de regulaciones ulteriores e inclusive de requerimientos específicos de particulares interesados, por constituir deberes de la administración pública[55].

## 5. Inicio y desarrollo del procedimiento administrativo y participación

La legislación nacional detalla con precisión las diversas etapas procedimentales y sus recaudos. En apretada síntesis cabe referenciar las siguientes:

### A) *Iniciación de oficio. Petición de parte. Legitimación. Distintas categorías. Los terceros interesados*

Conforme surge expresamente de la Ley 19.549, el trámite puede iniciarse tanto de oficio o a petición de cualquier persona física o jurídica, pública o privada que invoque un derecho subjetivo o un interés legítimo[56]. Tales

[54] Confr. Martín Galli Basualdo, ob. cit., pág. 112.

[55] Juan Carlos Cassagne, *Los grandes principios del derecho público constitucional y administrativo*, cit., pág.433.

[56] Ver. art. 3 del Reglamento aprobado por el decreto 1759/72.

Gastón Darío Oberda, "Las partes en el procedimiento administrativo", en *Procedimiento Administrativo*, Guido Santiago Tawil (dir.), cit., págs. 215 y ss., Laura Monti, "La representación de las partes en el procedimiento administrativo", en *Procedimiento administrativo*, Guido Santiago Tawil (dir.) cit., págs. 233 y ss.; Federico Campolieti, "Los sujetos intervinientes en el procedimiento administrativo", en Héctor Pozo Gowland; David Andrés Halperìn; Oscar Aguilar Valdez; Fernando Juan Lima; Armando Canosa (dir.), *Procedimiento administrativo*, cit., t. ii, págs. 745 y ss..

categorías de derecho subjetivo y de interés legítimo constituyen la base de la legitimación en el procedimiento administrativo. Todo ello sin perjuicio del derecho amplio de presentar peticiones a las autoridades, contemplado en el artículo 43 de la Constitución Nacional, que ha configurado la categoría del interés simple, la cual permite al particular no solo realizar peticiones o sugerencias a la administración, sino también la de presentar denuncias administrativas y en algunos casos, acciones públicas.

Por último y adicionalmente cabe mencionar que luego de la reforma de la Constitución Nacional realizada en 1994, surge la posibilidad de invocar intereses difusos o simple interés en materias de medio ambiente, competencia, consumidores y derechos de incidencia colectiva así como la posibilidad de que dicha invocación sea realizada por asociaciones de consumidores o usuarios y el defensor del pueblo de la Nación.

### B) *El expediente administrativo. Régimen de las peticiones. Escrito. Contenido. Recepción. Representación*

En función del principio de celeridad, economía, sencillez y eficacia de los actos que forman parte del procedimiento administrativo, en los últimos años se ha instrumentado la utilización de distintas tecnologías a fin de lograr su cumplimiento[57]. Así se ha implantado un sistema de Gestión Documental Electrónica[58], una plataforma de trámites a distancia[59], y una plataforma de Autenticación Electrónica Central[60]; todo ello sin perjuicio del dictado de las normas correspondientes —y posterior aplicación— de los institutos de firma electrónica y firma digital[61]; todo ello en el marco de una política de facilitación del acceso del administrado a los organismos de la administración pública, y agilizar sus trámites, incrementar la transparencia e inmediación mediante el uso de tecnología que recientes normativas han introducido con distintas modificaciones al Reglamento de Procedimiento Administrativo[62].

En ese contexto se ha establecido que el expediente administrativo tendrá formato electrónico y que la tramitación de las actuaciones, comunicaciones y documentos se realizara mediante una plataforma de gestión documental electrónica. Transitoriamente los expedientes iniciados con anterioridad a

[57] Ampliar en Carlos E. Delpiazzo, "El procedimiento administrativo, y el derecho informático", en Héctor Pozo Gowland; David Andrés Halperìn; Oscar Aguilar Valdez; Fernando Juan Lima; Armando Canosa (dir.), *Procedimiento administrativo*, cit., t. i, págs. 1319 y ss.

[58] Ver decreto 561/2016.

[59] Ver decreto 1063/2016.

[60] Ver decreto 1265/2016.

[61] Ver Ley 25.506.

[62] Confr. decreto 894/2017 mediante el cual se han introducido distintas modificaciones al Reglamento de Procedimientos Administrativos.

esta norma se tramitarán en soporte papel "pero las actuaciones que en ellos se produzcan y agreguen deben instrumentarse en formato electrónico"[63]; y se prevé que los expedientes en soporte papel podrán digitalizarse y continuar su tramitación como expedientes electrónicos[64].

En concordancia con ello, expresamente se habilita la presentación de escritos en forma digital mediante la plataforma electrónica de trámites a distancia o en soporte papel; y sin perjuicio de la vigencia del principio de informalismo a favor del administrado, se regulan las formalidades de los escritos, su idioma, domicilio, acreditación de personería, firma de las actuaciones y la forma de digitalizar los documentos presentados en soporte papel.

C) *Acceso al expediente. Vista de las actuaciones*

Durante todo el procedimiento la parte podrá tomar vista del expediente administrativo. Su solicitud podrá realizarse verbalmente o por escrito y deberá otorgase, sin necesidad de resolución expresa, en la oficina en que se encuentra el expediente[65]. Si se solicitare la fijación de un plazo para la vista, este se dispondrá por escrito debiendo ser, en principio, de diez días hábiles administrativos. Resulta interesante notar que en el caso de pretenderse interponer un recurso administrativo, el pedido de vista suspende el curso de los plazos para su interposición, suspensión que se prolongará durante todo el plazo otorgado para efectivizarla. También está previsto un régimen especial para solicitar y tomar vista respecto de los expedientes que tramitan en forma electrónica, en cuyo caso los efectos de obtener la suspensión de los plazos para recurrir un acto administrativo, debe ser solicitado expresamente al momento de requerir la vista.

D) *Actuaciones reservadas*

Como excepción al régimen de la vista se admite que las actuaciones, diligencias, informes o dictámenes, a pedido del órgano competente y previo dictamen jurídico, puedan ser declarados reservados o secretos mediante decisión fundada del órgano competente a ese efecto[66].

[63] Ver art. 7 lit. d) del RPA aprobado por el decreto 1759/72.

[64] Vera art 7 lit. e) del RPA aprobado por el decreto 1759/72.

[65] Ampliar en Laura Monti, "El acceso a las actuaciones administrativas. La vista en el procedimiento administrativo", en *Procedimiento administrativo*, Guido Santiago Tawil (dir.), págs. 267 y ss..

[66] Mario Rejtman Farah, "El principio de transparencia en el procedimiento administrativo", en *Procedimiento y proceso administrativo*, cit., págs. 79 y ss.

E) *Régimen de publicidad*

Paralelamente se regula un régimen específico de publicidad de los actos administrativos, en función del alcance de sus efectos. En caso de los actos de alcance general se prevé su publicación oficial sin que la norma haya regulado expresamente el modo y forma de su realización[67]; mientras que para los actos de alcance individual se exige la notificación al particular, lo cual debe concretarse mediante diversos medios preestablecidos entre los cuales se destaca el acceso directo de la parte interesada al expediente, su presentación espontánea, cédula, telegrama con aviso de entrega, oficio impuesto, certificado expreso con aviso de recepción, carta documento, y por medio de la plataforma electrónica de trámites a distancia, etc.[68].

F) *Régimen de acceso a la información pública y transparencia*

Sin perjuicio del régimen de publicidad regulado por las normas que rigen el procedimiento administrativo, la ley 27.275 ha regulado un amplio acceso a la información pública como instrumento clave para la trasparencia de los actos del Estado, y como medio de fiscalización y participación efectiva de todos los sectores de la sociedad[69].

G) *Conducción de procedimiento por la administración. Las medidas preventivas o cautelares*

Como principio general la LNPA establece que la conducción del procedimiento, tanto en lo que se refiere a su impulsión como instrucción es realizada de oficio por la administración, sin perjuicio de la participación de los interesados. En tal sentido el RNPA establece que en todos los casos donde medie el interés general, sea cual fuere su gravitación, el procedimiento será impulsado de oficio por la propia administración en todos sus trámites y a través de medios electrónicas respetando los principios de economía, sencillez y eficacia. El órgano competente será el encargado de impulsar de oficio todas las actuaciones administrativas salvo en los supuestos que el trámite tenga por objeto una actuación donde medie exclusivamente un interés privado de la parte.

La Ley de Procedimientos Administrativos establece que el acto administrativo goza de presunción de legitimidad, encontrándose la administración en

[67] Ampliar en David Andrés Halperín, "La publicidad de los actos estatales: notificación y publicación", en *Procedimiento administrativo*, Guido Santiago Tawil (dir.), cit., págs. 281 y ss.

[68] Ampliar en David Andrés Halperín, "La publicidad de los actos estatales: notificación y publicación", cit., págs. 281 y ss.

[69] Marcela I. Basterra, *Acceso a la información pública y transparencia.* Ley 27.275 y decreto reglamentario 206/17. Comentados, anotados y concordados, Buenos Aires, Astrea, 2017, págs. 3 y ss.

condiciones de ejecutarlo por sus propios medios, salvo que la ley o la naturaleza del acto exigiere la intervención judicial; y se establece expresamente que la interposición de los recursos administrativos que pudieran interponer los administrados, no suspende su ejecución y efectos salvo que una norma expresamente establezca lo contrario.

En ese contexto la ley prevé la posibilidad de que la administración suspenda la ejecución de los actos administrativos por razones de interés público, para evitar perjuicios graves al interesado o cuando se alegare fundadamente una nulidad absoluta[70]. Dicha suspensión es facultativa para la administración, bastando que se verifique la concurrencia de una sola de dichas causales[71] y puede ser dispuesta tanto de oficio como a pedido de parte, mediante resolución fundada

Por otra parte, la Ley 26.854 regula la suspensión judicial de los efectos del acto administrativo a través del dictado de una medida cautelar. A tal efecto debe acreditarse a) que la suspensión evitará perjuicios graves de imposible reparación ulterior; b) la verosimilitud del derecho invocado; c) la verosimilitud de la ilegitimidad; d) la no afectación del interés público, y e) que la suspensión no produzca efectos jurídicos o materiales irreversibles.

H) *Plazos*

La LNPA establece como principio general que, en el procedimiento administrativo, los plazos son obligatorios tanto para la administración como para los administrados; aunque dicha regla se relativiza en razón de la aplicación de los principios de eficacia, colaboración y de verdad objetiva y de los corolarios del informalismo moderado. Salvo disposición legal en contrario, se computan en días hábiles administrativos siempre a partir del día siguiente al de su notificación; y en el supuesto de actos de alcance general que deban ser publicados, regirán después del octavo día de su publicación oficial o bien desde el día que ellos determinen[72].

Como regla general, la administración tiene la facultad de ampliar los plazos de oficio o a petición de parte. En el supuesto de que así se disponga debe concretarse mediante resolución fundada, antes del vencimiento y siempre

[70] Confr. Beltrán Gambier y Carlos A.Zubiaur, "Las medidas cautelares contra la administración. Fundamentos, presupuestos y aplicación del artículo 12 de la Ley 19.549", en *La Ley*, 1993-D, págs. 690 y ss.

[71] Pablo O. Gallego Fedriani, *Las medidas cautelares contra la administración pública*, Buenos Aires, Editorial Abaco de Rodolfo Depalma, 2002, págs. 195 y ss.

[72] Ver art. 103 RLPA y art. 5 Código Civil y Comercial.

El art. 104 RLPA exceptúa de la obligatoriedad de la publicación a los reglamentos que se refieren a la estructura orgánica de la administración y las órdenes, instrucciones o circulares internas que entrarán en vigencia sin necesidad de ser publicadas

que no resultaren perjudicados los derechos de terceros. Los recursos administrativos tienen efecto interruptivo de los plazos aunque hubieren sido mal calificados, adolezcan de defectos formales insustanciales o fueran deducidos ante órgano incompetente por error excusable. Ello es así salvo en lo relativo a la aplicación del principio de ejecutoriedad del acto administrativo que, como ha referido, no se ve suspendida en virtud de la interposición de un recurso salvo que una norma exprese lo contrario o que la propia administración así lo resuelva; todo ello sin perjuicio de la extensa proliferación de acciones cautelares enmarcadas en el principio constitucional de tutela judicial efectiva.

### I) *Régimen probatorio. Carga de la prueba*

Todo lo relativo al régimen probatorio en el procedimiento administrativo es regulado en forma sintética en el RNPA correspondiendo a la aplicación de los principios fundamentales del procedimiento allí regulados y la aplicación supletoria de las normas del Código Procesal Civil y Comercial de la Nación[73]. Cabe precisar, según ya fuera señalado, que uno de esos principios fundamentales es el aludido de impulsión e instrucción de oficio en virtud del cual la administración tiene la carga de impulsar el procedimiento y de realizar toda las diligencias y producir todas las pruebas que resultasen necesarias para obtener la verdad material[74]; complementado por el principio de amplitud probatoria que fundamenta la producción de toda prueba que no sea improcedente, superflua o meramente dilatoria[75].

### J) *Participación en materia de actos de efecto general. Consultas públicas*

La Ley de Procedimiento Administrativo no contempla normas específicas para la participación en la formación de actos de alcance general; salvo una referencia a las iniciativas que debían ser sometidas al proceso de "información pública" cuando su naturaleza así lo justificase; y asimismo podría requerirse el parecer de personas o entes ajenos a la administración, incluso de quienes ostentasen la representación de intereses sectoriales[76]. Al respecto se ha señalado que "dada la naturaleza particular del procedimiento especial

[73] Confr. Juan Carlos Cassagne, *Curso de derecho administrativo*, cit., t. ii, págs. 55 y ss.; ampliar en David Halperin, "La prueba en el procedimiento administrativo. El alegato", en *Procedimiento administrativo*, Guido Santiago Tawil (dir.), cit., págs. 293 y ss.

[74] Confr. Juan Carlos Cassagne, *Curso de derecho administrativo*, t. ii, pág. 56.

[75] Confr. Art. 46 RNPA.

Ampliar en Pedro Aberastury (h) y María Rosa Cilurzo, *Curso de procedimiento administrativo*, Buenos Aires, Abeledo-Perrot, 1998, págs. 98 y ss.

[76] Art. 71 RLPA.

de elaboración de disposiciones generales, no se admite la comparecencia en él de las personas que, según el artículo 3º del RNPA, pudieren tener la condición de interesados"; aunque la norma admitía que puedan ser oídas las personas cuyos intereses resulten afectados por la disposición[77]; disposición luego derogada por el decreto 1883/91[78].

Sin perjuicio de ello, cabe hacer notar que en el artículo 42 de la Constitución Nacional, luego de la reforma de 1994 se instauró, a fin de canalizar la participación de asociaciones de consumidores y usuarios en los organismos de control, el procedimiento de las llamadas audiencias públicas[79]. Así lo prevén distintos regímenes sectoriales aplicables a algunos servicios públicos[80]. Estas audiencias públicas buscan garantizar la participación no solo de dicha asociaciones sino de todos los interesados en el proceso de formación de actos administrativos de alcance general[81]. Su aplicación ha sido especialmente prevista para cuestiones tarifarias de servicios públicos, pero pueden ser convocadas a los efectos de tratar todo tipo de actos de alcance general.

Con independencia al régimen de audiencias públicas pero, con la misma finalidad, en el sector de las telecomunicaciones, se contempló el procedimiento de los llamados "documentos de consulta", como otro mecanismo de participación pública destinado a conocer la opinión de los administrados en forma previa a la emisión de un acto de alcance general. Este mecanismo contó con un grado mayor de informalismo, y con ausencia de la oralidad característica de aquellas[82] .

[77] Ver Tomás Hutchinson, *Ley Nacional de Procedimiento Administrativos.* Ley 19.549, t. II, Buenos Aires, Astrea, 1988, pág. 588.

[78] Respecto de este tema ampliar en Natalia Victoria Mortier, "Los procedimientos de elaboración participativa de normas" en *Procedimiento administrativo,* Guido Santiago Tawil (dir.) cit., págs. 497 y ss.

[79] Confr. art. 42 de la CN.

[80] Confr. Ley 24.065, 24074 y decreto 1185/90, luego derogado.

[81] Alejandro J. Uslengui, "Audiencias públicas", en *Procedimiento administrativo,* Jornadas Organizadas por la Universidad Austral Facultad de Derecho, cit., pág. 297. Ampliar en Alberto Diego Sarciat, "El procedimiento de audiencia pública", en *Procedimiento administrativo,* Guido Santiago Tawil (dir.) cit., págs. 487 y ss.

[82] Ampliar en Carlos A. Zubiaur, "Procedimientos administrativos en las telecomunicaciones", en *Procedimiento administrativo,* obra colectiva, Héctor Pozo Gowland; David Andrés Halperìn; Oscar Aguilar Valdez; Fernando Juan Lima; Armando Canosa (dir.), *Procedimiento administrativo,* cit., t. IV, pág. 477, y Héctor Huici, "El documento de consulta como una forma especial de la audiencia pública", en *Procedimiento administrativo,* Jornadas Organizadas por la Universidad Austral Facultad de Derecho, págs. 308 y 311. Confr. asimismo el decreto 1172/03 que aprobó el "Reglamento general para la elaboración participativa de normas" que, en el sector de las telecomunicaciones, ha venido a reglamentar lo dispuesto en los arts. 7 y 30 del decreto 1185/90.

## 6. Recursos

El análisis particularizado de los recursos administrativos en sentido amplio debe considerarse con arreglo a dos criterios esenciales: a) los corolarios de la relación jerárquica, elemento basal de la organización administrativa, y b) los alcances del principio de agotamiento de la vía administrativa para la habilitación de la revisión judicial ordinaria. Como recaudo previo, cabe precisar que este análisis apunta exclusivamente al ordenamiento jurídico nacional, pues siendo Argentina un país federal, cada provincia tiene un régimen procedimental y procesal diferente, en general equiparable al nacional, pero en muchos casos con acciones judiciales diversas, con condiciones de legitimación particulares y también recursos administrativos de mayor alcance.

También es necesario *ab initio* puntualizar los alcances actuales del aludido principio de "previo agotamiento de la vía administrativa", en cuanto si bien al presente la doctrina, en forma casi unánime se ha volcado a sostener la improcedencia de tal exigencia para habilitar la acción judicial revisora, con fundamento en muy justificables criterios garantistas, y en especial, en las derivaciones del principio de tutela judicial efectiva, con sólida raigambre constitucional, lo cierto es que la normativa vigente avalada en la jurisprudencia reinante, así lo exige, por lo cual salvo en contadas excepciones, no cabe la habilitación de la instancia judicial revisora sin haber sido denegado a primer nivel de la administración, el reclamo pertinente, lo cual se formaliza ordinariamente ante actos administrativos lesivos, a través del recurso jerárquico y en los demás supuestos, mediante el procedimiento especial calificado por la Ley 19.549 como "reclamo administrativo previo". Caso excepcional lo constituyen los entes descentralizados de la Administración, no vinculados a la misma por relación jerárquica común sino por un "control de tutela", cuyos alcances puede variar, conforme a las pautas normativas de su creación (v. gr. Universidades), en cuyo caso ante la decisión del órgano superior de la entidad, queda ya habilitada la acción judicial.

### A) *Recurso jerárquico*

Constituyendo la jerarquía, nota distintiva de la actividad administrativa, el principio básico de su organización, resulta natural que el recurso jerárquico se consagre como el instrumento vertebral de las reclamaciones administrativas. Tradicionalmente este recurso debía ser resuelto por el poder ejecutivo, pero posteriores reformas legales, a efecto de una mayor operatividad administrativa, dispusieron que su resolución fuera decidida por los ministros o secretarios de Presidencia[83], o en caso de que los actos recurridos hubiesen emanado de dichos funcionarios, por el poder ejecutivo o el jefe de gabinete, conforme a

[83] Confr. art 90 RNPA.

la reforma constitucional de 1994. Como bien puntualiza el Dr. CANOSA, se trata del recurso administrativo por autonomasia, a través del cual el superior controla la legitimidad de los actos de sus inferiores[84]; por ello autorizada doctrina tradicional ha planteado acertadamente la virtualidad de su existencia, allende una normativa específica que lo estatuya[85].

Dada su relevancia, en breve síntesis[86], precisaremos los aspectos esenciales de su tramitación:

a) *Plazo de interposición.* El plazo es de quince días hábiles administrativos a partir de la notificación del acto impugnado. El principio del informalismo no invalida la rigidez de apreciación de dicho plazo, y todo planteo extemporáneo podrá ser considerado por la administración, en el marco de los principios de buena administración y legalidad objetiva, sin adquirir la configuración de formal recurso jerárquico "autónomo", en contraposición al "jerárquico en subsidio", derivado del planteo del recurso de reconsideración.

En efecto, el RNPA estatuye para el afectado la posibilidad opcional de plantear ante el órgano que dictara la disposición vejatoria, un recurso de reconsideración en el término de diez días hábiles administrativos, que debe ser resuelto por el mismo órgano, quien tiene un plazo de treinta días para resolverlo, pudiendo el interesado considerar el silencio como denegatoria, sin necesidad de pronto despacho.

Por disposición legal, la reconsideración lleva implícito el recurso jerárquico en subsidio, por lo cual no rige en el caso el aludido plazo de interposición de quince días, estableciéndose que tras la denegatoria, el órgano deberá elevar el expediente en cinco días al superior para la tramitación del jerárquico, habilitándose al recurrente, a ampliar fundamentos, también en un plazo breve (cinco días), extremo sobreabundante, pues el principio general del artículo 77 del RNPA establece que la fundamentación de todos los recursos puede ampliarse hasta el momento de su resolución.

b) *Acto recurrible.* El recurso jerárquico procede contra los actos definitivos o bien contra aquellos que impiden totalmente la tramitación del reclamo o pretensión del administrado, entendiéndose como tales aquellos que deciden el fondo de la cuestión planteada, en oposición a los interlocutorios o de mero trámite, que aluden a aquellos exclusivamente procedimentales. Cabe precisar, que a diferencia del jerárquico, el recurso de reconsideración[87], también es

[84] ARMANDO N. CANOSA, "Procedimiento administrativo: recursos y reclamos", cit., pág. 420.

[85] ARMANDO N. CANOSA, "Procedimiento administrativo: recursos y reclamos", cit., pág. 415.

[86] Ampliar en JAVIER INDALECIO BARRAZA, "El recurso jerárquico", en *Procedimiento administrativo*, GUIDO SANTIAGO TAWIL (dir.), cit., págs. 355 y ss.

[87] Respecto del recurso de reconsideración, ampliar en MÁXIMO J. FONROUGE, "El recurso de reconsideración", en *Procedimiento administrativo*, GUIDO SANTIAGO TAWIL (dir.), cit., págs. 347 y ss.

oponible ante actos interlocutorios, y a la vez, que solo los actos definitivos pueden ser impugnados en sede judicial, previo planteo del recurso jerárquico o bien del recurso de alzada, si se tratare de actos emanados de entidades descentralizadas.

c) *Tramitación.* El recurso se plantea ante el mismo órgano que dictó el acto impugnado y se tramita ante quien deba resolverlo, con amplitud de pruebas e impulsión de oficio, siendo relevante la exigencia de dictamen jurídico previo a la emisión del acto resolutorio, emanado del servicio jurídico permanente de dicho órgano. Excepcionalmente corresponderá la opinión jurídica de la Procuración del Tesoro de la Nación, máximo nivel jurídico de la administración, si la índole del interés económico comprometido lo justificase, o bien el poder ejecutivo lo considerase conveniente, y también cuando el acto impugnado fuera de nivel ministerial.

d) *Resolución del recurso.* Conforme a la legislación originaria, el recurso jerárquico debía ser resuelto por el poder ejecutivo, pero reformas ulteriores estipularon que debe ser resuelto por el ministro del ramo; o bien por el jefe de gabinete, si el acto impugnado emanare de un ministro. El recurso puede plantearse tanto por razones de legitimidad como de oportunidad, constituyendo condición de legitimación tanto un derecho subjetivo como un interés legítimo afectado. El plazo de resolución es de treinta días, computados a partir de la recepción de las actuaciones por la autoridad competente, o de la presentación del alegato, si se hubiere producido prueba. La resolución del recurso, así como la denegatoria por silencio administrativo, habilitan la vía judicial revisora[88].

### B) *Recurso de alzada*

Los entes descentralizados no están vinculados al poder ejecutivo por relación jerárquica ordinaria, lo cual no implica que sean totalmente ajenos a su contralor. Lejos de ello, y en función de los alcances de las normas de su creación, tales entes quedan sometidos a un control de tutela de diversa extensión, y que sustancialmente comprende aspecto de legitimidad, excluyéndose, en principio, el control de oportunidad. Consecuentemente, la norma habilita ante decisiones del órgano superior del ente la promoción del denominado recurso de alzada[89], de conformación similar al recurso jerárquico, pero limitado al control de legitimidad del acto impugnado en caso que el Ente haya sido creado por ley formal. Así, contra aquellos actos, el particular afectado puede optar por la aludida vía de alzada o bien recurrir directamente ante la justicia, a

[88] Confr. art. 23 de la Ley 19.549.

[89] Ampliar en Oscar R. Aguilar Valdez, "El recurso de alzada", en *Procedimiento administrativo*, Guido Santiago Tawil (dir.) cit., págs. 373 y ss.

condición de investir algún derecho subjetivo afectado. La elección del recurso de alzada no invalida la posibilidad de la vía judicial ulterior ante una resolución adversa, o bien por su desistimiento. La resolución de la alzada debe limitarse a la revocación del acto, pudiendo modificarlo solo en casos muy excepcionales.

## 7. Acto administrativo jurisdiccional

El régimen normativo argentino prevé explícitamente la figura de actos administrativos de naturaleza jurisdiccional[90] los cuales, por otra parte, también han sido reconocidos en legislaciones especificas (v. gr. ámbito fiscal), pese a lo cual prestigiosa doctrina nacional ha sido muy reticente a admitirlos, aunque la Corte Suprema ha reconocido plenamente su constitucionalidad[91]. La particularidad de estos actos radica en que, a su respecto, los órganos emisores están sometidos a una relevante atenuación en su sumisión jerárquica, a punto tal que en caso de ser recurrido por dicha vía, el superior solo podrá controlar la juridicidad del acto impugnado, en supuestos de manifiesta arbitrariedad, grave error o gruesa violación de derecho[92]. Más aún, si hubiesen planteado recursos judiciales o ante órganos administrativos especiales, debe abstenerse de toda intervención, salvo muy excepcionales razones de interés público comprometido.

La referencia legal apuntada tiene relevancia en cuanto ha planteado con contundencia las limitantes del principio de jerarquía, ante calidades jurisdiccionales que, aun en sede administrativa, quedan amparadas bajo la garantía constitucional del principio de juez natural, y ha habilitado una proyección doctrinaria más acabada y completa sobre el complejo de actividades que cumplimenta la administración en consecución de los cometidos estatales que le competen, ante lo cual resultan obsoletas caracterizaciones que impliquen áreas estancas de legislación, jurisdicción y administración, negando a la administración operativa alguna en las dos primeras, olvidando la relevancia cada vez mayor de la actividad reglamentaria y jurisdiccional de la misma, dentro de los cauces constitucionalmente habilitados. La formación de los entes reguladores en la actualidad y la vigencia de tribunales administrativos fiscales, con adecuados recursos de revisión judicial, se han constituido en claros ejemplos de la tesitura expuesta.

[90] Confr. art. 99 del RNPA.

[91] Confr. Hernán Celorrio, "Recursos contra el acto de naturaleza jurisdiccional", en *Acto y procedimiento administrativo*, Buenos Aires, Plus Ultra, 1975, págs. 116 y ss.

[92] Confr. Hernán Celorrio, "Recursos contra el acto de naturaleza jurisdiccional", cit. págs. 121 y ss.

## 8. Conclusiones

Sin lugar a dudas, la sanción de la Ley 19.549 en 1972, significó un sensible avance en la consolidación de la aplicación práctica de los principios generales de derecho a los procedimientos administrativos, mediante una normativa que habilitó cauces más extensos y profundos para canalizar aspectos muy positivos en salvaguarda de derechos fundamentales que ya la dogmática había abordado y proyectado con unánime enfoque. Más aun, sin constituir un nuevo punto de partida, habilitó un sendero propicio a la profundización de tales planteos, que la doctrina nacional aprovechó en extremo para estructurar aspectos esenciales en el reconocimiento cabal de los llamados nuevos derechos consistentes con la retórica del neoconstitucionalismo; muchos son los ejemplos referibles pero quizás todo lo atinente a la tutela administrativa efectiva y a la facilitación del acceso a la revisión judicial, constitucionalmente exigible, integran los hitos de mayor trascendencia.

Más allá de estas apreciaciones genéricas, cuatro campos merecen una especial distinción, a saber, lo atinente a: 1. derechos fundamentales; 2. gestión pública, 3. referencia jerárquica, y 4. regulación administrativa.

### A) *Derechos fundamentales*

La normativa vigente, como asimismo la doctrina prevalente, y la jurisprudencia pacíficamente reinante son contestes en un amplio reconocimiento de una sólida vigencia de los derechos fundamentales, en los procedimientos administrativos. Esta tesitura alcanza a todo su espectro, pero registra especial énfasis en las áreas recursivas, en las cuales se plantea el reconocimiento de derechos subjetivos individuales afectados. Lo expuesto no excluye la visión amplia con la cual la Corte Suprema ha considerado la vigencia de corolarios propios del principio de tutela administrativa efectiva tanto respecto a derechos de incidencia colectiva referidos a derechos individuales como a los derechos de incidencia colectiva referentes a derechos individuales homogéneos[93]. Al respecto cabe significar que la notoria ampliación del reconocimiento de derechos de incidencia colectiva, como asimismo la plena vigencia del principio de tutela administrativa efectiva, ha tornado muy objetable la noción de interés legítimo llegándose, doctrinariamente, a reputar su inexistencia en el orden nacional[94].

Así, en síntesis, los planteos de naturaleza garantista que históricamente han constituido el plexo sustancial de los procedimientos administrativos recursivos

[93] Armando N. Canosa, "Procedimiento administrativo: recursos y reclamos", cit., págs. 107 y ss. Ver. art. 43 de la Constitución Nacional.

[94] Armando N. Canosa, "Procedimiento administrativos: recursos y reclamos", cit., pág. 276.

agudizan su vigencia y resultan naturalmente entrelazados con los propios de la buena administración, legalidad objetiva y transparencia, vías por medio de las cuales se incorporan con fluidez a los principios inherentes a la debida gestión pública.

B) *Gestión pública*

Señalaba López Rodó que el procedimiento administrativo conforma un mecanismo destinado a garantizar un mejor funcionamiento de la administración y a otorgar a los administrados la posibilidad de hacer valer sus derechos ante deficiencias de la acción estatal; aserto que con certera lucidez, sin perjuicio de la perspectiva garantista directa[95], aborda con contundencia un aspecto clave muchas veces postergado en la dogmática administrativista, cual es el debido funcionamiento de la administración. Los tópicos procedimentales no han sido ajenos a tales concepciones restrictivas, en cuanto, como se apuntaba, los desarrollos relativos a la eficiencia de la gestión pública no registra mayor profundidad en los planteos tradicionales siendo muy recientes los estudios que proyectan la asimilación de las condiciones de eficiencia y de legitimidad, extremo claramente consecuente de las prescripciones constitucionales de España, tanto en lo atinente a la acción administrativa propia como a las consideraciones presupuestarias concomitantes[96].

No resulta aceptable restringir la plena vigencia de principios procedimentales al área recursiva. Lejos de ello la panoplia amplia de los mismos, son aplicables cabalmente a toda la gama procedimental en los alcances de la ajustada definición de Sayagués que encabeza estas líneas; obviamente que con diversas proyecciones y consideraciones diferentes, en función del acto final, corolario natural de procedimiento.

Cual se consignara en el acápite anterior, principios sustanciales de la gestión pública son también de especial relevancia en la recursiva, tales como trasparencia, eficacia, celeridad, formalidad moderada, legalidad objetiva, publicidad, confianza legítima y, en general, todos los comprendidos en el marco de la buena administración, conforme a los enunciados de la Convención de Niza.

Tampoco puede desestimarse el factor esencial constituido por el hecho de que la eficaz gestión pública supone el instrumental más idóneo para el debido respeto de los derechos fundamentales de reciente generación, tales como los derechos económicos, sociales y culturales, como asimismo los ambientales y en una apreciación cabal los de incidencia colectiva directa.

[95] Confr. Laureano López Rodó, "El procedimiento administrativo, garantía de los administrados", en *Revista de Derecho Administrativo*, año 6, núm. 15, enero/agosto 1994, Buenos Aires, Depalma, citado por Guido Santiago Tawil, en "El futuro del procedimiento administrativo", en Héctor Pozo Gowland; David Andrés Halperìn; Oscar Aguilar Valdez; Fernando Juan Lima; Armando Canosa (dir.), *Procedimiento administrativo*, cit., t. ii, pág. 7.

[96] Arts. 103 y 135 de la Constitución española.

C) *Referencia jerárquica*

La amplitud en la consideración de los principios procedimentales no puede excluir la relevancia de la relación jerárquica en la debida tramitación de los procedimientos. Ello es así, no solo por cuanto constituye una condición esencial en la plena vigencia de los principios garantistas, sino por cuanto hace a la legalidad y eficiencia de la gestión pública, criterios insoslayables de la buena administración y consecuentemente, a elementos severos de responsabilidad estatal.

Nuevamente se plantea el falso dilema entre aspectos sustancialmente garantistas y principios básicos de organización administrativa, equívoco de evidente falsedad pero supérstite en muchas alusiones dogmáticas, tales como algunas vinculadas a una válida preocupación por un acceso judicial expedito sin reparar en la legítima habilitación de contralor connatural a la posición jerárquica. En efecto, la dogmática tradicional, con singular acierto, proyecta el análisis recursivo en función de dos pilares: a) debido proceso adjetivo (visión subjetiva), y b) principio de legalidad objetiva (criterio objetivo); el primero estructurado en función del afectado, y el restante, en función de la administración, constituyéndose en su conjunto un doble entramado de protección de los derechos eventualmente afectados, y paralelamente en un mejor resguardo del principio de buena administración, además del debido respeto a un elemento esencial de la organización administrativa.

La confluencia de ambas vertientes no solo representa un mejor esquema de protección de derecho fundamentales, sino también permite una mejor alternativa en procedimientos ordinarios de gestión pública, ante esquemas de incidencia colectiva, respecto a los cuales, al presente, las vías participativas registran aun escaso desarrollo práctico.

D) *Regulación administrativa*

Como ya se advirtió, la profundización en el análisis de los alcances procedimentales en la recursiva administrativa, en pos de una debida garantía de derechos individuales y de incidencia colectiva ha sido notable como también ha sido conteste su vertiente jurisprudencial y su concreción normativa. No ha sido solo la sanción de la Ley Nacional de Procedimientos Administrativos en 1972, sino también el amplio desarrollo de normativas complementarias y la amplitud de criterio observada en la legislación provincial consecuente y con mayor trascendencia aun la incorporación de disposiciones concluyentes en la Constitución Nacional, a tenor de las reformas introducidas en el año 1994[97].

[97] Ver arts. 42 y 43 de la Constitución Nacional.

Sin embargo no pueden observarse similares desarrollos en lo atinente a los procedimientos relativos a la emisión de reglamentos administrativos, y no es casual justificativa el hecho notorio del énfasis en las tesituras revisoras, dado que los procedimientos para la emisión del acto administrativo, registran un excelente y sólido respaldo dogmático, y este no constituye un aspecto menor si se considera que los nuevos cometidos estatales exigen de por sí una amplia dinámica regulatoria, con epicentro en la acción de la administración, a sus distintos niveles.

El desdén tradicional con que se considera la actividad reglamentaria por un excesivo celo en la reputación de los alcances *sub lege* de la actividad de la administración pública, ha provocado un serio vacío doctrinario al respecto, y también serias deficiencias normativas en su ordenación, extremos de severa gravedad dado que se trata de un campo de continua expansión y en el cual, ordinariamente, se registra la mayor interferencia sobre la movilidad natural del accionar privado. Lejos estamos hoy de plantearnos una dicotomía de áreas estancas entre sociedad civil y Estado, para adentrarnos en una concatenación complementaria en el accionar de ambos sectores con límites mucha veces difusos entre derecho público y privado, y con vectores de *soft law* de emergencia manifiesta[98] y, precisamente por ello, siendo los procedimientos, el elemento sustancial para verificar la legitimidad de la presencia de una voluntad pública resulta anacrónica una postergación sistemática de su análisis dogmático y de su precisión normativa, sin desconocer la existencia de algunas prescripciones legales al respecto, carentes de sistematización y con mínimo sustento doctrinario que lo respalde.

La gravedad de este vacío surge con evidencia al menos en tres aspectos relevantes: a) la circunstancia de la variedad de áreas objeto de disposiciones reglamentarias, lo cual inhibe o dificulta al máximo normativas genéricas y proyectan enfoques sectoriales; b) la diversidad de intereses involucrados, individuales o de incidencia colectiva, presentes o futuros visualizables, localizables o de conformación abierta, etc., lo cual complica notoriamente la determinación de la participación admisible o bien la limitación propia de una representatividad restringida, y c) la eficacia de la acción regulatoria que ordinariamente no condice con pautas temporales dilatadas. Quizás el derecho norteamericano presente un marco normativo integral pero sus categorizaciones (v. gr. conformación de "agencias", esquemas de "Formal e Informal Rulemaking", etc.) se integran en un contexto de muy difícil equiparación a nuestro plexo jurídico.

[98] Ampliar en Javier Barnes, "El derecho administrativo como el verdadero derecho de la dociedad", en *Revista Digital de la Asociación Argentina de Derecho Administrativo*, núm. 1, año 2016, págs. 47 y ss.

## 9. Observaciones finales

Una ajustada síntesis de los desarrollos expuestos permiten perfilar las siguientes conclusiones:

1. El derecho argentino tanto a nivel nacional como provincial, dada su estructura federal, registra una formación muy extensa de prescripciones procedimentales especialmente orientadas a la emisión de actos administrativos y a su revisión tanto en sede administrativa como ante la Justicia; contando con una profusa y sólida doctrina de apoyo y de un amplio reconocimiento jurisprudencial.

2. La Ley de Procedimientos Administrativos, instrumento central en la normativa procedimental, estatuye los principios sustanciales aplicables, lo cual no excluye la aplicación de otros propios de los principios generales del derecho público. En este marco son prioritarios los inherentes a la tutela administrativa efectiva y a la buena administración.

3. Los procedimientos administrativos apuntan tanto al debido resguardo de derechos de los administrados como a asegurar una acción administrativa legítima y eficaz, y por ende la esencia del procedimiento administrativo debe radicar en una conjunción interactiva de administración y administrados en pos de tales objetivos.

4. La evolución de la caracterización de los cometidos estatales conduce a una diversificación del accionar público a su conjuro, y también un replanteo constante de la concatenación operativa pública-privada, siendo la actividad regulatoria el instrumento idóneo a ese efecto lo cual exige una mejor consideración normativa y doctrinaria de tales aspectos, visualizándose al presente un serio vacío que debería afrontarse en profundidad, con celeridad.

# COLOMBIA

# EL PROCEDIMIENTO ADMINISTRATIVO EN COLOMBIA

AUGUSTO RAMÓN CHÁVEZ MARÍN

## **Sección primera.** *Breve reseña histórica sobre la legislación y codificación del procedimiento administrativo en Colombia*

Para reseñar la historia de la regulación organizada del procedimiento administrativo en Colombia es preciso señalar que se han expedido cuatro códigos administrativos, adoptados por las siguientes normas, en su orden: la ley 130 de 1913, la ley 167 de 1941, el decreto-ley 1 de 1984 y la ley 1437 de 2011.

### 1. LOS DOS PRIMEROS CÓDIGOS

El primero, organizó y asignó funciones a la que denominó jurisdicción contencioso-administrativa sin regular los procedimientos administrativos. El segundo código, previó el título tercero dedicado a los "procedimientos administrativos", en cuyo capítulo VIII (primero de ese título) estableció las reglas del "procedimiento gubernativo", mientras los demás capítulos de ese título se dedicaron a regular aspectos generales y específicos del "procedimiento ante lo contencioso administrativo".

En relación con este segundo código, contenido en la ley 167 de 1941, es necesario recordar que en ejercicio de facultades extraordinarias otorgadas por la ley 19 de 1958, fue expedido por el presidente de la República el decreto-ley 2733 de 1959, por cuyo capítulo II se sustituyó el referido capítulo VIII de dicho estatuto, relativo al procedimiento gubernativo, pero además se previeron dos capítulos para regular el derecho de petición y la revocación directa de los actos administrativos, respectivamente, temas que no se hallaban previamente regulados. Siendo así adicionada la normativa sobre la materia, cubriendo esos tres campos, permaneció el vacío relativo a la actuación previa a la adopción de la decisión administrativa adelantada por y ante la propia administración, así como la necesidad de prever que aquella podía originarse no solo en el derecho de petición; vacíos que vinieron a llenarse con las normas del tercer código contenido en el decreto-ley 1 de 1984 y en la ley 58 de 1982, que previó algunas reglas y otorgó al gobierno las facultades correspondientes.

### 2. El tercer código

Ese tercer, denominado expresamente Código Contencioso Administrativo, se integró por dos partes, la primera, compuesta solo por el Libro Primero y este por nueve títulos, dedicada a los procedimientos administrativos, mientras que la parte segunda se consagró, mediante cuatro libros adicionales, al control jurisdiccional de la actividad administrativa, a la organización y funciones de la jurisdicción en lo contencioso administrativo, al procedimiento ante tal jurisdicción y a las disposiciones finales.

### 3. El cuarto código

Por último, el cuarto y actualmente vigente, se denominó Código de Procedimiento Administrativo y de lo Contencioso Administrativo, y como lo sugiere su título, contiene en realidad dos códigos. Vale decir que esta estructura dual también se presentaba en el estatuto anterior a través de las dos partes que lo integraban, pero en ellas no se adoptaba la denominación expresa que ahora se prevé. En efecto, la nueva normativa establece en la Parte primera, un código dedicado propiamente a los procedimientos administrativos que se adelantan ante las autoridades que allí se identifican como tales y en la Parte segunda, el atinente a la organización y funciones de la jurisdicción de lo contencioso administrativo, así como a los procesos que ante ella se adelantan.

Es preciso recordar que Colombia adoptó en 1991 una nueva Constitución Política, no obstante lo cual el código de 1984 permaneció vigente hasta el 2 de julio de 2012, fecha en la cual entró a regir el nuevo código contenido en la ley 1437 de 2011. Este nuevo ordenamiento pone entonces a tono el procedimiento administrativo con las concepciones adoptadas por la nueva Carta.

## **Sección segunda.** *Ámbito de la regulación del procedimiento administrativo*

### 4. Autoridades y función administrativa

El interés de este trabajo se centra entonces en las normas de la parte primera del Código de Procedimiento Administrativo y de lo Contencioso Administrativo (en adelante, CPACA o código)[1], en cuyo artículo 2° se prevé el campo de su aplicación. La delimitación de ese ámbito se precisa teniendo

[1] Los artículos que se citarán en este trabajo corresponden al CPACA salvo que se indique algo distinto. Cuando se citen títulos o capítulos del código deben entenderse referidos a la primera parte del CPACA, es decir, al Código Administrativo.

en cuenta un criterio subjetivo u orgánico y un criterio objetivo o material. Ello es así en tanto extiende la aplicación de sus normas a una serie de sujetos públicos y privados —a todos los cuales identifica en forma general como *autoridades*—, que son todos los organismos y entidades que integran las ramas del poder público en sus distintos órdenes, sectores y niveles, a los órganos autónomos e independientes del Estado y a los particulares cuando cumplan funciones administrativas.

Conforme a lo anterior, el Código se aplica a las actuaciones de todas las instituciones que integran la estructura del Estado cuando quiera que realizan funciones administrativas. Los aspectos básicos y generales de tal estructura se consagran por el Capítulo I del Título V de la Constitución Política de 1991 y se desarrollan en forma específica en los títulos subsiguientes, de acuerdo con los cuales se predica la existencia de las tres clásicas ramas del poder público (ejecutiva, legislativa y judicial), la organización electoral, el ministerio público, los órganos de control fiscal y algunas instancias consagradas en forma específica o general por la Carta como son el Banco de la República, la Comisión Nacional del Servicio Civil, las corporaciones autónomas regionales, la corporación del Río Grande la Magdalena y la Superintendencia de Servicios Públicos Domiciliarios.

Esa compleja estructura de orden o nivel nacional y centralizado, se manifiesta también en el orden o nivel territorial a través de la materialización institucional de los principios de descentralización, desconcentración y delegación de *ciertas funciones públicas* y particularmente de la función administrativa, tal como lo prevé la ley 489 de 1998[2]. Pero también existen órganos y entidades en los *sectores administrativos* central y descentralizado por servicios, que se predican especialmente de la rama ejecutiva del poder público tanto en el orden o nivel nacional como en el territorial, esto es, en la organización administrativa de las divisiones del territorio del Estado Unitario colombiano, esto es, en los departamentos, los distritos, los municipios y las localidades.

Todo ello se presenta sin perjuicio de que el fenómeno de la descentralización especializada o por servicios tenga específicas manifestaciones en las demás ramas —distintas de la rama ejecutiva— y organizaciones autónomas, mediante la existencia de entidades descentralizadas, como ocurre, por ejemplo, con el Instituto de Medicina Legal en la rama judicial, con el Fondo de Bienestar Social en la Contraloría General de la República y con el Instituto de Estudios del Ministerio Público en la Procuraduría General de la Nación. Es decir

[2] Por la cual se dictan normas sobre la organización y funcionamiento de las entidades del orden nacional, se expiden las disposiciones, principios y reglas generales para el ejercicio de las atribuciones previstas en los numerales 15 y 16 del artículo 189 de la Constitución Política y se dictan otras disposiciones.

que tanto en el orden nacional como territorial y en toda la extensión de la estructura del Estado encontramos órganos, organismos y entidades (estas sin duda dotadas de personalidad jurídica propia) que desempeñan funciones administrativas, en cuya circunstancia se les aplica el Código Administrativo.

De otra parte, como una manifestación de la democracia participativa prevista por la Constitución de 1991 se presenta la realización en ciertos casos de funciones administrativas por sujetos de carácter privado, en los que entra en juego el derecho administrativo y específicamente la aplicación del CPACA a los procedimientos que aquellos adelanten en tal ejercicio. Esa participación proviene de la asignación unilateral del Constituyente o del legislador (como en el caso de las cámaras de comercio o del servicio notarial) o bien de la asignación convencional pactada entre una institución pública y el particular, tal como lo regula el capítulo XVI de la citada ley 489 de 1998. También en el adelantamiento del procedimiento administrativo sea por los órganos públicos o por los particulares debidamente autorizados, suele realizarse el principio democrático, que se propicia cuando "las autoridades podrán decretar la práctica de audiencias en el curso de las actuaciones con el objeto de promover la participación ciudadana [...]" (art. 35).

Como se observa, el criterio material tiene un protagonismo fundamental si se tiene en cuenta que dichos sujetos públicos o privados activarán las normas del CPACA que regulan el procedimiento administrativo siempre y cuando se trate del ejercicio de la función administrativa, lo cual significa que no se aplicarán cuando se trate del desempeño de funciones públicas distintas a aquella, vale decir, constituyente, legislativa, judicial, electoral, de control fiscal y de ministerio público.

## 5. Actuaciones expresamente excluidas

Ahora: si bien lo anterior envuelve un criterio positivo de sujeción normativa, que pone a dichas autoridades en la condición de aplicación correspondiente, también se prevé un criterio negativo en el sentido de excluir no solo todo aquel ejercicio que no corresponda al espacio orgánico y material descrito, sino a unos eventos que necesariamente están por fuera de dicho espacio, por disposición expresa del código, cuales son (i) los procedimientos militares o de policía que por su naturaleza requieran decisiones de aplicación inmediata, para evitar o remediar perturbaciones de orden público en los aspectos de defensa nacional, seguridad, tranquilidad, salubridad y circulación de personas y cosas, y (ii) el ejercicio de la facultad de libre nombramiento y remoción. Conviene apuntar que se conserva el sentido de estas dos exclusiones que se hallaban previstas en el artículo 1° del código anterior.

## 6. Procedimiento general, procedimientos especiales y procedimientos excluidos

Si bien el procedimiento previsto en el Código se aplica a las autoridades cuando desarrollan funciones administrativas, ello no es así en todos los casos. En efecto, desde el artículo 2º se dispone que tales reglas tienen un carácter general y supletorio, de modo que se respetan los procedimientos regulados en leyes especiales, pero, en todo caso, en lo no previsto en ellas se aplicarán las disposiciones del Código. Esa previsión se reitera en el artículo 34 del Código, el cual introduce el calificativo *procedimiento administrativo común y principal* y la previsión de respeto de las normas especiales, pero también el carácter supletorio de aquel procedimiento administrativo común.

Al respecto se recuerda que un número importante de procedimientos administrativos se someten a reglas especiales. Se destacan, por ejemplo, las normas de expedición de las ordenanzas por las asambleas departamentales (Código de Régimen Departamental, decreto-ley 1222 de 1986) y de los acuerdos por los concejos municipales (Código de Régimen Municipal, decreto-ley 1333 de 1986 y sus modificaciones), los procedimientos en materia contractual (ley 80 de 1993 y sus reformas), los procedimientos administrativos de carácter tributario (decreto-ley 624 de 1989 y sus reformas) y los procedimientos de registro de la propiedad inmueble (ley 1579 de 2012).

Adicionalmente es necesario tener en cuenta que el Capítulo III (arts. 47-52) del Título III del Código regula el que denomina *procedimiento administrativo sancionatorio*, con el mismo criterio que el procedimiento administrativo general mencionado: con carácter general y supletorio. Ello significa que el Código acepta la existencia de procedimientos administrativos sancionatorios especiales, como ocurre, por ejemplo, con los procedimientos disciplinarios de los servidores públicos (leyes 734 de 2002 y 1952 de 2019), los procedimientos administrativos sancionatorios en materia tributaria (decreto-ley 624 de 1989 y sus reformas), los procedimientos de responsabilidad fiscal de competencia de los órganos de control fiscal (ley 610 de 2000) y los procedimientos sancionatorios en materia ambiental (ley 1333 de 2009). Mención especial merece la aceptación expresa del procedimiento sancionatorio en materia contractual por parte del parágrafo del artículo 47[3]. De modo que si no existe un régimen especial que regule el procedimiento sancionatorio en un caso un específico, las autoridades deberán aplicar las normas del referido capítulo y en caso que hubiere reglas especiales su aplicación será supletoria.

Dos observaciones finales respecto de la manera de llenar los vacíos en este campo: los que se presenten respecto de las normas del procedimiento

[3] Parágrafo. Las actuaciones administrativas contractuales sancionatorias, incluyendo los recursos, se regirán por lo dispuesto en las normas especiales sobre la materia.

sancionatorio general previsto en el capítulo III citado, deberán solucionarse con las reglas generales establecidas para el procedimiento administrativo común y principal en el Capítulo I del Título III al que también pertenecen las normas del procedimiento sancionatorio, pero también con las restantes normas del mismo Título III. Esta consideración deviene del entendimiento sistemático de los artículos 34 y 47, primera disposición de cada uno de dichos capítulos, que remite para tal fin en su conjunto a las normas de la primera parte del Código.

Por último, debe tenerse en cuenta sobre este tema, que si bien la primera parte del CPACA no prevé la aplicación supletoria del Código de Procedimiento Civil, contenido hoy en el Código General del Proceso (ley 1564 de 2011), ella se establece expresamente en la previsión general hecha por el artículo 306 de la segunda parte, no solamente referida a esta —relativa al contencioso administrativo— sino a las dos partes que integran la totalidad de la ley 1437, pues así debe interpretarse la referencia hecha allí a "este Código". Consideramos adicionalmente que tal aplicación se deriva del entendimiento de los principios establecidos por el artículo 3° que en seguida se estudiarán.

## **Sección tercera.** *Principios del procedimiento administrativo*

### 7. Protección y garantía de los derechos de los administrados

Principios de finalidad, *pro actione*, *favor acti* y de *conservatio acti*, de eficacia, de economía, simplicidad, anti-formalidad. El artículo 1° del nuevo estatuto establece la finalidad de las normas de la parte primera de la ley 1437, que constituye a su vez el sentido y fin de los procedimientos administrativos, que ahora trasciende la condición de instrumento del trámite de decisiones y el mero papel garantista de los derechos y libertades ciudadanas que se atribuía a la actuación administrativa por la regulación *legalista* anterior a la Carta de 1991. En efecto, tal finalidad se enmarca y se enfatiza por la visión del Estado constitucional, social y democrático proyectada en varios aspectos, que guardan armonía y relación con las especiales previsiones de la nueva Constitución referidas a los fines esenciales del Estado, la responsabilidad de los particulares y de los servidores públicos, el principio de legalidad aplicable a las autoridades y los principios de la función administrativa (Const. Pol., arts. 2°, 6°, 121 y 209): esa garantía adopta el criterio de realización de los derechos en sede administrativa para evitar su debate judicial, en tanto las autoridades no solo respetan el orden jurídico y específicamente el constitucional, sino que cumplen sus deberes, hacen cumplir los de los particulares y logran los fines estatales, con la prevalencia de los intereses generales, laborando con eficiencia y respetando las diferentes manifestaciones democráticas previstas y protegidas por la Carta mencionada. Es así como la administración no solo se abstiene de vulnerar los derechos al respetar el orden jurídico (posición de garantía negativa) sino que adoptando una renovada posición cualitativa, organiza las condiciones jurídicas y materiales u operativas para que, en el marco del Estado social y democrático, los derechos de diverso orden que allí tienen vida se realicen efectivamente en el seno de la propia administración (actuación positiva).

Y si bien la concepción expuesta se aprecia en el artículo 1° del Código como expresión de la finalidad general de las normas de la primera parte del estatuto, esos propósitos se realizan especialmente con la expedición de actos administrativos que constituyen el objeto del procedimiento administrativo. Es decir, que el principio de finalidad tiene esa doble manifestación y síntesis en el Estado social de derecho.

Por su parte, el artículo 3° del Código establece el deber de las autoridades de interpretar y aplicar las normas que regulan las actuaciones y procedimientos administrativos a la luz de los principios consagrados en la Constitución, en leyes especiales y en la parte primera del CPACA. A su vez, la norma ordena desarrollar dichas actuaciones con arreglo a trece principios que allí mismo se definen[4]. Entre tales principios se encuentra el de eficacia, que tiene una directa relación con los principios mencionados, pues en su virtud "las autoridades buscarán que los procedimientos logren su finalidad y, para el efecto, removerán de oficio los obstáculos puramente formales, evitarán decisiones inhibitorias, dilaciones o retardos y sanearán, de acuerdo con este Código las irregularidades procedimentales que se presenten, en procura de la efectividad del derecho material objeto de la actuación administrativa". Al de eficiencia se vincula el principio de economía, pues de acuerdo con este las autoridades deberán proceder con austeridad y eficiencia, optimizar el uso del tiempo y de los demás recursos, procurando el más alto nivel de calidad en sus actuaciones y la protección de los derechos de las personas.

Ahora bien, en el contexto descrito tienen sentido y manifestación los principios *pro actione*, *favor acti* y de *conservatio acti*. El primero ha tenido una especial consideración en el ámbito judicial, como expresión de acceso a la administración de justicia, pero tiene también una significación importante en el procedimiento administrativo como garantía de acceso de las personas a las autoridades administrativas y de validación de su intervención ante ellas, en el marco de sus peticiones y recursos, a veces enlazado a otros como el principio

[4] Ellos son: debido proceso, igualdad, imparcialidad, buena fe, moralidad, participación, responsabilidad, transparencia, publicidad, coordinación, eficacia, economía y celeridad. Además se prevé en la norma expresamente que en materia administrativa sancionatoria, se observarán adicionalmente los principios de legalidad de las faltas y de las sanciones, de presunción de inocencia, de no *reformatio in pejus y non bis in idem.*

*pro homine* y el de prevalencia de lo sustancial sobre lo formal[5]. Los dos últimos directamente vinculados al primero, pero también al de finalidad y al de eficacia, buscan la preservación del procedimiento y del acto administrativo a través de la adopción de las medidas de saneamiento necesarias pero legales —con prevalencia de lo sustancial sobre lo formal— tendientes a garantizar el logro de los fines de la administración y del Estado.

En este plexo de postulados y relacionados con los que se han visto, se ubican los que podrían identificarse como principios de simplicidad y de antiformalidad, que en el derecho colombiano se estudian especialmente en el marco de las exigencias de los procedimientos administrativos y del acto administrativo. Se vinculan a la garantía constitucional del debido proceso (art. 29 de la Carta), así como a los vicios o causales de anulación del acto administrativo, en particular a la denominada expedición irregular o al desconocimiento del derecho de audiencia y defensa (arts. 137 y 138). Es así como pueden presentarse vicios en las formas exigibles del acto y en las formalidades requeridas para el trámite o procedimiento, pero precisamente habrá que establecer si prima la simplicidad e informalidad en cada caso, por manera que tal vicio no se configure. Al respecto ha indicado la doctrina, frente a las formas, que ellas son imprescindibles cuando la ley las exige expresamente en forma específica para la documentación de ciertos actos, mientras que en punto a las formalidades "el criterio aplicable principalmente es el de la influencia que la omisión de la formalidad o procedimiento ha podido tener sobre la decisión, es decir, que serán formalidades o procedimientos sustanciales aquellos cuya omisión implica que la decisión sería diferente de la tomada"[6].

[5] Véase, por ejemplo, Consejo de Estado, Sala de lo Contencioso Administrativo, Sección Segunda, Subsección B, sent. de 28 de julio de 2016, exp. 15001 23 31 000 2007 00148 01 (1863-2015), en la que se expresa: "Entonces, en el caso materia de examen, entiende la Sala que el *a quo* consideró en el auto admisorio que en la petición de septiembre 25 de 2006, si bien no fue lo suficientemente claro el actor respecto de la solicitud de reintegro, toda vez que, lo solicitado fue que se diera cumplimiento al fallo de tutela proferido [...] como quiera que la E.S.E. Hospital San Rafael de Tunja no acató los considerandos respecto al reintegro, lo cierto es que, la pretensión de cancelación de los valores correspondientes a las prestaciones sociales la formula como consecuencia del reintegro que debió haberse producido de plano o *ipso iure*.

"En ese orden, considera la Sala que si bien el escrito de agotamiento no fue construido con el rigor técnico que la ley exige y que permitiera identificar sin mayor esfuerzo dialéctico las peticiones reclamadas ante la administración, lo cierto es que de una lectura integradora y garantista se desprende la pretensión de reintegro que echa de menos el *a quo* en la sentencia, cuando en realidad, al momento de hacer el estudio de admisibilidad de la demanda, nada dijo sobre tal particular, sino por el contrario, estimó que respecto del requisito de agotamiento de vía gubernativa, se encontraba completa la proposición jurídica".

[6] Libardo Rodríguez Rodríguez, *Derecho Administrativo general y colombiano*, Bogotá, Temis, 2013, 18ª ed., págs. 326-327. La aplicación sistemática e integradora de los principios estudiados se deja ver de modo ilustrativo en el siguiente texto de una sentencia del Consejo de Estado, Sala de lo Contencioso Administrativo, Sección Cuarta, 12 de julio de 2012, exp. 25000-23-27-000-2008-00188-01(17892): "La expedición irregular de los actos

## 8. Principios de la buena fe, lealtad y confianza legítima

El principio de buena fe tiene consagración expresa en el artículo 83 de la Constitución[7]. Conforme al Código, en su virtud las autoridades y los particulares presumirán el comportamiento leal y fiel de unos y otros en el ejercicio de sus competencias, derechos y deberes. Como se observa, el principio de lealtad constituye una expresión del principio de buena fe. También lo es el principio de confianza legítima, que se ha definido por el Consejo de Estado como una "expectativa genuina que alberga el particular, de que las reglas establecidas por el Estado para el ejercicio de una actividad o el reconocimiento de un derecho no sean variadas súbitamente. De acuerdo con ello, este principio se ve defraudado cuando la autoridad produce un cambio abrupto en sus comportamientos y decisiones, cambio que resquebraja la esperanza legítima que el administrado se ha fijado. [...]"[8]. Por su parte, la Corte Constitucional ha precisado que "Ese este un principio que debe permear el derecho administrativo, el cual, si bien se deriva directamente de los principios de seguridad jurídica (arts. 1° y 4° de la C. P.), de respeto al acto propio y buena fe (art. 83 de la C. P.), adquiere una identidad propia en virtud de las especiales reglas que se imponen en la relación entre administración y administrado. Es por ello que la confianza en la administración no solo es éticamente deseable sino jurídicamente exigible. Este principio se aplica como mecanismo para conciliar el conflicto entre los intereses público y privado, cuando la administración ha creado expectativas favorables para el administrado y lo sorprende al eliminar súbitamente esas condiciones. Por lo tanto, la confianza que el administrado deposita en la estabilidad de la actuación de la administración, es digna de protección y debe respetarse"[9].

---

administrativos se configura cuando la administración viola las normas que establecen el procedimiento para la formación de los actos administrativos o la manera como estos deben presentarse. Sin embargo, el Consejo de Estado ha dicho que para que se configure la nulidad de los actos administrativos por expedición irregular, es menester verificar si el vicio cometido en el trámite incide en el sentido de la decisión, al punto de afectarla, pues, en caso de que el vicio sea intrascendente, no habrá lugar a declarar la nulidad del acto. Lo anterior es así, porque, en virtud del principio de eficacia, los procedimientos se siguen para que cumplan la finalidad para la que fueron creados. En esa medida, la administración pública está facultada para remover, de oficio, los obstáculos puramente formales que puedan dar lugar a decisiones inhibitorias, o para sanear, de oficio o a petición de parte, los vicios de procedimiento que puedan ser objeto de saneamiento".

[7] "Las actuaciones de los particulares y de las autoridades públicas deberán ceñirse a los postulados de la buena fe, la cual se presumirá en todas las gestiones que aquellos adelanten ante estas".

[8] Consejo de Estado, Sala de lo Contencioso Administrativo, Sección Primera, sent. del 7 mayo 2015, exp. 11001-0324-000-2014-00108-00.

[9] Sent. T-660 de 2002. Al resolver un caso con sustento en la aplicación de estos principios el Consejo de Estado expresó "Por otra parte la Sala considera que las objeciones planteadas por la actora con respecto a la aplicación retroactiva de la nueva contraprestación, tienen

## 9. Principios de la organización: jerarquía, desconcentración, descentralización, coordinación

Entre los principios enunciados por el artículo 3° del Código se encuentra el principio de coordinación, que exige a las autoridades *concertar* sus actividades con las de otras instancias estatales en el cumplimiento de sus cometidos y en el reconocimiento de los derechos de los particulares. Se distingue así la coordinación o concertación, frente a la colaboración y la cooperación, previstas por el artículo 6° de la ley 489 de 1998 y más aún frente a la colaboración armónica entre los poderes públicos y los organismos autónomos e independientes, ordenada por el artículo 113 de la Carta.

Ahora, si bien los principios de jerarquía, desconcentración y descentralización, no se encuentran consagrados expresamente en el citado artículo 3°, devienen no solo de las normas constitucionales que prevén la organización administrativa en los órdenes nacional, seccional o departamental y local o municipal (arts. 115, 150 num. 7, 300 num. 7 y 313 num. 6), con sus respectivos sectores descentralizados por servicios, sino de la manifiesta mención de los dos últimos dentro de los principios de la función administrativa establecidos por el artículo 209 de la Carta. Es ella la que prevé la descentralización en diferentes disposiciones como principio y especialmente lo proyecta en sus modalidades de descentralización territorial y por servicios en la previsión de instituciones precisamente descentralizadas, por ejemplo en los artículos 1°, 49, 210, 286, 352 y 368.

En todo caso los principios de descentralización y desconcentración se prevén en los artículos 7° y 8°, respectivamente, de la mencionada ley 489 de 1998, preceptos que se limitan a hacer algunas referencias y directrices al primer principio, sin definirlo, y una definición confusa del segundo. Es el artículo 38 *ejusdem*, el que al determinar la estructura de la rama ejecutiva del poder público en el orden nacional prevé como se integra el sector descentralizado por servicios, mientras que en los capítulos XIII, XIV y XV (arts. 68-109) se definen y regulan los diferentes aspectos relativos a las diversas modalidades de entidades descentralizadas por servicios; pero en todo caso en dichas disposiciones no se prevé un concepto o definición de la descentralización en ninguna de sus modalidades, aunque sea posible deducirlo de sus preceptos,

---

vocación de prosperidad, pues estima la Sala que los efectos de los actos administrativos demandados no pueden extenderse hacia el pasado por estrictas razones de confianza legítima y seguridad jurídica.

"El principio de seguridad jurídica, propio de un Estado Social de Derecho como el nuestro, responde a un deseo de orden, de tranquilidad y certidumbre en las relaciones jurídicas y presupone, entre otras cosas, la irretroactividad de las leyes y actos administrativos desfavorables o restrictivos". Consejo de Estado, Sala de lo Contencioso Administrativo, Sección Primera, sent. de 18 septiembre 2014, exp.25000-23-24-000-2004-00466-01.

tarea que han desarrollado especialmente la jurisprudencia y la doctrina. Por su parte, el artículo 8 de la ley 489 de 1998 prevé que la desconcentración es "la radicación de competencias y funciones en dependencias ubicadas fuera de la sede principal del organismo o entidad administrativa, sin perjuicio de las potestades y deberes de orientación e instrucción que corresponde ejercer a los jefes superiores de la administración, la cual no implica delegación y podrá hacerse por territorio y por funciones"[10]. Se aprecia cómo, además, en el ordenamiento jurídico colombiano la delegación y la desconcentración son instrumentos de gestión distintos, y que la primera opera con requisitos, ejercicio y condiciones diferentes de la desconcentración[11]. Vale decir, que en la reglamentación de los anteriores principios se halla subsumido el principio de jerarquía (el cual no se prevé expresamente), que implica una estructura administrativa piramidal en los diferentes sectores y niveles de la rama ejecutiva y administrativa, pero también una manera de ejercer las funciones administrativas y adelantar los procedimientos correspondientes, que se proyectan especialmente a través del control jerárquico y de instrumentos específicos como los recursos de la vía administrativa y la revocatoria directa.

## 10. Principio de imparcialidad (inhibiciones, abstenciones y recusaciones de funcionarios)

En virtud del principio de imparcialidad, las autoridades deberán actuar teniendo en cuenta que la finalidad de los procedimientos consiste en asegurar y garantizar los derechos de todas las personas sin discriminación alguna y sin tener en consideración factores de afecto o de interés y, en general, cualquier clase de motivación subjetiva. Si bien así se prevé en el artículo 3°, el artículo 11 regula los *Conflictos de interés y causales de impedimento y recusación*, para cuando el interés general propio de la función pública entre en conflicto con el interés particular y directo del servidor público, caso en el cual este deberá declararse impedido o puede ser recusado. En efecto, todo servidor público que deba adelantar o sustanciar actuaciones administrativas, realizar investigaciones, practicar pruebas o pronunciar decisiones definitivas podrá ser recusado si no manifiesta su impedimento cuando quiera que se presente alguna de las situaciones previstas en las 16 causales establecidas por la norma referida. Esta regulación pertenece al capítulo II de la primera parte del Código, en el cual

[10] Como se observa, es una definición confusa e imprecisa, pues inicialmente se refiere solo a la desconcentración territorial y al final incluye una distinta "por funciones", como si aquella no lo fuera también. En realidad se entiende que se refiere a dos modalidades de descentralización: la territorial y la simplemente jerárquica.

[11] Los arts. 9° a 14 de la ley 489 de 1998 regulan con detalle la delegación y sus distintas modalidades.

se prevén, además, los derechos de las personas ante las autoridades y un conjunto de deberes en las actuaciones administrativas, mientras que se señalan los deberes en la atención y en la información al público, así como una serie de prohibiciones especiales que tienen las autoridades. Allí mismo en dicho capítulo II (art. 10), se establece un instrumento de gran importancia en el contexto de la atrás comentada filosofía del Código, cual es el deber de aplicación uniforme de las normas y la jurisprudencia por parte de las autoridades. Esa figura, es necesario apuntar, se armoniza con el deber de las autoridades, regulado por el artículo 102, de extender los efectos de las sentencias de unificación jurisprudencial dictadas por el Consejo de Estado, o por la Corte Constitucional –según se determinó por esta misma en las sentencias C-634 y C-816 de 2011– en la que se haya reconocido un derecho, a quienes lo soliciten y acrediten los mismos supuestos fácticos y jurídicos, e igualmente se complementa con el instrumento de carácter judicial establecido en el artículo 269 de la segunda parte del CPACA, que le permite al particular pedir lo propio pero ante el Consejo de Estado.

## **Sección cuarta.** *Inicio y desarrollo del procedimiento administrativo*

Partimos en este aspecto de la visión que concibe el procedimiento administrativo en tres fases: inicio, trámite y decisión[12]. En esta sección nos referiremos a las dos primeras fases y a la tercera en la sección siguiente.

### **11.** Iniciación del procedimiento administrativo

Conforme al artículo 4º del Código, la primera fase se puede originar en cuatro eventos que allí se separan, presentados desde la perspectiva de los sujetos que las protagonizan, en su orden: por quienes ejerciten el derecho de petición, bien en interés general o ya en interés particular, por quienes obren en cumplimiento de una obligación o deber legal o por las autoridades, oficiosamente.

La presentación de peticiones ante las autoridades se erige por la Constitución de 1991 como un derecho fundamental, cuya reglamentación se defiere a la ley estatutaria correspondiente (arts. 23, 74 y 152). Ese específico estatuto, contenido en la ley 1755 de 30 de junio de 2015, fue expedido por el Congreso de la República después de que la Corte Constitucional, mediante sentencia C-818 de 2011, declarara inexequibles la totalidad de las normas de los tres capítulos que integraban el Título II de la Parte primera del CPACA,

[12] Libardo Rodríguez Rodríguez, *Derecho administrativo general y colombiano*, ob. cit., pág. 385.

precisamente por violar la reserva de ley estatutaria establecida por el mencionado artículo 152 de la Carta. Es así, como las nuevas disposiciones contenidas igualmente en un título compuesto por tres capítulos —relativos los dos primeros a las reglas generales y especiales aplicables a las peticiones presentadas ante las autoridades y el tercero al ejercido ante organizaciones e instituciones privadas— se incorporaron al texto del Código, sustituyendo las normas inconstitucionales[13].

La Corte Constitucional ha reiterado que el derecho de petición facilita el ejercicio de la participación en la toma de las decisiones que afectan a los ciudadanos, recordando cómo, conforme al artículo 2º de la Carta, uno de los fines esenciales del Estado es facilitar la participación de todos en las decisiones que los afectan y en la vida económica, política, administrativa y cultural de la Nación[14]. En ese contexto ha señalado que el derecho de petición es "uno de los derechos fundamentales cuya efectividad resulta indispensable para el logro de los fines esenciales del Estado, particularmente el servicio de la comunidad, la promoción de la prosperidad general, la garantía de los principios, derechos y deberes consagrados en la Constitución y la participación de todos en las decisiones que los afectan, así como para asegurar que las autoridades cumplan las funciones para las cuales han sido instituidas"[15].

Ahora bien, la iniciación voluntaria de la actuación administrativa presenta varios objetos y modalidades según el artículo 13, norma que aprovechó el legislador para determinar que toda actuación que inicie cualquier persona ante las autoridades implica el ejercicio del derecho constitucional de petición, sin que sea necesario invocarlo. Las peticiones pueden presentarse por motivos de interés general o particular, y sirven, a título enunciativo, para solicitar el reconocimiento de un derecho, la intervención de una entidad o funcionario, la resolución de una situación jurídica, la prestación de un servicio, requerir información, consultar, examinar y requerir copias de documentos, formular

[13] De esas nuevas normas, en todo caso, algunos apartes se declararon inconstitucionales por la Corte en la sent. C-951 de 2014.

[14] Sent. T-129 de 2001, M. P. Alejandro Martínez Caballero.

[15] Sent. T-12 de 25 mayo 1992, Sala Tercera de Revisión. La promoción de la democracia participativa en la actuación administrativa fue objeto del capítulo VIII de la ley 489 de 1998, cuyo art. 32, modificado por la ley 1474 de 2011, merece ser recordado, pues conforme al mismo todas las entidades y organismos de la administración pública tienen la obligación de desarrollar su gestión de acuerdo con los principios de democracia participativa y democratización de la gestión pública, para lo cual podrán realizar todas las acciones necesarias con el objeto de involucrar a los ciudadanos y organizaciones de la sociedad civil en la formulación, ejecución, control y evaluación de la gestión pública. Entre tales acciones se enuncian por la norma, entre otras, convocar audiencias públicas, difundir y promover los derechos de los ciudadanos respecto del correcto funcionamiento de la administración pública y la rendición de cuentas de manera permanente a la ciudadanía.

consultas, quejas, denuncias y reclamos e interponer recursos. Los anteriores objetos hacen del mencionado derecho un instrumento para reclamar otros derechos, como indicó el profesor colombiano JAIME VIDAL PERDOMO al ilustrar este tema frente al código anterior, en trabajo titulado "El derecho de petición y la petición de otros derechos"[16]. En particular, se observa en las últimas referencias, que el derecho de petición sirve para concretar una queja o denuncia y para ejercer los recursos de la vía administrativa; si bien es necesario recordar que en este último evento no se da precisamente comienzo a una actuación o procedimiento, pues, por el contrario, la interposición de los recursos se haya precedida de una decisión administrativa producto de aquellos.

De acuerdo con la explicación anterior, y como se desprende de algunas de las normas del Código, se entiende que ciertas peticiones se presentan ante las autoridades, e inician de tal modo el procedimiento administrativo, obrando en cumplimiento de una obligación o deber que impone la ley a un sujeto jurídico para acceder a un derecho determinado, como ocurre, por ejemplo, para la obtención de algunos permisos, licencias o autorizaciones, v. gr. los casos de producción de medicamentos o la construcción de inmuebles[17].

Nótese que el ordenamiento jurídico ha previsto un importante cometido para el ministerio público en relación con el ejercicio del derecho de petición. En efecto, el artículo 23 del Código establece que los servidores de la Procuraduría General de la Nación, de la Defensoría del Pueblo, así como los personeros distritales y municipales, según la órbita de competencia, tienen el deber de prestar asistencia eficaz e inmediata a toda persona que la solicite, para garantizarle el ejercicio del derecho constitucional de petición y que, si

[16] JAIME VIDAL PERDOMO, "Derecho de petición y petición de otros derechos", en *Comentarios al Código Contencioso Administrativo*, Cámara de Comercio de Bogotá, 3ª ed., *s.f.* La mirada expuesta se amplía y adquiere una proyección constitucional a partir de la Carta de 1991, como lo ha observado la Corte Constitucional en diversas sentencias. En la providencia C-818 de 2011 recordó que "esta garantía es una herramienta determinante para la protección de otras prerrogativas constitucionales como el de la información, el acceso a los documentos públicos, facilita el ejercicio de la participación en la toma de las decisiones que afectan a los ciudadanos; es decir, en el desarrollo de su derecho democrático de participación, la libertad de expresión, entre otros".

[17] Por ejemplo el art. 13, cuyo inc. 2° prevé que "Toda actuación que inicie cualquier persona ante las autoridades implica el ejercicio del derecho de petición consagrado en el artículo 23 de la Constitución Política, sin que sea necesario invocarlo. Mediante él, entre otras actuaciones, se podrá solicitar: el reconocimiento de un derecho, la intervención de una entidad o funcionario, la resolución de una situación jurídica, la prestación de un servicio, requerir información, consultar, examinar y requerir copias de documentos, formular consultas, quejas, denuncias y reclamos e interponer recursos". Igualmente el art. 15 que faculta a las autoridades para utilizar formularios y otros instrumentos estandarizados a fin de facilitar el diligenciamiento de peticiones, así como para indicar al peticionario los documentos e informaciones requeridos por la ley que no se acompañen a la petición.

fuere necesario, deberán intervenir ante las autoridades competentes con el objeto de exigirles, en cada caso concreto, el cumplimiento de sus deberes legales. Prevé que así mismo recibirán, en sustitución de dichas autoridades, las peticiones, quejas, reclamos o recursos que aquellas se hubieren abstenido de recibir, y se cerciorarán de su debida tramitación. Por su parte, el artículo 23 de la ley 1712 de 2014 ("por medio de la cual se crea la Ley de Transparencia y del Derecho de Acceso a la Información Pública Nacional y se dictan otras disposiciones"), encarga al ministerio público —que se integra por los órganos públicos que se acaban de mencionar— la función general de velar por el adecuado cumplimiento de las obligaciones previstas en esa ley, para cuyo efecto ordenó a la Procuraduría General de la Nación establecer una metodología para que aquel cumpla una serie de funciones y atribuciones específicas en materia de promoción, prevención, educación, publicidad y sanción frente al derecho de acceso a la información, que como atrás se indicó se canaliza mediante el derecho de petición y se consagra en el artículo 74 de la Carta de 1991.

Por último, y como frecuentemente ocurre, la actuación administrativa puede iniciarse de oficio por las propias autoridades al desplegar sus funciones. Referencia a tal circunstancia se hace en el artículo 35 del Código (perteneciente ya al Título III relativo al Procedimiento administrativo general), el cual prevé que los procedimientos administrativos se adelantarán por escrito, verbalmente o por medios electrónicos, de conformidad con lo allí dispuesto o en general en la ley. Sin embargo, la misma norma establece que cuando las autoridades actúen de oficio, los procedimientos administrativos únicamente podrán iniciarse mediante escrito, y por medio electrónico solo cuando lo autoricen el código o la ley, debiendo en todo caso informar de la iniciación de la actuación al interesado para el ejercicio del derecho de defensa. Adicionalmente, el artículo 47 dispone, entre otras cosas, que las actuaciones administrativas de naturaleza sancionatoria podrán iniciarse de oficio o por solicitud de cualquier persona.

## 12. Régimen de las peticiones. Forma. Recepción. Representación. Contenido. Medidas de urgencia

La petición como fuente de iniciación del procedimiento, tiene además un régimen detallado en la ley estatutaria 1755 de 2015, incorporada como título II a la primera parte del código, cuyas reglas básicas se pueden sintetizar así:

a) Salvo norma legal especial, *el término para resolver* las peticiones es de quince días siguientes a su recepción. Está sometida a término especial la consulta a las autoridades en relación con las materias a su cargo, el cual es de treinta días; también la respuesta de la petición de documentos y de información, que es de diez días. Si en ese lapso no se ha respondido, se entenderá que la solicitud ha sido aceptada y, por consiguiente, la administración no podrá negar la entrega de los documentos al peticionario, y como consecuencia, dispone la norma, las copias se entregarán dentro de los tres días siguientes. En todo caso se dispone que cuando excepcionalmente no fuere posible resolver la petición en los plazos señalados, la autoridad debe informar tal circunstancia al interesado, antes del vencimiento del término indicado en la ley, expresando los motivos de la demora y señalando también el plazo razonable en que se resolverá o dará respuesta, que no podrá exceder del doble del inicialmente previsto (art. 14).

b) En cuanto a *la forma de presentación*, la petición puede ser verbal, pero debe quedar constancia de la misma y ella deberá efectuarse en la oficina o dependencia que cada entidad defina para ese efecto, o ante el servidor público competente. También puede ser escrita o presentarse por cualquier medio idóneo para la comunicación o transferencia de datos. En este tercer caso, tendrá como datos de fecha y hora de radicación, así como el número y clase de documentos recibidos, los registrados en el medio por el cual se han recibido los documentos. En relación con los recursos de la vía administrativa —modalidad especial de petición— se prevé un régimen especial en el código, que más adelante se reseñará (art. 15).

c) Al recibir la petición, la autoridad deberá indicar al peticionario *los documentos e informaciones requeridos* que conforme a la ley le falten, pero si el peticionario insiste la misma se radicará dejando constancia de los requisitos faltantes. Si quien en tales circunstancias presenta una petición verbal, pide constancia de haberla presentado, el funcionario la expedirá en forma sucinta. Las autoridades podrán exigir, mediante acto administrativo general[18], que ciertas peticiones se presenten por escrito, y pondrán a disposición de los interesados, sin costo, formularios y otros instrumentos estandarizados para facilitar su diligenciamiento. En todo caso, los peticionarios no quedarán impedidos para aportar o formular con su petición argumentos, pruebas o documentos adicionales que los formularios no contemplen, sin que por su utilización las autoridades queden relevadas del deber de resolver sobre todos los aspectos y pruebas que les sean planteados o presentados más allá del contenido de dichos formularios. La copia de la petición con anotación de la fecha y hora de su presentación, y del número y clase de los documentos anexos, tendrá el mismo valor legal del original y se devolverá sin costo al interesado, y si es pertinente, por cualquier medio idóneo para la comunicación o transferencia de datos (art. 15).

[18] Este requisito relativo al acto administrativo general lo estableció la sent. C-951 de 2014, al revisar el proyecto de ley estatutaria.

d) El ejercicio del derecho de petición es gratuito y puede realizarse *sin necesidad de representación* por intermedio de abogado, o de persona mayor cuando se trate de menores.

e) Respecto del *contenido* en toda petición deberá consignarse, por lo menos, la designación de la autoridad a la que se dirige (i); los nombres y apellidos completos del solicitante y de su representante o apoderado, si es el caso, con indicación de su documento de identidad y de la dirección donde recibirá correspondencia, pero podrá agregar el número de fax o la dirección electrónica, y cuando es una persona privada que deba estar inscrita en el registro mercantil, deberá indicar su dirección electrónica (ii); el objeto de la petición (iii); las razones en las que la fundamenta (iv); la relación de los documentos que desee presentar para iniciar el trámite (v), y la firma cuando fuere el caso (art. 16).

La norma que regula estos requisitos adiciona dos preceptos de garantía al prever que la autoridad tiene la obligación de examinar integralmente la petición, y en ningún caso la estimará incompleta por falta de requisitos o documentos que no se encuentren dentro del marco jurídico vigente, que no sean necesarios para resolverla o que se encuentren dentro de sus archivos y, que en ningún caso podrá ser rechazada la petición por motivos de fundamentación inadecuada o incompleta. En todo caso, las disposiciones siguientes regulan la posibilidad de requerir al peticionario dentro de los diez días siguientes a la fecha de radicación, para que complete su solicitud en el término máximo de un mes y también reglamentan la prórroga del plazo, así como el desistimiento tácito y expreso de la petición (arts. 17 y 18).

f) Es importante señalar que en armonía con una visión constitucional garantista de los derechos fundamentales y del papel protector y precautelar de la propia administración, se establece la *atención prioritaria de peticiones* de reconocimiento de un derecho fundamental cuando deban ser resueltas para evitar un perjuicio irremediable al peticionario, quien deberá probar sumariamente la titularidad del derecho y el riesgo del perjuicio invocado. Igualmente cuando por razones de salud o de seguridad personal esté en peligro inminente la vida o la integridad del destinatario de la medida solicitada, la autoridad adoptará de inmediato las *medidas de urgencia* necesarias para conjurar dicho peligro, sin perjuicio del trámite que deba darse a la petición. Se prevé adicionalmente que si la petición la realiza un periodista, para el ejercicio de su actividad se tramitará preferencialmente.

## 13. Los interesados. Intereses difusos y colectivos. Derecho de defensa. Audiencia y derecho a ser oído. Acceso al expediente. Régimen probatorio y carga de la prueba

Si bien, como se ha indicado, la actuación administrativa puede originarse en petición presentada en interés particular, también lo puede ser en interés general, caso en el cual podrían hallarse en juego intereses de naturaleza difusa y colectiva. En relación con estos, recordemos que el CPACA al regular en el artículo 144 el medio de control judicial de protección de los derechos e intereses colectivos —cuyo estatuto se encuentra consagrado en la ley 472 de 1998— estableció que antes de presentar la demanda para su protección, el actor debe solicitar a la autoridad correspondiente que adopte las medidas necesarias de protección del derecho o interés colectivo amenazado o violado y solamente si la autoridad no atiende dicha reclamación dentro de los quince días siguientes o se niega a ello, podrá acudirse ante el juez, requisito del cual solo excepcionalmente se puede prescindir cuando exista inminente peligro de ocurrir un perjuicio irremediable en contra de tales derechos e intereses colectivos.

Respecto de la protección de los interesados en un procedimiento, el Código establece que cuando las autoridades procedan de oficio se deberá informar de la iniciación de la actuación al interesado para el ejercicio del derecho de defensa (art. 35). De igual manera, cuando en una actuación administrativa de contenido particular y concreto —no importa cómo haya iniciado— la autoridad advierta que terceras personas (determinadas) puedan resultar directamente afectadas por la decisión, les comunicará la existencia de la actuación, el objeto de la misma y el nombre del peticionario, si lo hubiere, para que puedan constituirse como parte y hacer valer sus derechos (art. 37).

Si se trata de terceros indeterminados, la información deberá divulgarse a través de un medio masivo de comunicación nacional o local, según el caso, o de cualquier otro mecanismo eficaz, habida cuenta de las condiciones de los posibles interesados. De igual forma se procederá cuando no sea posible la comunicación a los terceros determinados (art. 37). Como se aprecia, así se regula el deber de la autoridad de llamar a los interesados, mientras que la otra cara corresponde a la iniciativa de ellos mismos en participar en la actuación, que procede mediante petición en tal sentido, a fin de ser oídos en el procedimiento. Este derecho a ser oídos se autoriza cuando la actuación haya sido iniciada en interés general, cuando los terceros hayan promovido la actuación administrativa sancionatoria en calidad de denunciantes, resulten afectados con la conducta por la cual se adelanta la investigación, estén en capacidad de aportar pruebas que contribuyan a dilucidar los hechos materia de la misma o cuando sus derechos o su situación jurídica puedan resultar afectados con la actuación administrativa adelantada en interés particular, o cuando la decisión que sobre ella recaiga pueda ocasionarles perjuicios (art. 38).

Específicamente, en materia sancionatoria se prevé que cuando como resultado de averiguaciones preliminares, la autoridad establezca que existen méritos para adelantar un procedimiento sancionatorio, así lo comunicará al interesado (art. 47).

Estos procedimientos de publicidad constituyen a su vez mecanismos de garantía del derecho de defensa, que a través de la información de la existencia del procedimiento administrativo a los interesados, tanto determinados como indeterminados, les permite acceder al expediente, intervenir en la actuación haciéndose parte en la misma y velar por sus intereses[19]. Pero el derecho de defensa se instrumenta también con mecanismos específicos como la realización de audiencias, la actividad probatoria, el acceso a la información que consta en el expediente y, en general, también por medio del derecho de petición. Especial protección tiene el derecho de defensa en las actuaciones de naturaleza sancionatoria, a cuyo procedimiento general se dedica el capítulo III del Título III de la primera parte del Código (arts. 47 a 52). Se concreta en la presentación de descargos, en la solicitud, aporte y contradicción de las pruebas, en el derecho a conocer las decisiones adoptadas, así como de impugnarlas.

El aspecto probatorio se halla regulado tanto en el procedimiento administrativo común y principal previsto por el capítulo I del Título III del Código, como en el capítulo III del mismo título dedicado al procedimiento administrativo sancionatorio, y finalmente en el capítulo IV referente a los recursos procedentes contra las decisiones definitivas. Veamos por lo pronto las previsiones relativas a las dos primeras materias y dejemos las tocantes a los recursos para cuando nos concentremos en su trámite.

En los artículos 40 y 42 del capítulo I mencionado se prevén las siguientes reglas generales:

a) Durante la actuación administrativa y hasta antes de que se profiera la decisión de fondo se podrán aportar, pedir y practicar pruebas de oficio o a petición del interesado, sin requisitos especiales.

b) Contra el acto que decida la solicitud de pruebas no proceden recursos[20].

c) El interesado contará con la oportunidad de controvertir las pruebas aportadas o practicadas dentro de la actuación, antes de que se dicte una decisión de fondo.

d) Los gastos que ocasione la práctica de pruebas correrán por cuenta de quien las pidió. Si son varios los interesados, los gastos se distribuirán en cuotas iguales.

[19] El art. 38 también autoriza la intervención de terceros cuando hayan promovido la actuación administrativa sancionatoria en calidad de denunciantes, resulten afectados con la conducta por la cual se adelanta la investigación (lo que significa ser interesados), o estén en capacidad de aportar pruebas que contribuyan a dilucidar los hechos materia de la misma; cuando sus derechos o su situación jurídica puedan resultar afectados con la actuación administrativa adelantada en interés particular, o cuando la decisión que sobre ella recaiga pueda ocasionarles perjuicios, y cuando la actuación haya sido iniciada en interés general.

[20] Esta previsión sobre la improcedencia de los recursos fue declarada exequible por la Corte Constitucional en sent. C-034 de 2014.

e) Se admiten todos los medios de prueba previstos en el estatuto de procedimiento civil, actualmente Código General del Proceso, adoptado por la ley 1564 de 2012.

f) La decisión de fondo del asunto, contenida en un acto administrativo definitivo, debe tomarse en forma motivada con base en las pruebas e informes disponibles, así como resolver las peticiones oportunamente planteadas dentro de la actuación tanto por el peticionario como por los terceros interesados, cuando fuere el caso, a quienes se les debe haber permitido además expresar sus opiniones.

Por su parte, en la regulación del procedimiento administrativo sancionatorio contenida en el capítulo III mencionado, se dispone que una vez notificado personalmente al investigado el acto administrativo que contiene los cargos formulados, este podrá presentar descargos dentro de los quince días siguientes y solicitar o aportar las pruebas que pretende hacer valer. Prevé la norma que serán rechazadas de manera motivada, las pruebas que se consideren inconducentes, impertinentes o superfluas y no se atenderán las practicadas ilegalmente (art. 47).

En caso que deban decretarse y practicarse pruebas, atendiendo tal solicitud del investigado contenida en sus descargos, o bien porque se decreten de oficio, debe ordenarse un período probatorio, el cual no será mayor a treinta días, pero cuando sean tres o más investigados o se deban practicar pruebas en el exterior, dicho término podrá ser hasta de sesenta días. Una vez vencido el período probatorio se debe dar traslado al investigado por diez días para presentar los alegatos respectivos (art. 48) y proferir por el funcionario competente el acto administrativo definitivo dentro de los treinta días siguientes (art. 49). Ese acto administrativo que pone fin al procedimiento administrativo de carácter sancionatorio debe contener no solo la decisión final de archivo o sanción y la correspondiente fundamentación, la individualización de la persona natural o jurídica que se sanciona o absuelve, sino precisamente el análisis de los hechos y las pruebas con base en los cuales se toma la decisión y, si es del caso, se impone la sanción, fundamentando probatoriamente los criterios de su graduación, así como la revisión o referencia motivada de las normas infringidas con los hechos probados (art. 49).

En relación con el aspecto probatorio, la regulación de este procedimiento contradictorio prevé un trámite, incidental y coetáneo, de imposición de multas sucesivas a las personas particulares, sean estas naturales o jurídicas, que se rehúsen a presentar los informes o documentos requeridos en el curso de las investigaciones administrativas, los oculten, impidan o no autoricen el acceso a sus archivos a los funcionarios competentes, o remitan la información solicitada con errores significativos o en forma incompleta; multas que se impondrán sin perjuicio de la obligación de suministrar o permitir el acceso a la información o a los documentos requeridos (art. 50).

Finalmente, en la etapa referida a la impugnación en vía administrativa de los actos definitivos o de trámite que ponen fin al procedimiento administrativo, la que más adelante se observará, al interponer los recursos de reposición y apelación se pueden solicitar y aportar las pruebas que se pretenda hacer valer (art. 77), pero también el funcionario competente para decidir el recurso puede decretarlas de oficio. Es así como tales recursos se deben resolver de plano, salvo que medie dicha solicitud o decreto. Si se presentaron pruebas con el recurso, deberá darse traslado a las demás partes —si han sido debidamente reconocidas— por el término de cinco días. Cuando sea del caso practicar pruebas, se debe señalar un término no mayor de treinta días, indicando el día en que vence. Si tal lapso fuere inferior, podrá prorrogarse por una sola vez, sin que el término exceda en total de treinta días (art. 79).

## 14. Derecho de acceso a la información administrativa. Actuaciones reservadas

El derecho de petición de informaciones y el derecho de acceder a la información pública tienen una compleja reglamentación, que deviene del mencionado artículo 74 constitucional[21] —sobre acceso a los documentos públicos— junto con los artículos 15[22] y 20[23] de la Carta. Mientras que el Código anterior contenía algunas previsiones modificadas por la ley 57 de 1985 y

[21] "Todas las personas tiene derecho a acceder a los documentos públicos salvo los casos que establezca la ley.

"El secreto profesional es inviolable".

[22] "Todas las personas tienen derecho a su intimidad personal y familiar y a su buen nombre, y el Estado debe respetarlos y hacerlos respetar. De igual modo, tienen derecho a conocer, actualizar y rectificar las informaciones que se hayan recogido sobre ellas en bancos de datos y en archivos de entidades públicas y privadas.

"En la recolección, tratamiento y circulación de datos se respetarán la libertad y demás garantías consagradas en la Constitución.

"La correspondencia y demás formas de comunicación privada son inviolables. Solo pueden ser interceptadas o registradas mediante orden judicial, en los casos y con las formalidades que establezca la ley".

"Para efectos tributarios o judiciales y para los casos de inspección, vigilancia e intervención del Estado podrá exigirse la presentación de libros de contabilidad y demás documentos privados, en los términos que señale la ley".

[23] "Se garantiza a toda persona la libertad de expresar y difundir su pensamiento y opiniones, la de informar y recibir información veraz e imparcial, y la de fundar medios masivos de comunicación.

"Estos son libres y tienen responsabilidad social. Se garantiza el derecho a la rectificación en condiciones de equidad. No habrá censura".

en materia financiera se había expedido la ley estatutaria 1266 de 2008[24] y su decreto reglamentario 2952 de 2010, el nuevo dedica varias normas a la materia, que constituyen el esquema legal básico, el cual es necesario complementar y aplicar sistemáticamente con otra serie de disposiciones de leyes y reglamentos posteriores. En efecto, se destacan, la ley estatutaria 1581 de 2012, "por la cual se dictan disposiciones generales para la protección de datos personales" y su decreto reglamentario 1377 de 2013, la ley estatutaria 1621 de 2013, "por medio de la cual se expiden normas para fortalecer el marco jurídico que permite a los organismos que llevan a cabo actividades de inteligencia y contrainteligencia cumplir con su misión constitucional y legal" y su decreto reglamentario 857 de 2014, así como la ley estatutaria 1712 de 2014, "de Transparencia y del Derecho de Acceso a la Información Pública Nacional" y su decreto reglamentario 103 de 2015. Las siguientes son las reglas básicas del Código en esta materia y las referencias esenciales a las previsiones de los otros estatutos:

a) Solo tendrán *carácter reservado* las informaciones y documentos expresamente sometidos a reserva por la Constitución Política o la ley, y en especial las previstas por el artículo 24 del Código, esto es, las relacionadas con la defensa o seguridad nacionales; las instrucciones en materia diplomática o sobre negociaciones reservadas; las que involucren derechos a la privacidad e intimidad de las personas, incluidas en las hojas de vida, la historia laboral y los expedientes pensionales y demás registros de personal que obren en los archivos de las instituciones públicas o privadas, así como la historia clínica; los relativos a las condiciones financieras de las operaciones de crédito público y tesorería que realice la nación, así como a los estudios técnicos de valoración de los activos de la nación, por un término de seis meses contados desde la realización de la respectiva operación; los datos referentes a la información financiera y comercial, en los términos de la ley estatutaria 1266 de 2008; los protegidos por el secreto comercial o industrial, así como los planes estratégicos de las empresas públicas de servicios públicos; los amparados por el secreto profesional y, por último, los datos genéticos humanos (art. 24).

b) La reserva de la información o de los documentos mencionados no será oponible a las autoridades judiciales, legislativas, ni a las autoridades administrativas que siendo constitucional o legalmente competentes para ello, los soliciten para el debido ejercicio de sus funciones, las cuales, en todo caso, deberán asegurar la reserva correspondiente frente a terceros (art. 27).

c) Toda decisión que rechace la petición de informaciones o documentos debe ser motivada, indicar en forma precisa las disposiciones legales

[24] "Por la cual se dictan las disposiciones generales del *habeas data* y se regula el manejo de la información contenida en bases de datos personales, en especial la financiera, crediticia, comercial, de servicios y la proveniente de terceros países y se dictan otras disposiciones".

que impiden su entrega y notificarse al peticionario. Contra la decisión que rechace la petición de informaciones o documentos por motivos de reserva legal, solamente procede el denominado recurso de insistencia, es decir, que es improcedente todo otro recurso en la vía administrativa o judicial (art. 25).

d) El acceso a la información se garantiza especialmente mediante *el recurso de insistencia.* Este instrumento deberá interponerse por escrito por el solicitante y sustentarse en la diligencia de notificación o dentro de los diez días siguientes a ella. Presentado así el recurso, el funcionario respectivo deberá enviar la documentación correspondiente al tribunal (si se trata de autoridades nacionales, departamentales o del Distrito Capital de Bogotá) o al juez administrativo (si se trata de autoridades distritales y municipales) con jurisdicción en el lugar donde se encuentren los documentos, el cual deberá decidir en única instancia dentro de los diez días siguientes, si se niega o se acepta, total o parcialmente la petición formulada. Dicho término se interrumpirá en dos casos: (i) cuando el tribunal o el juez administrativo solicite copia o fotocopia de los documentos sobre cuya divulgación deba decidir, o cualquier otra información que requiera, y hasta la fecha en la cual las reciba oficialmente, y (ii) cuando la autoridad solicite al Consejo de Estado asumir el conocimiento del asunto en atención a su importancia jurídica o con el objeto de unificar criterios sobre el tema; caso en el cual, si al cabo de cinco días dicha Corporación guarda silencio, o decide no avocar conocimiento, la actuación continuará ante el respectivo tribunal o juzgado administrativo (art. 26)[25]. Como puede observarse, el recurso de insistencia tiene comienzo en sede administrativa, pues allí se interpone, pero se desata en sede judicial.

e) Aunque no lo identifica con su nombre, el artículo 27 de la mencionada ley estatutaria 1712 de 2014 introduce algunas reglas especiales en el trámite del recurso de insistencia para cuando la respuesta a la solicitud de información invoque la *reserva de seguridad y defensa nacional*[26] *o relaciones internacio-*

[25] La competencia judicial en esta materia se reitera para los tribunales y para los jueces administrativos en los arts. 151 y 154, respectivamente, de la segunda parte del CPACA.

[26] El art. 33 de la mencionada ley estatutaria 1621 de 2013 prevé: "Por la naturaleza de las funciones que cumplen los organismos de inteligencia y contrainteligencia sus documentos, información y elementos técnicos estarán amparados por la reserva legal por un término máximo de treinta (30) años contados a partir de la recolección de la información y tendrán carácter de información reservada. / Excepcionalmente y en casos específicos, por recomendación de cualquier organismo que lleve a cabo actividades de inteligencia y contrainteligencia, el presidente de la República podrá acoger la recomendación de extender la reserva por quince (15) años más, cuando su difusión suponga una amenaza grave interna o externa contra la seguridad o la defensa nacional, se trate de información que ponga en riesgo las relaciones internacionales, esté relacionada con grupos armados al margen de la ley, o atente contra la integridad personal de los agentes o las fuentes. / *Parágrafo 1.* El presidente de la República podrá autorizar en cualquier momento, antes del cumplimiento del término de la reserva, la desclasificación total o parcial de los documentos cuando considere que el levantamiento de la reserva contribuirá

*nales*; caso en el cual el peticionario podrá acudir al recurso de reposición, el cual deberá interponerse por escrito y ser sustentado en la diligencia de notificación, o dentro de los tres días siguientes. Si el funcionario respectivo niega el recurso, deberá enviar la documentación correspondiente al tribunal o al juez administrativo en un plazo no superior a tres días. En caso de que el funcionario incumpla esta obligación, el solicitante podrá hacer dicho envío de manera directa. La norma prevé que negado este recurso corresponderá al tribunal o juez administrativo, conforme a idénticas competencias a las establecidas para el tema en el código, decidir en única instancia y dentro de los diez días siguientes, si se niega o se acepta, total o parcialmente, la petición formulada. Tal término se interrumpirá en los mismos casos que señala el Código.

f) Además de la regulación específica anterior referida a la reserva de seguridad y defensa nacional o relaciones internacionales, importa destacar que el parágrafo del citado artículo 27, prevé una regla más general, según la cual "Será procedente la acción de tutela para aquellos casos no contemplados en el presente artículo, una vez agotado el recurso de reposición del Código Contencioso Administrativo". Al respecto vale indicar que la acción de tutela constituye un mecanismo de origen constitucional y de amparo *de todos* derechos fundamentales, raigambre que es propia del derecho de petición en general y en particular del de solicitud de informaciones y documentos; por lo cual no es aceptable su restricción al caso de reserva mencionado, por modo que frente al mismo debe entenderse que también se predica su ejercicio. Entonces, el citado parágrafo significa que (i) se exige agotar la reposición contra el acto que niega la información solicitada; (ii) que tal agotamiento en vía administrativa constituye un requisito de procedibilidad de la acción de tutela; (ii) que ello se predica de eventos de información pública —que es la reglamentada por la ley 1712— distintos a la reserva de temas de seguridad y defensa nacional o relaciones internacionales. Siendo así lo anterior, debe entenderse también que frente a este tipo de reserva, aunque se exige agotar el recurso

al interés general y no constituirá una amenaza contra la vigencia del régimen democrático, la seguridad, o defensa nacional, ni la integridad de los medios, métodos y fuentes. / *Parágrafo 2.* El organismo de inteligencia que decida ampararse en la reserva para no suministrar una información que tenga este carácter, debe hacerlo por escrito, y por intermedio de su director, quien motivará por escrito la razonabilidad y proporcionalidad de su decisión y la fundará en esta disposición legal. En cualquier caso, frente a tales decisiones procederán los recursos y acciones legales y constitucionales del caso. / *Parágrafo 3.* El servidor público que tenga conocimiento sobre la recolección ilegal de información de inteligencia y contrainteligencia, la pondrá en conocimiento de las autoridades administrativas, penales y disciplinarias a las que haya lugar, sin que ello constituya una violación a la reserva. / *Parágrafo 4.* El mandato de reserva no vincula a los periodistas ni a los medios de comunicación cuando ejerzan su función periodística de control del poder público, en el marco de la autorregulación periodística y la jurisprudencia constitucional, quienes en cualquier caso estarán obligados a garantizar la reserva respecto de sus fuentes".

de reposición antes del recurso de insistencia, aquel no constituye requisito de procedibilidad en materia de tutela.

Conviene señalar que la citada ley 1712 define, entre otros elementos, quiénes tienen la condición de "sujeto obligado", el alcance de la carga de la prueba frente a la reserva, cuándo hay respuesta a la solicitud de acceso a información, las clases de información pública; mientras que el reglamento citado regula el contenido del acto de respuesta de rechazo o denegación del derecho de acceso a información pública por clasificación o reserva.

g) Como arriba se indicó, antes del Código se había expedido la ley estatutaria de habeas data 1266 de 2008, cuyo artículo 2° delimitó su campo de aplicación a todos los datos de información personal registrados en un banco de datos, sean administrados por entidades de naturaleza pública o privada, mientras que su objeto, según el artículo 1°, fue desarrollar el derecho constitucional que tienen todas las personas a conocer, actualizar y rectificar las informaciones que se hayan recogido sobre ellas en bancos de datos, y los demás derechos, libertades y garantías constitucionales relacionadas con la recolección, tratamiento y circulación de datos personales a que se refiere el artículo 15 de la Constitución Política, así como el derecho a la información establecido en el artículo 20 de la Constitución Política, particularmente en relación con la información financiera y crediticia, comercial, de servicios y la proveniente de terceros países. Este tipo de información se definió por el artículo 3° de esa ley señalando que para efectos de ese estatuto, se entiende como aquella referida al nacimiento, ejecución y extinción de obligaciones dinerarias, independientemente de la naturaleza del contrato que les dé origen; norma que además previó la definición de lo que es "dato personal", indicando que este puede ser, a su vez, público, semiprivado o privado.

h) Por su parte, la ley estatutaria 1581 de 2012 también se refiere a la protección de datos personales registrados en cualquier base de datos que los haga susceptibles de tratamiento por entidades de naturaleza pública o privada, pero excluye de su aplicación, entre otras, a las bases de datos y archivos regulados por la ley estatutaria 1266 de 2008; a las bases de datos y archivos cuya finalidad sea la seguridad y defensa nacional, así como la prevención, detección, monitoreo y control del lavado de activos y el financiamiento del terrorismo; a las bases de datos que tengan como fin y contengan información de inteligencia y contrainteligencia, así como a las bases de datos y archivos de información periodística y otros contenidos editoriales.

Los artículos 14, 15 y 16 de esta ley regulan *los procedimientos especiales de consultas y de reclamos* que conviene ilustrar, cuyo agotamiento ante el responsable o encargado del tratamiento de los datos personales, se erige como requisito de procedibilidad para elevar queja ante la Superintendencia de Industria y Comercio. El primero, como su denominación lo sugiere, constituye el trámite previsto para acceder a la información personal del titular que repose en cualquier base de datos, para cuya atención se prevé un término máximo de diez días hábiles contados a partir de la fecha de recibo de la solicitud, que podrá ampliarse máximo por otros cinco, haciéndolo saber previamente al interesado y expresando los motivos de la demora. Por su parte, el procedimiento de *reclamos* se adelanta para pedir la corrección, actualización o supresión de la información contenida en una base de datos o para advertir el presunto incumplimiento de cualquiera de los deberes contenidos en la ley 1581 de 2012. Al regular los requisitos del reclamo, la ley prevé la posibilidad de requerir al interesado dentro de los cinco días siguientes a su recepción para que subsane las fallas y que transcurridos dos meses desde la fecha del requerimiento se entienda que ha desistido si no presenta la información requerida. También se prevé que el receptor del reclamo que no sea competente para resolverlo, lo traslade a quien corresponda en un término máximo de dos días hábiles e informe de la situación al interesado. Adicionalmente se dispone que en ese mismo término, pero una vez recibido el reclamo completo, se incluya en la base de datos una leyenda que diga "reclamo en trámite" y el motivo del mismo, la cual deberá mantenerse hasta que se decida la petición. El término máximo para atender el reclamo es de quince días hábiles contados a partir del día siguiente a la fecha de su recibo, pero se debe informar al interesado cuando no fuere posible atenderlo, indicando los motivos de la demora y la fecha en que se responderá, la cual en ningún caso puede superar los ocho días hábiles siguientes al vencimiento del primer término.

## **Sección quinta.** *Terminación del procedimiento administrativo*

### **15.** Decisión del procedimiento. El acto administrativo

Iniciada la actuación administrativa de la manera indicada en este trabajo y adelantado el trámite correspondiente, salvo casos de desistimiento expreso o tácito de la petición (arts. 17 a 19) o de silencio de la autoridad, el procedimiento debe concluir con la expedición y firmeza de un acto administrativo definitivo, que decida el fondo del asunto correspondiente, bien porque resuelva la petición o ya porque realice el objeto propuesto por la propia administración al iniciarlo de oficio. También puede concluir con un acto de trámite que sin decidir el fondo del asunto le ponga fin porque haga imposible continuar la actuación (art. 43).

En relación con los actos de carácter general[27] así concluye el procedimiento, sin perjuicio de que posteriormente se deban adelantar los mecanismos

[27] Tanto el CPACA como el código anterior consideran que constituye una manifestación de la categoría general acto administrativo, las decisiones de carácter general expedidas por las autoridades en ejercicio de la función administrativa y lo regulan en la forma descrita en este trabajo.

de comunicación al peticionario, si es que tuvo ese origen, y de publicación correspondientes en el Diario Oficial o en las gacetas territoriales (art. 65). En cambio esa terminación ordinaria del procedimiento puede tornarse preliminar para los actos administrativos de carácter *particular o individual*[28], cuando quiera que el interesado impugna la decisión interponiendo los recursos de la vía administrativa (art. 77) y dando origen a decisiones adicionales. Esta discusión se presenta una vez el acto ha sido puesto formalmente en conocimiento del interesado a través de los instrumentos procedimentales pertinentes o simplemente ha sido conocido por él y así lo muestra ante la autoridad.

Lo anterior hace necesario estudiar el silencio administrativo, los medios de notificación y los recursos de la vía administrativa.

## 16. El silencio administrativo

Consiste en considerar o suponer que cuando la autoridad guarda silencio ante una petición de una decisión administrativa o frente a un recurso o impugnación de una ya producida, durante el plazo previsto por la ley, en efecto se ha presentado una decisión nueva, que por ello es presunta o ficta. Hay cuatro clases de silencio administrativo: frente a las peticiones o sustantivo, respecto de los recursos de la vía administrativa o procesal, el que hace suponer que la decisión tomada por la autoridad no accede a lo pedido o negativo y el que hace suponer lo contrario o positivo. Las dos primeras clases se combinan con las dos últimas, de modo que el silencio administrativo, tanto sustantivo como procesal, es por regla general negativo y por excepción positivo.

El Código dedica un capítulo a la regulación del silencio administrativo y comienza por el que procede frente a las peticiones, previendo que se configura una decisión negativa una vez transcurridos tres meses contados desde la presentación de aquellas, sin que se haya notificado decisión que la resuelva. Para los casos en que la ley señale un plazo superior a tres meses para resolver la petición, el silencio administrativo negativo se producirá al cabo de un mes contado a partir de la fecha en que debió adoptarse la decisión.

Adicionalmente se establece que la ocurrencia del silencio administrativo negativo no exime de responsabilidad a las autoridades. Tampoco las excusa

[28] El art. 75 establece que no habrá recurso contra los actos de carácter general, ni contra los de trámite, preparatorios o de ejecución, excepto en los casos previstos en norma expresa. En relación con los actos de ejecución hay que recordar que el Consejo de Estado ha precisado en numerosas ocasiones que proceden los recursos de la vía administrativa cuando la decisión incorpora elementos nuevos o suprime elementos frente al acto administrativo o sentencia de cuya ejecución se trata, en cuyo caso como lo recuerda la doctrina se trata de un "acto de aparente ejecución, que constituye realmente un nuevo acto definitivo en cuanto a esos nuevos elementos". Véase: Libardo Rodríguez Rodríguez, *Derecho administrativo*, ob. cit., pág. 378.

del deber de decidir sobre la petición inicial, salvo que se presente uno de los siguientes circunstancias: (i) que el interesado haya hecho uso de los recursos contra el acto presunto, o (ii) que habiendo acudido ante el juez administrativo se haya notificado auto admisorio de la demanda (art. 83).

Si de acuerdo con la previsión anterior el acto presunto es por regla general negativo, la norma siguiente se encarga de reiterarlo, señalando que solamente en los casos expresamente previstos en disposiciones legales especiales, el silencio de la administración equivale a decisión positiva y que los términos para que se entienda producida la decisión positiva presunta comienzan a contarse a partir del día en que se presentó la petición o recurso. En todo caso, se prevé que el acto positivo presunto podrá ser objeto de revocación directa conforme a la regulación prevista para esa figura en el Código.

Una regulación especial se dispone para la acreditación del silencio administrativo positivo, cuando quiera que lo establece una norma especial. Para ello el destinatario del beneficio del silencio administrativo positivo, debe protocolizar la constancia o copia de la petición correspondiente (prevista por el art. 15), junto con una declaración jurada de no haberle sido notificada la decisión dentro del término previsto. La escritura y sus copias auténticas producirán todos los efectos legales de la decisión favorable que se pidió, y es deber de todas las personas y autoridades reconocerla así (art. 85)[29].

El silencio administrativo procesal, es decir, el que se produce frente a lo pedido en los recursos de la vía administrativa, que como se indicó es por regla general negativo, se produce transcurrido un plazo de dos meses, contados a partir de la interposición de los recursos de reposición o apelación sin que se haya notificado decisión expresa sobre ellos. Este plazo se suspende mientras dure la práctica de pruebas.

El Código prevé en forma semejante al silencio sustantivo, que la ocurrencia de este tipo de silencio no exime a la autoridad de responsabilidad, ni le impide resolver siempre que no se hubiere notificado auto admisorio de la demanda, cuando el interesado haya acudido ante el juez administrativo. Igualmente establece que la no resolución oportuna de los recursos constituye falta disciplinaria[30].

[29] Al regular los términos para resolver las distintas modalidades de peticiones, el art. 14 del Código establece que las de documentos y de información deberán resolverse dentro de los diez días siguientes a su recepción; si en ese lapso no se ha dado respuesta al peticionario, se entenderá, para todos los efectos legales, que la respectiva solicitud ha sido aceptada y, por consiguiente, la administración ya no podrá negar la entrega de dichos documentos al peticionario, y como consecuencia las copias se suministrarán dentro de los tres días siguientes.

[30] La calificación de tal falta como gravísima que previó el texto original del art. 86 del Código, fue declarada inconstitucional por la Corte Constitucional en sent. C-721 de 2015.

Por último, el artículo 86 hace expresamente la excepción de la aplicación de su contenido a la situación prevista por el artículo 52. Este considera configurado el silencio administrativo positivo frente a los recursos interpuestos contra el acto administrativo sancionatorio, en un término de un año contado a partir de su debida y oportuna interposición, caso en el cual adicionalmente la autoridad perderá la competencia para decidir; sin perjuicio de la responsabilidad patrimonial y disciplinaria que tal abstención genere para el funcionario encargado de resolver[31].

## 17. Los medios de notificación de la decisión administrativa

Como antes se sugirió, los actos administrativos de carácter particular por los cuales se pone fin a una actuación administrativa deben ser notificados al interesado, a su representante o apoderado, o bien a la persona debidamente autorizada por el interesado para notificarse (art. 67). A este respecto, se dispone que cualquier persona que deba notificarse de un acto administrativo podrá autorizar, mediante escrito, a otra persona para que se notifique en su nombre. El autorizado solo estará facultado para recibir la notificación y, por lo tanto, cualquier manifestación que haga en relación con el acto administrativo se tendrá, de pleno derecho, por no realizada. Esto es así, advierte la norma, sin perjuicio del derecho de postulación y adicionalmente que se exigirá la presentación personal del poder (tanto para los abogados como para los que no lo son) cuando se trate de notificación del reconocimiento de un derecho con cargo a recursos públicos, de naturaleza pública o de seguridad social (art. 71).

El Código prevé siete formas o modalidades de notificación. Ellas son las que se observan a continuación:

a) Notificación personal propiamente dicha, que se realiza en forma presencial[32] frente al interesado en una diligencia en la cual se le debe entregar copia íntegra, auténtica y gratuita del acto administrativo, con anotación de la fecha y la hora, los recursos que legalmente proceden, las autoridades ante

[31] La constitucionalidad del texto relativo al silencio administrativo positivo en el procedimiento sancionatorio que se acaba de mencionar, se avaló por la Corte Constitucional en sent. C-875 de 2011.

[32] En el marco de las reglas actuales del procedimiento administrativo y del proceso judicial, con la previsión de los medios electrónicos, parece necesario aclarar o subrayar que esta primera modalidad que llamamos presencial, se refiere a la presencia física o corporal del notificado en el despacho público o administrativo, pues podría decirse que por ejemplo la notificación electrónica también es presencial. Es así como, por ejemplo, ciertas normas del proceso contencioso administrativo y también del Código General del Proceso, prevén que es notificación personal la producida con el envío al buzón de correo electrónico de una institución pública o privada. Pero no hay que ir muy lejos, pues como se observa en seguida también se sugiere eso por las normas que en este momento se revisan.

quienes deben interponerse y los plazos para hacerlo. La norma que regula esta actuación sanciona con la invalidez la notificación que no cumpla cualquiera de dichos requisitos (art. 67).

b) Según el Código, por medio de dos modalidades es jurídicamente posible realizar la notificación personal para dar cumplimiento a los requisitos de validez mencionados. La primera es la notificación por medio electrónico, que procede siempre y cuando el interesado acepte ser notificado de esta manera. Pero también la norma autoriza a la administración para establecer este tipo de notificación para determinados actos administrativos de carácter masivo que tengan origen en convocatorias públicas, condicionando su procedencia a que en la reglamentación de la convocatoria se impartan a los interesados las instrucciones pertinentes, y se establezcan modalidades alternativas de notificación personal para quienes no cuenten con acceso al medio electrónico (art. 67).

c) La segunda es la notificación verbal en estrados, para las decisiones que se adopten en audiencia pública, caso en el cual se debe dejar precisa constancia de la determinación correspondiente y de la circunstancia de su notificación. En este caso se prevé expresamente que a partir del día siguiente a la notificación se contarán los términos para la interposición de recursos (art. 67).

d) La cuarta modalidad es la notificación por aviso, que se realiza en subsidio de la personal propiamente dicha y que debe precederse del envío de una citación a la dirección, al número de fax o al correo electrónico que figuren en el expediente o puedan obtenerse del registro mercantil, para que el interesado comparezca a la diligencia de notificación personal. El envío de la citación debe hacerse dentro de los cinco días siguientes a la expedición del acto administrativo, y de ello debe dejarse constancia en el expediente. En el evento de ser desconocida la información sobre la ubicación del destinatario, la citación se debe publicar en la página electrónica o en un lugar de acceso al público de la respectiva entidad por el término de cinco días (art. 68).

Pasados, entonces, cinco días del envío de la citación sin haberse podido hacer la notificación personal, esta se hará por medio de aviso remitido a la dirección, al número de fax o al correo electrónico que figuren en el expediente o puedan obtenerse del registro mercantil. El aviso debe ir acompañado de copia íntegra del acto administrativo, indicar su fecha y la del acto notificado, la autoridad que lo expidió, los recursos que legalmente proceden, las autoridades ante quienes deben interponerse, los plazos respectivos y la advertencia de que la notificación se considerará surtida al finalizar el día siguiente al de la entrega del aviso en el lugar de destino. En caso de ser desconocida la información sobre el destinatario, el aviso, con copia íntegra del acto administrativo, se publicará por el término de cinco días en la página electrónica y en un lugar de acceso al público de la respectiva entidad, con la advertencia de que la notificación se considerará surtida al finalizar el día siguiente al retiro del aviso. En el expediente se debe dejar constancia de la remisión o publicación del aviso y de la fecha en que por este medio queda surtida la notificación personal (art. 69).

e) La notificación de los actos de inscripción o registro realizados por las entidades encargadas de llevar los registros públicos se entienden notificados el día en que se efectúe la correspondiente anotación. Si el acto de inscripción se solicitó por entidad o persona distinta de quien aparezca como titular del derecho, la inscripción deberá comunicarse, de todas maneras, a dicho titular por cualquier medio idóneo, dentro de los cinco días siguientes a la correspondiente anotación (art. 70).

f) Una modalidad adicional se prevé para los terceros que, a juicio de las autoridades, son afectados en forma directa e inmediata por el acto administrativo de carácter particular. Cuando tales terceros no intervinieron en la actuación y se desconoce su domicilio, la autoridad debe ordenar que se publique la parte resolutiva del acto en la página electrónica de la entidad y en un medio masivo de comunicación en el territorio donde sea competente quien lo expidió. En caso de ser conocido el domicilio, se debe realizar la notificación personal (art. 73).

g) Finalmente el Código establece la notificación por conducta concluyente. Como se indicó, al regular la notificación personal propiamente dicha el articulo 67 prevé su invalidez cuando se incumplen sus requisitos. Además de que atendiendo el texto de tal norma, esa sanción se entiende extendida a la notificación electrónica, así como a la notificación en estrados, el artículo 72 establece que sin el lleno de los requisitos previstos para todas las modalidades de notificación no se tendrán por practicadas, ni producirá efectos legales la decisión, a menos que la parte interesada revele que conoce el acto, consienta la decisión o interponga los recursos legales, eventos en los cuales se presume producida la mencionada clase de notificación.

## 18. Los recursos contra la decisión en sede administrativa

El Código anterior hablaba de recursos de la vía gubernativa, dándoles un tratamiento en título separado del previsto para las actuaciones administrativas, mientras que el actual se refiere a los recursos contra los actos administrativos como parte de los procedimientos administrativos, dentro de un capítulo más de los que corresponden al título en que estos se regulan. Además del cambio de lenguaje, que entraña una nueva visión y significado, las nuevas normas introducen pocas modificaciones concretas en la regulación de los tres recursos procedentes, esto es, reposición, apelación y queja. Su observación nos permite señalar que tales instrumentos de autocontrol de la legalidad de las decisiones de las autoridades están sometidos a las siguientes reglas básicas:

a) Los recursos proceden contra los actos definitivos (art. 74), son improcedentes contra los actos de carácter general, de trámite, preparatorios, o de ejecución excepto en los casos previstos en norma expresa (art. 75) y de ellos se puede desistir en cualquier tiempo.

b) El recurso de reposición se interpone ante quien expidió la decisión con el propósito de que la aclare, modifique, adicione o revoque, mientras que el de apelación para ante el inmediato superior administrativo o funcional con el mismo fin. Este último no procede contra las decisiones de los ministros, directores de departamento administrativo, superintendentes y representantes legales de las entidades descentralizadas, de los directores o autoridades superiores de los órganos constitucionales autónomos[33], los representantes legales y jefes superiores de las entidades y organismos del nivel territorial[34] (art. 74).

c) En cuanto a la *oportunidad y requisitos de presentación* de los recursos de reposición y apelación, ellos deben interponerse por escrito en la diligencia de notificación personal, o dentro de los diez días siguientes a ella, o a la notificación por aviso, o al vencimiento del término de publicación, según el caso. Expresa disposición se establece respecto de los recursos contra los actos presuntos, los cuales pueden interponerse en cualquier tiempo, salvo en el evento en que se haya acudido ante el juez.

Adicionalmente se exige que los recursos se presenten ante el funcionario que dictó la decisión, salvo lo dispuesto para el de queja, como se reitera en seguida, y si quien fuere competente no quisiere recibirlos podrán presentarse ante el procurador regional o ante el personero municipal, para que ordene recibirlos y tramitarlos, e imponga las sanciones correspondientes, si a ello hubiere lugar.

En fin, se prevé que el recurso de apelación puede interponerse directamente, o como subsidiario del de reposición, pero cuando aquel procede es obligatorio para acceder a la jurisdicción (art. 76).

d) El recurso de queja se interpone cuando se rechace el de apelación, pero a diferencia de este que es obligatorio para acudir al control judicial (art. 161), aquel es facultativo —como también el de reposición conforme al art. 76— y podrá interponerse directamente ante el superior del funcionario que dictó la decisión, dentro de los cinco días siguientes a la notificación de la decisión y mediante escrito al que deberá acompañarse copia de la providencia que haya

[33] Tienen esa condición el Banco de la República, los entes universitarios autónomos, las corporaciones autónomas regionales y la comisión nacional del servicio civil. Sobre esta clase de instituciones y la discusión doctrinal y jurisprudencial acerca de su naturaleza, véase Libardo Rodríguez Rodríguez, *Estructura del poder público en Colombia*, Temis, 15ª ed., 2016, págs. 143-145.

[34] La Corte Constitucional se pronunció positivamente sobre la constitucionalidad de esta referencia a las autoridades territoriales en sent. C-248 de 2013.

negado el recurso. Recibido el escrito del recurso, el superior debe ordenar inmediatamente la remisión del expediente y decidir lo que sea del caso (art. 74).

e) Ciertos requisitos de orden formal se exigen de los recursos. Ellos se deben: (i) interponer por escrito que no requiere de presentación personal, si quien l os presenta ha sido reconocido en la actuación, o bien por medios electrónicos; (ii) el recurrente puede acudir directamente sin abogado, pero si otorga poder debe hacerlo a un abogado y también quien actúe como agente oficioso debe tener esa condición profesional, prestar caución y su actuación ratificarse dentro del término de dos meses; (iii) presentar dentro del plazo legal, por el interesado o su representante o apoderado debidamente constituido; (iv) sustentarse con expresión concreta de los motivos de inconformidad; (v) solicitar y aportar las pruebas que se pretende hacer valer; (vi) indicar el nombre y la dirección del recurrente, así como la dirección electrónica si desea ser notificado por este medio; (vii) el recurrente no está en la obligación de pagar la suma que el acto recurrido le exija, pero podrá pagar lo que reconoce deber.

d) El recurso se deberá rechazar por el funcionario competente cuando no se cumplen los requisitos precisados en los puntos (iii), (iv) y (vi) que se acaban de mencionar, decisión contra la cual procede el recurso de queja.

e) Los recursos se deben tramitar en el efecto suspensivo, esto es, que la ejecución de la decisión impugnada queda suspendida hasta que ellos se decidan. Los de reposición y de apelación deben resolverse de plano, a no ser que al interponerlos se haya solicitado la práctica de pruebas, o que el funcionario que ha de decidir el recurso considere necesario decretarlas de oficio. Si con un recurso se presentan pruebas, deberá darse traslado a los terceros que hayan intervenido en la actuación —si es el caso— por el término de cinco días. Cuando además se requiere practicar pruebas adicionales a las aportadas con el recurso, se señalará un término no mayor de treinta días y si fuere inferior podrá prorrogarse por una sola vez, sin que incluida la prórroga el término exceda de los treinta mencionados. El acto que decrete la práctica de pruebas indicará el día en que vence el término probatorio.

f) Dado lo anterior, no se requiere declarar vencido el período probatorio (si se hubiere decretado); por lo mismo, llegada la fecha señalada, se deberá proferir el acto administrativo motivado que resuelva el recurso. En todo caso, tal decisión resolverá todas las peticiones que hayan sido oportunamente planteadas y las que surjan con motivo del recurso.

# COSTA RICA

# ANÁLISIS DEL PROCEDIMIENTO ADMINISTRATIVO EN COSTA RICA

Manrique Jiménez Meza*

## 1. Breve reseña histórica de la Ley General de la Administración Pública (LGAP) de Costa Rica

La indicada LGAP que ha sido calificada por la jurisprudencia constitucional de "Ley principista" corresponde a ley 6227, publicada en el Alcance 90, según la Gaceta 102 de 30 de mayo de 1978, la cual a su vez está dividida en dos libros: el Libro primero que regula el régimen jurídico del Estado y demás entes públicos con plena capacidad de derecho público y privado, sin perjuicio de la amplia constelación orgánica que, en conjunto, quedan sometidos a lo dispuesto en este Libro primero conforme al principio de legalidad, claramente señalado en los artículos 11 ibíd. y 11 de la Constitución Política. A la vez este principio abarca tanto el derecho escrito de manera primigenia y, en su defecto o supletoriamente, el derecho no escrito recaído en la jurisprudencia, la costumbre y los principios generales del derecho. De esta manera ya desde su inicio regulador, se plasma la subordinación de la administración pública central y descentralizada, sea institucional y corporativa —con aplicación en lo conducente— y sin perjuicio de la administración descentralizada del orden territorial, claramente identificada en las entidades municipales que se rigen por excelencia por el Código Municipal, sin demérito de la aplicación supletoria de la LGAP por expresa disposición del mismo Código, como sucede, a manera de ejemplo, con el régimen de nulidades de las conductas administrativas. Así pues, tal como lo dispone el artículo 2° inciso 1° de la LGAP: "Las reglas de esta ley que regulan la actividad del Estado se aplicaran también a los otros entes públicos, en ausencia de norma especial para estos". Y además esta Ley es de orden público, por lo cual tiene un refuerzo de protección de prevalencia aplicativa ante cualquier acuerdo, contrato y ley nacional e internacional que pretenda oponérsele.

Como puede destacarse, el Libro primero de la LGAP forma parte sustancial de lo que la jurisprudencia constitucional denominó "ley principista", toda

* Doctor en Derecho Administrativo y posgrado en Gestión Financiera y de Inversiones, Universidad Complutense de Madrid; posgrado de número en Derecho Constitucional y Ciencias Políticas, Centro de Estudios Constitucionales del Senado español; Licenciado en Derecho y Filosofía de la Universidad de Costa Rica. Profesor universitario, investigador, conferenciante y abogado en ejercicio.

vez que su regulación es omnicomprensiva de la actividad y organización de las administraciones públicas para satisfacer los distintos intereses públicos, entendidos como "la expresión de los intereses individuales coincidentes de los administrados" (art. 113,1 ibíd.).

De esta manera, la indicada LGAP identifica los intereses públicos con fundamento en la realidad fáctica y sumatoria de los intereses ciudadanos para fines comunes, con lo cual, sin duda, se resaltan dos principios básicos: a) no se trata de intereses especulativos, ilusos o de orden metafísico sino que son intereses concretos y ciertos en su doble dimensión actual y potencial frente a las administraciones públicas y de estas hacia los ciudadanos en el ejercicio de su verificación objetiva, interpretación y ejecución jurídicas; b) existe la necesidad de la convivencia activa entre los ciudadanos y la administración pública, para satisfacer y proteger los intereses públicos en la tesitura de la democracia participativa con respeto, en lo conducente, del principio de legalidad en su doble dimensión del derecho escrito y no escrito. El derecho no escrito, a la vez, se eleva a rango de norma escrita, si esta es omisa en alguna regulación o con laguna jurídica para impedir la omisión o incumplimiento de los principios del servicio público, tales como —sin agotarse en— continuidad, eficiencia, regularidad, objetividad, eficacia y probidad.

En lo que respecta al Libro segundo de la LGAP, corresponde a la regulación de los procedimientos administrativos, según sean procedimientos ordinarios (revocatoria, reposición y apelación) y procedimiento sumario; también existen los procedimientos de emergencia —así en plural— según las situaciones sobrevenidas que, por su propia naturaleza y fin, constituyen mecanismos excepcionales, sin que deban aplicarse procedimientos ordinarios a situaciones de urgencia ni procedimientos de emergencia a situaciones normales.

En todo caso, la LGAP dispuso casuística y expresamente las materias exceptuadas de su aplicación (art. 367,2), entre las cuales podemos mencionar las expropiaciones; los concursos y licitaciones; los contratos dispuestos por ley especial; materia tributaria; lo concerniente al personal público y laboral regulados por ley especial y reglamentos autónomos de trabajo, con exclusión de funcionarios por su estatus o confianza; materias de registros públicos; procedimientos relacionados con la actividad de fiscalización financiera y contable de la Contraloría General de la República (CGR). No obstante el anterior causalismo normativo, el mismo artículo 367,2 (ibíd) dispone la exclusión del Libro segundo de la LGAP, según lo disponga el poder ejecutivo (presidente de la República y respectivo ministro del ramo) por la vía reglamentaria, en el plazo de tres meses a partir de la promulgación de la ley misma.

Ahora bien, esta disposición normativa se convirtió en un lunar negro por la amplia inclusión de distintos procedimientos administrativos especiales según lo disponen los decretos ejecutivos 8979-P y 9469-P, favoreciéndose así el desorden y la atomización de procedimientos en perjuicio de la unidad, seguridad y rigurosidad contentivos en lo dispuesto en la LGAP. Dada esta anárquica y dispersa regulación positiva, propia de un mosaico jurídico, fue la jurisprudencia constitucional la que sin duda aplicó un fuero de atracción en favor del Libro segundo de LGAP para que, en todos los casos donde existieran lagunas jurídicas o disposiciones equívocas, oscuras o negligentes, debía imponerse la aplicación de la LGAP en aras del debido procedimiento administrativo y los principios pro ciudadano, seguridad, justicia, proporcionalidad y razonabilidad jurídicas, entre otros.

En síntesis: si bien con la vigente Constitución Política de 1949 en su artículo 49 se creó la jurisdicción contencioso administrativa, para la defensa de los intereses legítimos y los derechos subjetivos que, en principio, no se contraponen sino que integran la amplia dimensión de los intereses públicos, no fue sino hasta la entrada en vigencia de la LGAP, cuando Costa Rica tuvo un cuerpo normativo de ordenación administrativa, con dos libros cuyas regulaciones se relacionan con el conjunto de las administraciones públicas en su doble capacidad pública y privada, junto al despliegue de su actividad *ad intra* y *ad extra*, sin demérito de las disposiciones referidas a las relaciones y conflictos de competencia orgánicos e institucionales, junto al devenir procedimental previo a la interposición de los procesos contencioso administrativos; además, con regulaciones ancladas al debido procedimiento administrativo, como reflejo sustancial y técnico del debido proceso (jurisdiccional), aplicadas a la actividad y organización administrativas. Así mismo, las fuentes del derecho no escrito como la jurisprudencia, los principios generales del derecho y la costumbre, son aplicables para la interpretación y el esclarecimiento de la norma escrita, sin prevalencia del derecho no escrito sobre el escrito, aunque, en caso de laguna jurídica del derecho escrito, el derecho no escrito se eleva al rango del primero. Y solo muy excepcionalmente, frente a la eventual inexistencia de normas jurídicas escritas y no escritas ante una situación o caso concreto, se aplicarían supletoriamente el derecho privado y sus principios.

## 2. Inicio y desarrollo de los procedimientos administrativos y su ubicación en la afectación subjetiva y objetiva relacionada con los intereses colectivos y difusos

Tal como se indicó, en Costa Rica si bien existen distintos procedimientos administrativos, sea por expresa disposición de la LGAP o por virtud de los procedimientos especiales según los reglamentos ejecutivos dictados al efecto, estos procedimientos se inician por tres distintos mecanismos, a saber: a) por acción del interesado para la defensa de los intereses legítimos y derechos subjetivos o situaciones jurídicas protegidas, sin demerito de que, en casos especiales y con arreglo al principio de reserva de ley, se ejerza el derecho de acción popular para la defensa de los intereses colectivos y difusos; aspecto que seguidamente será objeto de puntualización y profundización técnica y sustancial; b) por denuncia que, en sentido estricto, no es igual al derecho de acción procedimental ni procesal, y c) por impulso oficioso de la administración activa y fiscalizadora.

A) *El derecho de acción procedimental administrativo*

De manera sucinta, tanto en la doctrina como en el derecho comparado, el derecho de acción procesal y procedimental se ha ubicado por excelencia —algunas veces exclusivamente— en el derecho de acción procesal, el cual queda ligado al ejercicio del derecho que ostentan las personas físicas y jurídicas, conforme a cada legislación positiva para impugnar determinados actos o conductas provenientes de sujetos de derecho privado, mixto y entidades y órganos administrativos, con plena capacidad para contraer derechos y obligaciones, destacándose, en nuestro medio jurídico, los órganos con personería instrumental que ostentan patrimonio propio, o algunos órganos que por disposición normativa no son entes sino órganos administrativos, como sucede con la Contraloría General de la República (CGR) que, por disposición constitucional, es un órgano auxiliar de la Asamblea Legislativa que ostenta potestades de autorización, fiscalización y sanción en materias presupuestaria, contratación administrativa y hacienda pública. Lo anterior no excluye el ejercicio competencial y material de los órganos fundamentales del Estado, que de manera excepcional ejercitan potestades y competencias adscritas al contenido regulador del derecho administrativo, tales como el órgano judicial, legislativo y el Tribunal Supremo de Elecciones, cuyas conductas administrativas son también objeto de vigilancia y sanción por parte de la jurisdicción contencioso administrativa (por acción y omisión), sin excluir a la jurisdicción constitucional en lo de su competencia.

Visto lo anterior, el derecho de acción es un derecho fundamental recogido en el derecho comparado constitucional que a la vez es derivación y expresión refleja de los tratados y convenios de protección de los derechos humanos. En efecto, el derecho de acción no solo se ejercita por virtud de la reacción ante la posible inmisión indebida por parte de alguna administración pública como entidad u órgano, o de otros sujetos que de manera especial ejercen potestades de derecho público en función colaboradora o auxiliar de la administración, como sucede con los concesionarios, permisionarios y los colegios profesionales, entre otros.

La tesis del derecho reaccional como ejercicio del derecho de acción procesal, frente a conductas en apariencia arbitrarias o de incidencia negativa en las situaciones jurídicas protegidas de los ciudadanos, se singulariza y expresa por medio del derecho fundamental de la acción procesal. No obstante, esta tesis coparticipa radicalmente de la tesis subjetiva, por la necesaria afectación a dichas esferas compuestas de intereses legítimos y derechos subjetivos. Sin embargo, también tenemos la presencia del derecho de acción en situaciones de afectación estrictamente objetiva, como sucede en la acción popular o acción *uti civis*, para la defensa de intereses colectivos y difusos, tal como lo consagra la legislación española y en nuestro medio la Ley de la Jurisdicción Constitucional para la interposición de acciones de inconstitucionalidad de manera directa (legitimación objetiva y directa), sin el requisito de un juicio previo para la defensa de los intereses colectivos y difusos. En semejante tesitura también reconocen este derecho de acción objetiva, ligado a la legitimación objetiva bajo reserva de ley, el Código Procesal Contencioso Administrativo (CPCA), el Código Procesal Civil (CPC) y el Código Procesal Penal (CPP).

Así pues, la tesis del derecho reaccional encontraría acá concordancia con la legislación positiva, si se ubica el derecho de acción y la legitimación en la óptica de la defensa de bienes, derechos e intereses de rango y fin objetivos, sin perjuicio de la defensa estrictamente subjetiva de las personas físicas y jurídicas en plano de igualdad procesal, conforme al debido proceso. En todo caso, el derecho de acción no solo debe ser ubicado en la dimensión jurisdiccional, pues también con el ejercicio de este derecho fundamental, el Estado en su dimensión también administrativa debe poner en funcionamiento el aparato procedimental para dar seguimiento y respuesta al contenido y fin del ejercicio del derecho de acción, sin que esto implique que no puedan ser aplicadas las exigencias y eventuales sanciones procedimentales, según lo disponga cada ordenamiento jurídico en el derecho comparado. No obstante, con el ejercicio del derecho de acción procesal (judicial) y procedimental (administrativo) el Estado debe cumplir, según el principio de legalidad, con las obligaciones derivadas del ejercicio de este derecho, donde se concatenan todo un conjunto de derechos y deberes recíprocos para materializar, en el plano de la justicia pronta y cumplida, el debido proceso y el debido procedimiento administrativo.

Destacado lo anterior, podríamos decir entonces que el derecho de acción procesal y procedimental se ejercita de manera directa y necesaria contra el Estado, a fin de que imperativamente ponga en marcha todo su aparato para el debido proceso y procedimiento, aspecto que se evidencia aún más en la acción procedimental administrativa, por virtud de conductas que, actual y potencialmente, hayan dictado, materializado o estén en ejecución latente y amenazante. Y, desde el punto de vista procesal, no menos está el mismo deber y rigurosidad para que el Estado en su dimensión jurisdiccional, cumpla con sus cometidos técnicos y sustanciales, sin perjuicio de que algún proceso pueda ser incoado contra otro sujeto distinto del Estado o que el mismo Estado, por medio de alguna entidad o administración pública en su esfera constitucional y orgánica, sean parte demandada, en cuya hipótesis el Estado, tratándose de la administración central, ejercite sus potestades y obligaciones de defensa en posición distinta a la que debe ejercer como garante del disfrute y protección del debido proceso en la doble esfera jurisdiccional y administrativa. El anterior planteamiento, en modo alguno, queda invalidado cuando el Estado o alguna administración descentralizada, por ejemplo, incoa algún proceso contencioso administrativo de lesividad, para la eventual anulación de actos declaratorios de derechos subjetivos, con el previo cumplimiento de las exigencias ordinamentales para la interposición de este proceso bajo la misma tesitura del debido proceso.

En síntesis: el derecho de acción puede bifurcarse tanto en la dimensión administrativa y jurisdiccional; no queda absorbido de manera exclusiva por el derecho reaccional en la óptica subjetiva y tal derecho, se ejercita de forma inmediata y necesaria contra el Estado, en un Estado de derecho, como acto primario e impulsor del proceso y el procedimiento. Asimismo, el derecho de acción puede ejercitarse de manera mediata y no necesariamente contra otro sujeto como parte demandada, lo que no excluye al Estado como parte, o a la inversa, que este como parte actora lo haga contra otro sujeto. Incluso, para dar mayor soporte a esta tesis, podríamos pensar en los procesos no contenciosos (mal llamados procesos de jurisdicción voluntaria). Así podríamos pensar en la reposición de títulos o instrumentos mercantiles; en el nacimiento de la junta de acreedores en concursos de quiebra o en las acciones procesales relacionadas con materia testamentaria, sin pleitos o contención, al menos en principio. Y en lo que respecta al derecho de acción y el ejercicio de la defensa de bienes y derechos estrictamente objetivos, también se incluye —en principio— la regulación de la legitimación objetiva, entendida la legitimación como la relación necesaria de las partes en cada proceso con el objeto derivado y discutido; relación que puede ser directa (partes) e indirecta (coadyuvantes). Y a la vez existen dos tipos de legitimación: la legitimación aparente (activa y pasiva) que es la legitimación simplemente afirmada por las partes, terceros intervinientes y coadyuvantes; además está la legitimación material o sustancial, que debe determinarse por sentencia de fondo si quien afirma estar legitimado o de quien se afirma estarlo, realmente tienen relación con el objeto del respectivo proceso. Así entonces, siendo la legitimación un instituto procesal material o sustancial, es por sentencia de fondo como puede verificarse o rechazarse la legitimación afirmada. Por esto en sentido estricto y riguroso, si bien puede darse la existencia de un sujeto actor en un procedimiento administrativo, su legitimación confirmada o denegada no puede consumarse definitiva e imperativamente por medio de un acto administrativo, aun siendo este el acto final de un procedimiento administrativo, por cuanto toda conducta administrativa, incluyendo lo relativo a la legitimación activa y pasiva, queda sujeta a lo que se disponga en sentencia firme y definitiva bajo el alero del debido proceso. Y, además, el calificativo de "acto final" en sentido riguroso, debiera quedar identificado con la ubicación objetiva del acto o conducta administrativa dictados con posterioridad al ejercicio de los recursos o instrumentos impugnatorios por el afectado e interesado, o en relación con el acto final, sin el ejercicio de los mecanismos impugnatorios en función del acto consentido que devino en firme.

Asimismo, es regla en el derecho administrativo no permitir el ataque directo de los actos de procedimiento u ordenatorios del acto final sino, a la inversa, que con el ataque al acto final se impugnan consustancialmente los actos de procedimiento u ordenatorios, salvo si estos generan efectos propios como si fueran actos administrativos autónomos y de incidencia directa e indirecta en la esfera existencial de los ciudadanos, tal como correctamente lo dispone la LGAP. También, según el artículo 345.3 ibíd., se consideran actos finales, para efectos impugnatorios y directos, las conductas o actos de tramitación que suspendan o impidan la continuación del procedimiento. Ciertamente, tal parálisis procedimental impide al justiciable ejercitar sus derechos impugnatorios tanto en fase administrativa como eventualmente jurisdiccional, confirmándose entonces la correcta denominación que el CPCA hizo de los actos administrativos para incluirlos y no agotarlos en las "conductas administrativas", ya que los actos administrativos denotan actividad o conducta activa, cuando en realidad también existe la omisión funcionarial en contra del debido cumplimiento de los principios del servicio público y debido procedimiento bajo el principio de celeridad procedimental. En efecto, cuando se da margen de impugnación a las conductas administrativas, se incluye tanto la dimensión activa como la pasiva, tal cual sucede en materia penal, frente a los delitos por acción u omisión. Hay más todavía: podemos pensar también en procedimientos y procesos donde se acoja alguna defensa o excepción previa dictándose alguna resolución con carácter de sentencia, sin que sea sentencia en sí misma, confirmándose con esto la obligación del Estado de poner en marcha el aparato administrativo y jurisdiccional, respectivamente, sin que se llegue a dilucidar por el fondo la existencia o no de la legitimación activa y pasiva de las partes en el respectivo proceso. Sin embargo, el derecho de acción fue ejercitado con obtención de respuestas por parte del Estado ante el ejercicio del derecho fundamental de la acción procesal y procedimental.

Para concluir este apartado de reflexión, el derecho de acción no garantiza con su ejercicio el derecho a obtener alguna resolución administrativa o sentencia en favor de la parte actora; tampoco garantiza —como se dijo— la imperativa existencia de la sentencia de fondo ante la posible acogida de alguna excepción previa.

Seguidamente procederé a analizar las distintas hipótesis aplicativas para el ejercicio de acción procedimental (administrativa), a través de los diferentes mecanismos impugnatorios, sea en la perspectiva del procedimiento ordinario, el procedimiento sumario, los procedimientos de urgencia; además, respecto al recurso extraordinario de revisión; sin perjuicio de distinguir con precisión técnica, lo que es la denuncia y la actuación de oficio por parte de la administración pública. Veamos:

### B) *La denuncia administrativa*

Como se adelantó, la denuncia en sentido estricto es distinta del derecho de acción procedimental y procesal adscrita a los derechos fundamentales de los ciudadanos, sean personas físicas o jurídicas. En efecto, en la denuncia, que suele ser anónima, aunque no necesariamente, el sujeto que la realiza ante alguna administración pública o a nivel jurisdiccional, queda sujeta a la valoración y determinación para su procedencia o improcedencia por parte de los órganos competentes y, en caso de procedencia, dimana la subrogación procedimental y procesal respectivas. Así, entonces, existe una diferencia de génesis entre la denuncia y el derecho de acción, por cuanto en la primera quien denuncia no es parte en sentido estricto, sino solo un sujeto denunciante atenido a que el efecto de la denuncia misma convierta a la administración competente o al órgano judicial (por ejemplo, el ministerio público en materia penal) en la parte actora en el procedimiento o proceso. En segundo lugar, quien interpone una acción procedimental y procesal, tiene derecho a que el Estado impulse el respectivo procedimiento y proceso por virtud de la parte actora que así lo gestionó, a diferencia de la denuncia, donde no existe tal derecho como parte afectada o interesada, sino que es el Estado el que determina si sustituye o subroga al denunciante —insisto— para ser parte actora en un determinado procedimiento o proceso. No obstante, en esta tesitura, un denunciante podría ser llamado al procedimiento o proceso como testigo, si su relación con los hechos denunciados ayuda a vislumbrar y determinar la verdad real o, incluso, un denunciante podría constituirse en parte demandada y, en lo penal, un denunciante podría llegar a ser imputado, autor o cómplice.

Por su lado, la LGAP permite el ejercicio de la denuncia sin que el denunciante se identifique con la parte en el ejercicio del derecho de acción; empero, la regulación es algo parca y podría prestarse a equívocos prácticos. Ciertamente en el artículo 291, ibíd., se dice al texto: "Quedará a juicio de la administración proceder en la forma que a bien tenga cuando se le formule una petición por persona sin derecho subjetivo o interés legítimo en el caso"; imponiéndose a la vez a la administración receptora de la petición identificada como denuncia, el deber de pronunciarse ante el supuesto de inadmisibilidad de la "petición o reclamación" (art. 292,2, ibíd.). De esta forma en la LGAP, las denuncias quedan relacionadas con aquellos sujetos que no ostentan derechos subjetivos ni intereses legítimos, por lo cual análogamente podría existir algún sujeto o tercero que pretenda ejercer un derecho de acción o reclamo sin ser en sentido estricto un simple denunciante, ni aspirar a una supuesta subrogación procedimental en favor de la defensa de un determinado bien jurídico. En todo caso, la administración que recibe la petición incorrecta o por algún sujeto que no ostenta relación sustancial con el objeto procedimental, tiene plena potestad para acoger o no tal petición, sin descartarse que la administración proceda con el inicio de alguna investigación y eventual actuación oficiosa para la satisfacción y protección de los intereses públicos. Ahora bien, en nuestro medio jurídico, sí existen expresamente reconocimientos en favor del instituto de la denuncia en sentido estricto y técnico, como sucede en materia ambiental y en materia de protección al consumidor, conforme a cada legislación especial. Incluso en materia ambiental se dejan espacios para que en fase administrativa pueda confirmarse el derecho de acción popular, donde no se excluye que una parte afectada en su esfera subjetiva pueda también proteger de manera directa o indirectamente bienes de naturaleza colectiva y difusa; aspecto que sin duda aumentó la conciencia de quienes redactamos el CPCA, pues mal se habría procedido —entre otros argumentos— si en el orden administrativo se reconociera el derecho de acción y la legitimación procedimental en esta dinámica especial de protección ultra personal, y que luego, como sucedía con la derogada LRJCA, se aplicara un embudo reduccionista para el ejercicio de los derechos impugnatorios contra los interesados y afectados.

C) *El procedimiento por impulso oficioso de la administración*

El devenir administrativo no solo está ligado a la posible reacción de los administrados contra determinadas conductas administrativas, sin demérito del ejercicio de los recursos ordinarios y extraordinarios; sino que además las administraciones deben iniciar de oficio los procedimientos administrativos que, según el principio de legalidad, deben gestar e impulsar en beneficio de los intereses públicos.

En todo caso, en la LGAP se derivan distintas hipótesis aplicativas para la actuación oficiosa de la administración, destacándose entre estas las siguientes, a saber:

a) *La revocación de las conductas administrativas.* Como se indicó, la administración activa que haya constituido derechos subjetivos a favor de terceros, puede revocar por criterios de oportunidad, mérito y conveniencia tales actos, para lo cual se impone el dictamen previo de la Contraloría General por virtud de los efectos patrimoniales en la hacienda pública en relación con los daños y perjuicios que la administración debe indemnizar en favor del afectado. En este sentido, no estaríamos ante una eventual anulación por criterios de ilegalidad, sino ante la revocación por criterios de oportunidad, la cual en todo caso debe tener plena motivación por su ligamen necesario con la satisfacción de los intereses públicos y el principio de interdicción de la arbitrariedad administrativa.

b) *El procedimiento oficioso para la anulación de los actos o conductas administrativas reconocedoras de derechos subjetivos, ante situaciones de nulidad absoluta, evidente y manifiesta, sin demérito de la gestión cobratoria para el reintegro plenario.* Ciertamente, existe un mecanismo procedimental para este tipo de anulación *ex tunc* o *ex ante* e *in radice*, contra el acto material o de hecho, no así de *iure* por vicios de nulidad absoluta que debe ser anulado, siguiendo un determinado procedimiento para evitar la indefensión y la tenencia debida de la motivación administrativa para la procedencia anulatoria. En esta tesitura, se impone el dictamen previo de la Procuraduría General de la República (PGR) o de la Contraloría General de la República cuando sea materia de contratación administrativa, presupuestaria o hacienda pública. Asimismo, es indispensable notificar al afectado a fin de que exprese sus agravios o pareceres, en caso de así considerarlo oportuno. Así entonces, este mecanismo de anulación oficioso es distinto del proceso contencioso administrativo de lesividad, donde se impone —se insiste— la firme y definitiva sentencia anulatoria de los actos declaratorios de derechos subjetivos, tal como pasaré a detallar.

También existen otras actuaciones oficiosas de la administración activa, para dar inicio a eventuales procedimientos administrativos de naturaleza y contenido sancionatorio, contra los funcionarios que puedan ser objeto de alguna sanción administrativa, sin perjuicio de elevarse el asunto al ministerio público en caso de la aparente comisión de delitos conforme a la legislación represiva que al efecto resulte aplicable. Asimismo, la administración activa puede iniciar los procedimientos administrativos cobratorios o de efecto patrimonial y de reintegro plenario, contra los funcionarios responsables, contra terceros y contra la misma administración por dolo, culpa grave y con ocasión del desempeño funcionarial, aun solo valiéndose de los medios u oportunidades administrativos. La gestión cobratoria de la administración será por medio del procedimiento de ejecución a través de un título ejecutivo o su equivalente (certificación administrativa, por ejemplo), sin demérito de la sentencia condenatoria y el proceso de ejecución; todo sin perjuicio de las responsabilidades administrativas y penales derivadas de las conductas administrativas.

c) *La actuación oficiosa para cumplir con los requisitos administrativos previos para la interposición del proceso contencioso administrativo de lesividad.* Son cinco los elementos configuradores del instituto procedimental (administrativo) y procesal de la lesividad, para que proceda la anulación de los actos propios declaratorios de derechos: 1) el acto o contrato debe ser declaratorio de derechos subjetivos; 2) debe ostentar vicios de nulidad absoluta; 3) debe estar firme en sede administrativa; 4) debe ser lesivo a los intereses públicos; 5) debe darse la declaratoria interna o administrativa para la interposición de la demanda contencioso administrativa de lesividad.

Ciertamente, la existencia de los actos declaratorios de derechos subjetivos (1), hizo que el legislador plasmara positivamente un mecanismo de protección excepcional, para que la administración pública que los declaró o reconoció, no fuera a ir en contra de sus propios actos y, si lo hiciera, debía cumplir con exigencias reforzadas tanto procedimentales como procesales, lo que en modo alguno facilitaría su cometido de reversión jurídica y fáctica. A ello se suma la necesaria intervención judicial en el Estado de derecho, como garantía de objetividad y justicia, para evitar la arbitrariedad y el subjetivismo. En lo que respecta a la nulidad absoluta (2), es claro e inequívoco, a manera de imperativo categórico, el artículo 166 de la LGAP: "Habrá nulidad absoluta del acto cuando falten totalmente uno o varios de sus elementos constitutivos, real o jurídicamente". Sin duda alguna, mucho se ha discutido en la doctrina si los actos deben ser nulos de plena nulidad, o acaso podrían ostentar simples vicios de mera anulabilidad, pero lesivos al interés público. En efecto, en primer término, para la anulación de un acto declaratorio de derechos subjetivos, se requiere un vicio radical que permita anular el disfrute de los derechos constitucionalmente reconocidos y protegidos, de donde descansa en esencia la nueva tendencia del proceso contencioso administrativo en su dinámica subjetiva por excelencia, sin perjuicio de la dimensión objetiva o anulatoria de las conductas administrativas. En segundo lugar, la existencia del proceso contencioso administrativo de lesividad es precisamente para que la administración no pueda declarar de oficio la anulación de los actos que no ostenten palmaria o notoriamente vicios de nulidad radical. Ante la duda surge la necesaria intervención judicial para la valoración y determinación certera de poderse determinar, con cumplimiento del debido proceso de principio a fin, la existencia o inexistencia de la nulidad absoluta. El castigo anulatorio, contrario al disfrute de los derechos subjetivos, declarados por la misma administración pública que los pretende desconocer y anular, impone la existencia objetiva de tal nulidad radical, no así la simple anulabilidad que puede ser saneada o convalidada administrativamente.

El refuerzo en la protección de los derechos subjetivos, con su escudo privilegiado de defensa efectiva, no permite aceptar su desconocimiento por simples conductas adentradas en meras anulabilidades que encuentran caminos procedimentales para su reacomodo o purificación jurídica y fáctica. Sería desproporcionado aceptar esta posibilidad procesal y anulatoria frente a actos administrativos meramente anulables, por la preeminencia jurídica de los derechos subjetivos, en tanto sean válidos y eficaces. O bien, posibilitar su anulación por medio del proceso contencioso de lesividad ante conductas administrativas meramente anulables, pues se desnaturalizaría el proceso especial que pretende incomodar la eventual anulación de los actos propios declaratorios de derechos subjetivos, aun cuando la administración activa deba siempre perseguir la anulación de las conductas viciadas de nulidad absoluta. Así, pues, la interconexión del acto declaratorio de derechos con la nulidad absoluta, tiene tal dimensión de fuerza que no podemos concebir su anulación sin la existencia de esta. Incluso, podríamos pensar en actos lesivos al interés público, pero válidos o simplemente anulables, en cuya hipótesis no cabría la confirmación de la pretensión anulatoria por el proceso contencioso administrativo de lesividad, lo que, de buenas a primeras, no siempre resulta nítido para el juzgador.

En lo relativo a la firmeza del acto administrativo (3), hemos de partir de un principio básico: su estabilidad supone la satisfacción del principio reflejo de la seguridad jurídica, para el disfrute y protección de bienes y derechos declarados o reconocidos por la administración pública. Una vez que el acto haya sido dictado y debidamente comunicado, adquiere firmeza y eficacia jurídicas, aun cuando, en materia de derechos humanos, su disfrute y protección nacen desde su declaración y no así desde su notificación. Así pues, se impone que el acto atacado no sea el de procedimiento u ordenatorio en la dinámica de la formación del acto final, sino que debe ser aquel que exprese la voluntad administrativa, con la concomitante ejecución y con la debida notificación al interesado para su eficacia jurídica, en calidad de sujeto receptor de los beneficios de incidencia subjetiva. Sin embargo, en atención al principio de que, mediante la impugnación del acto final se atacan los actos ordenatorios que posibilitaron su nacimiento o dictado, hemos de suponer que, en caso de anulación del acto declaratorio de derechos, se arrastraría consigo a los actos ordenatorios; lo anterior, como se indicó, excluye los actos de efecto propio y conductas que inmovilizan el procedimiento.

Ante esto, tanto la LGAP como el CPCA expresamente posibilitan la impugnación de los actos ordenatorios de efecto propio. Dice el artículo 36, ibíd.: "La pretensión administrativa será admisible respecto de lo siguiente: [...] c) Los actos administrativos, ya sean finales, definitivos o de trámite con efecto propio [...]". Ahora bien, retomándose la firmeza de los actos administrativos, esta queda confirmada ante la omisión -o incumplimiento- del ejercicio, en tiempo y forma de los mecanismos impugnatorios, o acaso cuando la administración pública no ejerce sus potestades de veto, como sucede en el silencio positivo ante permisos, licencias, autorizaciones y aprobaciones administrativas, o bien, que no declare de oficio la nulidad absoluta evidente y manifiesta, conforme al ordenamiento jurídico.

Sin embargo, también debemos hacer ciertas pormenorizaciones de gran importancia, a saber: a) frente a los bienes de dominio público, nadie puede alegar acto firme en su favor, en caso de no ejercitarse en tiempo los mecanismos impugnatorios u oficiosos para su protección y disfrute, pues tales bienes son, desde el derecho de la Constitución, inembargables, imprescriptibles, inalienables e inejecutables; b) una cosa es la firmeza del acto declaratorio de derechos subjetivos, y otra, los procedimientos para que la administración activa anule o pretenda su anulación por medio del proceso de lesividad. El acto declaratorio de derechos debe estar firme y surtir efectos, para que la administración proceda de oficio o judicialmente con la anulación, según el grado de nulidad absoluta. Ahora bien, si la administración no ejerce sus potestades administrativas y judiciales, o lo hace de modo indebido, o no logra por la vía judicial la anulación del acto declaratorio de derechos, este quedaría firme por sentencia o por resolución judicial en caso de desistimiento de la administración activa, o mediante conciliación procesal. O que la firmeza provenga por virtud de la jurisprudencia, bajo el lineamiento de la extensión y adaptación de esta a terceros conforme al CPCA (arts.185 y ss.) y oponible a la administración activa con pretensiones de reversión de los actos propios y declaratorios de derechos subjetivos.

En el proceso contencioso de lesividad solo la administración activa, con inclusión —como es obvio— del Estado a través de la Procuraduría General de la República y en casos especiales el Consejo de Gobierno, pueden interponer tal proceso con declaratoria previa, motivada y autorizante al efecto, sin que se descarte la posible intervención del interesado en calidad de coadyuvante activo, por la declaración de derechos en otro sujeto cuya eventual anulación le sería beneficiosa. Así, pues, la administración que declaró el o los derechos subjetivos tiene sus mecanismos procedimentales y procesales, ratificados por el derecho de la Constitución, para solicitar la anulación, vía judicial, de tales derechos, sin que pueda hacerlo a través del recurso extraordinario de revisión, aun cuando se esté ante actos finales y firmes. En todo caso podría surgir, por algún recurso administrativo de revisión, la necesidad de anular actos declaratorios de derechos, sea por actuación oficiosa (nulidad absoluta evidente y manifiesta) o sea por el proceso contencioso de lesividad por sentencia que declare la anulación del acto, sin que pueda hacerse —se insiste— por medio de tal recurso extraordinario de revisión, aun cuando la parte interesada en calidad de actor lo pida o lo pretenda en sede administrativa, sin perjuicio de que la administración competente lo haga (de oficio) o lo solicite (lesividad) como sujeto activo y causante.

En lo que respecta a la afectación necesaria a los intereses públicos (4 y 5) por el acto declaratorio de derechos, ya hemos adelantado algunos indicadores de suma importancia. Ciertamente, lo trascendental —no así exclusivamente— es la existencia de la nulidad absoluta, lo que implica reflejamente la afectación al ordenamiento jurídico y, con ello, a los intereses públicos en el Estado de derecho, el cual tiene por soporte el derecho del Estado revestido de valores en favor de los derechos humanos. Ningún derecho subjetivo puede nacer con violación del ordenamiento jurídico, ni la administración pública que lo dictó o reconoció, puede tener por válidas y eficaces conductas requeridas de anulación, para salvaguardar el derecho escrito y no escrito y la organización y actividad del Estado en general y de la administración pública en particular.

El interés público sin duda es la clave en la definición y fines de toda administración pública con el ejercicio de sus potestades de imperio. Sin embargo, podríamos suponer la afectación a este interés supra personal por medio de actuaciones no adentradas en el régimen de nulidades absolutas; o bien, que estas nulidades no tengan relación con los actos declaratorios de derechos subjetivos, ante lo cual resultaría improcedente el proceso contencioso administrativo de lesividad. O acaso para la salvaguarda de los intereses públicos, se ratifica la actuación oficiosa de anulación contra la conducta viciada de nulidad absoluta evidente y manifiesta, con cumplimiento de los requisitos procedimentales, incluyéndose el debido procedimiento para la defensa de la parte afectada.

En todo caso, si existe nulidad absoluta, siempre se da algún grado de perjuicio al ordenamiento jurídico de manera refleja, por la contradicción y afectación ilegítimas. Lo primordial, entonces, para el proceso contencioso administrativo de lesividad, es la debida motivación de la declaración interna y preparación para la ulterior incoación de la demanda contencioso administrativa que, en principio, supone la afectación al interés público y la violación al ordenamiento jurídico que no dan soporte para el nacimiento y disfrute de derechos subjetivos, que en principio resultan oponibles a otros sujetos con derechos y competencias legítimas. El que simplemente sea lesivo o perjudicial la conducta administrativa de incidencia subjetiva, podría también dar paso para la revocación por criterios de oportunidad, mérito o conveniencia, en cuanto sea inoportuna, carente de mérito o inconveniente para el interés público. Es decir, la conducta perjudicial a los intereses públicos por parte de actos declaratorios de derechos subjetivos, puede serlo por criterios de ilegalidad como por criterios de oportunidad o conveniencia pública. Sin embargo, en sentido estricto, para el procedimiento preparatorio y el proceso contencioso de lesividad, la afectación al interés público está indisolublemente relacionada con la violación sustancial y radical al ordenamiento jurídico, a fin de que la autoridad judicial dicte motivadamente y en sentencia la respectiva anulación.

En esta temática del proceso contencioso administrativo de lesividad, el CPCA dispone en el artículo 34 que el plazo máximo para la declaratoria de lesividad a nivel administrativo es de un año, a partir del día siguiente de haberse dictado el acto declaratorio de derechos subjetivos, "salvo si el acto contiene vicios de nulidad absoluta, en cuyo caso dicha declaratoria podrá hacerse mientras perduren sus efectos. En este [...] supuesto, el plazo de un año correrá a partir de que cesen sus efectos y la sentencia que declare la nulidad lo hará únicamente para fines de su anulación o inaplicabilidad futura [...]". Consecuentemente, el plazo máximo para la declaratoria administrativa de lesividad es de un año en la relación causal indicada, sin perjuicio de trascenderse tal plazo por continuar los efectos de la nulidad absoluta, en cuya hipótesis se mantendría abierta la potestad para la declaratoria de lesividad; computándose el plazo fatal del año a partir de la fecha en que cesaron los efectos de la nulidad absoluta. Si la declaratoria de lesividad se hizo más allá de la referida anualidad, por perdurar los efectos de la nulidad radical, la sentencia que anule el acto declaratorio de derechos sería de efectos *ex post* o *ex nunc*.

d) *La naturaleza jurídica de la conducta obligada ymotivada de la administración pública, para la interposición en tiempo y forma del proceso contencioso administrativo de lesividad.* Un último elemento identificador impone otro asalto a la razón: la naturaleza de la conducta obligada y motivada de la administración en fase prejudicial, para la ulterior interposición del proceso contencioso de lesividad. Ciertamente tal exigencia normativa no constituye en sentido estricto un acto administrativo, siendo así que es inimpugnable directamente por el afectado en fase administrativa. Sin embargo, si el acto ordenatorio genera efectos propios —insisto— como si fuera un acto administrativo válido y eficaz, quedaría sujeto a los mecanismos impugnatorios en los ámbitos administrativo y judicial.

Por consiguiente, de lo señalado podemos concluir que, para el caso específico de la declaratoria motivada y autorizante de lesividad que se dicte a lo interno de la administración que interpondrá la respectiva demanda, su naturaleza la tipifica como conducta administrativa con doble propósito jurídico, a saber: como conducta condicionada y como conducta-condición. Me explico. Ciertamente, de un lado el ordenamiento jurídico impone la existencia de la declaratoria previa de lesividad en sede administrativa para la interposición de este proceso. Dice el artículo 34 del CPCA: "1. Cuando la propia administración autora de algún acto declaratorio de derechos, pretenda demandar su anulación ante la jurisdicción contencioso administrativa, previamente el superior jerárquico supremo deberá declararlo lesivo a los intereses públicos, económicos o de cualquier otra naturaleza [...]".

Tal declaratoria previa constituye una *conducta condicionada*, en tanto debe ser dictada expresa y motivadamente por el jerarca supremo de la administración pública, sin que pueda hacerlo un órgano distinto (con la excepción del Consejo de Gobierno), ni pueda omitir el pronunciamiento motivado que justifique la pretensión anulatoria por la vía del proceso contencioso administrativo de lesividad para su incoación en tiempo y forma. Asimismo, es *conducta-condición*, en tanto no puede dejarse de cumplir con la declaratoria previa de autorización en fase administrativa, como requisito esencial y reglado para la interposición y devenir del proceso contencioso administrativo de lesividad. Por ello, si bien constituye un acto de procedimiento, este es singular y cualificado, como requisito indispensable para este régimen especial en el que se pretende la anulación de actos propios declaratorios de derechos subjetivos.

## 3. Distintas modalidades de procedimientos administrativos: ordinario, sumario y de emergencia

### A) *El procedimiento ordinario*

El artículo 308 de la LGAP dispone distintos supuestos de aplicación de este procedimiento que es el más amplio y garantista respecto a los procedimientos sumario y de urgencia; destacándose las siguientes hipótesis:

"[...] a) Si el acto final puede causar perjuicio grave al administrado, sea imponiéndole obligaciones, suprimiéndole o denegándole derechos subjetivos, o por cualquier otra forma de lesión grave y directa a sus derechos o intereses legítimos; y

"b) Si hay contradicción o concurso de interesados frente a la administración dentro del expediente.

"Serán aplicables las reglas de este Título a los procedimientos disciplinarios cuando estos conduzcan a la aplicación de sanciones de suspensión o destitución, o cualesquiera otras de similar gravedad".

De la anterior transcripción literal, se mantiene en principio una posición allegada a la tesis subjetiva del derecho reaccional, si partimos por excelencia de la reacción de los afectados frente a los actos finales de la administración activa que perjudiquen a los intereses legítimos y derechos subjetivos, o por virtud de cualquier otra lesión grave donde también se destacan la materia sancionatoria, cuando se trate de la aplicación de sanciones de rango suspensivo o la destitución funcionarial. En otros términos, también podría concluirse rápidamente en que el procedimiento ordinario se aplica a los procedimientos sancionatorios administrativos, en tanto se esté ante estas dos hipótesis aplicativas; empero podríamos estar en presencia de otros tipos de sanciones que no tengan por finalidad la suspensión o destitución, sino que se trata de sanciones de menor rango, como podrían ser las amonestaciones escritas incluidas en el respectivo expediente administrativo o algún tipo de sanción pecuniaria. Sin embargo, en estas dos últimas hipótesis, no podría excluirse la posible afectación en la esfera de los intereses legítimos y derechos subjetivos, por virtud de actos finales de contenido sancionatorio, dejándose así abierta la posible aplicación de este mismo procedimiento conforme al párrafo 1 inciso a) del artículo 308, ibíd.. También tenemos el supuesto de la contradicción o concurso de interesados frente a la administración pública; así por esto si suponemos la pluralidad participativa de interesados o afectados, procede también la existencia del procedimiento ordinario. Y en esta tesitura de participación colectiva, no podríamos excluir la posible acción y legitimación correlativa, donde podrían entremezclarse tanto la afectación estrictamente subjetiva en relación con la dimensión de los intereses colectivos y difusos pues, la acción y legitimación subjetivamente consideradas, no son necesariamente contradictorias ni excluyentes con la acción y legitimación objetivas, para le defensa de estos bienes e intereses que llegan a estar presentes en un mismo expediente administrativo. E, igualmente, podríamos suponer el concurso o pluralidad de interesados que no sean estrictamente partes en el procedimiento administrativo, como sucede con los coadyuvantes de alguna de las partes en el expediente administrativo o, acaso también, por la presencia multiparticipativa de partes principales, coadyuvantes o accesorias en un expediente administrativo, o solo la existencia de partes principales en contención contra el acto final, que afecte a un conjunto de situaciones jurídicas protegidas en la dinámica estrictamente subjetiva.

B) *El procedimiento sumario*

La LGAP dispone en el artículo 320, que este tipo de procedimiento se aplicará para todos aquellos casos no previstos en el indicado artículo 308, ibíd.; es decir, que no haya afectación a los intereses legítimos y derechos subjetivos, no exista pluralidad de interesados o afectados en un mismo expediente y que, tratándose de sanciones administrativas, sean de rango inferior a la suspensión y destitución funcionariales. De esta manera podríamos pensar en la figura de los permisionarios, quienes han obtenido de la administración algún permiso o autorización expresa y "a título precario" que no podría ser ilegítimo. Sin embargo, se impone de la administración pública que, aun ante situaciones de derechos precarios, su revocación nunca puede ser intempestiva ni arbitraria, debiéndose aplicar algún plazo prudencial para la efectiva revocación. De esta manera, el permisionario no tiene a su haber intereses legítimos ni derechos subjetivos oponibles a la administración activa, a diferencia de lo que sucede con los concesionarios; no obstante debe aplicarse algún tipo de procedimiento para la revocación administrativa y, aun cuando el mismo artículo no exponga expresamente que se trata del procedimiento sumario, bien podría ser aplicado con arreglo al párrafo primero, inciso a) del referido artículo 308 ibíd., a fin de que la conducta administrativa no devenga en intempestiva ni arbitraria. Así pues, se le daría al afectado un plazo único y corto de tres días hábiles (art. 324, ibíd.) para exponer las conclusiones sucintas del caso, sin perjuicio de que la administración de oficio justifique la verdad real de los hechos y aporte las pruebas pertinentes del caso. De esta manera se evitaría con mayor precisión y seguridad cualquier conducta intempestiva y arbitraria, que pueda acarrear conductas viciadas de nulidad absoluta.

En conclusión parcial: un procedimiento sumario podría convertirse en un procedimiento ordinario, si en el devenir procedimental se confirmara alguno de los supuestos señalados en el artículo 308, ibíd.; no obstante en el caso de los permisionarios, aun teniendo "derechos precarios" (que en esencia no son derechos, sino intereses precarios) sujetos a revocación administrativa, no dejan de ostentar algún tipo de derecho subjetivo para evitar que tal revocación sea arbitraria e intempestiva; razón que refuerza aún más la tesis de la aplicación certera de algún procedimiento distinto del ordinario, que en la LGAP es el procedimiento sumario.

Ahora bien, surge la duda de que, por virtud de la legislación especial de protección en materia de intereses colectivos y difusos, sin adentrarse estrictamente en la dimensión de la afectación subjetiva, podría concluirse a la ligera que como procedimiento supletorio —en caso de inexistencia en la legislación especial— deba aplicarse el procedimiento sumario y no así el procedimiento ordinario. Sin embargo, cuando el artículo 308, ibíd., comprende en el procedimiento ordinario la dimensión protectora de los intereses legítimos, estos pueden ser ubicados tanto en la esfera estrictamente subjetiva como en la dimensión objetiva para la defensa de los intereses colectivos y difusos. E incluso, podría pensarse, aunque solo sea parcialmente, la aplicación supletoria del procedimiento ordinario de la LGAP frente a lagunas u oscurantismos jurídicos en procedimientos especiales, donde se protejan en principio bienes e intereses de naturaleza y fin objetivos.

Un último aspecto debo resaltar e insistir en torno al derecho de acción procedimental y procesal, en punto a que su ejercicio en modo alguno comporta el derecho del interesado o reclamante de obtener por tal actuación alguna resolución administrativa o sentencia de fondo favorable a sus peticiones o pretensiones, dado que el derecho de acción es autónomo respecto al conjunto de actos procedimentales en la dinámica del debido proceso, según lo disponga en técnica y fondo cada ordenamiento jurídico en el derecho comparado. Asumir una posición contraria, es decir que con la sola interposición de alguna acción procedimental o procesal se tenga desde el principio el reconocimiento del derecho afirmado y pretendido, sería caer en la absurda posición de asumir efectos triunfalistas de manera previa y automática por el simple ejercicio del derecho de acción, que está concatenado con todo un conjunto de actos de procedimiento con su propia naturaleza y finalidad, dentro del elenco procedimental administrativo o procesal.

C) *Los procedimientos de emergencia*

En la LGAP existen distintas regulaciones relacionadas con situaciones de urgencia, las cuales justifican la adaptación de los procedimientos de emergencia o de pronta necesidad para satisfacer los intereses públicos involucrados en situaciones anormales o excepcionales, incluso mediante la presencia de procedimientos sustitutivos. Desde esta perspectiva, ante situaciones de urgencia se imponen procedimientos de emergencia, sin que exista en el contenido regulador de la LGAP un procedimiento especial que, con causalidad y tipicidad normativa, pueda ubicarse y aplicarse con carácter objetivo, certero e imperativo. No obstante, según las distintas disposiciones normativas, se deja abierta la posibilidad para que la administración pública en situaciones excepcionales de urgencia, pueda aplicar también principios que satisfagan la seguridad, proporcionalidad, justicia, razonabilidad e interdicción de la arbitrariedad administrativa; incluso podría pensarse en la aplicación de la discrecionalidad administrativa (arts. 16 y 160, ibíd.) para dictar actos ajustados a las reglas unívocas de la ciencia, la técnica, la lógica y conveniencia según las circunstancias del caso y las necesidades públicas que se deben proteger y satisfacer. Así entonces, entre las distintas disposiciones reguladoras frente a situaciones de urgencia administrativa, sobresale el principio de que frente a situaciones excepcionales no deben aplicarse procedimientos normales ni ante situaciones normales deben aplicarse procedimientos excepcionales; empero, aun en situaciones anormales y ante la existencia de posibles derechos subjetivos, debe la administración activa responsabilizarse por los daños y perjuicios causados. En esta misma dimensión positiva, dispone el artículo 5, ibíd.: "1. La aplicación de los principios fundamentales del servicio público a la actividad de los entes públicos no podrá alterar sus contratos ni violar los derechos adquiridos con base en los mismos, salvo razones de urgente necesidad [...]". Como puede destacarse, la aplicación de los principios del servicio público podría afectar situaciones jurídicas consolidadas por virtud de contratos y derechos adquiridos, con el régimen de responsabilidad antes referido. Esta aplicación de los principios del servicio público, aun en situaciones de urgencia, quedan claramente identificados en el artículo 4, ibíd., en aras de la igualdad, continuidad, eficiencia y obligación administrativa de adaptarse a los cambios sobrevenidos de hecho y derecho para satisfacer los intereses públicos.

Ahora bien, he insistido hasta la saciedad en que, por derivación de la jurisprudencia constitucional, los principios del servicio público en nuestro medio tienen rango constitucional, incluyendo los indicados principios del artículo 4, ibíd.. Me explico: según la referida jurisprudencia, del texto constitucional se extraen los principios complementarios de regularidad, probidad, objetividad, eficacia, transparencia y rendición de cuentas. De esta forma, no podríamos suponer que los distintos principios constitutivos del servicio público en Costa Rica, sean cabos sueltos de una misma cadena institucional, cuyos eslabones deben ser parte de una sola unidad institucional, siendo así que los principios dispuestos en el artículo 4 ibíd. han de quedar entrelazados con aquellos otros principios de rango constitucional. De esta manera existe un refuerzo positivo para la protección constitucional de los principios del servicio público, incluso frente a situaciones excepcionales de urgencia, para que la administración activa no se paralice, ignore o violente tales principios donde su contenido y finalidad no estorban o evitan la aplicación certera de los procedimientos de emergencia, conforme al principio de legalidad que prohíbe y sanciona el despliegue administrativo por medio de la arbitrariedad, ocurrencias o subjetivismos funcionariales.

## 4. Diferentes recursos ordinarios; el recurso extraordinario de revisión; análisis complementario de la queja que, sin ser recurso administrativo, constituye un instrumento de fiscalización y sanción

Según la LGAP existen tres tipos de recursos ordinarios administrativos y un recurso extraordinario llamado de revisión. En efecto, cuando se dicta un acto o conducta administrativa que afecte la esfera de intereses y derechos ciudadanos o, también frente a la posible existencia de conflictos interorgánicos o interadministrativos, los justiciables en general tienen el derecho impugnatorio para interponer contra tal conducta o acto de grado inferior, el respectivo recurso de revocatoria contra la conducta oprobiosa y ante el funcionario u órgano que lo haya dictado. De esta manera el recurso de revocatoria se interpone ante el órgano inferior para que este lo resuelva en tiempo y motivadamente conforme a derecho, sin perjuicio de la interposición conjunta y complementaria del recurso administrativo de apelación que iría en elevación ante el órgano que por ley se disponga para que agote la vía administrativa, sea acogiendo total o parcialmente las pretensiones del interesado o, en su defecto, las rechace dejándose abierta la posibilidad —en principio— para la interposición del respectivo proceso contencioso administrativo.

No obstante, en la actualidad tanto por virtud de lo dispuesto por la Sala Constitucional como por lo señalado en el CPCA, ya no es necesario el previo agotamiento de la vía administrativa para proceder en la fase jurisdiccional, salvo en materias de contratación administrativa y municipal, por derivación del derecho de la Constitución, bastando así solo la existencia de alguna conducta administrativa en la dimensión del acto con efecto propio (final o no), incluyendo a los actos ordenatorios en la misma situación objetiva o contra la conducta que impida la continuidad de un procedimiento administrativo. Y esto de manera contraria a lo que disponía la derogada Ley Reguladora de la Jurisdicción Contencioso Administrativa (LRJCA), en la cual se exigía el previo agotamiento de la vía administrativa aun cuando por derivación de la LGAP, ya existían excepciones para la impugnación directa en fase judicial contra los actos viciados de nulidad absoluta, con inclusión de las disposiciones reglamentarias que, en nuestro medio, son actos administrativos generales de alcance normativo.

Así entonces, con retomo del recurso de revocatoria, la parte interesada puede solo interponer este recurso ordinario sin la necesidad de la interposición subsidiaria del recurso de apelación; no obstante, si se interpone solo el recurso de apelación sin el recurso previo de revocatoria, este queda sobreentendido para todos los efectos de conocimiento y decisión administrativa, sin que sea aplicable a la inversa: con la sola interposición del recurso de revocatoria no se da por interpuesto el recurso de apelación. Otro aspecto importante en la dinámica recursiva ordinaria, es que el agotamiento de la vía administrativa no necesariamente coincide con el órgano superior o supremo de la respectiva administración central o descentralizada, por cuanto existen órganos que agotan tal vía por disposición legal que no coinciden necesariamente con la máxima jerarquía administrativa, lo cual es jurídicamente aceptable en nuestro medio. También debe destacarse, que la importancia que ostentó el mal llamado "silencio negativo" en la LRJCA, mermó sustancialmente en la regulación del CPCA, bajo la doble tesitura de no ser en sentido estricto un silencio negativo, ni equivalente a la conducta que negara implícitamente las pretensiones o peticiones del administrado en fase recursiva a nivel administrativo, para tener abierta la vía jurisdiccional contencioso administrativa. Simplemente se trató de una conducta omisa viciada de inconstitucionalidad, por cuanto la administración pública siempre debe dar respuesta motivada, en tiempo y forma, a las pretensiones del afectado, aun cuando no obtenga de ella la confirmación total o parcial en su favor. Además, el famoso año que se disponía en la citada LRJCA, para que la administración activa resolviera expresamente lo requerido por el administrado y afectado, se convirtió lapidariamente en un instrumento contrario a sus derechos procesales, pues antes de dar respuesta motivada la respectiva administración dentro del citado plazo anual, esta quedaba de mala fe en silencio sepulcral y el afectado pensaba en el milagro que debía suceder —que además fue imperativo legal— del dictado expreso y motivado de la administración, con el agravante del acto consentido en su contra, por no haber recurrido en tiempo ante la jurisdicción contencioso administrativa que, en los procesos ordinarios, el plazo generalmente fue —en los procesos ordinarios, pues también los hubo sumarios— de dos meses a partir de la notificación del acto administrativo o desde el acaecimiento del silencio negativo. Así la mala fe ganó la partida a la buena fe del justiciable que, a la espera del advenimiento del acto motivado y expreso, le devino en su contra el acto firme y consentido.

Y el otro elemento importante, que el CPCA retomó sustancialmente para sacar el instituto del silencio positivo del trance de muerte en que se encontraba, donde la LGAP tiene regulaciones precisas y de suma importancia práctica. La primera: una vez confirmado el silencio positivo, ocupa el lugar del acto firme y definitivo a nivel administrativo, para proceder con su ejecución en el orden procesal de la ejecución de sentencias en la jurisdicción contencioso administrativa. La segunda: una vez nacido por silencio positivo la licencia, autorización, permiso y aprobación administrativa, no puede la administración dictar un acto en contrario que lo anule o desconozca por lo cual, tratándose de actos declaratorios de derechos subjetivos por imperativo legal, ante el silencio de la administración, esta tendría que incoar un proceso contencioso administrativo de lesividad para pretender su anulación por la vía jurisdiccional.

Ahora bien, como se indicó, en la misma dimensión del recurso ordinario existe el recurso de reposición que la LGAP remite a lo que disponía la LRJCA en cuya suplencia normativa está el CPCA; sin embargo, se da la problemática procedimental de que el CPCA no regula nada al respecto, a diferencia de lo que señalaba la LRJCA. Por esto surge un primer elemento de distinción entre el recurso de reposición y el recurso de revocatoria: la procedencia de aquel es contra actos administrativos dictados expresamente por el superior jerárquico supremo de la administración y no así por virtud de conductas omisas o dictadas por un funcionario u órgano inferior. Asimismo, el plazo que tiene el afectado o justiciable para el ejercicio de su derecho impugnatorio era de dos meses (LRJCA) y no así de tres días hábiles que generalmente se aplica para la interposición del recurso de revocatoria, con apelación subsidiaria o sin ella.

El problema práctico en la actualidad radica en que la remisión de la LGAP es a una ley ya derogada y, en su lugar, está vigente el CPCA, donde no existe regulación alguna del recurso de reposición. Sin embargo, no por ello deja de existir la posibilidad aplicativa de este recurso ordinario vigente en la LGAP, sin que se identifique por obvias razones con el recurso de revocatoria. Por lo anterior, debe integrarse el ordenamiento jurídico ante la laguna existente, y al respecto sigo creyendo en que, por virtud del principio pro ciudadano o *pro homine* y en la tesitura de la interpretación extensiva y progresiva de los derechos humanos, no es dable la aplicación restrictiva frente a una dinámica procedimental que, si bien es parte de una legislación derogada, su contenido se mantiene vigente en cuanto al supuesto causalmente identificado con los actos expresos y jerárquicamente superiores; también en relación con el plazo de los treinta días hábiles por justicia, seguridad y costumbre o antecedentes administrativos. De lo contrario quedaría sin efecto lo dispuesto en la LGAP, que mantiene vigente este instituto procedimental, pues asumir el mismo plazo señalado para el ejercicio del recurso de revocatoria, no haría diferencia técnica entre los dos recursos y, además, se estaría afectando la interpretación extensiva y evolutiva de los derechos humanos en favor de los justiciables, adentrados también en la dinámica del debido procedimiento. Por ello, si de manera parcial está regulado el recurso de reposición en la LGAP, y por laguna jurídica quedó el plazo fuera de su regulación expresa del CPCA, el derecho no escrito entra a desempeñar su papel preponderante en calidad de norma escrita.

Un último elemento destaco en este apartado de estudio, en relación con la fase recursiva administrativa y su incidencia en la justicia de orden constitucional. En esta tesitura, podríamos suponer la existencia de un procedimiento administrativo en vía de recurso de apelación (lo dispone el ordenamiento jurídico) que sirva de equivalencia al juicio previo como requisito de admisibilidad para la interposición de la acción de inconstitucionalidad, siempre que no se resuelva la gestión recursiva en el plano administrativo antes de la resolución judicial que dicte dar curso a la acción de inconstitucionalidad, pues si esto sucediera, desaparecería un requisito determinante para la admisibilidad procesal. O que, al dársele curso a una acción de inconstitucionalidad, lo discutido tenga relación necesaria y directa con lo que se pueda resolver a nivel administrativo, en cuya hipótesis debe suspenderse la resolución administrativa final, por la prevalencia de la sentencia constitucional de efectos *erga omnes*.

A) *El recurso extraordinario de revisión*

Siguiéndose de manera análoga a lo dispuesto en los distintos Códigos de orden procesal, este recurso puede interponerse contra actos finales firmes según lo dispone el artículo 353 de la LGAP, conforme a la casuística normativa sustancial y temporal. Ciertamente, este numeral contiene cuatro hipótesis para la posible incoación del recurso de revisión, así: a) procede ante manifiestos errores de hecho que se deduzcan del expediente administrativo; b) cuando sobrevengan documentos de valor esencial para la resolución final, que fueron a la vez de imposible presentación durante el íter procedimental; c) cuando por sentencia firme y definitiva, dictada antes o después del acto final, se declare falso el documento o testimonio que sirviera de valor esencial para el dictado del acto final administrativo. En caso de que la sentencia sea previa al dictado del acto, se sigue la misma regla del supuesto anterior (b), por cuanto debe demostrarse que fue de imposible presentación durante el transcurso del procedimiento; d) que por virtud de sentencia firme y definitiva se determine la existencia de algún delito o conducta fraudulenta sea por prevaricato, cohecho y violencia para el dictado del acto final.

Visto lo anterior, cada uno de los supuestos señalados tiene su propio plazo perentorio según la técnica común adoptada procesalmente para este tipo de recurso extraordinario. Por esto es una importante transposición administrativa del recurso de revisión a nivel judicial, donde se deja abierta la posibilidad de revertir el contenido y fin de un fallo o sentencia, esta vez ubicado en los actos administrativos finales y firmes que, por distintas razones ya apuntadas, pueden ser objeto de anulación por vicios de nulidad absoluta con efectos *ex ante*, para salvaguardar la defensa de las situaciones jurídicas protegidas y el debido procedimiento frente a conductas y omisiones que pudieron enturbiar y violar su discurrir válido y eficaz.

B) *La queja*

Si bien este instrumento de reclamo no constituye en sentido estricto un recurso, es una petición manifiesta del quejoso en contra del funcionario o autoridad que comete infracciones de plazos, omisión de trámites o cualquier otro entuerto procedimental que afecte el transcurso del procedimiento administrativo, según los principios del servicio público y el principio *pro actione* para el dictado de la conducta administrativa, relacionada con un determinado caso o expediente. La queja debe interponerse en escrito simple ante el superior jerárquico del funcionario o autoridad que incumple con sus deberes, sin que a través de la queja pueda suspenderse el respectivo procedimiento ni sea posible interponer recurso alguno contra lo que se disponga como efecto de la queja. No obstante, existen situaciones fácticas y jurídicas que pueden dar margen de aplicación para el ejercicio del derecho de petición ante la administración pública, sea en relación con un procedimiento o con resoluciones que permiten confirmar la viabilidad del artículo 27 constitucional (derecho de petición), en relación con el artículo 32 de la LJC para la respuesta administrativa en el plazo de diez días hábiles a partir del día siguiente de su solicitud y en cumplimiento complementario de la Ley de Regulación del Derecho de Petición (9097), imponiéndose la respuesta motivada que, aun no dando la razón al quejoso y petente, debe relacionarse necesariamente con lo pedido.

## 5. Principios reguladores del debido procedimiento administrativo

Como se ha insistido, el debido procedimiento administrativo se retroalimenta sustancial y técnicamente de los distintos tratamientos procesales, con sus modalidades que confirman el principio del informalismo (art. 224 LGAP) —o mejor semiinformalismo— donde, de principio, no se requiere de la autenticación de un letrado o abogado para que algún sujeto interesado o afectado interponga algún recurso administrativo o alguna petición de interés subjetivo y objetivo. Así entonces, el procedimiento administrativo dispuesto en la LGAP, sea de manera primaria o subsidiariamente, es un reflejo del cumplimiento del debido proceso, donde se incorporan principios de tanta trascendencia ciudadana e institucional, como son los principios del servicio público, el de legalidad o sujeción ordinamental por los funcionarios públicos y quienes ejercen potestades públicas de manera ocasional y auxiliarmente; el de seguridad, razonabilidad, proporcionalidad, *favor acti* con su propio régimen de excepción aplicativa —ya lo veremos—; el principio *pro actione*, el de oralidad e inmediación de la prueba, sin demérito de la dimensión escrita y la aceptación del amplio elenco de pruebas e intervención de terceros, peritos, técnicos o profesionales en los procedimientos ordinarios por excelencia.

Y retomándose los referidos principios *pro actione* y *favor acti* debemos resaltar lo siguiente: dar impulso eficiente y eficaz a un procedimiento administrativo, apareja en principio la celeridad que puede ir en demérito de la seguridad, por lo cual existen mecanismos excepcionales que pueden suspender la ejecución de los actos administrativos a través de medidas cautelares e, incluso, se impone el principio de la no presunción de legalidad y la prohibición de ejecución de las conductas administrativas viciadas de nulidad absoluta, lo cual debe operar de pleno derecho y aun de oficio en el plano administrativo. Esta misma inejecución e impedimento para la presunción de legalidad de conductas materiales o viciadas radicalmente, contradicen el principio *favor acti*, pues no se gira siempre a favor de la presunción de legalidad por expresa disposición de la LGAP. Es más, el funcionario público que ejecute y presuma la validez de alguna conducta administrativa con vicios de nulidad absoluta, daría fundamento para la aplicación del régimen sancionatorio en la triple dimensión ya indicada. Así entonces, el principio *pro actione* quedaría confirmado también de manera negativa, por cuanto el ejercicio de la acción procedimental y el nacimiento de un determinado procedimiento, quedan relacionados imperativamente con la verificación y sanción objetiva contra el acto o conducta administrativa viciados de nulidad absoluta para su anulación *in radice* y aun de oficio.

Y en lo relativo a las medidas cautelares —como se adelantó— la LGAP mantiene la clásica postura del instituto cautelar suspensivo, aun cuando por virtud de la entrada en vigencia del CPCA ya existe en nuestro medio un amplio panorama positivo de medidas cautelares, e incluso *ante causam* que, al ser parte de los derechos fundamentales ciudadanos anclados al debido proceso, según la jurisprudencia constitucional, quedarían supletoriamente incorporados a la organización y actividad administrativas cuando fáctica y jurídicamente sea procedente. Y en esta misma dimensión comparada de institutos, una cosa es la inejecución obligada de las conductas viciadas de plena nulidad, respecto a las medidas cautelares como instrumentos de cautela provisional, las cuales no deben confundirse con la resolución de fondo que la administración activa llegue a dictar y adoptar de manera motivada conforme al principio de legalidad.

Asimismo, están presentes principios rectores que, por virtud del derecho no escrito en la dimensión de la jurisprudencia y los principios generales del derecho, se incorporan institutos de gran trascendencia para los investigados y eventuales afectados en materia sancionatoria administrativa. Lo anterior, sin demérito de la debida aplicación de los principios derivados de la Constitución Política como son la presunción de inocencia, igualdad de trato, irretroactividad de la norma posterior desfavorable o retroactividad favorable, el derecho a no ser privado de libertad por conductas administrativas, la separación entre el órgano instructor del procedimiento y el órgano decisor; el principio de tipicidad que, a su manera especial, debe aplicarse a las sanciones administrativas, evitándose la soltura e interpretaciones subjetivas, libérrimas y arbitrarias de órganos y funcionarios inquisitoriales; el principio de reserva de ley claramente consagrado en los artículos 19 y 124 de la LGAP para la seguridad jurídica y la defensa efectiva de los derechos fundamentales, que incluye la protección del derecho subjetivo público que incide en el ámbito patrimonial y propiedad privada según los artículos 45 y 49 constitucionales. Ciertamente, si bien la reserva de ley en materia sancionatoria administrativa tiene algún grado de flexibilidad, inviable en materia penal, cualquier disposición reglamentaria debe ajustarse a los límites previos y determinantes de la ley, a manera de banda entre dos extremos que esta disponga bajo el principio de la subordinación obligada de los reglamentos y conductas administrativas a la ley y a la Constitución, convenios y tratados internacionales (sin perjuicio de los concordatos) en la relación jerárquica material de las fuentes de nuestro ordenamiento positivo.

También en materia sancionatoria administrativa debe aplicarse el principio constitucional del *non bis in ídem,* o prohibición de la repetición de sanciones por los mismos hechos; aspecto que requiere cierta precisión técnica y sustancial. En primer lugar, en un Estado de derecho prevalece lo resuelto judicialmente sobre lo administrativo, incluso cualquier conducta administrativa o de contenido administrativo, queda sujeta a la revisión, control y sanción jurisdiccional. En segundo lugar, cuando se especifica este principio por virtud de los mismos hechos, siguiéndose parte de la jurisprudencia comparada, debe darse también la identidad del sujeto y la fundamentación jurídica. En esta misma tesitura es posible la aplicación de sanciones administrativas y penales al mismo sujeto y aun en relación con los mismos hechos, siempre que las fundamentaciones jurídicas sean distintas; así, a manera de ejemplo, puede darse una fundamentación de naturaleza penal o laboral con independencia de lo dispuesto en el orden estrictamente sancionatorio administrativo. En tercer lugar, en el grado jerárquico de la prevalencia jurisdiccional, sobre el devenir administrativo, la materia penal ocupa un lugar de preeminencia no solo frente a conductas administrativas que puedan estar ligadas con cuadros fácticos y sanciones (o penas) de orden represivo, sino que, además, puedan tener relación con otras materias de índole jurisdiccional. En esta perspectiva, lo penal prevalece si existe la relación causal que identifique al sujeto y al cuadro fáctico con los supuestos regulados y que, a la vez, sean objeto de pena o sanción punitiva donde por situación de privilegio, se impone la necesidad de que los procedimientos administrativos o los procesos ligados a la fundamentación jurídica penal, deban suspenderse y subordinarse para lo que se resuelva definitivamente en esta sede punible.

Y sin demérito de lo ya señalado en materia sancionatoria administrativa, con seguimiento del sector doctrinal que asume la imposibilidad del ejercicio de la discrecionalidad administrativa, se pretende con esto evitar la incorporación de apreciaciones subjetivas por criterios de escogencia entre supuestos fácticos distintos, o en posición de escogencia normativa escrita y no escrita, o incluso con aplicación de principios técnicos, lógicos y científicos según la perspectiva del funcionario o técnico, para escoger supuestamente la mejor opción en favor de los intereses públicos; no obstante, con un alto y peligroso grado de soltura interpretativa en la realidad fáctica y jurídica. Ante esto, no solo debemos ser rigurosos en contradecir cualquier intento sancionatorio ante conceptos jurídicos indeterminados, sino también a través de posibles márgenes de libertad de actuación, en materia tan sensible para el resguardo de los derechos fundamentales del investigado y potencial sancionado, donde debe imperar la seguridad y justicia objetiva en el marco riguroso de la legalidad objetiva, válida y eficaz.

Para concluir, se impone en nuestro medio jurídico la necesidad de incorporar reformas parciales en la LGAP, sea en su Libro segundo o por medio de un nuevo Libro tercero que recoja y plasme en forma casuística, armónica y completa, los principios y disposiciones relativos al ejercicio de la potestad sancionatoria administrativa, tal como lo regula la legislación española. Hacemos, pues, votos de optimismo por esta propuesta *de lege ferenda,* sin demérito de su efectiva plasmación positiva o *de lege data.*

# ECUADOR

# PROCEDIMIENTO ADMINISTRATIVO EN ECUADOR

EFRAÍN PÉREZ*

## 1. BREVE RESEÑA HISTÓRICA SOBRE LA LEGISLACIÓN Y CODIFICACIÓN DEL PROCEDIMIENTO ADMINISTRATIVO

La Constitución de la República determina entre las garantías de las personas el derecho de elevar quejas y peticiones ante las autoridades públicas y de recibir contestaciones motivadas. A pesar de que se han expedido varias constituciones en los últimos cincuenta años, se conserva la declaratoria de que el más alto deber del Estado es de "respetar y hacer respetar los derechos"[1].

Según la norma constitucional, la motivación es un requisito de validez de la actuación pública, al punto que declara la nulidad de toda resolución, inclusive judicial, que carece de motivación o adolece de una motivación defectuosa.

La Constitución anterior (1998) atribuía al ejecutivo la regulación de los procedimientos en el gobierno central[2], establecidos por vía administrativa, mientras que la actual Carta Suprema no concede tal potestad al Presidente de la República. En consecuencia toda la materia que albergaba el ERJAFE[3] se encuentra comprendida en el Código Orgánico Administrativo (COA), con algunas variantes, ciertas de ellas de importancia.

El ejecutivo expidió en 1994 el Estatuto Jurídico y Administrativo de la Función Ejecutiva (ERJAFE), que no abarcaba originalmente la "administración pública institucional", sino solamente la "administración pública central". Posteriormente la "administración pública institucional" también fue sometida a las normas del ERJAFE.

Desde su expedición, se debatió si el ERJAFE era un reglamento autónomo o una ley delegada, discusión que ha cesado con la aprobación del COA, pero que tiene repercusiones en la interpretación de sus normas que, según algunos, todavía se encuentran vigentes ciertas de ellas o si el Estatuto ha sido

[1] Investigador en Temas de Derecho Administrativo, Derecho Constitucional y Derecho del Desarrollo Sustentable. Profesor de las Universidades de Quito y Guayaquil. Conferencista en Italia, España y Estados Unidos. Director Ejecutivo de la Corporación de Estudios, ESTADE, en Ecuador.

[1] Actual Constitución, art. 11, 9.

[2] Constitución Política 1998 (derogada).

[3] Estatuto del Régimen Jurídico de la Función Ejecutiva (ERJAFE).

tácitamente derogado[4]. No obstante, prácticamente todas las disposiciones contenidas en el ERJAFE han sido contempladas en la normativa del COA.

Desde la primera edición de la Ley de Modernización[5] se elimina en Ecuador el requisito del agotamiento de la vía administrativa para acceder a la reclamación judicial.

La principal diferencia entre aquellas normas —las nuevas y las antiguas— radica en la designación de las instituciones públicas. Mientras el ERJAFE distinguía entre "la administración pública central", constituida por "órganos jerárquicamente ordenados" y la "administración pública institucional", integrada por "entidades de derecho público [...] con personalidad jurídica y patrimonio propio". En cambio, el COA alude indistintamente a "entidades y órganos", con personalidad jurídica o sin ella. Sin embargo, hay que tener en cuenta que el COPFIP[6], para efectos presupuestarios, distingue entre aquellas instituciones que se nutren del Presupuesto General del Estado de aquellas instituciones con presupuestos propios: "gobiernos autónomos descentralizados, empresas públicas, banca pública y seguridad social", que llama entidades y organismos.

Posteriormente se expidió la Ley de Simplificación de Trámites, que contiene exhortaciones para la disminución de procedimientos innecesarios y dispone el despacho de tareas en medio electrónicos[7].

Además, la designación de "persona" en el COA comprende las personas naturales y jurídicas, públicas y privadas, pero también "entes que, aunque carentes de personalidad jurídica, el ordenamiento jurídico les otorga derechos y obligaciones con respecto a la administración, tales como, comunidades de personas o bienes, herencias yacentes, unidades económicas o patrimonios independientes o, en general, universalidades de hecho o de derecho, entre otros"[8].

El COA determina el esquema del gobierno estatal y sus relaciones con los particulares, en especial en los procedimientos, las impugnaciones de los particulares, las sanciones y determinados aspectos: la responsabilidad extracontractual y las coactivas. El COA excluye los procedimientos disciplinarios de servidores públicos y procedimientos propios institucionales[9].

[4] El ERJAFE se encuentra tácitamente derogado, en su calidad de ley delegada, opinión que no es mayoritaria, y que sostiene el autor del presente artículo.

[5] Ley de Modernización del Estado, Privatizaciones y Prestación de Servicios Públicos por parte de la Iniciativa Privada, RO 349, 31 de diciembre de 1993.

[6] Código Orgánico de Planificación y Finanzas Públicas, COPFIP, art. 108.

[7] Ley Orgánica para la optimización y eficiencia de trámites administrativos, 2° S RO 353, 23 de octubre 2018.

[8] COA, art. 43

[9] COA, art. 42.

Esta norma (el COA) determina que la designación de "administración o administraciones públicas" comprende los "órganos y entidades públicos"[10].

El COA ha establecido distinción entre "órganos y entidades" y las empresas públicas. Estas últimas aplican también las normas comunes desarrolladas por el COA en cuanto "no afecte a las normas especiales", propias que rigen las empresas públicas.

## 2. Ámbito de la regulación del procedimiento administrativo

### A) *Procedimiento general*

El COA declara que "[p]ara la impugnación de actos administrativos, en vía administrativa y, para el procedimiento coactivo, se aplicarán únicamente las normas previstas en este Código"[11]; sin embargo de lo cual abre las puertas para numerosos procedimientos impugnatorios propios institucionales.

En todo caso, desde las últimas décadas del siglo XX el particular puede acudir a la vía judicial sin necesidad de agotar la vía administrativa.

El COA establece el procedimiento general para los procedimientos administrativos en todas las instituciones públicas, determinando normas específicas para temas como procedimiento sancionador, función coactiva y responsabilidad extracontractual del Estado.

El COA establece: "[l]as *bases* comunes a todo procedimiento administrativo"[12], como diferente del "procedimiento administrativo"[13] mismo. Tal vez porque reconoce la aplicación de los procedimientos propios institucionales, especialmente de las empresas públicas, y se debe entender su propia subsidiaridad respecto de tales trámites específicos.

### B) *Procedimientos especiales*

Se contemplan conjuntamente reglas comunes "al procedimiento administrativo, a los procedimientos especiales y a los procedimientos para la provisión de bienes y servicios públicos, en lo que no afecte a las normas especiales que rigen su provisión"[14].

### C) *Procedimiento sancionador*

El procedimiento sancionador se encuentra determinado en forma expresa entre los "especiales" en el COA y se regula, con la ejecución coactiva, en un

[10] COA, art. 43.

[11] COA, art. 42.

[12] COA, art, 42, 3, énfasis añadido

[13] *Ibid.,* 4.

[14] COA, art. 134.

libro aparte[15]. No obstante, las regulaciones sancionatorias de diferentes instituciones públicas se pueden encontrar en sus propias normas institucionales y a la fecha se mantienen.

Para iniciar el ejercicio de la potestad sancionatoria se establece un plazo de prescripción de uno a cinco años, según la gravedad de la infracción[16]. La notificación del inicio del procedimiento sancionador procede dentro del plazo de seis meses, transcurridos los cuales caduca su ejercicio, como cualquier otra de carácter gravoso[17]. Dentro del mismo plazo prescriben las sanciones si no ha habido resolución o si el acto administrativo causó estado[18]. La resolución respectiva "ordenará el archivo de las actuaciones"[19], cuyo certificado se puede obtener judicialmente mediante procedimiento sumario[20].

La Superintendencia de Ordenamiento Territorial, Uso y Gestión del Suelo[21] tiene potestad para sancionar las infracciones administrativas previstas en la ley aplicable[22]. La resolución de esta Superintendencia causa estado en la vía administrativa[23].

En estos procedimientos, siempre la carga de la prueba corresponde a la administración pública[24], "salvo en lo que respecta a los eximentes de la responsabilidad"[25].

En los "procedimientos sancionatorios" resulta aplicable la "tramitación abreviada"[26].

### D) *Función coactiva*

La ejecución coactiva también es uno de los elementos de la norma procedimental común[27]. Líneas arriba se hizo alusión a la especialidad de las normas aplicables a la ejecución coactiva. Un procedimiento diferenciado es el que

[15] *Ibid.*
[16] COA, art. 245.
[17] COA, art. 179.
[18] COA. art. 246.
[19] COA, art. 208.
[20] COA, art. 244.
[21] Esta institución se conoce como "SOT".
[22] Ley Orgánica de Ordenamiento Territorial Uso y Gestión de Suelo, LOOTUGS, arts. 102 y ss.
[23] LOOTUGS, art. 110.
[24] COA, art. 195.
[25] COA, art, 256.
[26] COA, art. 163.
[27] Art. 42, 9.

se establece en "[l]a determinación de responsabilidades derivadas del control de recursos públicos que realiza la Contraloría General del Estado [se sujeta] a lo previsto en la Ley Orgánica de la Contraloría General del Estado"[28].

E) *Responsabilidad extracontractual del Estado*

La característica principal de la normativa sobre la responsabilidad extracontractual del Estado es su carácter de "discrecional", en el sentido que sus disposiciones sobre cálculos y evaluaciones son altamente indeterminadas. La prevención de funcionarios públicos involucrados, que son observados por el control público por sus pagos discrecionales, los abstendría de conceder indemnizaciones a los particulares calculadas en forma objetiva. En todo caso, el particular puede acudir al procedimiento judicial sin necesidad de agotan la vía administrativa.

F) *El procedimiento sancionador para servidores públicos y para servidores judiciales*

El procedimiento disciplinario para servidores públicos se encuentra previsto en la Ley Orgánica de Servicio Público (LOSEP) y para los servidores judiciales en el Código Orgánico de la Función Judicial (COFJ).

G) *Procedimientos excluidos*

Se establece el predominio de la normativa de empresas públicas que tengan su propio procedimiento, en cuanto discrepen de lo determinado en el COA[29].

Así mismo, tampoco se incluyen en el COA los procedimientos derivados del control de recursos públicos[30], que se encuentra normado en la Ley Orgánica de la Contraloría General del Estado[31].

También se excluyen los procedimientos establecidos por ley, propios de cada institución. La PGE ha dictaminado que determinados procedimientos administrativos institucionales prevalezcan sobre lo establecido por el COA.

Expresamente manifiesta el COA que las empresas públicas aplicarán sus procedimientos, no necesariamente de orden legal, expedidos en disposiciones administrativas propias.

[28] COA, art. 261.

[29] COA, art. 43, "En el caso de empresas públicas, se aplicarán las disposiciones de este Código en lo que no afecte a las normas especiales que las rigen".

[30] Excepción expresa del art. 134, COA.

[31] Ley Orgánica de la Contraloría General del Estado.

H) *Carácter supletorio del procedimiento civil*

Un precedente jurisprudencial ha manifestado que las normas del procedimiento civil aplican a todos los trámites administrativos[32]. Los principios descritos —de procedimiento civil— se encuentran en el Código Orgánico General de Procesos COGEP, cuerpo de leyes aplicable al proceso judicial, que incluye el denominado juicio contencioso administrativo.

## 3. Principios del procedimiento administrativo

### A) *Tratamiento del principio de la finalidad: el cumplimiento de la acción administrativa y la protección y garantía de los derechos de los administrados*

En este apartado debemos hacer mención de los siguientes principios:

*Pro actione:* "a favor de la acción". El órgano competente "debe corregir las omisiones o errores de derecho en que incurran las personas que intervienen en el proceso", salvo en el procedimiento sancionador[33].

El principio *pro actione* es un principio constitucional vinculado al derecho a la tutela judicial efectiva.

*Favor acti*, tradicionalmente la norma legal ha privilegiado la validez de las actuaciones legales prefiriendo las interpretaciones más favorables a la intención de las partes[34].

*Conservatio acti.* En los casos de declaración de nulidad de un acto administrativo dentro de un procedimiento, tal declaratoria afecta exclusivamente el acto declarado nulo, salvo el caso de que se haya anulado la totalidad del trámite o que el procedimiento mismo sea consecuencia del acto nulo. También se considera la posibilidad de que se pueda conservar con el efecto de otro acto distinto[35].

Y en cuanto hace a los principios de la organización; son estos los siguientes:

*Jerarquía.* La jerarquía dentro de las instituciones es un principio generalizado dentro del derecho administrativo y está consagrado en Ecuador[36].

[32] " [...] a falta de disposiciones expresas para un procedimiento administrativo, hay que recurrir a las normas del derecho común —en este caso al Código de Procedimiento Civil— con tanta mayor razón si las disposiciones son aplicables a todos los juicios y a todas las instancias". Tribunal Contencioso Administrativo, Boletín núm. 8, págs. 167-168. Nota: el Código de Procedimiento Civil ha sido sustituido por el Código Orgánico General de Procesos (COGEP).

[33] COA, art. 139.

[34] C. C., "art. 1578. "El sentido en que una cláusula puede surtir algún efecto deberá preferirse aquél en que no sea capaz de surtir efecto alguno".

[35] COA, arts. 107 y 109.

[36] COA, art. 6.

*Desconcentración.* El principio de la desconcentración, que resulta indispensable en la organización del Estado, se establece en la Constitución de la República[37] y en el COA[38].

*Descentralización.* La norma ecuatoriana describe la descentralización[39] y designa la ley de instituciones regionales con el título de "descentralización"[40].

*Coordinación.* La coordinación institucional se proyecta como un principio de economía administrativa, que es acogida en todas las organizaciones privadas y públicas[41].

"La asistencia requerida solo podrá negarse cuando la administración pública de la que se solicita no esté expresamente facultada para prestarla, no disponga de medios suficientes para ello o cuando, de hacerlo, causaría un perjuicio grave a los intereses cuya tutela tiene encomendada o al cumplimiento de sus propias funciones.

"Las administraciones podrán colaborar para aquellas ejecuciones de sus actos que deban realizarse fuera de sus respectivos ámbitos territoriales de competencia.

"En las relaciones entre las distintas administraciones públicas, el contenido del deber de colaboración se desarrolla a través de los instrumentos y procedimientos, que de manera común y voluntaria, establezcan entre ellas"[42].

### B) *Principios de eficacia, economía, simplicidad, anti-formalidad*

La subsidiaridad supone que los niveles básicos administrativos prevalecerán en todos los casos en que establezcan normativas aplicables y que solamente

[37] CRE, art. 227.

[38] COA, arts. 7 y 84.

[39] COA, art. 8. Principio de descentralización. Los organismos del Estado propenden a la instauración de la división objetiva de funciones y la división subjetiva de órganos, entre las diferentes administraciones públicas; art. 83. Descentralización. La descentralización de la gestión del Estado consiste en la transferencia obligatoria, progresiva y definitiva de competencias, con los respectivos talentos humanos y recursos financieros, materiales y tecnológicos, desde la administración pública central hacia los Gobiernos Autónomos Descentralizados, a través del procedimiento previsto en la ley.

[40] Código Orgánico de Organización Territorial, Autonomía y Descentralización (COOTAD).

[41] COA: "art. 9. Principio de coordinación. Las administraciones públicas desarrollan sus competencias de forma racional y ordenada, evitan las duplicidades y las omisiones. art. 28. Principio de colaboración. Las administraciones trabajarán de manera coordinada, complementaria y prestándose auxilio mutuo. Acordarán mecanismos de coordinación para la gestión de sus competencias y el uso eficiente de los recursos".

[42] COA, art. 28, principio de colaboración.

en caso de ausencia de medios para abarcar una situación determinada en la base local se podrá acudir al marco jurídico de "nivel territorial superior"[43].

La ley sobre trámites administrativos reitera la simplificación de los procedimientos y establece los desarrollos informáticos en su desarrollo.

### C) *Principio de imparcialidad (las inhibiciones, abstenciones y las recusaciones de funcionarios)*

Está contemplado que el procedimiento administrativo se gestione sin arbitrariedad y con imparcialidad e independencia. Los principales casos de excusa y recusación de los servidores públicos, el desenvolvimiento de trámites administrativos y el procedimiento para su desarrollo constan enumerados en la ley[44].

### D) *Principio de la buena fe. Confianza legítima. Lealtad.*

Las disposiciones legales aplicables reiteran los principios generales de buena fe ética y probidad, seguridad jurídica y confianza legítima, complementados con la lealtad institucional[45].

### E) *Iniciación de oficio. Petición de parte. Denuncia*

"El procedimiento administrativo puede iniciarse de oficio o a solicitud de la persona interesada"[46]. En los casos de oficio se determina el contenido de la orden superior respectiva[47]. La denuncia requiere el cumplimiento de requisitos determinados[48].

[43] COA, art. 27. "Principio de subsidiariedad. Las administraciones de nivel territorial superior intervendrán cuando los objetivos de la actuación pretendida no puedan ser alcanzados en los niveles inferiores, con arreglo a los principios de eficacia, eficiencia, efectividad y economía.

"Cuando ejerzan competencias concurrentes sobre la misma materia, actuará la administración pública más cercana al domicilio de las personas.

"En caso de falta temporal de la administración pública competente, le corresponde la actuación a la de nivel superior en territorio.

"En caso de ser necesario se aplicará el artículo 3 del Código Orgánico de Organización Territorial, Autonomía y Descentralización".

[44] COA, arts. 18, 19 y 86-88.

[45] COA, arts. 17, 21, 22 y 25.

[46] COA, art. 183

[47] COA, art, 185.

[48] COA, art. 197.

### F) *Participación ciudadana y derecho de petición*

La Constitución de la República concede el derecho de elevar peticiones a las autoridades públicas y de recibir respuestas motivadas oportunas[49], lo que es reiterado en el COA[50], que dispone que sean sustanciadas en procedimiento administrativo cuando no tengan un camino propio[51].

### G) *El papel del ministerio público o del defensor de los derechos humanos*

La Constitución establece la Defensoría Pública para garantizar el derecho de los particulares[52]. Corresponde a la Defensoría del Pueblo "[e]jercer y promover la vigilancia del debido proceso en el ámbito [...] administrativo en casos donde existan posibles vulneraciones a los derechos humanos y de la naturaleza cuando sean generalizadas y sistemáticas"[53].

### H) *Régimen de las peticiones. Escrito. Contenido. Recepción. Representación*

Las reglas del Libro II del COA se aplican "al procedimiento administrativo, a los procedimientos especiales y a los procedimientos para la provisión de bienes y servicios públicos, en lo que no afecte a las normas especiales que rigen su provisión". Se contemplan como separados los ordenamientos de control de recursos públicos[54], de ejercicio de la potestad sancionatoria y la ejecución coactiva[55], que tienen sus propios trámites. Para el "procedimiento administrativo", no comprendido en los procedimientos que se acaban de citar, se aplica lo desarrollado en el Libro II del Código Orgánico Administrativo COA, básicamente las controversias de los particulares ante las administraciones públicas y los reclamos administrativos[56].

Está autorizado a los particulares el uso de certificados de firmas electrónicas en sus relaciones con las administraciones públicas[57]. Cuando los haya, los registros electrónicos para la recepción y registro de documentos podrán recibir peticiones todos los días del año, durante las veinticuatro horas

[49] CRE, art. 66, 23.

[50] COA, arts. 32 y 134.

[51] COA, art. 134.

[52] CRE, arts. 191-193.

[53] Art. 6, h), Ley Orgánica de la Defensoría del Pueblo, S RO 481, 6 de mayo de 2019.

[54] Ley Orgánica de la Contraloría General del Estado, L. 2002-73, S RO 595, 12 junio 2002.

[55] COA, Libro Tercero.

[56] COA, art. 134.

[57] COA, art. 94.

del día[58]. El de la tramitación electrónica es asunto que se reitera insistentemente en la ley de simplificación de trámites (LOOETA).

El procedimiento se inicia por iniciativa propia, orden superior, petición razonada de otros órganos administrativos o denuncia[59].

"Las administraciones públicas pueden establecer formularios de uso obligatorio y determinar los modelos de solicitudes, reclamos, recursos y, en general, de cualquier tipo de petición que se le dirija". Estos formularios y modelos son de libre disposición y se publican en los medios institucionales de difusión. Por supuesto que cabe que el solicitante añada información que estime relevante[60].

En el procedimiento administrativo no cabe el archivo por falta de requisitos sin que se haya solicitado la subsanación respectiva al particular[61].

Es posible iniciar el procedimiento de oficio, por solicitud del particular[62] o por denuncia[63]. La "razón de recepción", contiene los datos sobre la fecha, los nombres del solicitante y "la sumilla de quien recibe". Resulta procedente el "registro electrónico", que se encuentra operativo a tiempo completo[64].

La representación legal de las administraciones públicas corresponde a la máxima autoridad administrativa de la entidad pública respectiva. Salvo los casos expresamente determinados por la ley "[e]sta autoridad no requiere delegación o autorización alguna de un órgano o entidad superior". En los procedimientos jurisdiccionales interviene el Procurador General del Estado cuando la institución carece de personalidad jurídica[65].

### I) *Los interesados. Los terceros interesados. Intereses difusos y colectivos*

Se consideran interesados la persona o personas recipientes de un acto administrativo, y también los de actos que afecten intereses colectivos, en el caso de que el procedimiento se oriente a un acto administrativo. Uno de los requisitos es ostentar la titularidad de "derechos subjetivos" o acreditar "intereses legítimos, individuales o colectivos"[66]. El reconocimiento de la capacidad abarca ámbitos más extensos que el del reconocimiento tradicional en el derecho civil.

[58] COA, art. 138.

[59] COA, arts. 183-187.

[60] COA, art. 136.

[61] COA, arts. 140, 141 y 221.

[62] COA, art. 183.

[63] COA, art. 187.

[64] COA, art. 138.

[65] COA, arts. 47, 48 y 152-157.

[66] COA, art. 149.

"Tiene capacidad cualquier persona cuando defienda derechos e intereses colectivos de asociaciones y organizaciones carentes de personalidad jurídica, grupos de afectados, uniones sin personalidad o patrimonios independientes o autónomos"[67].

La Procuraduría General del Estado se encuentra legitimada para "intervenir [...] en los procedimientos administrativos de impugnación o reclamos, sea como actor, demandado o tercerista, sin limitaciones, en los procesos o procedimientos que interesen al Estado y a las entidades u organismos del sector público [...] y [s]upervisar el desenvolvimiento [...] de los procedimientos [...] administrativos de impugnación o reclamo, en los que participen las instituciones del Estado que tengan personería jurídica [...]. Toda demanda o actuación para iniciar un [...] procedimiento administrativo de impugnación o reclamo contra organismos y entidades del sector público, deberá citarse o notificarse obligatoriamente al Procurador General del Estado [...]. La omisión de este requisito, acarreará la nulidad del [...] procedimiento"[68].

Los terceros interesados pueden intervenir y también se los puede llamar a participar en el procedimiento[69].

Por supuesto que el acto administrativo resultante de un procedimiento no puede afectar a terceros que no han participado.

### J) *Derecho a la defensa. Audiencia y derecho a ser oído. Acceso al expediente. Información administrativa. Actuaciones reservadas*

La administración puede o no convocar audiencia discrecionalmente. De expresiones verbales que se hagan en una audiencia se debe dejar constancia en acta[70].

Todos los documentos deben constar en archivos, digitalizados y codificados. Las demás administraciones públicas del Estado pueden acceder a documentos digitalizados de personas que lo autoricen[71], y lo propio pueden hacer tales personas, que pueden conseguir información sobre el manejo del registro. Las personas que hayan agregado un documento a un archivo público están legitimadas para su acceso[72].

En el "expediente administrativo" se ordenan cronológicamente los documentos de un procedimiento, ordenados en función de su recepción[73].

[67] COA, art, 150.

[68] Arts. 5, a) y c) y 6,Codificación de la Ley Orgánica de la Procuraduría General del Estado, 2004-015, RO 312, 13 abril 2004.

[69] COA, art. 151.

[70] COA, art. 137.

[71] COA, art. 95.

[72] COA, art. 96.

[73] COA, arts. 145 y 146.

K) *Conducción del procedimiento por la administración. Las medidas preventivas o cautelares*

Se establece una serie de medidas cautelares[74], algunas contempladas en la Constitución[75], que requieren autorización judicial, que solamente pueden ser ordenadas por autoridad judicial.

L) *Principio de simplicidad. Los plazos para decidir*

En la actualidad rige la ley de simplificación de trámites, ya citada. Los plazos para decidir se encuentran limitados por el silencio administrativo positivo, que es negativo en algunos procedimientos.

M) *Carga de la prueba*

La carga de la prueba corresponde a las administraciones en todos los casos en que "la situación jurídica de las personas pueda ser agravada por la resolución de la administración pública y, en particular, cuando se trata del ejercicio de potestades sancionadoras o de determinación de responsabilidades de la persona interesada"[76].

N) *Participación en materia de actos de efectos generales. Consultas públicas*

"La participación de la ciudadanía en todos los asuntos de interés público es un derecho"[77]. Las personas participan en el control de la actividad administrativa[78].

Ñ) *Desistimiento. Renuncia. Perención. Caducidad. Decisión del procedimiento. El acto administrativo*

El procedimiento administrativo termina por acto administrativo, silencio administrativo[79], desistimiento, abandono, caducidad del procedimiento o de

[74] COA, art. 180, 1. Secuestro. 2. Retención. 3. Prohibición de enajenar. 4. Clausura de establecimientos. 5. Suspensión de la actividad. 6. Retiro de productos, documentos u otros bienes. 7. Desalojo de personas. 8. Limitaciones o restricciones de acceso. 9. Otras previstas en la ley.

[75] CRE, arts. 66, 14, 19 y 22. Transitar libremente, protección de datos de carácter personal e inviolabilidad de domicilio.

[76] COA, art. 195.

[77] CRE, art. 95.

[78] COA, art. 20.

[79] COA, arts. 207-210.

la potestad pública[80], imposibilidad material de continuarlo por causas imprevistas y terminación convencional[81].

El desistimiento, total o parcial, tiene el efecto de precluir futuras pretensiones sobre el mismo asunto[82].

Se detallan los eventos citados de abandono, caducidad de oficio, causa imprevista, terminación convencional[83].

El procedimiento se resuelve necesariamente mediante acto administrativo[84], que es expedido y notificado en un plazo máximo de un mes, que solo puede suspenderse en las excepciones previstas[85]. El acto deberá expresar los "recursos que procedan, el órgano administrativo o judicial ante el que deban presentarse y el plazo para interponerlos"[86].

El transcurso del plazo máximo para resolver un procedimiento y notificar la resolución se puede suspender únicamente en los supuestos expresamente previstos en el mismo Código.

La convalidación del acto administrativo con vicios relativos se sujeta a reglas específicas. Asimismo, corresponden reglas expresas para la declaratoria de lesividad del acto favorable[87]. Pero, en cambio, los actos desfavorables se pueden revocar sin esos requisitos[88].

### O) *Silencio administrativo. Efectos*

El silencio administrativo puede ser presuntamente positivo ("No serán ejecutables, los actos administrativos presuntos que contengan vicios inconvalidables") o presuntamente negativo[89], que resultan en un título de ejecución judicial[90]. Con posterioridad al vencimiento del plazo, la institución pública no puede expedir una resolución negativa[91].

[80] COA, art. 213.

[81] COA, art. 201.

[82] COA, art. 211 y 221.

[83] COA, arts. 212, 215, 216

[84] COA, art. 202.

[85] COA, arts. 203, 204 y 206.

[86] COA, art. 205.

[87] COA, arts. 110-115.

[88] COA, arts. 118, 119.

[89] COA, arts. 233 y 234.

[90] COA, arts. 207, 208, 209

[91] COA, art. 210.

P) *Los recursos en sede administrativa contra la decisión*

La resolución del procedimiento se puede impugnar administrativamente[92] por apelación y recurso extraordinario de revisión[93]; este último corresponde cuando el acto ha causado estado, inclusive cuando el acto sea "firme" judicialmente hasta un año después. Conjuntamente es posible alegar la nulidad del acto administrativo o del procedimiento[94]. No se contempla el recurso de reposición, como sí lo hacía el ERJAFE[95]. Tampoco se contempla impugnación administrativa del acto administrativo por la máxima autoridad de la institución[96]. La institución puede revisar el acto administrativo en cualquier momento[97], es decir, puede declarar su nulidad administrativamente, en casos determinados.

También se pueden impugnar judicialmente los actos administrativos aunque todavía no hayan causado estado, siempre que hayan sido expedidos, obviamente. No resulta una condición para la impugnación judicial que se haya agotado la vía administrativa[98].

[92] COA, arts. 217, 218 y 220.

[93] COA, art. 219.

[94] COA, arts. 226 y 227.

[95] Estatuto del Régimen Jurídico y Administrativo de la Función Ejecutiva (ERJAFE) (estatuto reglamentario o ley delegada, según contrapuestas interpretaciones), norma que fue sustituida por el Código Orgánico Administrativo (COA).

[96] COA, art. 219

[97] COA, arts. 132 y 218.

[98] COA, art. 217, 3.

# ESPAÑA

# EL PROCEDIMIENTO ADMINISTRATIVO COMÚN EN ESPAÑA

TOMÁS CANO CAMPOS*

## 1. MARCO NORMATIVO Y ÁMBITO DE APLICACIÓN

### A) *Antecedentes históricos y codificación del procedimiento administrativo*

A lo largo del siglo XX, numerosos países de Europa, y muchos de América también, se han ido dotando de leyes generales sobre el procedimiento que ha de seguir la Administración en su actuación. España lo hizo incluso antes, a finales del siglo XIX. Primero, de forma muy sectorial, con la Ley de Bases sobre el procedimiento en las reclamaciones económico-administrativas, de 31 de diciembre 1881 (denominada Ley Camacho por el nombre del Ministro de Hacienda que la propuso). Posteriormente, ya de forma más general, con la Ley de Bases de 19 de octubre de 1889 (también conocida como Ley Azcárate por el nombre del diputado que hizo la proposición), que se aprobó en un momento en el que el procedimiento todavía se estaba consolidando como institución y es considerada como la primera ley sobre el procedimiento administrativo en el mundo.

Esta ley no instauraba realmente un *iter* procedimental, sino que se limitó a establecer una serie de reglas generales muy elementales, formuladas en forma de dieciocho bases en total, a las que habrían de adecuarse los diferentes reglamentos de procedimiento administrativo que cada Ministerio debía publicar en el plazo de seis meses (art. 1), aunque alguno de ellos tardó decenas de años en hacerlo. La ley supuso un gran avance en algunas cuestiones esenciales (establecimiento de registros, formación de expedientes y su despacho en riguroso orden de entrada, generalización del trámite de audiencia y vista del expediente, establecimiento de un plazo —de un año— para resolver, exigencia del pie de recurso en las notificaciones, etc.), pero no logró frenar el particularismo de los reglamentos ministeriales frente a los que surgió y a los que ella misma expresamente se remitía, por lo que durante su vigencia la situación de dispersión fue muy parecida a la que caracterizó la etapa anterior.

* Catedrático de Derecho Administrativo Universidad Complutense de Madrid.

La codificación del procedimiento en España llegó tiempo después con la Ley de 17 de julio de 1958 sobre Procedimiento Administrativo (LPA), de excelente factura técnica y de una encomiable concisión y claridad que, según ha señalado la generalidad de la doctrina, no solo resultó decisiva para la renovación del Derecho administrativo español, sino que también tuvo una considerable proyección exterior y sirvió en numerosos países como modelo de regulación[1].

La ley unificó en un texto único los trámites procedimentales más importantes, diseñó una suerte de procedimiento tipo caracterizado por su simplificación y el reconocimiento de unas garantías comunes a los interesados y reguló de forma uniforme numerosas cuestiones próximas o contiguas al procedimiento tales como los requisitos de validez y eficacia de los actos administrativos (solo alguno de los cuales implican el cumplimiento de reglas procedimentales), los medios de ejecución forzosa, los recursos administrativos o la revisión de oficio. La LPA respetaba también la especialidad de determinadas materias, que determinaría el Gobierno, cuyas peculiares características postulaban un procedimiento distinto al ordinario y a los que la ley se aplicaba con carácter supletorio. Pero su calidad técnica, la regulación uniforme de las cuestiones referidas y la ductilidad misma del procedimiento que articulaba, lograron un adecuado equilibrio entre el procedimiento general y los procedimientos especiales, siempre en permanente tensión. A ello coadyuvó también la importante reflexión doctrinal en torno a la ley y sus instituciones por parte de una generación de administrativistas sin parangón, así como el creciente valor de la jurisprudencia encargada de su efectiva aplicación.

### B) *Las previsiones constitucionales y la regulación del procedimiento administrativo común*

La Constitución de 1978 (CE) alude expresamente al procedimiento administrativo en dos de sus preceptos. Por un lado, el artículo 105 dispone que la "ley regulará": a) la audiencia de los ciudadanos (directamente o a través de organizaciones) en el procedimiento de elaboración de las disposiciones administrativas que les afecten, b) el acceso a los archivos y registros administrativos, y c) "el procedimiento a través del cual deben producirse los actos administrativos, garantizando, cuando proceda, la audiencia del interesado"[2].

[1] Vid. E. García de Enterría y T. R. Fernández Rodríguez (2018: 484). Sobre la codificación del procedimiento en nuestro país, F. Garrido Falla (1999: 115 y ss.); M. Vaquer Caballería (2016).

[2] La STC 55/2018 señala que el art. 105.c) de la CE efectúa una reserva de ley propia o auténtica como garantía instrumental del principio democrático, pues se trata con ello de que las administraciones públicas ejerzan sus potestades con arreglo a procedimientos esencialmente determinados por las cámaras legislativas o, al menos, por normas gubernamentales con rango de ley (decreto-ley y decreto legislativo) [FJ 6.c)].

Por otro, el artículo 149.1.18ª establece la competencia exclusiva del Estado para definir "las *bases del régimen jurídico de las administraciones públicas* [...], que, en todo caso, garantizarán a los administrados un tratamiento común ante ellas", así como "*el procedimiento administrativo común*, sin perjuicio de las especialidades derivadas de la organización propia de las comunidades autónomas".

La competencia del Estado sobre el régimen jurídico de las administraciones públicas se limita a las bases, las cuales pueden ser objeto de desarrollo legislativo por las comunidades autónomas (CCAA), mientras que la competencia sobre el procedimiento administrativo es plena y puede ser más detallada, pero se limita a lo común, lo que supone que hay procedimientos especiales o singulares. Pero, en rigor, el procedimiento administrativo forma parte del régimen jurídico de las administraciones públicas, por lo que su alusión separada en ese precepto constitucional singulariza una parte de ese régimen jurídico en el que la competencia estatal es más intensa o incisiva, ya que no se limita a lo básico sino a las instituciones o garantías comunes a todos los procedimientos[3].

Como veremos más adelante, la competencia del Estado para regular en exclusiva el procedimiento administrativo común comprende la previsión de una serie de trámites y garantías procedimentales esenciales susceptibles de ser utilizadas en cada procedimiento singular o sectorial, que aseguran ante las administraciones públicas un tratamiento común de todos los ciudadanos. Pero esa competencia no abarca la regulación de los procedimientos propios de cada materia o sector, ya que estos siguen la suerte de la respectiva materia principal, de modo que su regulación corresponderá al propio Estado o las CCAA según la distribución de competencias que resulte de la propia CE.

Tras la aprobación de esta no se optó, como demandaba la doctrina mayoritaria, por una actualización de la LPA y su adecuación al texto constitucional, sino por su sustitución total por una disposición de nuevo cuño: la Ley 30/1992, de 30 de noviembre, de Régimen Jurídico de las Administraciones Públicas y del Procedimiento Administrativo Común (LRJPAC). Esta Ley, dictada de forma apresurada, lejos de mejorar, empeoró la anterior regulación, por lo que fue objeto de duras críticas, tanto por su contenido como por su propio proceso de elaboración[4]. Sus defectos más graves y evidentes, como la regulación del silen-

[3] Sobre ello es muy clarificador, A. Menéndez Rexach (2019: 554). Vid. también, entre los trabajos más recientes, L. Parejo Alfonso (2017: 482, 484); E. Gamero Casado (2017: 172 y ss.).

[4] Pues el texto de la norma se preparó, como también la regulación actual, de espaldas al todo el mundo, sin contar con la intervención de la Comisión General de Codificación o con la opinión técnica de jueces, funcionarios, abogados y profesores, que, como dijo E. García de Enterría (1993: 12), son quienes conocen como funciona el sistema, cuáles son sus aciertos y posibles defectos y cómo unos preceptos se interrelacionan con otros y entre todos construyen un sistema.

cio o el sistema de recursos administrativos, fueron corregidos por la Ley 4/1999, de 13 de enero. La LRJPAC ha sido sustituida finalmente por la Ley 39/2015, de 1º de octubre, de Procedimiento Administrativo Común (LPAC), y por la Ley 40/2015, de 1º de octubre, de Régimen Jurídico del Sector Público (LRJSP)[5]. El criterio de distinción invocado para escindir en dos la normativa de 1992, basado en la discutible dicotomía de las relaciones que supuestamente disciplinan, no se cumple en muchas ocasiones[6]. Aquí, como es lógico, analizaré, en términos casi siempre descriptivos, la LPAC, que contiene la actual regulación del procedimiento administrativo común, aunque también aludiré puntualmente a algunos preceptos de la LRJSP relacionados con él.

### C) *La normativa actual: ámbito de aplicación y concepción del procedimiento*

Desde el punto de vista subjetivo, la LPAC, según dispone su artículo 2, se aplica al sector público, que comprende la administración general del Estado, las administraciones de las CCAA, las administraciones locales y el sector público institucional, el cual está integrado por los siguientes entes: los organismos públicos y las entidades de derecho público vinculadas o dependientes de las administraciones citadas (organismos autónomos, entidades públicas empresariales, autoridades independientes), las entidades de derecho privado vinculadas o dependientes también de tales administraciones y las universidades públicas[7]. Pero a las entidades de derecho privado (fundaciones

[5] Tales normas también incluyen la Ley 6/1997, de 14 de abril, de Organización y Funcionamiento de la Administración General del Estado, la Ley 11/2007, de 22 de junio, de acceso electrónico de los ciudadanos, y los reglamentos de 1993 sobre el ejercicio de la potestad sancionadora y la exigencia de responsabilidad patrimonial de la Administración.

[6] La LRJSP se ocuparía así de las cuestiones organizativas o *ad intra*, mientras que la LPAC lo haría de las relaciones *ad extra* o con proyección exterior. Esto ha sido muy criticado por la doctrina y por el propio Consejo de Estado (en sus dictámenes 274 y 275, de 29 de abril, a los anteproyectos respectivos), sobre todo en lo que se refiere a instituciones tales como la potestad sancionadora y la responsabilidad patrimonial de la administración, cuya regulación, que debería ser unitaria, se ha desdoblado ahora de forma artificial e incoherente en dos: los aspectos materiales o sustantivos en la LRJSP y los procedimentales o formales en la LPAC. Pero es evidente que las cuestiones materiales de tales instituciones (reserva de ley, tipicidad, *non bis in ídem*, etc., en la sanciones, o daño, hecho lesivo, relación de causalidad, etc., en la responsabilidad) en modo alguno se pueden considerar cuestiones organizativas o *ad intra*, sino que muchas de ellas constituyen auténticos derechos subjetivos de los ciudadanos con clara proyección exterior.

[7] A los efectos de la Ley, sólo tienen la consideración de Administraciones Públicas la Administración General del Estado, las Administraciones de las CCAA y las Entidades que integran la Administración local, que constituyen las que se denominan entre nosotros Administraciones territoriales o primarias, así como los organismos o entidades de Derecho público dependientes de aquéllas, que se denominan habitualmente Administraciones institucionales o instrumentales. Las Universidades públicas, incomprensiblemente, no son consideradas ahora

públicas y empresas públicas), que se rigen por esa rama del ordenamiento, solo se les aplica la LPAC cuando ejerzan potestades administrativas o cuando sus normas se refieran a ellas. Sin embargo, las universidades que, en rigor también son administraciones públicas aunque la Ley no las considere a sus efectos como tales, se regirán en primer lugar por su normativa específica y solo supletoriamente por dicha Ley, al igual que las corporaciones de derecho público (colegios profesionales, cámaras de industria, comercio, servicios y navegación, cofradías de pescadores, etc.) cuando ejerzan funciones públicas atribuidas por ley o delegadas por la administración, lo que resulta criticable desde la perspectiva de un procedimiento administrativo que pretende ser común.

En cuanto a su ámbito objetivo de aplicación, la ley dispone que regula los requisitos de validez y eficacia de los actos administrativos, el procedimiento administrativo común a todas las administraciones públicas, incluyendo el sancionador y el de reclamación de responsabilidad de las administraciones públicas, así como los principios a los que se ha de ajustar el ejercicio de la iniciativa legislativa y la potestad reglamentaria (art. 1). En la medida en que, como veremos, los requisitos de validez y eficacia de los actos forman parte, a efectos competenciales, del procedimiento administrativo común, y la LPAC por eso los regula, el precepto no debería aludir expresamente a ellos como si fueran algo diferente. En cuanto a la regulación de los principios sobre el ejercicio de la iniciativa legislativa y de la potestad reglamentaria (arts. 127 a 133 LPAC), la STC 55/2018 ha señalado que tales preceptos ni regulan los trámites de un procedimiento común de elaboración de normas ni establecen siquiera la estructura general de su *iter* procedimental, pues solo prevén una serie de principios generales, pautas o directrices, cuyo objeto son las normas cuya calidad se trata de mejorar, con independencia del procedimiento concreto en que la actividad normativa se materialice, por lo que la LPAC sólo se ocupa del procedimiento que ha de seguirse para dictar los actos administrativos [FJ 6.b)][8].

---

Administraciones Públicas a los efectos de la LPAC, ni tampoco de la LRJSP, lo cual no quiere decir que lo sean, sino más simplemente que se les aplica preferentemente la Ley orgánica que las regula. Las Corporaciones de Derecho público de base privada, por su parte, ni son Administración Pública ni forman parte del sector público, pero cuando ejercen funciones públicas se someten a sus normas específicas y supletoriamente a la LPAC.

[8] El TC reitera la doctrina de su sent. 91/2017 sobre los principios de buena regulación previstos en los arts. 4 a 7 de la Ley de Economía Sostenible de 2011 (de contenido casi idéntico a los referidos preceptos de la LPAC), que ya diferenció claramente, a efectos competenciales, entre la potestad reglamentaria y la elaboración de propuestas legislativas (FJ 6). El Alto Tribunal recuerda, así, que el título competencial que ampara las previsiones de los arts. 127 a 133 de la LPAC no es el de "procedimiento administrativo común", sino el de "bases del régimen jurídico de las administraciones públicas"; título, afirma, que puede

La LPAC mantiene, en consecuencia, un concepto de procedimiento administrativo estrecho y continuista, pues su regulación está focalizada exclusivamente en los actos administrativos (y en sus modos de ejecución forzosa y en los procedimientos de impugnación y revisión), y mantiene la clásica concepción dialéctica y binaria del procedimiento (administración-administrado) cuya función esencial es la garantía de los derechos de los interesados frente a los abusos del poder. Esta focalización, como se irá viendo en esta exposición, puede apreciarse en todo el articulado de la ley, pero lo adelanta ya su propio preámbulo, que define el procedimiento como "el conjunto ordenado de trámites y actuaciones formalmente realizadas, según el cauce legalmente previsto, para dictar un acto administrativo o expresar la voluntad de la Administración". A medida que avanza el procedimiento se va formando el expediente administrativo, que es algo distinto al procedimiento mismo, y que la propia LPAC define como "el conjunto ordenado de documentos y actuaciones que sirven de antecedentes y fundamento a la resolución administrativa, así como a las diligencias encaminadas a ejecutarla" (art. 70)[9].

### D) *Procedimiento común, procedimientos especiales y procedimientos excluidos*

a) El procedimiento administrativo común comprende el conjunto de actuaciones, trámites y garantías que pueden ser utilizadas en cada procedimiento especial y el orden o secuencia lógica en que se han de utilizar, lo que racionaliza y homogeneiza en cierto modo la actuación de todas las administraciones públicas y garantiza ante ellas un tratamiento común de todos los ciudadanos. Los elementos estructurales y comunes que constituyen dicho procedimiento no se articulan o aparecen siempre de forma general, unívoca y lineal, por lo que su previsión como pieza del procedimiento administrativo común no implica que todos y cada uno de ellos (medidas provisionales, informes, prueba, audiencia, etc.) sean aplicables a todos y cada uno de los procedimientos especiales. Pero sí que deban ser utilizados los que resulten procedentes en función del tipo de procedimiento y de su concreta finalidad, y que lo sean, precisamente, en el orden y en la forma que se determina en la regulación del

tener por objeto la elaboración de reglamentos por parte de las CCAA pero no sus iniciativas legislativas. Concluye, por ello, que los apartados de tales preceptos que se refieren a tales iniciativas legislativas suponen una invasión competencial y, por tanto, no se aplican a las CCAA, sino solo a las iniciativas legislativas del gobierno nacional [FJ 7.b)], mientras que algunos apartados de los arts. 132 y 133 descienden a cuestiones procedimentales de detalle en la elaboración de los reglamentos autonómicos que desbordan el ámbito de lo básico y, por ello, no se aplican a las CCAA sino solo en el ámbito estatal [FJ 7.c)]. Sobre el tema, lleno de matices en los que aquí no se puede entrar, vid. el reciente trabajo de A. M. Moreno Molina (2020: 129 y ss.).

[9] Esta definición está ya en el art. 164 del Reglamento de organización, funcionamiento y régimen jurídico de las entidades locales de 28 de noviembre de 1986.

procedimiento común. Por ejemplo, el trámite de audiencia no solo resulta obligatorio en todo procedimiento (salvo que en la resolución no se tengan en cuenta más hechos ni otras alegaciones ni pruebas que las aducidas por el interesado), sino que hay que practicarlo en la forma que prevé la LPAC e inmediatamente antes de redactar la propuesta de resolución (art. 82), salvo que se trate de procedimientos de carácter sancionador, en cuyo caso la secuencia se invierte en todos ellos al margen de la materia o sector (art. 89.2)[10].

La competencia para regular el procedimiento administrativo común corresponde, como se adelantó, al Estado *ex* artículo 149.1.18ª CE[11]. A efectos de este precepto, el TC distingue entre procedimiento común general y procedimiento común singular[12]. La STC 55/2018, que resuelve un recurso de inconstitucionalidad interpuesto contra la LPAC, sintetiza la jurisprudencia anterior sobre sobre el tema y alude en los siguientes términos a esa dualidad. El *procedimiento administrativo común general* está constituido por "las normas establecidas con carácter general y abstracto para toda suerte de procedimientos [STC 45/2015, FJ 6 c)] y en particular comprende: i) los principios y reglas que definen la estructura general del *iter* procedimental que ha de seguirse para la realización de la actividad jurídica de la administración o regulación del procedimiento en sentido estricto (iniciación, ordenación, instrucción, terminación, ejecución, términos y plazos, recepción y registro de documentos); y, ii) las normas que prescriben la forma de elaboración, los requisitos de validez y eficacia, los modos de revisión y los medios de ejecución forzosa de los actos administrativos, así como las garantías generales de los particulares en el seno del procedimiento (STC 227/1988, FJ 32; STC 50/1999, FJ 3)". El *procedimiento administrativo común singular*, por su parte, incluye "la aprobación de principios y reglas sobre cualquiera de esas cuestiones pero establecidas con un grado intermedio de abstracción", como por ejemplo, el procedimiento de elaboración de planes urbanísticos (STC 61/1997, FJ 25) o la regulación del procedimiento de otorgamiento de subvenciones previsto en la Ley 38/2003, de 4 de junio, General de Subvenciones [SSTC 130/2013, FJ 8, y 45/2015, FJ 6.c)][13]. Sin embargo, según el TC, quedan fuera

[10] A. Menéndez Rexach (2019: 533).

[11] Sobre el alcance de dicho título competencial, vid. L. Parejo Alfonso (2017: 477 y ss.).

[12] Entre las más recientes, 55/2018 (FJ 4.b) y 100/2019 (FJ 5).

[13] La STC 143/2017 (FJ 23) considera que también tiene cabida en el procedimiento administrativo común el establecimiento de reglas que regulan el sentido del silencio administrativo, tanto cuando se hace sin referencia a sectores materiales concretos (por ejemplo, las previsiones de la propia LPAC —art. 24.1— sobre el sentido negativo del silencio cuando con la solicitud de iniciación del procedimiento se pretenda la adquisición de facultades relativas al dominio público o al servicio público), como cuando afecta a una materia concreta (ordenación del territorio, urbanismo) pero se establece una regla general predicable de todo tipo de procedimiento o de un tipo de actividad (trámite de audiencia en los procedimientos

del procedimiento administrativo común, las regulaciones que, aunque son aplicables a clases enteras de procedimientos, se han adoptado en ejercicio de una competencia estatal más específica, como los contratos públicos y la expropiación (que el art. 149.1.18ª contempla al margen del procedimiento común), lo que, en mi opinión, resulta criticable porque esas regulaciones también contienen normas de procedimiento común en tales ámbitos, aunque se contemplen en disposiciones diferentes junto a la regulación sustantiva o material de tales instituciones.

La LPAC se ocupa de lo que el TC denomina procedimiento administrativo común general. Pero también incluye lo que ella misma denomina "especialidades" en el ámbito sancionador y de la responsabilidad patrimonial de la administración, lo que ha sido criticado por la doctrina por incluirlas en un procedimiento que debe ser común. Pero esas supuestas especialidades no son tales, pues constituyen, en realidad, lo común en los procedimientos sancionadores y de exigencia de responsabilidad[14]. El que tales previsiones no se apliquen a todos los procedimientos, sino solo a los referidos, no quiere decir que no formen parte del procedimiento común, pues lo mismo podría decirse entonces de instituciones o trámites que nadie duda en calificar de comunes, como la solicitud (que solo se aplica a los procedimientos iniciados a instancia de parte), el acuerdo de iniciación (que solo es predicable de los que se inician de oficio), el silencio positivo (que no tiene sentido en los iniciados de oficio), el trámite de información pública (que solo se utiliza en algunos procedimientos) o, por poner otro ejemplo, algunas previsiones de la LPAC [arts. 35.2, 45.1.b) y 69.2] que solo se refieren a los procedimientos selectivos y de concurrencia competitiva[15].

b) Los procedimientos especiales son los procedimientos sectoriales o *ratione materiae*[16]. Su regulación, como ya se destacó, es una competencia aneja

---

de elaboración de los planes urbanísticos o régimen del silencio en materia urbanística en general). Desde esta perspectiva competencial, la doctrina habla de expansión (I. González Ríos: 2018, 129 y ss.) o hipertrofia del procedimiento administrativo común (A. Menéndez Rexach: 2019, 560).

[14] Las especialidades (o singularidades) procedimentales en tales ámbitos estarán, si acaso, en la normativa sectorial (seguridad ciudadana, urbanismo, comercio, sanidad, vías públicas, medio ambiente, caza, etc.), que deberán respetar las previsiones comunes. Sobre las especialidades de la LPAC en el ámbito sancionador, en sentido crítico, M. Casino Rubio (2020: 316-318).

[15] También forma parte del procedimiento administrativo común la regulación de los modos de ejecución de los actos administrativos (arts. 97 a 105 LPAC), pero, como ocurre con los ejemplos referidos, dicha regulación no se aplica a todos los actos administrativos, pues no todos ellos son susceptibles de ejecución (por ejemplo, los declarativos o algunos constitutivos como el otorgamiento de la nacionalidad), sino solo a aquellos cuyo contenido es una obligación.

[16] Si la LPAC establece el procedimiento común y no un procedimiento general, parece más apropiado hablar de procedimientos singulares o particulares, pues lo que se contrapone

o adjetiva al régimen sustantivo de cada actividad o servicio de la administración, por lo que su determinación corresponderá al Estado o a las CCAA según el régimen de distribución de competencias en cada materia o sector. Así lo señaló ya el TC en su sentencia 227/1988, justificándolo en que "si las competencias sobre el régimen sustantivo de la actividad y sobre el procedimiento hubieran de quedar separadas, de modo que al Estado correspondieran en todo caso estas últimas, se llegaría al absurdo resultado de permitir que el Estado pudiera condicionar el ejercicio de la acción administrativa autonómica mediante la regulación en detalle de cada procedimiento especial, o paralizar incluso el desempeño de los cometidos propios de las administraciones autonómicas si no dicta las normas de procedimiento aplicables a cada caso" (FJ 32)[17]. El denominado procedimiento común singular también resulta compatible con regulaciones especiales *ratione materiae*, como por ejemplo los procedimientos de otorgamiento de subvenciones en determinados sectores como la agricultura, el turismo o la asistencia social (STC 130/2013, FJ 8). La regulación de estos procedimientos singulares o especiales pueden corresponder, por tanto, a las CCAA si tienen competencias normativas en esa materia, pero deberán respetar las normas estatales de procedimiento administrativo común (general o singular).

c) La LPAC, en cualquier caso, renuncia a establecer un procedimiento administrativo común para todos los sectores de la actividad administrativa, pues, bajo el pretexto de que constituyen "especialidades por razón de la materia", excluye de su campo de aplicación una serie de procedimientos especiales que se rigen en primer término por su normativa específica y, solo supletoriamente, por la LPAC. En concreto: "a) Las actuaciones y procedimientos de aplicación de los tributos en materia tributaria y aduanera, así como su revisión en vía administrativa. b) Las actuaciones y procedimientos de gestión, inspección, liquidación, recaudación, impugnación y revisión en materia de seguridad social y desempleo. c) Las actuaciones y procedimientos sancionadores en materia tributaria y aduanera, en el orden social, en materia de tráfico y seguridad vial y en extranjería. d) Las actuaciones y procedimientos en materia de extranjería y asilo" (DA 1ª.2).

Esta previsión, que desdibuja o descompone la idea de procedimiento común, es criticable por diversas razones. La primera y fundamental: con tales exclusiones es muy dudoso que la nueva LPAC, como antes la LRJPAC, satisfaga

a lo común es lo singular o particular, mientras que lo especial se contrapone a lo general. Vid. las precisiones conceptuales de F. López Menudo (2016: 21-24). Aquí, no obstante, dado lo asentada que está ya la alusión a los procedimientos especiales, utilizaremos de forma indistinta ambas expresiones.

[17] Vid. también SSTC 98/2001 (FJ 8); 130/2013 (FJ 8); 166/2014 (FJ 4); 45/2015 (FJ 6.c), 54/2017, (FJ 7.b), 33/2018 (FJ 5.b).

adecuadamente la exigencia constitucional de que el procedimiento administrativo común constituya el marco normativo por el que se han de regir todos los procedimientos administrativos, no obstante la heterogeneidad de la actividad administrativa que estos deben encauzar, y consagre realmente el *status* ordinario o común de los ciudadanos en su relación con las administración pública[18]. La CE exige un procedimiento común (un solo procedimiento común, que puede estar en varias normas) para todas las administraciones públicas que, al igual que el régimen jurídico básico de todas ellas, garantice a los ciudadanos un tratamiento común, por lo que su regulación tiene alcance limitado, pero ha de tener vocación de aplicación directa y general, tanto desde el punto de vista subjetivo como objetivo o material[19]. No se explica o justifica, en segundo lugar, por qué se excluyen esas concretas materias y no otras. El legislador no explicita en la Exposición de Motivos qué criterio subyace en esa exclusión o qué características comunes presentan los procedimientos excluidos para que hayan de regirse en primer lugar por su normativa específica y no por la que regula el procedimiento común. Además, y en tercer lugar, algunos trámites esenciales del procedimiento común constituyen realmente la concreción de previsiones constitucionales (por ejemplo, algunas de esas mal llamadas "especialidades" en el ámbito sancionador —derecho a ser informado de la acusación, presunción de inocencia, etc.— derivan de las exigencias del artículo 24.2 CE, por lo que resultarán de aplicación a todos los procedimientos sancionadores, por mucho que algunos de ellos hayan sido excluidos por la propia LPAC de su ámbito de aplicación.

Por ello, sería más razonable y ponderada una solución en la que la ley general estableciera un marco procedimental común, pero dúctil o flexible que permitiera que esas u otras leyes sectoriales establecieran algunas particularidades procedimentales justificadas en la singularidad de la materia. Idea a

[18] Se ha señalado, por ello, que dicha ley no establece lo común a todos los procedimientos, sino lo común a algunos de ellos. Vid. G. Fernández Farreres (2016b: 27) y (2018: 674). También critican la exclusión de los referidos procedimientos, poniendo incluso en duda su constitucionalidad, entre otros, A. Ezquerra Huerva (2015: 85 y ss.); J. Mª. Baño León (2015: 2); M. Sánchez Morón (2015: 18 y ss.); M. Vaquer Cabellería (2016); A. Huergo Lora (2016: 7); L. Parejo Alfonso (2017: 487) y (2020: 30).

[19] Por eso, aunque para algunas instituciones generales o transversales (expropiación forzosa, responsabilidad patrimonial) o determinadas formas de actuación (contratos, concesiones) la CE ha previsto un título competencial especifico en el propio art. 149.1.18ª, que hace de sus respectivas regulaciones la sede natural de las correspondientes garantías procedimentales comunes, tales regulaciones, aunque no estén en la LPAC, deben considerarse parte integrante del procedimiento administrativo común. Vid. L. Parejo Alfonso (2008: 455). No puede decirse lo mismo, en mi opinión, quizá con la excepción del ámbito tributario y de la seguridad social, de esos sectores concretos que la DA 1ª de la LPAC excluye de su ámbito de aplicación, pues no son instituciones generales de garantía frente a la acción administrativa ni formas generales de actuación de la administración.

la que, por lo demás, ya apunta la propia LPAC en su artículo 1.2, al prever la posibilidad de que las leyes introduzcan trámites adicionales o distintos de los contemplados en las leyes y los reglamentos especializados sobre órganos, plazos, formas de iniciación y terminación, etc.; previsión con la que debería para garantizar las eventuales especialidades de las actuaciones y procedimientos a los que alude su DA 1ª y que, dados los rigurosos límites que establece (a los que quizá cabría añadir que esas singularidades sean interpretadas de forma coherente con las previsiones de la LPAC), no me parece que desfigure o descomponga la idea de procedimiento administrativo común.

Hechas tales precisiones, procede analizar ya los aspectos más importantes del procedimiento administrativo común incluido en la LPAC, en particular los sujetos del procedimiento y las garantías de los interesados en su seno (III), los principios que informan la estructura general del *iter* procedimental (IV), las fases y trámites de que consta (IV a VII), el tiempo en el procedimiento (VII) y los procedimientos de impugnación y revisión (VIII). Concluiré la exposición con una perspectiva general del procedimiento administrativo común en la que se destacará también la necesidad de su reforma (IX).

## 2. Los sujetos del procedimiento

### A) *La administración y sus órganos*

En todo procedimiento administrativo hay, cuando menos, dos sujetos: un ente del sector público, normalmente una administración, y los interesados[20]. La LPAC se ocupa solo de estos, mientras que de los entes del sector público, sus órganos y sus unidades administrativas se ocupa la LRJSP. También pueden participar otras administraciones públicas distintas a la responsable del procedimiento u otros sujetos privados, por ejemplo cualquier persona si se abre un trámite de información pública.

Dentro de cada administración pública competente, quienes se ocupan del procedimiento son los órganos y las unidades administrativas. La competencia para resolver recae habitualmente en los órganos superiores de cada administración (gobierno, ministros, consejeros, pleno del ayuntamiento, alcalde, etc.), mientras que la tramitación del procedimiento corresponde a órganos inferiores o unidades de tramitación. Estos órganos y unidades administrativas no tienen la condición de interesados en el procedimiento ya que no son solo parte en

[20] Como lo habitual es que el procedimiento lo tramite una administración pública (territorial o institucional), en lo que sigue no se contemplará la posibilidad de que lo tramite una entidad de derecho privado o una corporación de derecho público, entidades a las que, como se vio, también se aplica de forma directa o supletoria la LPAC cuando ejercen potestades administrativas o funciones públicas.

él, sino también quienes lo dirigen y resuelven[21]. Es de las personas físicas que ocupan tales órganos y unidades de las que se predica el deber de imparcialidad y, por tanto, a las que se les aplican las denominadas causas de abstención y recusación.

B) *Los interesados: capacidad y representación*

La LPAC vincula la cualidad de interesado a la titularidad de determinadas situaciones jurídico-subjetivas de carácter material (un derecho subjetivo o un interés legítimo). En unos casos, la condición de interesado se adquiere *ex lege* porque tales situaciones se ven afectadas por el procedimiento, de modo que la administración tiene que considerarlos como tales (interesados necesarios); en otros casos, sin embargo, es preciso que su titular se persone en el procedimiento para adquirir la condición de interesado y, en consecuencia, poder así gozar de la titularidad de los derechos procedimentales que luego se destacarán.

En concreto, de conformidad con el artículo 4 de la LPAC, tienen la condición de interesado o capacidad para ser parte en un procedimiento administrativo: a) quienes lo promueven o inician como titulares de derechos o intereses legítimos individuales o colectivos (por ejemplo, el solicitante de una autorización o concesión); b) los que, sin haberlo iniciado, tengan derechos que puedan resultar afectados por la decisión que en el mismo se adopte (por ejemplo, el destinatario de un procedimiento sancionador o el adjudicatario de un contrato que es impugnado por otro licitador); c) aquellos cuyos intereses legítimos, individuales o colectivos, puedan resultar afectados por la resolución y se personen en el procedimiento en tanto no haya recaído resolución definitiva (por ejemplo, el propietario de la vivienda que se considera perjudicado por la apertura de una discoteca o un bar).

El artículo 3 de la LPAC reconoce capacidad de obrar ante las administraciones públicas, no solo a las personas físicas o jurídicas que la ostenten con arreglo al derecho civil, sino también a los menores de edad para el ejercicio y defensa de sus derechos e intereses cuya actuación esté permitida por el ordenamiento jurídico sin la asistencia de la persona que ejerza la patria potestad, tutela y curatela (salvo los menores incapacitados, cuando la incapacitación afecte al ejercicio y defensa de los derechos o intereses de que se trate), así como a los grupos de afectados, las uniones y entidades sin personalidad y los patrimonios independientes o autónomos, cuando así lo declare expresamente una ley.

Los interesados que no tengan capacidad de obrar tienen que actuar en el procedimiento mediante su representante, como también, lógicamente, las

[21] La LPAC no prevé expresamente la figura de un responsable del procedimiento encargado de su dirección, como hacen otros ordenamientos como el italiano o el portugués.

personas jurídicas. Por el contrario, los interesados con capacidad de obrar pueden actuar por sí mismos o conferir la representación a un tercero, con el que se entenderán las actuaciones administrativas salvo manifestación en contrario del interesado (art. 5.1 LPAC). Para los actos y gestiones de mero trámite se presume la representación, pero para formular solicitudes, presentar comunicaciones o declaraciones responsables, interponer recursos, desistir de acciones y renunciar a derechos en nombre de otro, es preciso acreditarla mediante cualquier medio válido en derecho que deje constancia fidedigna de su existencia[22]. La falta de acreditación de la representación o su insuficiencia es subsanable (art. 5.6). Cuando varias personas actúen conjuntamente pero no designen un representante, la administración considerará tal al primero de los firmantes, al que se dirigirán todas las comunicaciones (art. 7 LPAC). El interesado también puede contar con la asistencia técnica de abogado o de cualquier otra persona o profesional [art. 55.g) LPAC].

C) *La posición jurídica de los interesados*

La posición jurídica de los interesados aparece regulada en la LPAC de forma dispersa y asistemática. Lo lógico hubiera sido que sus derechos y deberes, o al menos los generales y más importantes, se incluyeran dentro del Título I de la ley, relativo, precisamente, a los interesados en el procedimiento, justo después de establecer el concepto de interesado, la capacidad de obrar y la representación. Pero no ha sido así, y lo que dicho Título recoge son los derechos de las personas en general, sean o no interesados, en sus relaciones con las administraciones públicas (art. 13), así como algunos derechos dispersos de los interesados: a identificarse electrónicamente ante las administraciones públicas (art. 9.2), a firmar por cualquier medio que permita acreditar la autenticidad de la expresión de su voluntad y consentimiento (art. 10.1), o a ser asistidos en el uso de medios electrónicos cuando no tengan la obligación de relacionarse de esa forma (art. 11.2). La mayor parte de los derechos de los interesados se recogen, sin embargo, en el artículo 53, encabezando el Título relativo las garantías del procedimiento, justo antes de las diversas fases en que se estructura[23].

El referido precepto señala que, además de los demás previstos en la ley, los interesados tienen los siguientes derechos: a identificar a las autoridades

[22] Por ejemplo, precisa la ey, mediante apoderamiento *apud acta* efectuado por comparecencia personal o electrónica en la sede correspondiente, o mediante la acreditación de su inscripción en el registro electrónico de apoderamientos de la administración de que se trate (art. 5.3 y 4). Sobre ello, E. Gamero Casado (2019: 65 y ss.)

[23] La ley es en este punto más precisa que su antecesora de 1992, pues califica correctamente como de los interesados una serie de derechos que antes se predicaban erróneamente de los ciudadanos.

y personal de la administración bajo cuya responsabilidad se tramitan los procedimientos; a conocer su estado de tramitación, el sentido del silencio y a acceder y obtener copia de los documentos que constan en el expediente; a no presentar documentos originales (salvo que excepcionalmente se establezca lo contrario) ni datos o documentos que las normas no exijan, que ya tenga la administración o que hayan sido elaborados por ella; a formular alegaciones, utilizar los medios de defensa admitidos en Derecho y a aportar documentos en cualquier fase del procedimiento antes de la audiencia; a obtener información y orientación acerca de los requisitos jurídicos o técnicos que se impongan a los proyectos, actuaciones o solicitudes del interesado; a actuar asistido por asesor; y a cumplir las obligaciones de pago por medios electrónicos. En los procedimientos sancionadores, además, el interesado tiene derecho a ser informado de la acusación (hechos imputados, infracción a la que dan lugar y sanción que cabe imponer), a conocer la identidad del instructor y de la autoridad que impondrá la sanción, a la presunción de inocencia, etc.

Hay otros preceptos de la propia LPAC que también reconocen derechos de los interesados: a aportar los documentos que estime convenientes (art. 28.1), a la subsanación de la solicitud (art. 68) o a desistir de ella y a renunciar a sus derechos cuando el ordenamiento jurídico no lo prohíba (art. 94.1). En ocasiones, los derechos de los interesados derivan de la correlativa obligación que la Administración tiene respecto de ellos. Así, la obligación de la administración de resolver en plazo (art. 21) tiene el correlativo derecho del ciudadano a exigir que se le responda en el plazo previsto.

Lo peor, en cualquier caso, no es la falta de sistemática de la ley en este punto (y en muchos otros), sino el enfoque restrictivo que adopta respecto de la posición jurídica del interesado y de los ciudadanos en general, a los que impone un deber genérico de colaboración (art. 18), que resulta muy criticable[24]. Ese enfoque, que supone en cierto modo la vuelta del "administrado", se percibe claramente en previsiones como estas: el generoso régimen de suspensión del plazo máximo para resolver que se pone a disposición de la administración (art. 22); el diferente tratamiento, en perjuicio del interesado, de la ampliación del plazo máximo para resolver y notificar, ya que si es la administración la que precisa la ampliación esta puede llegar a ser igual al plazo establecido (art. 23.1), mientras que si lo solicita el interesado la ampliación no puede superar la mitad del plazo previsto (art. 32.1); la endeble posición del denunciante (al que no se considera interesado) y la escasa atención que se le presta (art. 62); la sujeción a la eventual imposición de cualquier medida provisional que la administración juzgue necesaria para asegurar la eficacia de la decisión final (art. 56); la reducción del concepto legal de expediente (art. 70.4), de modo que se sustrae al interesado la posibilidad de acceder a determinados documentos

[24] Vid. T. Cano Campos (2016: 132) y bibliografía que se cita.

que pueden ser relevantes para un ulterior control judicial; la posibilidad de suspensión del acuerdo de declaración de lesividad de los actos anulables (art. 108), lo que no deja de plantear serias dudas desde la perspectiva de la función estabilizadora del acto administrativo, etc.

## 3. Principios, estructura y forma

### A) *Los principios del procedimiento*

El procedimiento administrativo está informado por una serie de principios que constituyen su armazón fundamental y se proyectan en las diversas fases de que consta, fundamentalmente en su instrucción. Tales principios no están sistematizados en un precepto concreto y algunos ni siquiera están positivizados expresamente como tales, sino que se deducen de diversos preceptos de la CE (fundamentalmente, arts. 103 y 105) y de la propia LPAC[25]. También hay que tener en cuenta los principios de actuación de las administraciones públicas que establece el artículo 3 LRJSP, algunos de los cuales tienen una especial proyección en el procedimiento administrativo. El artículo 41 de la CDFUE, por su parte, recoge varios de ellos dentro del denominado derecho a una buena administración. Los principios más importantes del procedimiento, muy sintéticamente expuestos, son los siguientes.

a) *Impulso de oficio.* Frente al principio dispositivo o de aportación de parte, el principio de oficialidad impone a la Administración, sin necesidad de ser incitada a ello por los interesados o por cualquier otro sujeto, el deber de realizar toda la actividad necesaria para que el procedimiento avance en sus diferentes fases, recabando toda la información que sea precisa para llegar a la decisión final. Se prevé en el artículo 71, para todos los trámites, y en los artículos 75 y 77.2, para los actos de instrucción y para la apertura del período de prueba. Distinto de la impulsión de oficio, aunque a veces se confunde con él, es el principio inquisitivo, que solo rige en los procedimientos administrativos sancionadores y significa que impone el castigo el mismo sujeto que ha sostenido la acusación frente al infractor, esto es, la propia administración[26].

b) *Simplicidad, celeridad, economía procedimental y antiformalismo.* El artículo 3.1 de la LRJSP dispone que las administraciones públicas respetarán en su actuación, entre otros, el principio de simplicidad y claridad y el de racionalización y agilidad de los procedimientos administrativos. Por su parte, el artículo 71 LPAC dispone que el procedimiento está sometido al principio

[25] Un estudio completo de la mayor parte de ellos, en J. A. Santamaría Pastor (dir.) (2010): *Los principios jurídicos del derecho administrativo*, Madrid, La Ley.

[26] L. Alarcón Sotomayor (2007: 104) y (2018: 26).

de celeridad, y el 72 que, de acuerdo con el principio de simplificación, se deben acordar en un solo acto todos los trámites que no requieran de un cumplimento sucesivo. A esos mismos principios responden otras muchas reglas contenidas en la LPAC: obligatoriedad de todos los términos y plazos (art. 29), acumulación de trámites (art. 57), cumplimiento de los trámites por los interesados en el plazo de diez días (art. 73), no suspensión del procedimiento cuando se susciten cuestiones incidentales, salvo la recusación (art. 74), etc.

También tiene que ver con la simplicidad y la celeridad, el principio de economía procedimental, que el artículo 29 de la LRJPAC consagró expresamente y hoy se recoge indirectamente en el artículo 3.1.i) y j) de la LRJSP (economía de medios y eficiencia en la utilización de todos los recursos). Son manifestación de tal principio la exigencia de realizar solo aquellos trámites que resulten imprescindibles, la posibilidad de acumular los que guarden una identidad sustancial o una íntima conexión (art. 57), el deber de conservar aquellos actos y trámites cuyo contenido hubiera sido idéntico de no haberse cometido el vicio o infracción (art. 51 LPAC) o la limitada eficacia invalidante de los vicios de forma (art. 48. 2 y 3).

También informa toda la actuación de la administración el principio antiformalista, que se traduce, por ejemplo, en la ausencia de formalidades especiales en los escritos y solicitudes dirigidos a la administración (art. 66 LPAC) o en que los defectos de forma constituyan, con carácter general, una irregularidad no invalidante y solo produzcan la anulabilidad del acto cuando impidan a este alcanzar su fin o dé lugar a indefensión (art. 48.2); anulabilidad que, además, es susceptible de convalidación por subsanación (art. 52 LPAC).

c) *Contradicción y acceso permanente.* Todo sujeto tiene derecho a ser oído antes de que se adopte una decisión que le afecte negativamente, reza un viejo principio general. Aparece incluso mencionado en la propia CE, aunque no se reconoce para todo tipo de procedimientos [art. 105.c): la ley regulará el procedimiento administrativo, garantizando, cuando proceda, la audiencia del interesado]. El artículo 75.4 LPAC lo recoge en estos términos: "En cualquier caso, el órgano instructor adoptará las medidas necesarias para lograr el pleno respeto de los principios de contradicción y de igualdad de los interesados en el procedimiento". El carácter contradictorio del procedimiento implica la facultad de hacer valer en él los diversos intereses implicados por parte de sus titulares al objeto de que puedan ser confrontados con el interés general, de modo que la decisión que se adopte solo puede apoyarse en aquellas circunstancias fácticas o jurídicas sobre las cuales los interesados hayan tenido la posibilidad de pronunciarse. Para garantizar un auténtico debate contradictorio en el curso del procedimiento y una defensa eficaz de su postura, los interesados tienen derecho a ser llamados al procedimiento si son titulares de derechos subjetivos y a personarse en él si ostentan un interés legítimo, a conocer en cualquier momento el estado de tramitación del procedimiento y obtener copia de los documentos que contiene, a ser oídos y, por tanto, poder presentar alegaciones, aportar documentos, proponer o solicitar pruebas, a tomar vista del expediente y ser oído de nuevo una vez tramitado, etc., todo lo cual debe ser tenido en cuenta por el órgano competente para proponer la resolución (arts. 4, 8, 53.1, 76, 77, 82 LPAC). Para ello se les reconoce el derecho de acceso permanente al expediente, que modula considerablemente el denominado principio de preclusión, en virtud del cual, si los interesados no cumplen los trámites en el plazo conferido al efecto, se les puede declarar decaídos en su derecho a dicho trámite.

d) *Objetividad e imparcialidad.* La administración debe servir los intereses generales con objetividad disponen los artículos 103 CE y 3 LRJSP. Al servicio de la imparcialidad y de la objetividad, que lógicamente no puede equipararse a la que se predica de los jueces (ya que la Administración "es juez y parte"), están las causas de abstención y recusación que contemplan los artículos 23 y 24 LRJSP (interés personal en el asunto, parentesco hasta un cierto grado, amistad íntima o enemistad manifiesta, relación de servicio, etc.), las cuales pretenden evitar que las autoridades y empleados públicos "responsables" del procedimiento tengan conflictos de intereses o prejuicios con quienes participan en él como interesados. También está al servicio de dicho principio la separación formal de las funciones de instrucción y resolución en el procedimiento sancionador (art. 63.1).

e) *In dubio pro actione.* Este principio, que no solo opera en el ámbito del proceso contencioso-administrativo, postula la interpretación de las normas más favorable al ejercicio de las acciones por parte de los ciudadanos y a su intervención en el procedimiento administrativo, de modo que puedan obtener de la administración una decisión sobre el fondo del asunto. Se proyecta, por ejemplo, en la interpretación misma de la condición de interesado (legitimación en el procedimiento) y, por tanto, de los conceptos de derecho subjetivo y de interés legítimo (art. 4 LPAC), en la resolución de las dudas acerca del cómputo de los plazos (art. 30), en la subsanación y mejora de las solicitudes (art. 68) o de la acreditación de la representación (art. 5.6), en la admisión de la actuación del interesado el mismo día en el que se notifique la resolución en la que se tenga por transcurrido el plazo (art. 73.3), en la exigencia de advertir al interesado la eventual caducidad del procedimiento (art. 95) o en la irrelevancia del error en la calificación de los recursos administrativos (art. 115.2).

f) *Transparencia, publicidad y gratuidad.* El artículo 71 LPAC dispone que el procedimiento administrativo debe respetar los principios de transparencia y publicidad. Al principio de transparencia se orientan las numerosas reglas contenidas en la Ley de Transparencia, Acceso a la Información y Buen Gobierno de 9 de diciembre de 2013, que regula el derecho general de acceso a la información pública, y al de publicidad la regulación del trámite de información pública (art. 83 LPAC) o las consultas previas en la elaboración de los reglamentos (art. 133 LPAC).

El desarrollo del procedimiento como tal no supone gasto alguno para el interesado, pues quienes gocen de capacidad de obrar pueden comparecer en él personalmente sin necesidad, por tanto, de representante ni de asistencia técnica o profesional. Pero lo que sí puede implicar un coste para los interesados es la realización, a instancias de ellos, de determinadas pruebas que impliquen gastos y la administración no tengan el deber de soportar (art. 78.3 LPAC), o las tasas que hayan de pagar por la obtención de un acto favorable (una certificación académica, el título de doctor o un vado municipal).

### B) *La estructura del procedimiento, su carácter escrito y su tramitación electrónica*

a) El procedimiento administrativo consiste en la combinación de diferentes trámites o elementos que, como se señaló, no se disponen de forma uniforme o lineal, sino que su presencia y disposición depende del objeto y función de cada tipo de procedimiento. Un procedimiento para imponer una sanción, conceder una licencia urbanística o resolver un recurso se estructura de forma muy diferente al que ha de seguirse para seleccionar empleados públicos, aprobar planes urbanísticos o adjudicar contratos públicos. Pero la LPAC esboza un modelo abstracto del curso del procedimiento que se debe seguir, una secuencia formada, como prácticamente en todos los países, por estas tres fases bien diferenciadas, cada una de las cuales consta de diferentes trámites: iniciación (o incoación), instrucción (o tramitación) y terminación (o conclusión). La LPAC se ocupa de ellas en su Título IV bajo el rótulo "De las disposiciones sobre el procedimiento administrativo común" (arts. 53 a 96), que incluye varios capítulos, unos dedicados a los derechos de los interesados y a los principios del procedimiento, y los demás a las referidas fases de que consta.

b) Los diferentes trámites de que constan las fases del procedimiento se realizan generalmente de forma escrita y preferentemente en soporte electrónico (art. 3.2 LRJSP y arts. 12, 16, 17, 26 y 70, entre otros, LPAC). Estas dos leyes incorporan en sus textos, sin apenas novedades, la Ley 11/2007, de 22 de junio, de acceso electrónico de los ciudadanos a los servicios públicos, e impone a las administraciones públicas, y a los interesados en ciertos supuestos, el uso de medios electrónicos en sus relaciones, al objeto, dice el preámbulo de la LPAC, de garantizar los principios de eficacia y eficiencia y reforzar las garantías de los interesados. La LPAC contiene, como se irá viendo, diversas previsiones sobre el expediente electrónico, la actuación del interesado y de la administración en el procedimiento a través de medios electrónicos, las notificaciones electrónicas y el archivo electrónico, cuestiones que en esta sede no es posible analizar detenidamente[27].

La LPAC también se ocupa de la lengua que se ha de utilizar en el procedimiento administrativo (art. 15). En los procedimientos tramitados por los órganos de la administración del Estado, la lengua será el castellano. Pero si los interesados se dirigen a sus órganos periféricos (delegaciones del gobierno en las CCAA, subdelegaciones en las provincias, etc.) podrán utilizar cualquier lengua cooficial de la comunidad autónoma en la que tengan su sede tales órganos. En este caso el procedimiento se tramitará en la lengua que elija el interesado y, si concurren varios y existe discrepancia, se utilizará el castellano, aunque los interesados podrán elegir la lengua (cooficial en ese territorio) en la que quieren que se expidan los documentos o testimonios que requieran. Sin embargo, en los procedimientos tramitados por las administraciones de las CCAA y de las entidades locales, el uso de la lengua se adecuará a lo previsto en la legislación autonómica, pero deberán traducirse al castellano los documentos que hayan de surtir efecto fuera del territorio de la comunidad autónoma y los dirigidos a los interesados que así lo soliciten.

## 4. Actuaciones previas e iniciación del procedimiento

Los procedimientos administrativos pueden iniciarse de oficio o mediante solicitud de persona interesada (art. 54). Hay procedimientos que solo pueden incoarse de oficio, por ejemplo, el procedimiento expropiatorio, el de la aprobación de un plan urbanístico o el de otorgamiento de subvenciones. Hay otros que solo se pueden iniciar por solicitud del interesado, por ejemplo un procedimiento para obtener la homologación de un título universitario o la licencia de apertura de una autoescuela o de un gran establecimiento comercial. Y también existen procedimientos que pueden iniciarse de las dos formas: por ejemplo, un procedimiento de responsabilidad patrimonial de la administración o de revisión de un acto nulo de pleno derecho. La iniciación de oficio se produce, por lo general, en los procedimientos susceptibles de producir efectos desfavorables para los interesados, en los de planificación, en los de concurrencia competitiva y distribución de recursos escasos, etc. Mientras que la iniciación a instancia de interesado tiene lugar especialmente en los procedimientos cuya resolución puede producir efectos favorables para el interesado: solicitud de licencias o autorizaciones, de otorgamiento de la nacionalidad, procedimientos impugnatorios, etc.

La diferencia esencial entre uno y otro modo de iniciación no reside en la existencia o no de una incitación a ello por parte de un particular o en la pre-

[27] Sobre ello vid., por ejemplo, I. Martín Delgado (2016); M. Gómez Puente (2019).

sentación o no de una solicitud: un procedimiento sancionador, que se inicia de oficio, puede incoarse como consecuencia de una denuncia previa de cualquier ciudadano, y un procedimiento de otorgamiento de subvenciones o de selección de empleados públicos, que también se inician de oficio, requieren de la presentación ulterior de una solicitud por quienes quieran participar en él. La distinción reside en que en los procedimientos de oficio es la administración la que toma formalmente la decisión de iniciarlos, mientras que los iniciados a instancia de parte comienzan, por disponerlo así la ley, cuando se presenta la solicitud de iniciación.

Pero antes de que se inicie el procedimiento, se puede acordar un período de actuaciones previas, cuestión que procede por ello analizar en primer lugar.

A) *Actuaciones previas a la iniciación*

La LPA de 1958 solo contemplaba las actuaciones previas en los procedimientos de carácter sancionador, pero la LRJPAC de 1992 las extendió a todos los iniciados de oficio. La LPAC mantiene esta misma previsión y dispone que, antes de la iniciación del procedimiento, la administración puede abrir un período de información o de actuaciones previas al objeto de investigar y conocer adecuadamente las circunstancias del caso concreto y, por tanto, la pertinencia o no de iniciar el procedimiento. De ellas se ocupa el artículo 55 LPAC, que, para los procedimientos sancionadores, precisa que "se orientarán a determinar, con la mayor precisión posible, los hechos susceptibles de motivar la incoación del procedimiento, la identificación de la persona o personas que pudieran resultar responsables y las circunstancias relevantes que concurran en unos y otros". Su realización se atribuye a los órganos encargados de las funciones de investigación, averiguación e inspección en la materia y, en su defecto, a quien determine el órgano competente para la iniciación y resolución del procedimiento de que se trate.

Las actuaciones previas no forman parte del procedimiento, por lo que no se rigen por las garantías propias de este ni el tiempo durante el que se realizan se computa dentro del plazo para resolverlo. Por eso, el riesgo de la figura es su eventual utilización fraudulenta para prolongar de forma artificial el plazo de tramitación del procedimiento, pues durante esta fase previa (para la que no se acota plazo alguno de caducidad) a veces se realizan actuaciones de instrucción sin el debido conocimiento y participación de los interesados, lo que es singularmente grave en los procedimientos de carácter sancionador[28].

[28] Por ello deberían limitarse a una apreciación liminar de los hechos y de la conveniencia o no de iniciar el procedimiento, sin adelantar sus trámites, pues, con ello, el procedimiento sancionador se iniciaría, de facto, antes de su incoación formal, pero con la ventaja de que el plazo para resolver aún no habría comenzado a correr. Vid. J. A. Santamaría Pastor (2015); L. Alarcón Sotomayor (2018: 46); T. Cano Campos (2018: 155).

B) *Iniciación de oficio*

Los procedimientos se inician de oficio por decisión formal del órgano que tenga competencia para ello (art. 58). El procedimiento lo inicia dicho acuerdo o decisión, pero puede traer causa de la iniciativa del propio órgano, de la petición razonada de otro, de la orden de uno superior o de la denuncia de un particular.

La LPAC se ocupa de definir todas y cada una de estas figuras, pero dedica una especial atención a la denuncia (art. 62), la cual debe expresar la identidad del denunciante (no se admiten las anónimas), el relato de los hechos y, si los mismos pudieran ser constitutivos de infracción, la fecha de su comisión y, de ser posible, la identificación de los presuntos responsables. La denuncia no inicia *per se* el procedimiento y la administración solo está obligada a comunicar al denunciante si ha acordado iniciarlo o no cuando en la denuncia se haya invocado un perjuicio en el patrimonio de aquella. Si el denunciante hubiera participado en la comisión de una infracción de esa naturaleza (es decir, que suponga un perjuicio para el patrimonio de la administración), y existen otros infractores, se le deberá eximir de la sanción si es el primero en aportar elementos de prueba que permitan iniciar el procedimiento o comprobar la infracción, o reducirla si no concurren tales circunstancias pero aporta elementos de prueba significativos[29]. En cualquier caso, en algún sector, como el del tránsito rodado, las denuncias de los agentes de la autoridad encargados de la vigilancia de la circulación (no la de cualquier particular o funcionario de otro tipo) inician el procedimiento sancionador si se notifican en el acto al denunciado.

C) *Iniciación a instancia del interesado: la solicitud*

La iniciación a instancia del interesado tiene lugar con la solicitud, cuya presentación inicia *per se* el procedimiento y coloca a la administración en la obligación de tramitarlo y resolverlo en plazo. El artículo 66 LPAC, fiel al principio antiformalista, regula de forma muy flexible el contenido del escrito de solicitud, que simplemente debe incluir: el nombre y apellidos del interesado (o de su representante); la identificación del medio electrónico o del lugar físico en que desea que se practique la notificación; los hechos, su

[29] La regulación resulta deficiente no solo porque no contempla la obligación de comunicar en todo caso al denunciante el inicio del procedimiento, sino también porque el legislador no se ocupa en absoluto del denunciante perjudicado por los hechos que denuncia o que pueda obtener un beneficio o la eliminación de un perjuicio con la imposición de una sanción (denunciante cualificado), y porque debería haber resuelto otras cuestiones como, por ejemplo, las circunstancias en las que ha de mantenerse en secreto la identidad del denunciante o en qué medida está la administración obligada a tramitar las denuncias que se le presenten (T. Cano Campos, 2016: 56-59).

fundamento y la pretensión; el lugar, fecha y firma del solicitante (electrónica si está obligado a relacionarse de ese modo con la administración), y el órgano, centro o unidad al que se dirige la solicitud[30]. El artículo 67 contiene algunas precisiones adicionales para las solicitudes de iniciación de los procedimientos de responsabilidad patrimonial (precisión del daño producido, relación de causalidad, evaluación económica, etc.).

La LPAC se ocupa con detalle, dada su relevancia práctica, de los lugares en los que han de presentarse las solicitudes y los documentos que los interesados dirijan a las administraciones. Su artículo 16.4 prevé que se pueden presentar en el registro electrónico de la administración u organismo al que se dirijan o en los restantes registros electrónicos de las demás administraciones (es obligado que cada administración disponga de un Registro Electrónico General, el cual debe estar conectado y ser interoperativo con el de las demás), así como en las oficinas de correos, en las representaciones diplomáticas y oficinas consulares en el extranjero, en las oficinas de asistencia en materia de registros (que también deben crearse en cada administración) o en cualquier otro lugar que establezcan las normas. De todo escrito presentado se puede obtener copia a los efectos de acreditar la fecha y hora de su presentación (art. 66.2).

La ley también se ocupa de la subsanación y mejora de las solicitudes. La subsanación de las solicitudes defectuosas o incompletas, se configura como un auténtico derecho subjetivo del interesado, pues la administración debe darle un plazo de diez días para ello y advertirle que, de no hacerlo, se entenderá que ha desistido de su solicitud (art. 68.1). Sin embargo, la modificación o mejora de la solicitud, se configura como una facultad de la administración, que, en caso de ejercerla, puede no ser atendida por el interesado (art. 68.3).

### D) *Efectos de la iniciación y la posibilidad de adoptar medidas provisionales*

La iniciación del procedimiento supone la interrupción de los plazos de prescripción, lo que es muy relevante en algunos procedimientos como el sancionador, obliga a la administración a desarrollar el procedimiento en todos sus trámites y por "orden riguroso de incoación en asuntos de homogénea naturaleza", salvo que motivadamente se acuerde lo contrario (art. 71 LPAC), y, sobre todo, a dictar resolución expresa y notificarla dentro del plazo previsto (art. 21.1).

La iniciación del procedimiento habilita a la administración a adoptar, de oficio o a instancia de parte, las medidas provisionales que estime oportunas

[30] El apartado 4 del precepto establece el deber de las administraciones de establecer modelos y sistemas de presentación masiva de solicitudes, que estarán a disposición de los interesados para los cuales serán de uso voluntario.

para asegurar la eficacia de la resolución final, todo ello de conformidad con los principios de proporcionalidad, efectividad y menor onerosidad y siempre que no causen un perjuicio de difícil o imposible reparación o impliquen la violación de derechos (art. 56). La LPAC, siguiendo en este punto a la Ley de Enjuiciamiento Civil, prevé un amplísimo elenco de medidas cautelares (suspensión temporal de actividades o servicios, prestación de fianzas, retirada e intervención de bienes, cierre temporal de establecimientos, embargo preventivo de bienes y rentas, retención de ingresos a cuenta, etc.), lo que ha sido criticado por su amplitud, porque no se exige su previsión expresa en una ley sectorial y, en definitiva, porque de ese modo se atribuye a la administración una potestad genérica y omnicomprensiva que supone investirla de poderes similares a los del juez[31].

Tales medidas se pueden acordar incluso antes de la iniciación misma del procedimiento en casos de urgencia inaplazable y para la protección provisional de los intereses implicados (medidas provisionalísimas), para lo cual antes se exigía una previsión legal expresa de la que ahora se ha prescindido. Como es lógico, dichas medidas se han de motivar y han de ser confirmadas, modificadas o levantadas en el acuerdo de iniciación del procedimiento, que deberá dictarse dentro de los quince días siguientes a su adopción. Tanto las medidas adoptadas antes de que comience el procedimiento como las acordadas después, pueden ser alzadas o modificadas en el curso del procedimiento en virtud de circunstancias sobrevenidas y se extinguirán cuando surta efectos la resolución administrativa que ponga fin al procedimiento.

## 5. Desarrollo o instrucción del procedimiento

La instrucción del procedimiento constituye generalmente su fase más densa e importante. Se regula en los artículos 75 a 83 de la LPAC y sus trámites esenciales, además de los actos de instrucción, son los que se analizan a continuación. Tales actuaciones pueden ser de la propia administración que tramita el procedimiento, de otras administraciones diferentes, de los interesados o incluso de sujetos ajenos a aquél.

### A) *Alegaciones*

Las alegaciones son escritos del interesado mediante los que aporta al procedimiento cuestiones fácticas, acreditadas o no mediante los correspondientes documentos, y valoraciones de tipo técnico o jurídico sobre las cuestiones relevantes para la decisión final. La ley, como ya se señaló, contempla la posibilidad ilimitada de formularlas, pues pueden presentarse cuantas veces se

[31] J. Mª. Baño León (2015); G. Fernández Farreres (2016b: 13).

estime necesario y en cualquier momento del procedimiento anterior al trámite de audiencia [arts. 53.1.e) y 76.1 LPAC]. Las alegaciones presentadas deben ser tenidas en cuenta por el órgano competente para formular la propuesta de resolución. También se prevé la posibilidad de que los interesados aleguen en cualquier momento los defectos de tramitación, en particular los que supongan paralización, contravención de plazos preceptivos y omisión de trámites que pueden ser subsanados antes de la resolución (art. 76.2).

B) *Prueba*

En la fase de instrucción del procedimiento resulta de suma importancia la prueba de los hechos relevantes para la resolución final. De ello se ocupan los artículos 77 y 78 de la LPAC, cuya regulación ha sido criticada por su enfoque excesivamente procesalista, pues prevén un período de prueba (de entre diez y treinta días) cuando el procedimiento administrativo, como vimos, carece de divisiones internas de carácter preclusivo y se pueden presentar alegaciones y llevar a cabo actividades probatorias en cualquier momento del procedimiento[32].

La prueba de los hechos se rige, como todo el desarrollo del procedimiento, por el principio de oficialidad y de contradicción. En virtud del primero, y a diferencia de lo que ocurre en el proceso civil, donde solo se practican las pruebas propuestas por las partes, el instructor del procedimiento puede acordarlas de oficio aunque no lo hayan pedido los interesados, pero debe practicar las que estos le soliciten salvo que "sean manifiestamente improcedentes o innecesarias" porque carezcan de relevancia para la resolución final, en cuyo caso se deberá motivar la razón de su rechazo. También se debe abrir un período de prueba cuando la administración no tenga por ciertos los hechos alegados por los interesados o así lo exija la naturaleza del procedimiento. Las actividades probatorias se rigen también por el principio contradictorio, a cuyo objeto se prevé que se "comunicará a los interesados, con antelación suficiente, el inicio de las actuaciones necesarias para la realización de las pruebas que hayan sido admitidas", especificándose el lugar, fecha y hora en que se practicarán y la advertencia, en su caso, de que el interesado puede nombrar técnicos que le asistan.

En el procedimiento administrativo rige el principio de ilimitación de los medios de prueba, pues se admite cualquier medio válido en derecho (interrogatorio de las partes, testigos, prueba pericial, prueba documental, inspección ocular, prueba indiciaria o por presunciones), cuya valoración se realizará con arreglo a las "reglas de la sana crítica", tal y como dispone la Ley de Enjuiciamiento Civil a la que se remite en este punto la LPAC (art. 77.1). En los procedimientos sancionadores, los hechos declarados probados por reso-

[32] J. A. Santamaría Pastor (2018: 70).

luciones judiciales firmes vincularán a las administraciones y los documentos formalizados por los funcionarios a los que se reconoce la condición de autoridad y en los que, observándose los requisitos legales, se recojan los hechos constatados por aquellos "harán prueba de estos salvo que se acredite lo contrario" (art. 77.5). Algunas normas sectoriales parecen dar un paso más y disponen que las actas de inspección y las denuncias de los agentes de la autoridad gozarán de presunción de certeza o veracidad, lo que plantea el problema de si previsiones de ese tipo son contrarias al principio de libre valoración de la prueba y, sobre todo, si vulneran o no el derecho fundamental a la inocencia en los procedimientos de carácter sancionador[33].

Cuando la valoración de las pruebas practicadas pueda constituir el fundamento básico de la decisión final, por resultar imprescindible para la correcta evaluación de los hechos, se deberá incluir en la propuesta de resolución.

C) *Informes*

Los informes son actos de tramitación de carácter interno, pues proceden normalmente de los servicios de la administración, aunque pueden provenir también de una administración distinta a la encargada del procedimiento. En estos casos, los informes constituyen un cauce para la integración de los intereses públicos por ellas gestionados[34].

Los informes son declaraciones de juicio o parecer sobre cuestiones fácticas, técnicas o jurídicas que se reputan relevantes para la adopción de la decisión final. La LPAC se ocupa de ellos en los artículos 79 a 81, donde se dispone que se han de solicitar aquellos informes que resulten preceptivos y los que se consideren necesarios para adoptar la resolución. En el primer caso se debe citar el precepto que los exige, en el segundo se ha de fundamentar la conveniencia de su petición. En la petición se deben concretar los extremos acerca de los que se solicita. La ley también precisa que, salvo que se disponga lo contrario, los informes serán facultativos y no vinculantes. El órgano informante debe emitir los informes solicitados mediante medios electrónicos en el plazo de diez días, salvo que una norma o el cumplimiento del resto de plazos del procedimiento permita o exija un plazo mayor o menor. Si el informe es facultativo y no se emite en plazo, el procedimiento puede proseguir, pero si el informe es preceptivo, se podrá suspender el plazo máximo legal para resolver el procedimiento. También podrá proseguir el procedimiento si el informe debe emitirlo una administración distinta de la que tramita el procedimiento

[33] Sobre ello, en detalle, T. Cano Campos (2008).

[34] No obstante, algunas leyes sectoriales lo que parecen prever para dicha integración es un trámite de audiencia (art. 25.7 del texto refundido de la Ley del Suelo y rehabilitación urbana de 30 de octubre de 2015).

y no lo emite en plazo (aunque sea preceptivo). El informe emitido fuera de plazo podrá no ser tenido en cuenta al adoptar la resolución. Si la resolución se dicta de conformidad con un informe, la motivación de aquella se puede sustituir por una referencia a este (art. 88.6 LPAC). Si la resolución se aparta de un informe, debe motivarse necesariamente [art. 35.1.c)].

D) *Audiencia y vista del expediente*

El principio de acceso permanente permite a los interesados ir conociendo en todo momento el desarrollo del procedimiento. Es un conocimiento progresivo, pero parcial. Por ello, cuando la instrucción del procedimiento ha concluido, se da al interesado un nuevo trámite, denominado de audiencia y vista del expediente, al objeto de tener un conocimiento completo y cabal de todo lo actuado antes de adoptar la decisión final (art. 82). Este trámite tiene lugar antes de que el instructor formule la propuesta de resolución y de que se solicite informe, si resulta necesario, al órgano encargado del asesoramiento jurídico o al Consejo de Estado u órganos consultivos autonómicos equivalentes. En los procedimientos sancionadores, sin embargo, el trámite tiene lugar tras la propuesta de resolución (art. 89.2), pues de ese modo se satisface mejor el derecho fundamental a ser informado de la acusación (art. 24 CE).

El trámite de vista consiste en la posibilidad de consulta directa de todo el expediente una vez que ha finalizado su tramitación (art. 82.1 LPAC), mientras que el de audiencia —dada la forma escrita que caracteriza al procedimiento— se concreta en la facultad de formular un último escrito de alegaciones y aportar los documentos que se estimen oportunos (art. 82.2 LPAC). Los interesados deben realizar tales trámites en el plazo que al efecto se confiera, que no podrá ser inferior a diez días ni superior a quince. Se trata de un trámite facultativo para los interesados y obligado para la administración, que solo puede omitirlo si no figuran en el procedimiento ni son tenidos en cuenta en la resolución otras alegaciones y pruebas que las aducidas por el interesado.

E) *Información pública*

La LPAC prevé también la posibilidad de que, en la fase de instrucción, se abra un trámite de información pública, que consiste en la exposición, al público en general, del contenido del expediente del procedimiento que se está siguiendo con el fin de que pueda ser consultado por cualquiera y expresar su parecer mediante de las observaciones o alegaciones que estime convenientes (art. 83.2 LPAC).

Se trata de un trámite facultativo, según prevé el artículo 83.1, que luego algunas leyes sectoriales consagran como preceptivo para ciertos procedimientos (aprobación de planes urbanísticos, otorgamiento de licencias sobre actividades molestas, apertura de grandes superficies comerciales, concesiones de aguas, etc.). La información pública debe anunciarse en el Boletín Oficial que corresponda (lo que depende de la administración convocante), con el fin de garantizar la publicidad y efectividad de su realización. Es un cauce para la participación ciudadana, pues puede intervenir en él cualquier persona física o jurídica, con independencia de que tenga o no un derecho subjetivo o un interés legítimo que pueda verse afectado en el procedimiento de que se trate. La presentación de alegaciones en dicho trámite no atribuye *per se* la condición de interesado, de modo que quien las presente será participante en el procedimiento pero no parte en él como interesado, por lo que no gozará de sus derechos, aunque la administración le debe dar una respuesta razonada de las alegaciones presentadas. El interesado que realmente ostenta la condición de tal, no la pierde por el hecho de no comparecer en dicho trámite.

Junto al trámite de información pública, la LPAC prevé la posibilidad de que las leyes establezcan otras formas o cauces de participación pública, directamente o a través de las organizaciones y asociaciones reconocidas en la ley (art. 83.4).

F) *Propuesta de resolución*

Concluida la tramitación del procedimiento, su instructor debe redactar la propuesta de resolución y elevarla al órgano competente para resolver (art. 88.7 LPAC). Con carácter general, la propuesta de resolución es un acto de trámite de carácter interno que el instructor debe redactar inmediatamente después del trámite de audiencia a los interesados (art. 82.1). Pero, en los procedimientos de carácter sancionador, donde a través de dicha propuesta se satisface de nuevo y de forma más completa el derecho a ser informado de la acusación (pues también se satisface ese derecho con la notificación del acuerdo de iniciación del procedimiento), la secuencia temporal se altera y el instructor, antes de elevarla al órgano competente para resolver, debe notificársela al presunto responsable para que pueda defenderse de la acusación a través de la formulación de alegaciones o la presentación de los documentos que considere pertinentes (art. 88.7 LPAC).

G) *Tramitación de urgencia y simplificada*

a) La LPAC prevé una tramitación urgente del procedimiento, que se podrá acordar de oficio o a instancia de parte cuando así lo aconsejen razones de interés publico (art. 33). Supone la reducción a la mitad de todos los plazos previstos para el procedimiento ordinario, salvo los referentes a la presentación de solicitudes e interposición de recursos. El acuerdo por el que se declare la tramitación de urgencia no es recurrible, pero sí, lógicamente, la resolución que le ponga fin.

b) También se prevé como novedad una tramitación simplificada del procedimiento, que se puede acordar de oficio o a instancia de parte, cuando así lo requieran razones de interés público o la falta de complejidad del procedimiento (art. 96)[35]. Si se acuerda de oficio se debe notificar a los interesados y, si alguno se opone, debe seguirse la tramitación ordinaria. Si lo solicitan los interesados, la administración lo puede desestimar si aprecia que no concurren las razones referidas y, si en el plazo de cinco días no contesta, la solicitud debe entenderse desestimada por silencio. Tampoco cabe recurso contra la denegación expresa o por silencio de la tramitación simplificada. Es un procedimiento reversible, pues, en cualquier momento anterior a su resolución, el órgano competente para su tramitación puede acordar continuarlo de forma ordinaria. El precepto prevé reglas particulares para los procedimientos sancionadores y de exigencia de responsabilidad patrimonial. En los primeros cabe adoptar la tramitación simplificada si hay elementos de juicio suficientes para calificar como leve la infracción. Aquí no cabe la oposición del presunto infractor. En los de responsabilidad, procede la tramitación simplificada del procedimiento si, iniciada la ordinaria, el órgano competente considera inequívoca la relación de causalidad, la valoración del daño y el *quantum* indemnizatorio.

El procedimiento se debe resolver en el plazo de treinta días, pero a contar desde el día siguiente al que se notifique al interesado el acuerdo de tramitación simplificada y siempre que no reste menos tiempo para su tramitación ordinaria. En la tramitación simplificada se reducen todos los plazos internos y se simplifican los trámites procedimentales: alegaciones por plazo de cinco días, audiencia solo si la resolución va a ser desfavorable e informes solo cuando sean preceptivos. No se prevé, sin embargo, ni la propuesta de resolución ni, sobre todo, la prueba, de la que en los procedimientos sancionadores, por mucho que diga la norma, no se puede prescindir ya que resulta esencial para ejercer el derecho fundamental a la defensa[36].

## 6. Terminación del procedimiento

El artículo 84 de la LPAC dispone que ponen fin al procedimiento la resolución, el desistimiento, la renuncia al derecho en que se funde la solicitud, la declaración de caducidad y la imposibilidad material de continuarlo por causas sobrevenidas. También la terminación convencional, prevista en el artículo 86, puede poner fin al procedimiento.

[35] Antes solo se preveía, en sus respectivos reglamentos, para los procedimientos sancionadores y de responsabilidad patrimonial de la administración.

[36] L. Alarcón Sotomayor (2018: 62); T. Cano Campos (2018: 154).

A) *Resolución*

La resolución sobre el fondo es, o debe ser, la forma normal de terminación del procedimiento, pues la administración tiene la obligación de dictar resolución expresa en todos ellos y de decidir todas las cuestiones planteadas por los interesados o que se deriven del procedimiento (arts. 21.1 y 88 LPAC). Pero antes de dictarla, el órgano competente para hacerlo puede realizar actuaciones complementarias indispensables para resolver el procedimiento, que deben practicarse en un plazo no superior a quince días. El acuerdo de realización de las actuaciones, que deberá ser motivado, se debe notificar los interesados, a los que se concederá un plazo de siete días para formular alegaciones tras la realización de aquellas. El plazo para resolver el procedimiento se suspende hasta que concluyan las actuaciones complementarias (art. 87 LPAC).

La resolución debe respetar el principio de congruencia y, por tanto, en los procedimientos iniciados a instancia de parte debe decidir todas las cuestiones planteadas por los interesados sin que se pueda agravar su situación inicial (prohibición de *reformatio in peius*). Pero también se tienen que resolver las cuestiones conexas que no hubieran sido planteadas por los interesados, en cuyo caso, en aplicación del principio de contradicción, se les debe dar audiencia por un plazo de quince días para que aleguen o aporten los medios de prueba que estimen conveniente. La LPAC contempla precisiones adicionales sobre la resolución en los procedimientos sancionadores (art. 90) y de responsabilidad patrimonial de la administración (art. 91). La resolución debe motivarse en los supuestos previstos en el artículo 35 LPAC: actos que limiten derechos o intereses legítimos, actos que se separen del dictamen de órganos consultivos o que rechacen las pruebas propuestas por los interesados, actos dictados en ejercicio de potestades discrecionales, etc. Cabe también, como se dijo, la motivación "in aliunde" en la que se incorporan los informes en que se basa la resolución (art. 88.6).

En la *notificación* de la resolución (no en la resolución misma como erróneamente indica el art. 88.3) debe constar también el denominado "pie de recurso", esto es, la indicación del recurso que procede, el plazo para interponerlo y el órgano administrativo o judicial ante el que ha de presentarse. Si la notificación no contiene alguno de tales extremos pero sí el texto íntegro del acto, este surtirá efecto a partir de la fecha en que el interesado realice actuaciones que supongan el conocimiento del contenido y alcance de la resolución o interponga cualquier recurso que proceda.

En lo que a los vicios procedimentales se refiere, la resolución será nula de pleno derecho si la dicta un órgano manifiestamente incompetente por razón de la materia o del territorio o prescindiendo de forma total y absoluta del procedimiento legalmente establecido o de las normas que contienen las reglas esenciales para la formación de la voluntad de los órganos colegiados [art. 47.1.

b) y e)]. El resto de defectos formales determinará la anulabilidad de la resolución, pero, como se anticipó, solo cuando carezca de los requisitos formales indispensables para alcanzar su fin, dé lugar a indefensión de los interesados o lo imponga la naturaleza del término o plazo que se ha incumplido (art. 48.2 y 3). Si ello no acaece, se incurrirá en una mera irregularidad no invalidante.

También puede concluir el procedimiento con una resolución que no entre al fondo de las cuestiones planteadas, por ejemplo cuando se produce la pérdida sobrevenida del objeto del procedimiento o se inadmite la solicitud por haberse presentado fuera de plazo o ante un órgano incompetente. La administración, en realidad, también dicta resolución en los casos de desistimiento, renuncia o caducidad, pero tampoco aquí resuelve el fondo ya que se limita a declarar tales causas de conclusión del procedimiento.

B) *Terminación convencional*

El procedimiento administrativo puede terminar también por acuerdo, pacto o convenio entre la administración y el interesado, sea este una persona física o jurídica, pública o privada. Lo prevé el artículo 86 LPAC, que establece los siguientes límites generales a tales acuerdos: que no vulneren el ordenamiento jurídico, que pretendan satisfacer el interés público encomendado, que versen sobre materia que sea susceptible de transacción y que no supongan alteración de las competencias atribuidas ni de las responsabilidad sobre el funcionamiento de los servicios públicos.

El acuerdo o convenio puede poner fin por sí mismo al procedimiento o insertarse previamente en él con carácter vinculante o no, en cuyo caso el procedimiento no concluye propiamente con el acuerdo y es precisa una resolución ulterior que le ponga fin. La LPAC se remite en cuanto a su alcance, efectos y régimen jurídico a la disposición que lo regule, pero establece un contenido mínimo: identificación de las partes, ámbito personal, funcional y territorial y plazo de vigencia. Este tipo de acuerdos suelen darse en los procedimientos de responsabilidad patrimonial, respecto de los cuales se precisa que el acuerdo alcanzado deberá fijar la cuantía y el modo de indemnización; también en materia de responsabilidad medioambiental y en el ámbito de la gestión urbanística.

C) *Desistimiento y renuncia*

En los procedimientos iniciados a instancia de parte, el procedimiento puede concluir también mediante desistimiento y renuncia del interesado (art. 94). En el desistimiento, el interesado expresa su voluntad de poner fin al procedimiento que ha iniciado mediante su solicitud, el cual no afecta al derecho subjetivo o al interés legítimo que ha tratado de hacer valer en el procedimiento, sino a este mismo, de modo que se puede iniciar otro solicitando lo mismo si la acción en que se apoyaba no ha prescrito. Mediante la renuncia, sin embargo, el interesado declara su voluntad de que se extinga el derecho esgrimido en ese procedimiento, lo que conlleva su finalización como consecuencia de la desaparición de su objeto y ya no podrá iniciar otro con apoyo en ese mismo derecho. El desistimiento es libre, mientras que la renuncia solo cabe si no está prohibida por el ordenamiento jurídico. Tanto uno como otra se pueden hacer valer por cualquier medio que permita su constancia y la administración debe aceptarlas de plano (esto es, sin seguir trámite alguno), por lo que debe declarar la conclusión del procedimiento. Pero si en el procedimiento se personaron terceros interesados, se les debe notificar el desistimiento o la renuncia, los cuales, en el plazo de diez días, podrán solicitar que continúe el procedimiento respecto de ellos. La administración también puede declarar que siga el procedimiento, y limitar los efectos del desistimiento o la renuncia al interesado si la cuestión suscitada por su incoación afecta al interés general o es conveniente su esclarecimiento o definición.

También se prevé ahora, como novedad, el desistimiento de la administración en los procedimientos iniciados de oficio, que debe ser motivada y solo cabe en los supuestos y con los requisitos que prevean las leyes (art. 93).

D) *Caducidad imputable al interesado*

La LPAC contempla dos tipos de caducidad: una por inactividad del interesado (art. 95), que es poco habitual y solo cabe en los procedimientos iniciados a instancia de parte, y otra, también denominada perención, que luego analizaremos, por inactividad de la administración en los procedimientos que ha iniciado de oficio y son susceptibles de producir consecuencias desfavorables a los interesados, la cual es mucho más frecuente (art. 25.1).

En la caducidad por paralización del procedimiento imputable al interesado, la administración tiene que advertirle expresamente que tiene un plazo de tres meses para realizar la actuación de que se trate y que, una vez finalizado ese plazo sin efectuarla, se producirá la caducidad y se acordará el archivo de las actuaciones. El trámite en cuestión tiene que ser esencial o indispensable para la resolución del procedimiento, pues, en otro caso, lo que se pierde es el derecho al trámite correspondiente. Para que se produzca la caducidad es necesaria una resolución administrativa que la declare expresamente, la cual se notificará al interesado.

La caducidad es solo del procedimiento, por lo que no afecta al derecho o acción que el interesado haya ejercitado. En este sentido, el artículo 95.3 precisa que la caducidad no producirá por sí sola la prescripción de acciones del particular o de la administración, pero los procedimientos caducados no interrumpirán el plazo de prescripción, de modo que el plazo empleado en el procedimiento computa a efectos de la prescripción extintiva. En los casos en los que sea posible iniciar un nuevo procedimiento por no haberse producido la prescripción, se podrán incorporar los actos y trámites cuyo contenido se hubiera mantenido igual de no haber caducado el procedimiento. En cualquier caso, podrá no declararse la caducidad si la cuestión suscitada afecta al interés general o resulta conveniente sustanciarla para su esclarecimiento y definición.

## 7. Tiempo y procedimiento

### A) *El plazo máximo para resolver y notificar*

La administración tiene el *deber de resolver expresamente todos los procedimientos administrativos,* ya se hayan incoado de oficio o mediante solicitud de iniciación (art. 21 LPAC). El artículo 88.5 insiste en que la administración en ningún caso puede abstenerse de resolver un procedimiento so pretexto de silencio, oscuridad o insuficiencia de los preceptos legales aplicables al caso. Cosa distinta es que pueda inadmitir las peticiones graciables o carentes de cualquier amparo legal, esto es, las solicitudes del interesado de que se le reconozcan derechos no previstos en el ordenamiento jurídico o sin fundamento alguno.

La administración debe, además, resolver el procedimiento en un plazo determinado, que será el que en cada caso prevea la norma sectorial que lo regule. Ese plazo no podrá exceder de seis meses salvo que una norma con rango de ley o de la Unión Europea establezca uno mayor. En el caso de que la norma sectorial aplicable no fije ninguno, el plazo máximo de duración será de tres meses (art. 21.3 LPAC).

En el plazo máximo de duración del procedimiento debe producirse no solo la resolución expresa sino también su notificación (arts. 21.1 y 2, 22.1 LPAC). De conformidad con el artículo 40.4 LPAC, bastará para considerar que se ha resuelto y notificado en plazo —y, con ello, evitar la producción del silencio o la caducidad que luego veremos— con el intento de notificación frustrada debidamente acreditado o con la notificación defectuosa que contenga, al menos, el texto íntegro de la resolución. El artículo 22 contempla los supuestos en los cuales el plazo máximo para resolver se puede suspender, mientras que el artículo 23 prevé la posibilidad de ampliarlo excepcionalmente cuando se hayan agotado los medios personales y materiales disponibles[37]. El

[37] La reciente STS de 12 de febrero de 2020 (recurso 449/2018) señala que solo cuando se hayan agotado los medios personales y materiales disponibles se puede prorrogar el plazo de forma motivada. La jurisprudencia también ha destacado que si la ampliación del plazo para resolver y notificar no se hace conforme establece la ley, la ampliación se tiene por no hecha y no surte efecto alguno. Vid., por ejemplo, con cita de otras muchas, las SSTS de 30 de enero de 2013 (recurso 6753/2009), de 18 de septiembre de 2014 (recurso 854/2010) y de 13 de noviembre de 2017 (recurso 1718/2016).

acuerdo de ampliación debe motivarse y se ha de notificar a los interesados, pero no es recurrible. También se prevé la ampliación, aquí tanto de oficio como a instancia de parte, por un plazo que no puede exceder de la mitad del previsto, cuando las circunstancias lo aconsejen y con ello no se perjudiquen derechos de tercero (art. 32).

B) *Cómputo del plazo*

En los procedimientos incoados de oficio, el *dies a quo* es el del acuerdo de iniciación, no el día en que este se notifique al interesado [art. 21.3 a) LPAC). En los iniciados a instancia del interesado, el plazo comienza a correr el día en que la solicitud haya tenido entrada en el registro del órgano administrativo con competencia para su tramitación, aunque se presente antes en una oficina de correos o en el registro de un órgano o administración diferente [art. 21.3 b)]. Como, en este caso, el interesado no conocerá la fecha en la que su solicitud entra en el registro del órgano competente, el artículo 21.4 dispone que la administración se lo debe comunicar en el plazo de diez días desde la recepción, junto con el plazo máximo establecido para resolver y notificar el procedimiento y el sentido del silencio.

La LPAC establece la obligatoriedad de los términos y plazos establecidos (art. 29) e incluye normas sobre el cómputo de los plazos en general (art. 30). Los plazos se pueden fijar por días, meses, años y, ahora, también por horas.

En los plazos por horas, no se pueden superar las veinticuatro, pues, de ser así, el plazo lo será por días. Como regla, y salvo que una ley o una norma de derecho de la Unión Europea prevea otra cosa, los plazos fijados por días se entienden referidos a días hábiles. Son inhábiles los sábados, los domingos y los festivos. La LPAC obliga a las administraciones a fijar y publicar los días inhábiles. Cuando un día sea hábil en el municipio o una comunidad autónoma en que resida el interesado e inhábil en la sede del órgano administrativo, o a la inversa, se considerará inhábil en todo caso. El cómputo de los plazos expresados en días se efectúa a partir del día siguiente a aquél en que tenga lugar la notificación o publicación del acto de que se trate o desde el siguiente a aquel en que se produzca la estimación o la desestimación por silencio. Si el último día del plazo es inhábil se entiende prorrogado al primer día hábil siguiente.

A veces los plazos también se fijan por meses y, menos frecuentemente, por años. Aquí el cómputo en la anterior regulación planteaba problemas que ahora se han aclarado. Tales plazos también se computan a partir del día siguiente a aquel en que tenga lugar la notificación o publicación del acto o desde que se produzca el silencio. El cómputo de estos plazos se debe hacer de *fecha a fecha*, como también dispone el artículo 5 del Código Civil, es decir, al margen del número de días que tenga cada mes o cada año o de los días inhábiles que contenga. Pero desde la fecha de la notificación, pues el artículo 30.4 aclara ahora que el plazo concluirá el mismo día en que se produjo la notificación, publicación o silencio en el mes o año de vencimiento[38]. Si en el mes de vencimiento no hay día equivalente se entiende que el plazo expira el último día del mes.

### C) *Consecuencias del incumplimiento del plazo para resolver: silencio administrativo y caducidad o perención*

Las consecuencias del incumplimiento del plazo para resolver y notificar difieren en función de cómo se haya iniciado el procedimiento.

a) En los procedimientos iniciados a instancia de parte (art. 24), el vencimiento del plazo sin haberse notificado la resolución expresa da lugar al silencio administrativo, que puede ser estimatorio o desestimatorio[39]. La supuesta regla es el silencio positivo o estimatorio, pero las excepciones son tantas que, en realidad, la regla es más bien el silencio negativo o desestimatorio, aunque la dispersión en este tema es tal que no siempre es fácil saberlo. Según prevé el propio artículo 24.1, el silencio será negativo en los siguientes casos: cuando así lo disponga una norma con rango de ley, de derecho de la Unión Europea de derecho internacional aplicable en España (si se trata del acceso a actividades o su ejercicio, la ley debe fundarse en la concurrencia de razones imperiosas de interés general); en los procedimientos en los que se ejercite el derecho fundamental de petición del artículo 29 CE; en los procedimientos cuya estimación tuviera como consecuencia que se transfirieran al solicitante o a un tercero facultades relativas al dominio público o al servicio público o impliquen el ejercicio de actividades que puedan dañar el medio ambiente; en los procedimientos de responsabilidad patrimonial de las administraciones públicas; en los procedimientos impugnatorios y de revisión, etc.

La naturaleza del silencio difiere radicalmente según sea positivo o negativo. El silencio negativo no es un acto administrativo, sino una mera ficción procesal para permitir el acceso a la justicia. Por eso, el artículo 24.2 dispone que "la desestimación por silencio administrativo tiene los solos efectos de permitir a los interesados la interposición del recurso administrativo o contencioso-administrativo que resulte procedente". En estos casos, la administración, que sigue teniendo el deber de resolver y notificar aunque sea fuera de plazo, no resulta vinculada en su decisión posterior por el sentido del silencio negativo previo, por lo que podrá dictar resolución tanto estimatoria como desestimatoria de la solicitud. El silencio positivo, por el contrario, sí

[38] Ya lo había hecho la STC 209/2013 y la jurisprudencia del TS.

[39] Un magnífico estudio crítico sobre la técnica del silencio en J. Mª. Baño León (2000: 1343 y ss.).

es un verdadero acto administrativo de naturaleza presunta (art. 24.2)[40]. Por eso, aunque la administración tenga el deber de resolver el procedimiento de forma expresa y extemporáneamente, solo podrá hacerlo en sentido positivo, es decir, para confirmar la estimación ya producida. Para decidir en sentido diferente, antes tendría que revocar el acto presunto estimatorio como si fuese un acto favorable expreso, bien a través de la revisión de oficio si considera que es nulo de pleno derecho, bien mediante la previa declaración de lesividad y posterior impugnación en el contencioso-administrativo si es anulable. A este respecto, importa resaltar que, aunque el legislador trate el silencio positivo como un acto administrativo verdadero, en realidad no lo es porque no puede serlo. Al menos a todos los efectos. De hecho, el régimen jurídico al que ambos se someten es, en ocasiones, bien diferente. Por ejemplo, si el silencio positivo fuese realmente un acto cabría impugnarlo por haberse dictado con falta total y absoluta del procedimiento legalmente establecido para ello o sin motivación alguna, lo que resulta absurdo. No ocurre igual con los demás vicios de invalidez de los actos, previstos en los artículos 47 y 48 de la LPAC, en los que sí puede incurrir el silencio positivo con carácter general. Incluso, el artículo 47.1 f) prevé un vicio de nulidad pensado, sobre todo, para los actos presuntos (son nulos de pleno derecho "los actos expresos y presuntos contrarios al ordenamiento jurídico por los que se adquieran facultades o derechos cuando se carezca de los requisitos esenciales para su adquisición").

b) Las consecuencias del incumplimiento del plazo en los procedimientos iniciados de oficio difieren en función de los efectos que puedan tener para los interesados. Si el procedimiento es susceptible de producir efectos favorables (otorgamiento de una subvención, reconocimiento de una indemnización por los daños causados por la administración), tendrá lugar el silencio negativo (art. 25.1 LPAC). En los procedimientos sancionadores o de intervención (esto es, aquellos que pueden tener consecuencias desfavorables para el interesado) se produce la caducidad o perención (art. 25.2 LPAC)[41]. En estos

[40] Sobre los límites del silencio positivo, vid. las recientes STS de 19 de marzo de 2018 (recurso 3388/2015), de 6 de noviembre de 2018 (recurso 1763/2017) y de 16 de diciembre de 2019 (recurso 2586/2017).

[41] Su fundamento, dice la STS de 12 de diciembre de 2011 (recurso 260/2010), reside en la seguridad jurídica. Las SSTS de 19 de marzo de 2018 (recurso 2412/2015) y de 12 de marzo de 2019 (recurso 676/2018) señalan que "la caducidad del procedimiento se constituye así como una forma de terminación del procedimiento que penaliza la falta de diligencia de la administración en el cumplimiento de los plazos legalmente establecidos para tramitar y resolver"; la esencia de la institución, añaden, es que el procedimiento "queda inhabilitado como cauce adecuado en el que poder dictar una resolución válida sobre el fondo. Ello motiva que numerosas sentencias de este Tribunal hayan venido sosteniendo la invalidez de las resoluciones administrativas dictadas en un procedimiento caducado, al entender que debía considerarse extinguido, y consecuentemente nula la resolución administrativa recurrida". Y

casos, el procedimiento se da por concluido y la administración tiene que dictar una resolución que así lo declare y ordene el archivo de las actuaciones[42]. La caducidad prevista en este precepto constituye, por tanto, una forma de terminación de los procedimientos iniciados de oficio por inactividad de la administración, a diferencia de la que regula el artículo 95 que resultaba aplicable, según expusimos anteriormente, en los procedimientos iniciados a solicitud del interesado y por una inactividad imputable a este. Se trata, en definitiva, de dos caducidades distintas. Cuando el procedimiento iniciado de oficio caduca, la administración puede iniciar uno nuevo si la acción (el ejercicio de la potestad de que se trate) aun no ha prescrito, lo que ha sido criticado por la doctrina[43]. En particular, es especialmente grave en el ámbito sancionador, pues supone un doble enjuiciamiento de lo mismo por causas solo imputables a la administración[44].

## 8. Los procedimientos de impugnación y revisión

La LPAC también se ocupa en su Título V (arts. 106 a 126) de los procedimientos de impugnación y revisión de sus actos, de los que también conviene dar cuenta de forma muy sumaria.

### A) *Los recursos administrativos*

La regulación de los recursos administrativos es continuista y deficiente, por lo que ha sido objeto de una crítica generalizada por parte de toda la doctrina[45]. Los artículos 112 a 126 prevén hasta tres tipos de recursos distintos, dos ordinarios (alzada y reposición) y uno extraordinario de revisión, aunque se contempla la posibilidad de que las leyes sectoriales sustituyan los dos primeros por procedimientos de impugnación, reclamación, conciliación, mediación y arbitraje ante órganos colegiados no sometidos a instrucciones jerárquicas.

---

recuerda que, en algunas sentencias, como en la de 10 de enero de 2017 (recurso 1943/2016), ha llegado a afirmar que "el procedimiento caducado se hace inexistente".

[42] Sobre el tema, véase el excelente trabajo de M. Rebollo Puig, "Caducidad de los procedimientos desfavorables. En especial, el sancionador", en M. Rebollo Puig, A. Huergo Lora, J. Guillén Caramés y T. Cano Campos, *Anuario de Derecho Administrativo Sancionador*, Cizur Menor, Civitas Thomson Reuters, del que he tenido conocimiento al revisar las pruebas este trabajo.

[43] J. A. Santamaría Pastor (2005: 7 y ss.); F. López Ramón (2014: 11 y ss.).

[44] T. Cano Campos (2001: 243) y (2018: 185).

[45] Al igual que el propio procedimiento administrativo, ha sido incluso objeto de debate en uno de los Congresos anuales de la Asociación Española de Profesores de Derecho Administrativo (XI Congreso, Zaragoza, 2016), en cuyo seno todas las intervenciones fueron muy críticas con dicha regulación. Vid. las ponencias de J. Mª. Baño León (2016) y C. Cierco Seira (2016). La simplificación del procedimiento fue tratado en el IX Congreso, celebrado en Santiago de Compostela en el año 2014. Sobre él, vid. las ponencias de G. Doménech Pascual (2014) y E. Gamero Casado (2014).

El recurso de alzada es un recurso jerárquico. Procede contra las resoluciones y actos de trámite cualificados (los que deciden directa o indirectamente el fondo del asunto, producen indefensión, etc.) que no ponen fin a la vía administrativa, generalmente porque el órgano que los dicta tiene superior jerárquico. Es un recurso obligatorio para poder acudir a la jurisdicción contencioso-administrativa, se ha de interponer en el plazo de un mes desde que se notifica el acto impugnado (en los supuestos de silencio, sea positivo o negativo, no hay plazo) y ha de resolverse en el plazo de tres meses por el superior jerárquico del órgano que dictó el acto. El recurso de reposición, sin embargo, es un recurso potestativo que se interpone contra los actos que agotan o ponen fin a la vía administrativa y se resuelve por el mismo órgano que los dictó. Se puede interponer en el plazo de un mes desde que se notifica el acto (tampoco hay plazo en los supuestos de silencio) y se ha de resolver en el plazo también de un mes.

Pero ninguno de ellos cumple las funciones que supuestamente están llamados a desempeñar[46]. Para el ciudadano, más que una garantía, constituyen una carga o una inutilidad. Podría verse en ellos un medio de resolución de los conflictos del ciudadano con la administración, sin la complejidad, pérdida de tiempo y coste económico (pues no es precisa la asistencia de abogado) propios del proceso contencioso-administrativo. Pero no es así. Por diversas razones: porque son muy pocos los recursos administrativos que se estiman, ya que el órgano que los resuelve es el mismo que dictó el acto impugnado o su superior; porque suponen (al menos el de alzada) un privilegio para la administración y una carga para el particular, que solo puede acceder a la jurisdicción tras haber agotado dicha vía; y, en fin, porque deben interponerse en un plazo muy fugaz, de modo que, en el de alzada, si el acto no se recurre a tiempo deviene firme y resultará inatacable en la vía judicial, salvo que sea nulo de pleno derecho y se proceda a su revisión de oficio. Además, su interposición no suspende la ejecutividad del acto. Desde el punto de vista de la administración, su actual configuración también impide un verdadero autocontrol, pues para ello sería preciso que los órganos que los resuelven gozaran de una autonomía funcional y conocimiento en la materia del que carecen los órganos actuales. El recurso extraordinario de revisión, por su parte, resulta totalmente innecesario, pues las causas tasadas por las que procede se podrían reconducir fácilmente a la revisión de oficio.

La doctrina, por ello, lleva mucho tiempo demandando la necesidad de cambiar por completo esta regulación (que procede de la LPA de 1958), que debería unificar su régimen jurídico en un solo recurso de carácter potestativo (eliminando así la obligación de una doble instancia o decisión en vía administrativa), y atribuir su resolución a órganos colegiados dotados de la necesaria autonomía funcional y especialización, como ocurre ya, con buenos resultados, en

[46] Vid. J. A. Santamaría Pastor (2016: 261-266) y (2018: 544-545).

el ámbito de los contratos públicos, el dopaje en el deporte y la transparencia, acceso a la información pública y buen gobierno.

B) *La revisión de oficio*

La regulación de la revisión de oficio de los actos administrativos por la propia administración también es muy deficiente y confusa, por lo que la doctrina también ha reclamado su completa reconsideración[47]. Como en tantas otras cuestiones, la LPAC no ha aprovechado la ocasión para introducir en nuestro ordenamiento una regulación de la revisión o revocación de las decisiones administrativas más completa y detallada y que tenga en cuenta también si los actos son inicialmente conformes a Derecho o no[48]. Bajo el rótulo de revisión de oficio, la ley contempla figuras que nada tienen que ver con la revisión de oficio en sentido estricto. Veamos muy sintéticamente su regulación.

Los actos nulos de pleno pueden ser revisados por la administración que los ha dictado en cualquier momento, a iniciativa propia o a solicitud de interesado (art. 106)[49]. Para ello es preciso el dictamen favorable del Consejo de Estado o del órgano consultivo autonómico equivalente. En rigor, solo hay propiamente revisión de oficio en el caso de que se lleve a cabo a iniciativa propia, pues en la realizada a instancias del interesado (normalmente denominada acción de nulidad) hay revisión del acto por la administración, pero no de oficio. La ley dispone que tiene que tratarse de actos que hayan puesto fin a la vía administrativa o no se hayan recurrido en plazo, lo que tiene sentido cuando la revisión la insta el interesado. No se precisa si el acto nulo ha de ser favorable o de gravamen, pero lo más lógico es entender que, si es la administración la que acuerda de oficio la revisión, el acto nulo debe ser favorable al ciudadano (o, para ser más exactos, la revisión debe perjudicarle), pues, si se trata de un acto de gravamen, la administración cuenta con la vía más sencilla del artículo 109, que luego precisaremos. Sin embargo, si es el particular el que insta la revisión, el acto puede ser tanto favorable (para otro, pero perjudicial para él) como de gravamen, pues carece de una vía alternativa[50]. La posibilidad de revisión no está sometida a plazo ("en cualquier momento", dice la ley), pero el art. 110 LPAC establece límites generales relacionados fundamentalmente

[47] Algunos autores han abogado, incluso, por su supresión. Vid. J. A. Santamaría Pastor (2016: 269).

[48] La regulación del tema en Alemania o la propuesta del Código ReNUAL (*Research Network on EU Administrative Law*) de procedimiento administrativo de la Unión Europea, elaborado por un nutrido y prestigioso grupo de profesores de diversos países, podrían haber servido de modelo u orientación a nuestro legislador.

[49] Son nulos de pleno derecho únicamente los actos administrativos que incurren en los vicios o irregularidades más graves que prevé el art. 47.1 LPAC. El art. 106.2 también prevé la posibilidad de revisar de oficio los reglamentos nulos de pleno derecho, pero solo de oficio.

[50] M. Rebollo Puig y E. Carbonell Porras (2018: 182).

con la seguridad jurídica. Lo que si tiene plazo es el propio procedimiento de revisión, cuya duración no puede exceder de seis meses. Si se inició de oficio y transcurre dicho plazo, tiene lugar la caducidad o perención; si comenzó a instancia de parte, y no se resuelve en plazo, la solicitud de revisión debe entenderse desestimada por silencio.

En el caso de los actos anulables, hay que distinguir si son favorables o de gravamen. Si el acto es favorable para los interesados, la administración, en rigor, no puede revisarlo de oficio, sino únicamente declarar su lesividad para el interés público e impugnarlo ante la jurisdicción contencioso-administrativa para que sea esta la que declare esa lesividad y su conformidad o no a derecho (art. 109). El procedimiento solo puede iniciarse de oficio (no hay, como en el supuesto anterior, una acción de los interesados) y la declaración de lesividad no podrá adoptarse si han transcurrido más de cuatro años desde que se dictó el acto. En el procedimiento se debe dar audiencia a los interesados y su plazo de resolución también es de seis meses, transcurrido los cuales sin que se haya declarado la lesividad el procedimiento caducará con los efectos ya conocidos. La declaración de lesividad es un presupuesto procesal y no es recurrible, pero, como ya había señalado la jurisprudencia, se tiene que notificar a los interesados.

El artículo 109 LPAC se ocupa de la revocación de los actos desfavorables y de la rectificación de errores. Su apartado primero dispone que las administraciones públicas podrán revocar sus actos de gravamen o desfavorables, siempre que ello no constituya dispensa o exención no permitida por las leyes, ni sea contraria al principio de igualdad, al interés público o al ordenamiento jurídico. No reina acuerdo acerca de lo que incluye esta revocación de los actos favorables, pero, aunque el precepto, dados los límites que establece, parece referirse a la revocación por razones oportunidad, resulta lógico entender que si procede por razones de oportunidad también debe proceder por motivos de ilegalidad, de modo que se puede acudir a ella si el acto de gravamen es nulo o anulable o, incluso, si incurre en un supuesto de invalidez sobrevenida[51]. Solo cabe la revocación de oficio, y, aunque la norma no dice nada al respecto, hay que instruir un procedimiento con audiencia de los interesados. El apartado segundo añade algo totalmente distinto: la mera rectificación por parte de la administración de errores materiales, aritméticos o de hecho existentes en sus actos administrativos, que puede hacerse en cualquier momento y de oficio o a instancia de los interesados.

El artículo 110, por último, concluye con la previsión de una serie de límites a las anteriores potestades de revisión, las cuales "no podrán ser ejercidas

[51] M. Rebollo Puig y E. Carbonell Porras, (2018: 182). Aunque es una categoría discutida por algunos, hay diversas normas sectoriales que prevén supuestos de revocación de actos favorables por razones de invalidez sobrevenida. Sobre ello, T. Cano Campos (2004) y (2017).

cuando por prescripción de acciones, por el tiempo transcurrido o por otras circunstancias, su ejercicio resulte contrario a la equidad, a la buena fe, al derecho de los particulares o a las leyes”[52].

## 9. Perspectiva y reforma del procedimiento administrativo

El procedimiento administrativo constituye, como demuestra su tratamiento en esta obra colectiva, una institución capital del derecho administrativo. Una institución que se ha visto revitalizada en los últimos años, y se ha tornado más compleja también, como consecuencia del incremento de las técnicas de la planificación en muchos sectores, de la sociedad de la innovación y de la información, de la redistribución de responsabilidades entre el Estado y la sociedad con la presencia cada vez de más actores y nuevos intereses, de la integración supranacional o de la pérdida de confianza en la capacidad directiva del derecho sustantivo o material[53]. Como consecuencia de ello, el procedimiento ha pasado de tener una función puramente vicarial de la decisión final a erigirse en un instrumento fundamental de dirección de la administración que desempeña una pluralidad de funciones.

Así, junto a su tradicional función de garantía de los derechos de los interesados y de acierto y legalidad de la actuación de la administración, el procedimiento administrativo es también un cauce de transparencia y participación ciudadana en el debate de los asuntos de interés general, un instrumento para tratar de conseguir el consenso y la aceptación de las decisiones administrativas y, en fin, una herramienta para canalizar la interacción de las diferentes administraciones implicadas y conseguir un control más efectivo de la discrecionalidad en su actuación. El procedimiento administrativo, por ello, ya no solo se configura como un *iter* sino también como un *forum*, como un lugar para la puesta en común de la información y el contraste de opiniones, en el que pueden concurrir varios sujetos tanto públicos como privados y con intereses no necesariamente contrapuestos[54]. Por eso, la regulación del procedimiento debe favorecer la participación, propiciar la transparencia y tratar de asegurar el acierto y la aceptación de las decisiones de la administración, para de ese modo reducir la conflictividad y facilitar el control judicial. Se habla así de un proceso de progresiva procedimentalización del derecho[55]; un proceso que ha comenzado a expandirse desde los procedimientos meramente aplicativos de las normas a los procedimientos innovadores y de creación del

[52] Sobre el tema, vid. el reciente libro de E. Menéndez Sebastián (2020), así como el trabajo de J. A. Santamaría Pastor (2020).

[53] Sobre ello, J. Barnés (2008: 16-19); L. Parejo Alfonso (2020: 31-33).

[54] L. Parejo Alfonso y M. Vaquer Cabellería (2018: 13).

[55] E. Schmidt-Assman (2003: 76).

derecho (aprobación de un nuevo medicamento, evaluación de impacto normativo o ambiental, etc.), adquiriendo, además, una dimensión supraestatal y hasta global[56].

La LPAC, como ha podido verse, no contiene una regulación del procedimiento administrativo común capaz de satisfacer estas exigencias. Su preámbulo anticipa una reforma integral y estructural del procedimiento, pero no la lleva a cabo en modo alguno. Como se adelantó, la LPAC focaliza su regulación en los actos administrativos, lo que impide tener en cuenta los aspectos procedimentales de otras formas de actuación administrativa, como los reglamentos, la planificación (no solo urbanística, también de grandes infraestructuras, de centros comerciales, etc.), la mediación, la actividad transnacional o incluso la actividad técnica y las prestaciones materiales de la administración[57]. Tampoco tiene en cuenta la importancia que ha adquirido en muchos sectores, como consecuencia del repliegue de las técnicas preventivas de control tras la Directiva de Servicios, la actividad administrativa de vigilancia, inspección y supervisión. Así, por ejemplo, la LPAC se ocupa de las comunicaciones previas y las declaraciones responsables, que ahora sustituyen en algunos ámbitos a las autorizaciones o licencias tradicionales y que, en rigor, no inician un procedimiento administrativo, pero no establece previsiones "comunes" ni sobre la actividad de vigilancia e inspección que la administración ha de desarrollar para comprobar si los particulares cumplen los requisitos exigidos para el ejercicio del derecho o el inicio y desarrollo de la actividad ni tampoco sobre los derechos de los terceros perjudicados y su forma de reacción, que ahora ya no pueden participar en un procedimiento autorizatorio inexistente ni después impugnar una autorización que ya no se otorga[58].

La regulación de la LPAC es muy deficiente también en lo que respecta a la integración en el procedimiento de los intereses a cargo de otras administraciones públicas diferentes a la "dueña" o responsable del procedimiento, cuya participación en el ha de encauzarse a través del obsoleto trámite de los

[56] J. Barnés (2018: 267, 268).

[57] J. Barnés (2006: 263 y ss.) y (2008: 19-21); L. Parejo Alfonso (2006: 441-442), (2017: 479, 488) y (2020: 23); J. Mª Rodríguez de Santiago (2008: 271); M. Vaquer Cabellería (2016). El Código ReNUAL se inclina por esta tesis amplia e incluye en la codificación que propugna el procedimiento relativo a las normas, los actos administrativos, los contratos, la asistencia mutua y la gestión de la información.

[58] Las comunicaciones previas y las declaraciones responsables (cuya distinción no es fácil) se prevén en el art. 69 LPAC, dentro de una sección dedicada al inicio del procedimiento a solicitud del interesado e inmediatamente después de las solicitudes de iniciación. Sobre los problemas que plantean estas nuevas técnicas, vid., por ejemplo, M. Rebollo Puig (2014: 1994 y ss.) y (2019: 6 y ss.). J. Mª. Baño León (2014). Sobre las carencias de regulación de la LPAC al respecto, G. Fernández Farreres (2016a: 62) y (2016b: 23-24); L. Parejo Alfonso (2017: 481); L. Miguez Macho (2019: 581).

informes, mientras que otros países, como Italia y Portugal, han previsto técnicas mucho más acordes con la aludida función del procedimiento como instrumento que ha de canalizar también la interacción entre las diferentes administraciones implicadas[59].

La LPAC mantiene, por lo demás, el enfoque procesal del procedimiento en que se inspiró su nacimiento y, por tanto, la concepción tradicional de los procedimientos bifásicos o bilaterales (administración-interesado) en los que su función esencial es la garantía de los derechos de los interesados a los que afecta la resolución final, y, en los cuales, a pesar de la noción amplia de interesado que contempla, no se visualizan adecuadamente los derechos de otros afectados por la actuación, no limitada a las decisiones unilaterales de la administración[60]. No tiene en cuenta, por ello, el incremento de las relaciones jurídico-administrativas de carácter multipolar en muchos sectores (procedimientos de concurrencia competitiva y de distribución de recurso escasos), como tampoco la pluralidad de funciones que cumplen hoy la mayoría de los procedimientos administrativos. Por ejemplo, su función creativa e innovadora en muchos ámbitos (planificación, decisiones de carácter técnico o científico), en los que la solución no está en la ley sino que ha de generarse en el seno del propio procedimiento, o la propia dimensión informativa del procedimiento, esto es, su concepción como marco o foro para la adquisición, intercambio y tratamiento de la información (entre las administraciones y entre estas y los ciudadanos) concluya o no con una decisión final[61].

A todo ello hay que unir la dispersión por la que se caracteriza la regulación actual, que no solo se manifiesta en la escisión de la LRJPAC de 1992 en dos leyes distintas, sino también, y sobre todo, en las injustificadas exclusiones o excepciones que establece la propia LPAC, tanto desde el punto de vista subjetivo como objetivo o material. Lo que la aleja de la idea de codificación que debe presidir esta y otras materias y reclama con urgencia la necesidad de una reforma que afronte los defectos y carencias que presenta su texto y acabe también con su actual disgregación. Pues, desde el movimiento codificador del siglo XIX, sabemos que, frente al cosmos del particularismo y la fragmentación, la idea de una norma abstracta que regule de forma sistemática una materia unitariamente acotada, dotando a los mismos sujetos de un marco homogéneo y general (y aquí esos sujetos son las administraciones públicas y los propios ciudadanos), asegura la certeza del derecho, garantiza la igualdad y dota al sistema por el que tales sujetos han de regirse de la necesaria simplificación, coherencia y claridad.

[59] En Italia la conferencia de servicios, en Portugal el auxilio administrativo y los procedimientos en conferencia. Sobre ello, L. Míguez Macho (2019: 578).

[60] J. Mª. Baño León (2015); L. Parejo Alfonso (2017: 479, 488) y (2020: 23).

[61] J. Barnés (2008: 20, 24); L. Parejo Alfonso (2020: 33).

## BIBLIOGRAFÍA CITADA

ALARCÓN SOTOMAYOR, L. (2007): *El procedimiento administrativo sancionador y los derechos fundamentales*, Cizur Menor, Civitas.

ALARCÓN SOTOMAYOR, L. (2018): "El procedimiento administrativo", en M. REBOLLO PUIG y D. J. VERA JURADO (dirs.), *Derecho administrativo*, tomo II, 3ª ed., Madrid, Tecnos, pp. 17-73.

BAÑO LEÓN, J. Mª. (2000): "El silencio administrativo: notas sobre una regulación anacrónica", en F. SOSA WAGNER (coord.), *El derecho administrativo en el umbral del siglo XXI. Estudios en Homenaje al profesor Ramón Martín Mateo*, vol. I, Valencia, Tirant lo Blanch, pp. 1343-1364.

BAÑO LEÓN, J. Mª. (2014): "Declaración responsable y derechos de tercero. El lado oscuro de la better regulation", en *Revista Española de Derecho Administrativo*, nº 167, pp. 23-44.

BAÑO LEÓN, J. Mª. (2015): "La reforma del procedimiento. Viejos problemas no resueltos y nuevos problemas no tratados", en *Documentación Administrativa,* nº 2.

BAÑO LEÓN, J. Mª (2016): "El recurso administrativo como ejemplo de la inercia autoritaria del Derecho público español", en F. LÓPEZ RAMÓN (coord.), *Las vías administrativas de recurso a debate*, Madrid, INAP, pp. 647-674.

BARNÉS, J. (2006): "Sobre el procedimiento administrativo: evolución y perspectivas", en J. BARNÉS (ed.), *Innovación y reforma en el derecho administrativo,* Sevilla, Editorial Derecho Global, pp. 263-341.

BARNÉS, J. (2008): "Reforma e innovación del procedimiento administrativo", en J. BARNÉS (ed.), *La transformación del procedimiento administrativo,* Sevilla, Editorial Derecho Global, pp. 15-69.

BARNÉS, J. (2018): "Procedimiento administrativo y organizaciones globales", en L. PAREJO ALFONSO y M. VAQUER CABELLERÍA (dirs.), *Estudios sobre el procedimiento administrativo. I Derecho comparado*, Valencia, Tirant lo Blanch, pp. 261-303.

CANO CAMPOS, T. (2001): "*Non bis in idem*, prevalencia de la vía penal y teoría de los concursos en el Derecho administrativo sancionador", en *Revista de Administración Pública*, nº 156, pp. 149-191.

CANO CAMPOS, T. (2004): *La invalidez sobrevenida de los actos administrativos*, Cizur Menor, Civitas.

CANO CAMPOS, T. (2008): *Presunciones y valoración legal de la prueba en el derecho administrativo sancionador*, Cizur Menor, Civitas.

CANO CAMPOS, T. (2016): "Derechos y deberes de las personas en sus relaciones con las Administraciones públicas: la vuelta del "administrado"", en F. LÓPEZ MENUDO (dir.), *Innovaciones en el procedimiento administrativo común y el régimen jurídico del Sector público*, Sevilla, Instituto García Oviedo, pp. 115-146.

CANO CAMPOS, T. (2017): "El laberinto de la invalidez: algunas pistas para no perderse", en *InDret*, nº 4, pp. 1-51.

CASINO RUBIO, M. (2020): "Mito y realidad de las especialidades del procedimiento administrativo sancionador", en L. PAREJO ALFONSO y M. VAQUER CABELLERÍA (dirs.), *Estudios sobre el procedimiento administrativo. II Tipos de procedimiento*, Valencia, Tirant lo Blanch, pp. 313-341.

CIERCO SEIRA, C. (2016): "El procedimiento de recurso administrativo: su virtualidad y la necesidad de reforma", en F. LÓPEZ RAMÓN (coord.), *Las vías administrativas de recurso a debate*, Madrid, INAP, pp. 675-786.

DOMÉNECH PASCUAL, G. (2014): "Hacia la simplificación de los procedimientos administrativos", en L. MIGUEZ MACHO (coord.), *Actas del IX Congreso de la Asociación Española de Profesores de Derecho Administrativo*, Madrid, INAP, pp. 15-73.

EZQUERRA HUERVA, A. (2015): "Algunas reflexiones acerca de la disponibilidad del procedimiento administrativo común", en M. REBOLLO PUIG, M. LÓPEZ BENÍTEZ y E. CARBONELL PORRAS (coord.), *Régimen jurídico básico de las Administraciones Públicas. Libro homenaje al profesor Luis Cosculluela Montaner*, Madrid, Iustel, 85-109.

FERNÁNDEZ FARRERES, G. (2016a): "Las nuevas Leyes de Régimen Jurídico del Sector Público y del Procedimiento Administrativo Común: entre la cosmética y el enredo", en *Revista Parlamentaria de la Asamblea de Madrid*, nº 34, pp. 57-74.

FERNÁNDEZ FARRERES, G. (2016b): "El procedimiento administrativo común en la nueva Ley 39/2015, de 1 de octubre: novedades y algunas cuestiones problemáticas", *Cuadernos de Derecho Local*, nº 41, pp. 14-49.

FERNÁNDEZ FARRERES, G. (2018): *Sistema de Derecho Administrativo I*, 4ª ed., Cizur Menor, Civitas.

GAMERO CASADO, E. (2014): "La simplificación de los procedimientos administrativos", en L. MIGUEZ MACHO (coord.), *Actas del IX Congreso de la Asociación Española de Profesores de Derecho Administrativo*, Madrid, INAP, pp. 75-173.

GAMERO CASADO, E. (2017): "La estructura de la legislación sobre procedimiento administrativo común y régimen jurídico básico del sector público y sus criterios de aplicación", en E. GAMERO CASADO (dir.), *Tratado de Procedimiento Administrativo Común y Régimen Jurídico Básico del Sector Público*, Tomo I, Valencia, Tirant Lo Blanch, pp. 153-263.

GAMERO CASADO, E. (2019): "Representación y apoderamiento (presencial y electrónico) en el procedimiento administrativo", en *Revisa Vasca de Administración Pública*, nº 114, pp. 65-106.

GARCÍA DE ENTERRÍA, E. (1993): "Un punto de vista sobre la nueva Ley de Régimen Jurídico de las Administraciones Públicas y del Procedimiento Administrativo Común de 1992", en J. LEGUINA VILLA y M. SÁNCHEZ MORÓN (dirs.), *La nueva Ley de Régimen Jurídico de las Administraciones Públicas y del Procedimiento Administrativo Común*, Madrid, Tecnos, pp. 11-20.

García de Enterría, E. y Fernández Rodríguez, T. R. (2018): *Curso de derecho administrativo II*, 15ª ed., Cizur Menor, Civitas.

Garrido Falla, F. (1999): "El procedimiento administrativo de 1950 a hoy", en *Revista de Administración Pública*, nº 150, pp. 115-157.

Gómez Puente, M. (2019): *La Administración electrónica. El procedimiento administrativo digital*, Cizur Menor, Aranzadi.

González Ríos, I. (2018): "La vis expansiva del concepto "procedimiento administrativo común" en nuestros días", en *Revista de Administración Pública*, nº 207, pp. 127-175.

Huergo Lora, A. (2016): "Las leyes 39 y 40/2015. Su ámbito de aplicación y la regulación de los actos administrativos", en *El Cronista del Estado Social y Democrático de Derecho*, nº 63, pp. 4-13.

López Menudo, F. (2016): "Significación de los conceptos de procedimiento común y de régimen jurídico. Razones y sinrazones de la reforma", en F. López Menudo (dir.), *Innovaciones en el procedimiento administrativo común y el régimen jurídico del Sector público*, Sevilla, Instituto García Oviedo, pp. 13-39.

López Ramón F. (2014): "La caducidad del procedimiento de oficio", en *Revista de Administración Pública*, nº 194, pp. 11-47.

Martín Delgado, I. (2016): "La reforma de la Administración electrónica: una panorámica general del impacto de la nueva Ley de procedimiento administrativo común en las relaciones de los ciudadanos con la Administración pública", en F. López Menudo (dir.), *Innovaciones en el procedimiento administrativo común y el régimen jurídico del Sector público*, Sevilla, Instituto García Oviedo, pp. 41-82.

Menéndez Rexach, A. (2019): "La imprecisa concepción del procedimiento administrativo común en la jurisprudencia constitucional", en I. del Guayo Castiella y A. Fernández Carballal (coords.), *Los desafíos del Derecho público en el siglo XXI*, Madrid, INAP, pp. 553-570.

Menéndez Sebastián, E. (2020): *Los límites a la potestad de revisión*, Cizur Menor, Civitas.

Miguez Macho, L. (2019): "El procedimiento como garantía del administrado y las nuevas formas de actuación administrativa», en I. del Guayo Castiella y A. Fernández Carballal (coords.), *Los desafíos del Derecho público en el siglo XXI*, Madrid, INAP, pp. 571-586.

Moreno Molina, A. M. (2020): "Los procedimientos "normativos"", en L. Parejo Alfonso y M. Vaquer Cabellería (dirs.), *Estudios sobre el procedimiento administrativo. II Tipos de procedimiento*, Valencia, Tirant lo Blanch, pp. 65-137.

Parejo Alfonso, L. (2008): "El procedimiento administrativo en España: situación actual y perspectivas de cambio", en J. Barnés (ed.), *Innovación y reforma en el Derecho Administrativo,* Sevilla, Editorial Derecho Global, pp. 419-473.

Parejo Alfonso, L. (2017): "Sobre el alcance del título constitucional "procedimiento administrativo común" y su nueva traducción legal", en L. Míguez

Macho y M. Almeida Cerreda (coords.), *Los retos actuales del Derecho Administrativo en el Estado Autonómico. Estudios en Homenaje al prof. J. L. Carro Fernández-Valmayor*, vol. I, Santiago de Compostela, 2017, pp. 477-492.

Parejo Alfonso, L. y Vaquer Cabellería, M. (2018): "Introducción. Contribuciones del Derecho comparado a la comprensión y mejora del procedimiento administrativo", en L. Parejo Alfonso y M. Vaquer Caballería (dirs.) (2018), *Estudios sobre el procedimiento administrativo. I Derecho comparado*, Valencia, Tirant lo Blanch, pp. 9-21.

Parejo Alfonso, L. (2020): "El procedimiento administrativo: función y tipología", en L. Parejo Alfonso y M. Vaquer Cabellería (dirs.), *Estudios sobre el procedimiento administrativo. II Tipos de procedimiento*, Valencia, Tirant lo Blanch, pp. 21-63.

Rebollo Puig, M. (2014): "El repliegue de las autorizaciones y la articulación de alternativas. En especial, la tutela de los terceros perjudicados por actividades privadas ilegales", en J. E. Soriano García (dir.), *Por el Derecho y la Libertad. Homenaje al profesor J. A. Santamaría Pastor*, vol. II, Madrid, Iustel, pp. 1991-2018.

Rebollo Puig, M. y Carbonell Porras, E. (2018): "La revisión de oficio", en M. Rebollo Puig y D. J. Vera Jurado (dirs.), *Derecho Administrativo*, tomo II, 3ª ed., Madrid, Tecnos, pp. 177-199.

Rebollo Puig, M. (2019): "De las licencias urbanísticas a las declaraciones responsables", en *Revista de Estudios de la Administración Local y Autonómica*, nº. 11, pp. 6-28.

M. Rebollo Puig, "Caducidad de los procedimientos desfavorables. En especial, el sancionador", en M. Rebollo Puig, A. Huergo Lora, J. Guillén Caramés y T. Cano Campos, *Anuario de Derecho Administrativo Sancionador*, Cizur Menor, Civitas Thomson Reuters.

Rodríguez de Santiago, J. Mª. (2008): "Un modelo de procedimiento administrativo para la prestación de servicios materiales. El ejemplo de la prestación de asistencia sanitaria", en J. Barnés (ed.), *Innovación y reforma en el Derecho Administrativo,* Sevilla, Editorial Derecho Global, pp. 267-301.

Sánchez Morón, M. (2015): "Una reforma precipitada o la desarticulación gratuita del régimen jurídico de las Administraciones Públicas", en *El Cronista del Estado Social y Democrático de Derecho*, nº 56, pp. 18-27

Santamaría Pastor J. A. (2005): "Caducidad del procedimiento (art. 44 LRJPAC)", en *Revista de Administración Pública*, nº 168, pp. 7-56.

Santamaría Pastor, J. A. (dir.) (2010): *Los principios jurídicos del Derecho Administrativo*, Madrid, La Ley.

Santamaría Pastor, J. A. (2015): "Los proyectos de ley del procedimiento administrativo común de las Administraciones Públicas y de régimen jurídico del sector público: una primera evaluación", *Documentación Administrativa*, nº 2.

Santamaría Pastor, J. A. (2016): "El "nuevo" régimen de la revisión de oficio y de los recursos administrativos", *Revista Vasca de Administración Pública*, nº 105, pp. 247-273.

Santamaría Pastor, J. A. (2018): *Principios de Derecho Administrativo General II*, 5ª ed., Madrid, Iustel.

Santamaría Pastor, J. A. (2020): "Los límites en el ejercicio de la potestad de revisión de oficio", en Revista Española de la Función Consultiva, nº 29 (en prensa).

Schmidt-Assman, E. (2003): *La Teoría general del Derecho Administrativo como sistema*, Madrid, Marcial Pons.

Vaquer Cabellería, M. (2016): "La codificación del procedimiento administrativo en España", en *Revista General de Derecho Administrativo,* nº 42.

# FRANCIA

# LA PROCEDURE ADMINISTRATIVE NON CONTENTIEUSE EN DROIT FRANÇAIS

René Hostiou*

## **Section I.** *Bref compte-rendu historique de la législation et de la codification en matière de procédure administrative non contentieuse en France*

La procédure administrative « non contentieuse » correspond en droit français à une notion ancienne, encore qu'elle soit mal définie. Sa première formulation dans la doctrine se trouve sous la plume de Maurice Hauriou qui, au tout début du XXème siècle, avait précisé qu'il ne faut pas confondre cette procédure, qui est relative à l'action administrative, avec la procédure contentieuse suivie devant les tribunaux administratifs. Il s'agit de la procédure des opérations menées par l'administration [...] Toute opération administrative donne ainsi lieu à une procédure qui est réglementée, soit par la loi, soit par des règlements, soit même par des circulaires (*Précis de droit administratif et de droit public général*, 4ème éd., Larose, 1900-1901, p. 894).

Si l'expression n'est, semble-t-il, guère usitée antérieurement, il s'agit là toutefois d'une notion qui n'est pas véritablement nouvelle, la procédure administrative non contentieuse étant le plus souvent présentée comme une « garantie » pour les administrés. C'est ainsi qu'amorçant une typologie des différents processus d'élaboration des décisions administratives, le professeur Jean Rivero opposait deux schémas, d'inspiration antagoniste, l'un, qu'il qualifiait de « militaire », celui selon lequel la décision apparaît comme « le résultat d'une conférence d'état-major » mettant face-à-face l'administration et des « assujettis », tenus d'obéir aux ordres —venus d'en haut— du « grand chef », et l'autre, correspondant à ce qu'il qualifiait comme relevant du « style Empire », celui selon lequel la décision serait prise au terme d'un processus contradictoire, au cours duquel les intéressés sont invités à faire entendre leur voix, leurs voeux, leurs doléances, à présenter et à défendre leur point de vue (J. Rivero, « Le système français ce protection des citoyens contre l'arbitraire à l'épreuve des faits », in « Pages de doctrine », LGDJ, 1980, p. 563).

* Professeur émérite. Université de Nantes (France).

Ce n'est toutefois qu'après la première guerre mondiale que la notion de procédure administrative non contentieuse —par opposition à la procédure « contentieuse », celle qui préside au déroulement d'un procès— prend véritablement son essor (Cf. S. SAUNIER, « La notion de procédure administrative non contentieuse », in « Les procédures administratives », Dalloz, 2015, p. 43).

Le juge administratif a pour sa part contribué à cette extension du champ d'application de la procédure administrative non contentieuse. En recourant à la théorie des principes généraux du droit, il crée le principe des « droits de la défense » et impose de la sorte à l'administration de faire en sorte qu'avant que ne soit prise à son encontre une sanction, l'administré ait été mis à même de discuter les griefs formulés contre lui (CE 5 mai 1944, Dame Veuve Trompier-Gravier, Rec. 133). Dans le but d'assurer aux administrés des garanties contre le risque d'arbitraire, le juge administratif impose également la motivation de certaines décisions, celles émanant des organismes professionnels à caractère collégial (CE 27 novembre 1970; Agence Maritime Fret, Compagnie Générale Transatlantique, RDP 1971, p. 987, concl. M. Gentot).

Le législateur a, par une série de lois successives, poursuivi et amplifié ce mouvement.

La loi du 17 juillet 1978 portant diverses mesures d'amélioration des relations entre l'administration et le public pose le principe de la liberté d'accès aux documents administratifs et crée une commission dite « commission d'accès aux documents administratifs », chargée de veiller au respect de ce droit.

Aux termes de la loi du 11 juillet 1979, il permet aux personnes physiques ou morales d'être informées —sans délai— des motifs des « décisions administratives individuelles défavorables » qui les concernent.

La loi du 12 avril 2000 relative aux droits des citoyens dans leurs relations avec les administrations contient un certain nombre de dispositions qui vont également dans le sens d'une plus grande « transparence administrative ». Cette loi pose en particulier la règle selon laquelle le silence de l'administration peut dans certains cas valoir décision d'acceptation et enfin précise le droit pour la personne intéressée à être mise à même de présenter des observations écrites voire même orales avant que n'intervienne la décision en cause.

Le point d'aboutissement de cette évolution se trouve dans le « Code des relations entre le public et l'administration », adopté le 23 octobre 2015 et qui est entré en vigueur le 1er janvier 2016. On observera que si ce code, qui contient un grand nombre de dispositions qui relèvent de la procédure administrative non contentieuse en général, constitue un document « incontournable « en la matière, il est clair que celui-ci n'a pas un caractère exhaustif et que par ailleurs, ce code a un champ d'application qui déborde celui de la seule « procédure administrative non contentieuse ».

Reste que ce nouveau code constitue aujourd'hui l'instrument de référence privilégié en la matière.

## **Section II.** *Domaine d'application de la procédure administrative non contentieuse*

La procédure administrative non contentieuse a pour objet, en général, la réglementation de l'opération d'édiction de l'acte administratif. Elle concerne toutes les opérations qui sont la condition de l'introduction de l'acte dans l'ordre juridique, c'est à dire de toutes les opérations nécessaires pour que celui-ci puisse développer ses effets de droit. Elle doit donc être définie comme « l'ensemble des règles relatives à la procédure d'élaboration de l'acte, aux formes que celui-ci doit revêtir, à la publicité nécessaire à son entrée en vigueur ainsi qu'aux recours dont il peut faire l'objet auprès des autorités administratives » (G. Isaac, « La procédure administrative non contentieuse », LGDJ, 1968, p. 158).

Au delà de ce constat très général, il va de soi que la procédure administrative non contentieuse s'applique différemment en fonction de la nature de l'acte dont s'agit (il va de soi que les règles de publicité applicables à un acte sont différentes selon qu'il s'agit d'un acte réglementaire ou, au contraire, d'un acte non-réglementaire) et selon son objet particulier (un permis de construire doit faire l'objet de mesures de publicité particulières —affichage sur le terrain— afin de permettre au public concerné, et au premier chef les voisins, d'en avoir connaissance). Il va de soi également qu'un grand nombre de dispositions relevant de la procédure administrative contentieuse n'ont vocation à s'appliquer qu'à certains types d'actes. On citera à cet effet l'exemple de la procédure d'enquête publique qui n'a de sens que dès lors qu'il s'agit de donner la parole à un large public, *a priori* indéterminé, et qui, en conséquence, n'est requise que dans certains cas très particuliers (procédure d'expropriation, décisions de nature à affecter l'environnement).

Dans le même ordre d'idées, certaines dispositions relevant de la procédure administrative contentieuse pourront se retrouver exclues, là encore à raison de l'objet de l'acte en question. Alors même que la règle de la motivation a un champ d'application très large (cf. code des relations entre le public et l'administration: art. L. 211-2), on constate toutefois que celui-ci ne concerne que les décisions individuelles (et encore, pas toutes) et qu'il ne s'applique donc pas aux décisions à caractère réglementaire. De même également, les droits de la défense s'appliquent dès lors que l'acte en question est qualifié de sanction ou tout au moins d' « acte pris en considération de la personne » (dont le but a un caractère « répressif ») et qu'ils ne s'appliquent donc pas si l'acte en question est une mesure dite « de police » (dont le but est présenté comme ayant un caractère « préventif »).

Encore que par certains aspects, ces deux systèmes ne se situent pas à des « années-lumière » (il suffit de penser aux « droits de la défense » dans le cas des sanctions administratives et que l'on retrouve également, sous une forme différente, dans le cas des sanctions pénales, ou encore de la motivation, applicable uniquement à certaines décisions administratives et qui, en revanche, s'applique à toutes les décisions judiciaires), en droit français la « sphère administrative » est, par définition, étrangère à la « sphère civile » (cf. Trib. des confl. 8 février 1873, Blanco). Il n'y a donc pas d'emprunt, fut-ce à titre supplétif, de la procédure administrative non contentieuse du côté de la procédure civile.

## **Section III.** *Les principes en matière de procédure administrative non contentieuse*

### 1. Principe de finalité: réalisation de l'action administrative et protection et garantie des droits des administrés

Nombreux sont les auteurs qui mettent l'accent sur l'importance de la procédure administrative non contentieuse en tant que protection et garantie des droits des administrés.

Un des premiers, Edouard Laferrière note que « les formalités ne doivent jamais être considérées comme des procédures de pure forme, comme un appareil extérieur destiné à donner plus de solennité à l'acte (mais comme) des garanties offertes aux intéressés, au public, à l'administration elle-même, contre les décisions hâtives ou mal étudiées [...] A chacune des formalités correspond, dans la pensée du législateur, un moyen d'éviter une erreur, d'empêcher une injustice, d'assurer la maturité et l'opportunité de la décision, de telle sorte que l'acte n'est présumé correct que si toutes les formes requises ont été observées » (E. Laferrière, « Traité de la juridiction administrative et des recours contentieux », Berger-Levrault, Paris, 1896, p. 250).

Gaston Jèze voit dans les formes une des « garanties automatiques imaginées par les lois ou les règlements pour assurer le bon fonctionnement des services publics, en empêchant les décisions irréfléchies, hâtives, insuffisamment étudiées. Il faut protéger par des formes, à la fois les intérêts de la collectivité, et aussi les intérêts particuliers des individus touchés par les mesures prises par les pouvoirs publics (G. Jèze, « Les principes généraux du droit administratif », 3ème édition, M. Giard, Paris, 1926, p. 277).

Quant à Maurice Hauriou, il aboutit à des conclusions similaires: « Il faut se rendre compte, écrit-il, que les formalités des procédures constituent, avec la détermination précise des compétences, la principale condition de l'ordre et de la modération dans l'exercice du pouvoir administratif. L'administration n'est qu'un organisme automatique, il y manque une conscience centrale toujours en éveil; cet élément de la conscience centrale est suppléé par la multiplicité des formalités qui font entrer dans la procédure de l'opération une quantité d'agents qui se contrôlent les uns les autres; de là l'importance et la gravité de l'omission d'une formalité (M. Hauriou, *Droit administratif*, 9ème édition, Sirey, 1919, p. 507, note 3).

Plus près de nous, Guy Isaac met l'accent sur la dimension « politique » du sujet: « La procédure administrative non contentieuse est la pierre de touche de la démocratisation de l'Administration, de l'aménagement d'une participation active au processus de l'action administrative. Sa réglementation est la condition de l'émancipation des administrés et de leur coopération plus active à l'oeuvre de l'Administration. Elle est le moyen de mettre fin à une regrettable insécurité juridique et de restaurer une confiance bien compromise, en substituant à l'atmosphère litigieuse (qui est trop souvent encore celle des rapports entre l'Administration et les administrés) des relations de collaboration » (G. Isaac, « La procédure administrative non contentieuse », LGDJ, 1968, p. 245).

Si de manière générale, ces citations témoignent d'une attention toute particulière de la Doctrine aux mérites de la procédure administrative non contentieuse, perçue tout à la fois, comme une garantie de bonne administration et comme un instrument de protection des administrés, reste que de tout temps a toujours existé un mouvement qui sans être ouvertement hostile à ce processus, a toujours cherché à « neutraliser » les incidences de celui-ci en cas de recours contentieux dirigé contre l'acte auquel s'applique celle-ci.

C'est ainsi que de tout temps la jurisprudence a entendu distinguer —en les opposants— les irrégularités « substantielles », celles qui justifiaient l'annulation de l'acte attaqué, et les irrégularités « non-substantielles », celles qui bien qu'avérées, étaient considérées par le juge administratif comme insusceptibles de remettre en cause la légalité de l'acte attaqué (cf. R. Hostiou, *Procédure et formes de l'acte administratif unilatéral en droit français*, LGDJ, 1974, p. 255 et s.).

Cette jurisprudence a été systématisée par le Conseil d'Etat en 2011: « Si (le principe est que) les actes administratifs doivent être pris selon les formes et conformément aux procédures prévues par les lois et règlements, un vice affectant le déroulement d'une procédure administrative préalable, suivie à titre obligatoire ou facultatif, n'est de nature à entacher d'illégalité la décision prise que s'il ressort des pièces du dossier qu'il a été susceptible d'exercer, en l'espèce, une influence sur le sens de la décision prise ou qu'il a privé les intéressés d'une garantie (CE, 23 décembre 2011, Danthony, Rec. 649).

Un autre exemple de ce même souci d'éviter que puisse être annulé un acte au seul motif qu'il aurait été pris en méconnaissance des exigences de forme et de procédure se retrouve dans une loi adoptée récemment, instituant à titre expérimental et pour une durée de trois ans, le mécanisme du « rescrit juridictionnel » (Loi n° 2018-727 du 10 août 2018, art. 54) dont l'objet est de permettre à l'auteur ou au bénéficiaire de certaines décisions administratives à caractère non-réglementaire (comme, par exemple, une déclaration d'utilité publique) de saisir le tribunal administratif—à titre préventif en quelque sorte— d'une demande visant à apprécier la légalité « externe » (compétence, forme et procédure) de ces décisions, le but de ladite opération étant de « purger « l'acte en question de tout risque d'annulation ultérieure (par voie d'action ou par voie d'exception) pour illégalité externe.

Il s'agit bien donc là, comme dans le cas précédent, de limiter, autant que faire se peut, l'annulation d'un acte administratif au seul motif que celui-ci aurait été pris en violation des règles attachées à la procédure administrative non contentieuse.

### 2. Principes applicables au déroulement du processus décisionnel (negocium) et à la présentation de l'acte (instrumentum)

A la suite des travaux de Charles Eisenmann, quand on évoque la notion d'acte administratif, il convient de distinguer, d'une part, le processus décisionnel (le *negocium*), lequel, indépendamment des règles qui concernent la compétence de l'auteur, peut donner lieu à un certain nombre de formalités (ou procédures) et, d'autre part, le résultat de ce processus, à savoir l'acte proprement dit (l'*instrumentum*), lequel est soumis à un certain nombre de formes.

Peut-on parler de principes régissant le déroulement de l'ensemble de ce processus? La question est longuement évoquée par Allan R. Brewer Carias (« Les principes de la procédure administrative non contentieuse », Economica, 1992, p. 118 et s.). Pour ce qui est du droit français, il y a lieu de se montrer relativement réservé à cet égard.

Voici les remarques qui peuvent être faites à ce sujet.

#### A) *Principe d'efficacité, d'économie et de simplicité*

Il s'agit là, selon Allan R. Brewer Carias (*Les principes de la procédure administrative non contentieuse*, *op. cit.*, p. 122), de principes qui doivent guider *l'iter* (c'est-à-dire, le cheminement) processuel, autrement dit, et pour reprendre la formule de Ch. Eisenmann, *le negocium*. En droit français, il n'y a pas d'équivalent à ces principes.

#### B) *Principe de célérité. Conditions de régularité « ratione temporis »*

Si le principe de célérité proprement dit n'a pas de traduction en droit français, il n'en reste pas moins que de manière générale les procédures auxquelles un acte est soumis n'échappent pas une exigence qui peut être rattachée à ce principe, en ce sens que celles-ci sont soumises à des contraintes relativement au temps.

Il va de soi que lorsque la loi ou le règlement prévoit la consultation préalable d'un organisme avant une décision et dès lors que cette consultation constitue une garantie au bénéfice des administrés ou qu'elle est susceptible de l'être, le défaut de cette consultation préalable ne peut, sauf texte contraire, être regardé comme régularisé par la consultation de cet organisme après la décision (CE, 7 février 2020, nº 428625, Mme B...).

Une fois accomplies, celles-ci ont par ailleurs une durée de validité qui est limitée dans le temps. Cette jurisprudence subordonne la régularité de l'acte à l'étroitesse de la relation *ratione temporis* avec la procédure. Elle participe par conséquent du principe dont s'agit.

C) *Principe de non-formalisme*

Il convient à cet égard de distinguer selon que l'on traite des formes de l'acte en tant qu'*instrumentum* ou aux formalités d'élaboration de l'acte en tant que *negotium.*

a) S 'agissant du premier cas, on peut affirmer que le droit français n'est pas « formaliste » en ce sens que les formes sont toujours, ainsi que le souligne Georges Dupuis dans sa préface à la thèse de René Hostiou (thèse préc.), « l'écho d'une donnée de fond » et que traditionnellement, le juge administratif privilégie le fond par rapport à la forme. Voilà pourquoi, ajoute Georges Dupuis, le contentieux connaît très légitimement une sorte de mépris des formes, le contrôle doit porter sur le fond dont elles ne sont que le reflet, pour reprendre une autre image » (du même auteur, voir, « Les motifs des actes administratifs », EDCE, 1975, p. 13).

Cette appréciation doit toutefois, au regard de l'évolution contemporaine, être nuancée.

Sans poser un principe général de motivation de tous les actes administratifs, la loi du 11 juillet 1979 a imposé la motivation d'un certain nombre d'actes (Code des relations entre le public et l'administration: art. L. 211-2). « Les personnes physiques ou morales ont le droit d'être informées sans délai des motifs des décisions administratives individuelles défavorables les concernant. A cet effet doivent être motivées les décisions:

» 1°) Restreignent l'exercice des libertés publiques ou, de manière générale, constituent une mesure de police.

» 2°) Infligent une sanction.

» 3°) Subordonnent l'octroi d'une autorisation à des conditions restrictives ou imposent des sujétions.

» 4°) Retirent ou abrogent une décision créatrice de droits.

» 5°) Opposent une prescription, une forclusion ou une déchéance.

» 6°) Refusent un avantage dont l'attribution constitue un droit pour les personnes qui remplissent les conditions légales pour l'obtenir ».

Dans un même ordre d'idées, la loi du 12 avril 2000 dispose: « Toute décision prise par une administration comporte la signature de son auteur ainsi que la mention, en caractères lisibles, du prénom, du nom et de la qualité de celui-ci (Code des relations entre le public et l'administration: art. L. 212-1). Il apparaît toutefois que cette exigence est contrôlée par le juge avec un certain pragmatisme, ce dernier témoignant par là de sa réticence à faire prévaloir le formalisme par rapport au fond.

b) S'agissant du deuxième cas, à savoir les formalités, c'est à dire la procédure administrative au sens strict, là encore il convient de distinguer selon qu'il s'agit du processus d'élaboration de l'acte ou selon qu'il s'agit du processus de diffusion dudit acte auprès de son ou de ses destinataires.

Pour ce qui est des formalités relevant de l'élaboration de l'acte (procédure consultative, procédure contradictoire, enquête publique, etc.), il y a lieu de considérer que toute irrégularité est de nature à entraîner l'annulation de l'acte, sous réserve que ladite irrégularité soit « substantielle », cette dernière condition ayant pour effet de limiter le formalisme en ce que celui-ci est très généralement associé à une vision négative du droit. Il est à noter que la jurisprudence *Danthony* évoquée ci-dessus, en ce qu'elle oblige le juge administratif à s'interroger sur les garanties auxquelles il aurait été porté atteinte ou sur les incidences de l'irrégularité en cause contribue très largement —c'était au demeurant son but (cf. D. LABETOULLE, « La jurisprudence Danthony » in *Les procédures administratives*, Dalloz, 2015, p. 271) — à écarter le reproche d'un trop grand formalisme.

Pour ce qui est de la diffusion du contenu de l'acte, autrement dit la publicité, celle-ci diffère selon la nature et la portée de l'acte dont s'agit. Elle donne lieu, selon les cas, à une publication (Journal Officiel, Bulletins divers, affichage) ou à une notification, s'il s'agit d'une décision individuelle, la sanction se situant, au cas où les conditions requises ne sont pas remplies, non pas sur le terrain de l'annulation mais sur celui de l'absence d'opposabilité de l'acte, sans que l'on puisse évoquer ici un quelconque excès de formalisme de la part du juge administratif (cf. R. HOSTIOU, thèse préc. p. 143 et s.).

D) *Principe d'impartialité*

Ce principe se rattache, tout naturellement, à l'impartialité exigée de la part de tout organe de l'Etat et au principe de l'égalité entre les citoyens. C'est par le biais du détournement de pouvoir, qui vise à sanctionner le fait pour une autorité administrative d'avoir utilisé volontairement ses pouvoirs dans un autre but que celui pour lequel ils lui avaient été conférés, à des fins étrangères à l'intérêt général, que le juge administratif a longtemps fait respecter le principe d'impartialité de la procédure. Mais ainsi que le souligne

Guy Isaac (*La procédure administrative non contentieuse*, LGDJ, 1968, p. 422) « au fur et à mesure que la procédure administrative non contentieuse prenait de l'importance, qu'elle multipliait les procédures d'instruction, les enquêtes, les consultations d'agents ou de commissions, la seule sanction de la partialité de la décision finale apparaît de plus en plus insuffisante [...]; ce que l'on exige c'est non seulement l'impartialité du décideur, mais l'impartialité de toute la procédure qui ne peut être garantie par le seul contrôle du détournement de pouvoir ».

L'enquête publique, qui est une procédure de consultation du public préalablement à une opération d'expropriation et, plus généralement, d'une opération susceptible d'affecter l'environnement, et qui se conclut par un avis — favorable ou défavorable à la réalisation de ladite opération— par le commissaire enquêteur, donne à constater l'importance de cette exigence, qui conditionne la crédibilité même de ladite procédure et qui fait l'objet de dispositions textuelles très précises concernant le commissaire enquêteur.

Deux principes —étroitement complémentaires— s'appliquent par conséquent au commissaire enquêteur, l'un à titre préventif, concernant la désignation de celui-ci (principe d'indépendance) et l'autre, concernant l'exercice même de ses fonctions (principe d'impartialité). L'un comme l'autre sont susceptibles de faire l'objet d'un contrôle du juge administratif en cas de recours pour excès de pouvoir exercé contre la déclaration d'utilité publique ou la décision affectant la protection de l'environnement (Cf. J.-C. Hélin et R. Hostiou, *Droit des enquêtes publiques*, Le Moniteur, 2ème éd., 2014, p. 105 et s.).

L'article R. 123-4 du code de l'environnement dispose: « Avant sa désignation, chaque commissaire enquêteur indique au président du tribunal administratif (autorité chargée de désigner le commissaire enquêteur) les activités exercées au cours de sers fonctions précédentes ou en cours qui pourraient être jugées incompatibles avec les fonctions de commissaire enquêteur en application de l'article L. 123-5 et il signe une déclaration sur l'honneur qu''il n'a pas d'intérêt personnel au projet, plan ou programme ». Il s'agit donc là d'une obligation pour ce dernier de se récuser au cas où il aurait un intérêt quelconque susceptible de remettre en cause sa désignation, obligation qui est préexistante à cette disposition textuelle, en ce sens qu'elle a un caractère général, l'impartialité de la procédure administrative non contentieuse relevant des « principes généraux du droit » (voir G. Isaac, *op. cit.*, p. 427).

L'article L. 123-5 du code de l'environnement ajoute: « Ne peuvent être désignées commissaire enquêteur [...] les personnes intéressées au projet à titre personnel ou en raison de leurs fonctions, notamment au sein de la collectivité, de l'organisme ou du service qui assure la maîtrise d'ouvrage, la maîtrise d'oeuvre ou le contrôle de l'opération soumise à l'enquête ».

E) *Principe d'effectivité*

Le droit administratif français exige que formes et procédures, lorsqu'elles sont requises, soient accomplies de manière « effective ».

On prendra à cet égard deux exemples:

a) *La motivation.* Lorsque l'administration est tenue de motiver la décision qu'elle prend, cette motivation doit être « effective ». Elle doit être écrite et comporter l'énoncé des considérations de droit et de fait qui constituent le fondement de la décision (Code des relations entre le public et l'administration: art. L. 211-5). Elle doit donc permettre au destinataire de connaître à la seule lecture de l'acte —ou éventuellement d'un document, à condition que celui-ci soit annexé à l'acte— les raisons pour lesquelles la décision qui les frappe a été prise. Et s'il est admis qu'en cas d'urgence absolue empêchant qu'une décision soit motivée, le défaut de motivation n'entache pas d'illégalité cette décision, « l'autorité qui a pris la décision devra, dans le délai d'un mois, lui en communiquer les motifs. De même, s'il est admis qu'une décision implicite intervenue dans les cas où la décision explicite aurait dû être motivée n'est pas illégale du seul fait qu'elle n'est pas assortie de cette motivation, il est prévu qu'à la demande de l'intéressé, formulée dans le délai de recours contentieux, les motifs de ladite décision devront lui être communiqués « dans le mois suivant cette demande » (Code des relations préc.: art. L. 232-4).

b) *L'examen particulier et complet des circonstances de l'espèce*. L'administrateur qui est saisi d'une demande qu'il a toute liberté d'agréer ou de rejeter et qui dispose par conséquent d'une compétence dite discrétionnaire est tenu, avant d'exercer son pouvoir discrétionnaire, de procéder à un examen des circonstances propres de l'affaire et ne peut se borner à la repousser en faisant état d'un motif d'ordre général. Il s'agit là d'un principe fondamental de la procédure administrative non contentieuse, une garantie procédurale essentielle qui s'applique à tous les organes appelés à intervenir dans une procédure administrative, qu'ils soient investis du pouvoir de décision ou qu'ils soient simplement chargés de donner un avis. Une autorité qui dispose d'un pouvoir discrétionnaire doit en user de façon nuancée en tenant compte des circonstances particulières à chacun des cas qui lui sont soumis, ce qui l'oblige à procéder à un examen particulier de ces circonstances. « L'administration a l'obligation juridique, puisque sanctionnée par le juge administratif, de se mettre avant de statuer —et même (et surtout lorsqu'elle a un pouvoir discrétionnaire)— dans les meilleures conditions pour apprécier sainement et en connaissance de cause ce que demande l'intérêt général » (M. Waline, note sous CE 20 juin 1952, Legros, RDP, 1953, p. 725).

F) *Confiance légitime. Principe de sécurité juridique*

Il y a dans les démocraties contemporaines une revendication forte de sécurité juridique devant l'administration active qui s'inscrit dans une problématique générale de garantie des libertés fondamentales.

C'est de ce souci de sécurité juridique que relèvent les dispositions de l'article L. 112-1 du code des relations entre le public et l'administration selon lesquelles toute personne tenue de respecter une date limite ou un délai pour présenter une demande [...] auprès d'une administration peut satisfaire à cette obligation au plus tard à la date prescrite au moyen d'un envoi de correspondance, le cachet apposé par les services postaux faisant foi. Des dispositions particulières sont prévues en cas de saisine par voie électronique (art. L. 112-8 et suivants).

C'est à ce même souci de sécurité juridique qu'il convient de rattacher les dispositions des articles L. 221-2 et L. 221-3 relatives aux règles d'entrée en vigueur des décisions à caractère réglementaire et de l'article L. 221-8 concernant les actes à caractère individuel.

Il est à souligner que la sécurité juridique a un caractère objectif et que la confiance légitime a un caractère subjectif: elle tient à la croyance que les intéressés peuvent avoir dans l'existence et le maintien d'un certain état du droit. Autrement dit, les deux notions peuvent se recouper mais elles ne se superposent pas. Et pour le Conseil d'Etat, « le moyen tiré de la méconnaissance du principe de confiance légitime, qui fait partie des principes généraux du droit communautaire, ne trouve à s'appliquer dans l'ordre juridique national que dans le cas où la situation juridique dont a à connaître le juge administratif français est régie par le droit communautaire » (CE, 24 mars 2006, Société KPMG, Rec. 154).

## **Section IV.** *Point de départ et déroulement du processus. Participation*

### 1. Principes relatifs au déclenchement de la procédure. Droit de pétition et recours administratifs

(Sur la distinction entre ces deux institutions: cf. J. Moreau, « Un inconnu; le droit de pétition sous la IVème république »: Travaux juridiques et économiques de l'Université de Rennes, Tome XXI, 1958, p. 1 et s.).

1. « En droit constitutionnel, la pétition a un sens précis: elle vise le recours aux assemblées législatives, recours que la doctrine considère comme un droit naturel existant sans qu'un texte soit nécessaire pour le prévoir et dont le régime juridique se trouve principalement dans les règlements des assemblées » (concl.

Heumann sur CE, 26 octobre 1956, Association des combattants de la Paix et de la Liberté, RDP, 1957, p. 543).

Ce droit ne doit donc pas être confondu avec le droit au recours juridictionnel et au recours administratif.

On appelle recours administratifs (les seuls qui nous intéressent ici) les actions qui permettent aux administrés de saisir un administrateur, soit celui qui a pris la décision (recours dit « gracieux »), soit le supérieur hiérarchique de ce dernier (recours dit « hiérarchique »).

Reprenant une règle ancienne, d'origine jurisprudentielle et considérée comme relevant d'un principe général du droit, le Code des relations entre le public et l'Administration a entériné ce droit:

« Toute décision administrative peut faire l'objet, dans le délai imparti pour l'introduction d'un recours contentieux (c'est-à-dire, deux mois), d'un recours gracieux ou hiérarchique qui interrompt ce délai ».

Lorsque dans le délai initial du recours contentieux ouvert à l'encontre de la décision, sont exercés un recours gracieux et un recours hiérarchique, le délai du recours contentieux, prorogé par l'exercice de ces recours administratifs, ne recommence à courir à l'égard de la décision initiale que lorsqu'ils ont été l'un et l'autre rejetés » (Code des Relations, préc.: art. L. 411-2).

2. Déclenchement d'office de la procédure à l'initiative de l'administration. Les actes par lesquels c'est l'Administration qui déclenche elle-même la procédure sont, compte tenu de la diversité de ses pouvoirs et de la multitude des circonstances dans lesquelles elle peut être appelée à les exercer, nombreux et hétérogènes. Ainsi dans tous les cas où une procédure contradictoire doit être mise en oeuvre, l'intéressé devra être avisé qu'il peut demander communication de son dossier ou, plus généralement, des griefs retenus contre lui et c'est donc à l'administration que revient la charge d'avertir l'intéressé se de son droit.

De même, s'agissant de la procédure d'enquête publique, c'est l'administration qui, par arrêté, procède à l'ouverture de l'enquête publique et c'est à partir de ce moment que les intéressés, s'ils le souhaitent, vont pouvoir consulter le dossier, rencontrer le commissaire enquêteur et formuler leurs observations.

3. Déclenchement de la procédure sur demande des intéressés. Il est de nombreux cas dans lesquels l'administration ne peut mettre en oeuvre le processus de décision que si elle a été saisie d'une demande des intéressés à cet effet. Il en est généralement ainsi de toutes les procédures par lesquelles sont demandées la reconnaissance d'un droit ou l'attribution d'une faveur: permis, autorisation, licence, concession, etc. Il s'agit là de cas où l'administration ne peut pas agir d'office. Elle ne peut agir que lorsqu'elle a été saisie d'une demande, ce qui implique que cette demande soit formulée conformément aux exigences (de forme et de fond) requises en pareil cas.

Le code des relations entre le public et l'administration pose à cet égard un certain nombre de règles:

« L'usage de la langue française est prescrit dans les échanges entre le public et l'administration» (art. L. 111-1).

Toute demande adressée à l'administration doit faire —sauf exception, par exemple en cas de demandes abusives »— l'objet d'un « accusé de réception » (art. L. 112-3). Ce dernier indique si la demande est susceptible de donner lieu à une décision implicite de rejet ou une décision implicite d'acceptation. Dans le premier cas, il mentionne les délais et les voies de recours à l'encontre de la décision. Dans le second, il mentionne la possibilité offerte au demandeur de se voir délivrer l'attestation prévue en pareil cas (art. L. 112-5). Ce même code précise également les règles particulières applicables à la saisine et aux échanges par voie électronique (art. L. 112-8 et s.)

## 2. Participation des administrés

Alors même que l'action « unilatérale » —mode d'action privilégié en matière administrative— se caractérise par le fait que le (ou les) destinataires de cette action sont placés en situation de tiers par rapport à l'auteur de l'acte (ce qui différencie précisément ce mode d'action du procédé contractuel), il n'est pas rare que pour des raisons diverses (dont l'une est, sans nul doute, la recherche de l'efficacité de ladite action), l'administration soit amenée à faire participer le ou les administrés, selon des degrés d'intensité diverse, à l'élaboration de cette décision.

On évoquera à ce sujet deux cas de figure, la procédure consultative et la procédure d'enquête publique.

### A) *La procédure consultative*

L'importance de la procédure consultative apparaît comme l'une des caractéristiques marquantes du droit administratif français. La prolifération des comités, conseils, commissions diverses, l'exigence préalable d'avis, de propositions, de consultations ont pris un développement tel qu'elles ont parfois même conduit à une remise en question de la définition de l'acte « unilatéral », c'est-à-dire de la décision administrative, celle-ci n'apparaissant plus comme un « ordre », une injonction de faire ou de ne pas faire, mais bien plutôt comme le fruit de négociations et d'accords passés entre l'auteur et les divers groupes intéressés (cf. R. Hostiou, *Procédures et formes de l'acte administratif unilatéral en droit français*, *op. cit.*, p. 25 et s.).

Sur un plan strictement juridique (et non pas sociologique), il convient de distinguer les avis « conformes » —à savoir ceux qui traduisent un partage de compétences entre les « co-auteurs » de l'acte et qui, à ce titre, ne relèvent pas de la procédure administrative non contentieuse— et les avis dits « consultatifs » qui sont, quant à eux, en plein coeur de notre sujet. L'importance quantitative de ces consultations a généré un contentieux qui est lui-même considérable et qui porte, en particulier, sur la composition de l'organe consulté, sur la date à laquelle a eu lieu la consultation et sur la péremption éventuelle de celle-ci, sur le lien enfin entre l'objet de la consultation et le contenu de l'acte final.

Sous l'intitulé très général « Association du public aux décisions de l'administration », le Code des relations entre le public et l'administration évoque, mais de manière très partielle et très loin de faire le tour de la question, le droit applicable aux « commissions administratives à caractère consultatif » (art. R. 133-1 et suivants) et précise le régime juridique applicable aux consultations organisées sur Internet (art. R. 132-1 et suivants). (Voir P. Bon, « L 'association du public aux décisions prises par l'administration», RFD Adm. 2016 n° 1 p. 27).

B) *La procédure d'enquête publique*

L'enquête publique est une procédure de consultation du public portant sur un projet porté par l'administration, qui constitue à cet effet un dossier sur lequel le public est invité à formuler son appréciation. Elle donne lieu à un avis —qui est lui-même « consultatif » en ce sens qu'il ne lie pas l'autorité décisionnelle— du commissaire enquêteur (cf. J.-C. Hélin et R. Hostiou, *Traité de Droit des enquêtes publiques*, Le Moniteur, 2ème éd., 2014).

A l'origine (1830), il s'agissait d'une procédure essentiellement destinée à garantir la protection de la propriété privée —« inviolable et sacrée » aux termes de l'art. 17 de la déclaration des droits de l'homme et du citoyen— dans le cadre de l'expropriation pour cause d'utilité publique. Son champ d'application a progressivement été étendu aux installations classées pour la protection de l'environnement et à la planification urbaine. En 1983, elle a été profondément remaniée dans le but d'associer de manière plus efficiente le public aux décisions de nature à affecter l'environnement (on parle dans ce cas d'enquête publique « environnementale », dont le régime relève du Code de l'environnement). En fin, et de manière peut-être quelque peu superflue, le code des relations entre le public et l'administration a en 2015 instauré un troisième régime d'enquête publique, applicable aux opérations « qui ne relèvent ni du code de l'expropriation ni du code de l'environnement », et très directement inspiré de ceux-ci.

Bien que très légèrement différenciées, ces trois types d'enquête publique relèvent en effet d'une même logique et participent de la même finalité. Aux termes de l'article L. 134-2 du code des relations entre le public et l'administration (quasiment identique à l'art. L. 123-1 du code de l'environnement), « l 'enquête publique a pour objet d'assurer l'information et la participation du public ainsi que la prise en compte des intérêts des tiers lors de l'élaboration des décisions administratives. Les observations et propositions recueillies au cours de l'enquête sont prises en considération par l'administration compétente avant la prise de décision ».

On ajoutera, pour conclure sur ce point, qu'avec la loi du 12 juillet 2010 et l'ordonnance n° 2016-1060 du 3 août 2016 a été introduite la possibilité de recourir « à la voie électronique » et que cette nouvelle formule fait que deux modèles —celui dit « présentiel », répondant au modèle traditionnel et celui correspondant à l'utilisation d'Internet à la fois pour la présentation du dossier et pour la formulation des observations du public— sont désormais appeler à cohabiter (Cf. R. Hostiou, « L'enquête publique dématérialisée en droit français: de la galaxie Gutenberg à l'ère du tout numérique », Mélanges offerts au professeur Nantawat Boramanand, Univ. Chulalongkorn, Bangkok 2018, p. 43). Ces dispositions ont été précisées par le décret n° 2017-626 du 25 avril 2017 relatif aux procédures destinées à assurer l'information et la participation du public à l'élaboration de certaines décisions susceptibles d'avoir une incidence sur l'environnement (voir N. Huten, « La substitution expérimentale de la consultation électronique à l'enquête publique », Rev. Jur. de l'Env. N° 1, 2019, p. 169 et s.).

### C) *Dispositions particulières en matière d'urbanisme et de protection de l'environnement*

Adoptée en 2005 et intégrée dans le « bloc de constitutionnalité » du droit français, la charte de l'environnement dispose:

« Toute personne a le droit, dans les conditions et les limites définies par la loi, d'accéder aux informations relatives à l'environnement détenues par les autorités publiques et de participer à l'élaboration des décisions publiques ayant une incidence sur l'environnement » (art. 7). Ce droit « implique que la personne publique concernée mette à la disposition du public des éléments objectifs et pertinents, suffisants pour que la consultation puisse se tenir utilement » (CE, 20 janvier 2020, n° 423819, *Association Force S, Groupement des agriculteurs du Finistère et autres*).

Outre les modifications apportées au droit des enquêtes publiques, le principe de « participation » auquel le droit de l'environnement est désormais soumis a conduit à la mise en place de procédures particulières visant à « démocratiser » la prise de décision en matière environnementale (Code de l'env.: art. L. 121-1-A).

Il s'agit en particulier de la procédure de « concertation » préalable qui a pour objet d'associer le public à l'élaboration d'un projet, plan ou programme (Code de l'env.: art. L. 121-15-1 et s.; Code de l'urbanisme: art. L. 300-2 et s.) ou encore de la Commission Nationale du Débat Public, qui est une « autorité administrative indépendante » et qui est chargée de veiller au respect de la participation du public au processus d'élaboration des projets d'aménagement ou d'équipements d'intérêt national de l'Etat, des collectivités territoriales, des établissements publics et des personnes privées « dès lors qu'ils présentent de forts enjeux socio-économiques ou ont des impacts significatifs sur l'environnement ou l'aménagement du territoire » (Code de l'env. art. L. 121-1).

### 3. Défenseur des droits

En France, le Défenseur des droits est une « autorité administrative indépendante » créée par la révision constitutionnelle du 23 juillet 2008 et instituée par la loi organique du 29 mars 2011, qui a succédé à l'ombudsman, puis ensuite au Médiateur de la République. Nommé par le président de la République pour un mandat de six ans, le Défenseur des droits est chargé de défendre les droits des citoyens non seulement face aux administrations (*ombudsman*). Il dispose également de prérogatives particulières en matière de promotion des droits de l'enfant, de lutte contre les discriminations, du respect de la déontologie des activités de sécurité et il formule des recommandations à l'attention des pouvoirs publics.

Il publie chaque année un Rapport d'activité. Celui publié en 2012 est relatif aux « droits des usagers du service public ». Il contient, entre autres, les remarques suivantes, qui donnent un aperçu significatif des problèmes que suscite la relation Administration-administré qui est au coeur même de la problématique de la procédure administrative non contentieuse:

« Ainsi, l'analyse des litiges de nature administrative révèle-t-elle un sentiment de défiance et de déception envers l'administration. Nombreuses sont, en effet, les réclamations qui ne traduisent aucune sorte de dysfonctionnement mais qui témoignent plutôt d'un déficit de confiance envers les services administratifs. Aussi fondées soient-elles en droit, les administrés ne semblent pouvoir se résigner à accepter des décisions dont la sécheresse ne manque pas de leur apparaître comme le reflet d'une administration déshumanisée, dénuée d'écoute et d'empathie. Cette dernière apparaît alors comme étant à l'origine de décisions qui aggravent des situations souvent déjà délicates en ce qu'elles engagent la vie quotidienne ou les faibles ressources des plus démunis. Aussi du point de vue du réclamant, de telles décisions ne paraissent pouvoir s'expliquer que par une volonté délibérée de l'État de réduire *a minima* son intervention ou par une mauvaise interprétation de leur situation personnelle, au milieu d'un amoncellement de normes, aussi impersonnelles que mal coordonnées ».

Il va de soi toutefois que le Défenseur des droits traite de sujets qui vont bien au delà des seules questions de procédure administrative non contentieuse. C'est la raison pour laquelle si l'existence et la possibilité de le saisir sont mentionnées dans le code des relations entre le public et l'administration (art. L. 424-1), les dispositions qui lui sont relatives se trouvent dans la loi organique du 29 mars 2011 et dans les deux décrets en date du même jour et ne figurent donc pas dans ce code.

**4.** Régime des recours administratifs. Ecrit. Contenu. Réception

Longtemps déduite de la seule jurisprudence, qui s'est contentée de donner à certaines réclamations adressées à l'administration une consistance juridique, la notion de recours administratif a donné lieu à un certain nombre de précisions dans le Code des relations du public et de l'administration (art. L. 410-1). Après avoir défini le recours administratif comme « la réclamation adressée à l'administration en vue de régler un différend né d'une décision administrative », le code distingue:

• Le recours gracieux: le recours administratif adressé à l'administration qui a pris la décision contestée.

• Le recours hiérarchique: le recours administratif adressé à l'autorité à laquelle est subordonnée celle qui a pris la décision contestée.

• Le recours administratif préalable obligatoire: le recours administratif auquel est subordonné l'exercice d'un recours contentieux à l'encontre d'une décision administrative.

Le recours administratif de plein droit n'est pas soumis à une condition de délai. L'administration est valablement saisie, quelque soit le moment où il est présenté. Présenté hors délai, le recours administratif de droit commun est recevable: il doit être examiné mais il ne rouvre pas le recours contentieux contre la décision initiale.

Il n'est pas soumis à des formes particulières. S'il implique la présentation de conclusions (demande de rejet, de réformation, de retrait, d'abrogation), il n'est pas nécessaire d'assortir ces conclusions de moyens. L'administré peut se placer non seulement sur le terrain de la « légalité » mais également sur celui de « l'opportunité » ou de «l'équité », qui —et c'est la différence essentielle entre ce recours et le recours contentieux— ne relèvent pas, quant à elles, du juge de l'excès de pouvoir (cf. D. Maillard Desgrées du Loû, *Droit des relations de l'administration avec ses usagers*, PUF, 2000, p. 520).

Comme pour toutes les demandes formées auprès de l 'administration, le recours administratif doit donner lieu à la délivrance d'un accusé de réception (Code des relations entre l'administration et le public: art. L. 411-3).

L'administration doit se considérer comme valablement saisie de la réclamation sans avoir à se demander si le réclamant a qualité pour réclamer. Ni la qualité ni l'intérêt ne conditionne ordinairement la recevabilité du recours administratif « de droit commun » (il en va différemment pour ce qui est du recours contentieux qui serait formé ultérieurement).

### 5. Droits de la défense. Droit à être entendu. Accès au dossier

Le caractère contradictoire de la procédure vise la participation effective à la procédure le concernant de toute personne dont les droits ou les intérêts peuvent être mis en cause par un acte de l'administration, et ce afin de lui permettre de présenter ses moyens de défense ou, tout au moins, son point de vue.

Ce principe, universellement connu sous le qualificatif *« audi alteram partem »* est un principe qui s'applique dans le cadre de toute procédure à caractère juridictionnel.

Il a également, dans le cadre de la procédure administrative non juridictionnelle, un large champ d'application. Le principe s'est tout d'abord affirmé au titre des « principes généraux du droit » dans les domaines les plus divers, pour toutes les mesures présentant le caractère d'une sanction et chaque fois que la mesure est prise sur la base de considérations particulières à l'intéressé.

Exception faite des cas où il est statué sur une demande, la procédure « contradictoire » préalable s'applique aux décisions individuelles soumises à l'obligation de motivation (décisions « défavorables » et plus généralement à l'ensemble des décisions prises « en considération de la personne » (Code des relations entre le public et l'administration: art. L. 121-1).

Ces décisions n'interviennent qu'après que la personne intéressées a été mise à même de présenter des observations écrites et, le cas échéant, sur sa demande, des observations orales. Cette personne peut se faire assister par un conseil ou représenter par un mandataire de son choix. (Code des relations entre le public et l'administration: art. L. 122-1).

Les mesures présentant le caractère de « sanction » ne peuvent intervenir qu'après que la personne en cause a été informée des griefs formulés à son encontre et qu'elle a été mise à même de demander la communication de son dossier (Code des relations entre le public et l'administration: art. L. 122-2).

La réalisation du caractère contradictoire de la procédure implique pour la personne concernée le droit minimum d'être avisée de l'existence d'une procédure dont l'issue peut l' atteindre dans ses intérêts et ce afin de lui permettre de prendre connaissance des griefs qui sont articulés contre elle et de préparer sers observations. L'avertissement préalable et la décision subséquente formant un tout, il importe qu'ils ne soient pas séparés par un délai trop long. Ce délai ne doit pas non plus être trop court, sous peine d'empêcher l'intéressé de disposer d'une « défense utile ».

### 6. Information des administrés. Accès aux documents administratifs

En mentionnant « le droit pour toute personne à l'information « et en énonçant « la liberté d'accès aux documents administratifs », l'article 1$^{er}$ de la loi du 17 juillet 1978, codifié à l'article L. 300-1 du code des relations entre le public et l'administration, a institué un véritable changement de paradigme. Le droit d'accès aux documents administratifs figure désormais parmi les garanties fondamentales accordées aux citoyens pour l'exercice des libertés publiques.

Sont considérés comme documents administratifs au sens de ce texte « les documents produits ou reçus dans le cadre de leur mission de service public, par l'Etat, les collectivités territoriales ainsi que par les autres personnes de droit public ou de droit privé chargées d'une telle mission (Code des relations entre le public et l'administration; art. L. 300-2). Alors même que ce droit à communication ne s'applique qu'à des « documents achevés » et qu'il ne concerne pas « les documents préparatoires à une décision administrative tant qu'elle est en cours d'élaboration », les avis, prévus par les textes législatifs ou réglementaires, au vu desquels est prise une décision rendue sur une demande tendant à bénéficier d'une décision individuelle créatrice de droits, sont également communicables à l'auteur de cette demande dès leur envoi à l'autorité compétente pour statuer sur la demande.

La Commission d'accès aux documents administratifs —qui est une autorité administrative indépendante— est chargée de veiller au respect de la liberté d'accès aux documents administratifs. Lorsqu'elle est saisie par une personne à qui est opposé un refus de communication, elle émet un avis. La saisine pour avis de la commission est un préalable obligatoire à l'exercice d'un recours contentieux (Code des relations entre le public et l'administration: art. L. 342-1).

## 7. Conduite de la procédure administrative non contentieuse. Mesures préventives et mesures de suspension

La procédure administrative non-contentieuse n'a a pas d'incidence directe sur l'exécutivité de la décision administrative. Elle apparaît essentiellement soit comme une possibilité donnée à l'administré de demander à l'administration de revenir sur une décision déjà prise (recours gracieux et recours hiérarchique), soit comme une condition de régularité dudit acte, la procédure constituant en quelque sorte une garantie que la décision de l 'Administration sera prise en parfaite connaissance de cause et dans le respect des droits des intéressés (enquête publique, procédure consultative, procédure contradictoire, etc.). On peut considérer que l'existence même de cette procédure a un effet « préventif » en ce sens qu'elle interdit à l'administration de prendre sa décision de manière précipitée. Il va de soi néanmoins que si elle a pour effet de retarder la prise de décision —ce pour quoi des reproches lui sont souvent adressés— la procédure administrative n'a en elle même aucun effet suspensif.

On remarquera toutefois qu'à titre tout à fait exceptionnel, la procédure administrative peut avoir pour effet dans certains cas de remettre en cause l'exécutivité de la décision administrative.

C'est ainsi que l'article L. 123-6 du code de l'environnement dispose:

« Le juge administratif des référés, saisi d'une demande de suspension d'une décision prise après des conclusions défavorables du commissaire enquêteur ou de la commission d'enquête, fait droit à cette demande si elle comporte un moyen propre à créer, en l'état de l'instruction, un doute sérieux quant à la légalité de celle-ci.

» Il fait également droit à toute demande de suspension d'une décision prise sans que l'enquête publique requise par le présent chapitre ou que la participation du public prévue à l'article L. 123-19 ait eu lieu ».

Ces dispositions —propres au droit de l'environnement— ont pour effet de donner un « poids » particulier à la procédure administrative en ce sens que cette dernière a pour effet, si l'avis du commissaire enquêteur est défavorable au projet, de renforcer les possibilités pour le requérant d'obtenir, en cas de recours contentieux, la suspension de la décision administrative prise à l'issue de l'enquête publique. (Voir J.-C. Hélin et R. Hostiou, *Traité de droit des enquêtes publiques*, Le Moniteur, 2ème éd., 2014, p. 288 et s.).

## 8. La question des délais dont dispose l'administration pour prendre sa décision après l'accomplissement d'une formalité relevant de la procédure administrative non contentieuse

La loi ou le règlement fixent souvent un délai pour l'intervention des décisions administratives appelées à intervenir dans le cadre ou à l'issue d'une formalité relevant de la procédure administrative. Alors même que la présomption est en faveur du caractère simplement « indicatif » des délais lorsque ces derniers sont prévus par un texte, force est de constater que ce principe a des limites.

Il est des cas où ces délais sont analysés par le juge comme ayant un caractère « impératif » au motif que le respect de ces derniers constitue une « garantie » pour les administrés.

L'article L. 121-2 du code de l'expropriation dispose ainsi: « L'acte déclarant l'utilité publique ou la décision refusant de la déclarer intervient au plus tard un an après la clôture de l'enquête préalable. Ce délai est augmenté de six mois lorsque la déclaration d'utilité publique ne peut être prononcée que par décret en Conseil d'Etat ».

Il ressort de ce texte que le délai dont s'agit (un an ou 18 mois selon que la déclaration d'utilité publique est prise par simple arrêté ou par décret en

Conseil d'Etat) a un caractère « impératif ». A l'expiration de ce délai, l'enquête « cesse de produire tout effet de droit ».

Toutefois manière plus générale, que les textes aient ou non prévu un délai, le principe est que la validité d'une formalité est, en tout état de cause, toujours subordonnée à une absence de changement des circonstances —de fait ou de droit— dans lesquelles est intervenue ladite formalité.

Les dispositions de l'article L. 121-2 doivent par conséquent être combinées ave le principe selon lequel les résultats de l'enquête sont susceptibles d'être affectés en cas de « changement dans les circonstances —de fait ou de droit— intervenu postérieurement à la clôture de celle-ci, si ce changement est d'une nature et d'une importance telles que les intéressés ont pu être de la sorte amenés à se méprendre sur la portée du projet et qu'ils n'ont pu se prononcer « en connaissance de cause » sur l'utilité publique de celui-ci.

## **9.** Participation en matière d'actes de portée générale. Enquêtes publiques

La procédure d'enquête publique est une procédure qui en droit français remonte à la première moitié du XIXème siècle et qui conduit à associer les administrés, invités à formuler leurs observations, à l'élaboration d'un certain nombre de projets limitativement énumérés (opérations d'expropriation, établissements industriels dits « dangereux, incommodes ou insalubres », plans d'urbanisme) et qui a par la suite, avec la montée en puissance des considérations environnementales, vu son champ d'application s'élargir considérablement. (Voir J.-C. Hélin et R. Hostiou, *Traité de droit des enquêtes publiques*, préc. P. 49 et s.).

Elle est ainsi définie par le code de l'environnement: « L'enquête publique a pour objet d'assurer l'information et la participation du public ainsi que la prise en compte des intérêts des tiers lors de l'élaboration des décisions susceptibles d'affecter l'environnement. Les observations et propositions parvenues pendant le délai de l'enquête sont prises en considération par le maître d'ouvrage et par l'autorité compétente pour prendre la décision ».

Cette procédure se caractérise par le fait que le public est invité à prendre connaissance d'un dossier dans lequel est décrit l'opération en cause, son coût, ses incidences en matière d'environnement, et à formuler, à partir de là, ses observations sur le projet dont s'agit. Elle se caractérise également par le fait qu'un « commissaire-enquêteur », voire parfois une commission d'enquête, est désigné par le président du Tribunal administratif territorialement compétent, pour « suivre » le déroulement de l'enquête, recevoir les administrés qui le souhaitent, et enfin pour donner, à l'issue de l'enquête, un avis —favorable ou non— à la réalisation du projet dont s'agit. Il faut préciser que cet avis est simplement « consultatif » en ce sens qu'il ne lie pas l'autorité administrative appelée à se prononcer mais qu'il n'en est pas pour autant dépourvu d'effets (s'agissant en particulier, comme il a été vu plus haut, de la possibilité d'obtenir, en cas de recours contentieux, le sursis à exécution de la décision intervenue).

Cette procédure qui, avec la loi du 13 juillet 1983 « de démocratisation des enquêtes publiques et de protection de l'environnement », dite Loi Bouchardeau (Code de l'environnement: art. L. L. 123-1 à L. 123-18) avait vu son champ d'application élargi et ses modalités de fonctionnement revisitées, a depuis cette date fait l'objet de toute une série de mesures dont la caractéristique commune est de limiter le champ ou de réduire la portée du principe de participation.

La première a consisté à généraliser le recours à la procédure plus souple, plus légère que l'enquête publique, de la simple « mise à disposition » du public d'un dossier sur un projet. A la différence de la procédure d'enquête publique, il s'agit là d'une procédure très peu réglementée et qui en conséquence comporte très peu de garanties pour le public.

La seconde consiste à limiter le champ d'application de l'étude d'impact environnemental, et donc corrélativement celui de l'enquête publique, ce dernier étant calqué sur le premier.

## **Section V.** *Clôture de la procédure administrative non contentieuse*

### **1.** Désistement. Renonciation. Péremption. Caducité

On fera remarquer en premier lieu qu'à la différence des règles de compétence, les différentes règles afférentes à la procédure administrative non contentieuse ne sont pas considérées comme étant « d'ordre public », ce qui signifie que leur violation, en cas de recours contentieux, ne peut être sanctionnée que dans la mesure où le moyen tiré de la méconnaissance de celles-ci aura été articulé par le requérant. Autrement dit, au cas où une sanction aura été prononcée en méconnaissance des droits de la défense ou encore au cas où une décision aurait été prise sans la consultation d'un organisme dont l'avis était requis, l'irrégularité dont est entachée la décision finale ne donnera pas lieu à l'annulation de ladite décision dès lors que le moyen tiré de cette illégalité n'aura pas été expressément invoqué par le requérant, ledit moyen ne pouvant, au surplus, être invoqué d'office par le juge (cf. R. Chapus, *Droit du contentieux administratif*, Montchrestien, 13ème éd., 2008, p. 820).

Et par ailleurs, comme cela a été dit plus haut, une irrégularité affectant le déroulement de la procédure administrative non contentieuse n'est de nature à entraîner l'annulation de la décision que si celle-ci a été susceptible d'exercer une influence sur le sens de la décision qui est intervenue ou qu'elle a privé les intéressés d'une garantie (CE, 23 décembre 2011, Danthony, précité).

S 'agissant enfin de la relation de la procédure administrative avec le temps, outre le cas où un délai de préemption est prévu impérativement par un texte, délai à l'expiration duquel la formalité accomplie est entachée de péremption et ne peut en conséquence être prise en considération, il faut également tenir compte de la théorie du « changement de circonstances », théorie selon laquelle, et même si le délai prévu par les textes n'est pas expiré, il ne peut être tenu compte de l'avis, de la proposition, de l'enquête que si, entre le moment où ces formalités ont été réalisées et le moment où l'acte est pris, un changement de circonstances de droit ou de fait n'a pas eu lieu.

### 2. Décision prise à l'issue de l'accomplissement des formalités afférentes à la procédure administrative non contentieuse

On prendra ici l'exemple de l'acte administratif pris à la suite d'un avis émis par un organe consultatif.

Selon Y. Weber (*L'administration consultative* , LGDJ, 1968, p. 211 et s.), « l'acte émis par un organe consultatif ne diffère en rien, quant à sa présentation et au contrôle auquel il est soumis, de tout acte administratif, objet direct d'un tel recours ». Selon cet auteur, l'acte consultatif (c'est-à-dire l'avis exprimé par l'organe consulté) serait « un acte unilatéral, permissif et exécutoire ».

Cette analyse est erronée. Comme toute formalité préalable, l'avis a un caractère « préparatoire » (c'est la raison pour laquelle, il est considéré comme ne faisant pas « grief » et comme insusceptible de faire l'objet d'un recours contentieux) et il n'est pas « détachable » de la décision administrative (voir R. Hostiou, *Procédure et formes de l'acte administratif unilatéral en droit français*, LGDJ, 1974, p. 55 et s.). Et si des irrégularités affectent ladite procédure, celles-ci ne pourront être invoquées que dans le cadre d'un recours être dirigé à l'encontre de la décision administrative intervenue à l'issue de cette procédure.

### 3. Globalité de la décision

C'est en ce sens que peut être évoquée l'idée d'une décision « globale », les différents éléments relevant de la procédure administrative contentieuse au sens le plus large du termes (formes et formalités) n'ayant pour seule vocation que de faire en sorte que la décision prise le soit « en connaissance de cause », ce qui vaut à la fois pour l'auteur de ladite décision dûment informé des tenants et des aboutissants du dossier en question (et ce au regard des avis formulés, des résultats de l'enquête réalisée, etc.), et à la fois pour le (ou les) destinataires de la décision dont s'agit (accès au dossier et procédure contradictoire, motivation, etc.).

En ce qu'elle a pour objet à la fois d'éclairer l'auteur de la décision administrative et les destinataires de celle-ci, de la sorte elle tend à tempérer le risques d'abus inhérent au caractère unilatéral de l'action de l 'administration (risque qui a priori fait défaut lorsque l'action normatrice est contractuelle et donc bilatérale), la procédure administrative non contentieux apparaît de la sorte sinon comme une « garantie » tout au moins comme un facteur —non négligeable— de « démocratisation » de l 'action de l'administration.

**4.** Silence de l'administration. Portée

Le silence de l'administration n'a été abordé par le législateur français que sous l'angle contentieux. En permettant à l'administré qui alors qu'il a fait une demande auprès de l'administration, se heurte au silence de cette dernière, et en assimilant ce silence —au bout de quatre mois— à une décision de refus explicite, les différents textes qui sont intervenus en la matière visaient à supprimer ce qui pouvait apparaître comme un « véritable déni de justice ». Même si toutefois un certain nombre d'exceptions à cette règle étaient tolérées, la règle était par conséquent que « le silence vaut rejet ».

La loi nº 2013-1005 du 12 novembre 2013 a renversé ce principe. L'article L. 231-1 du code des relations entre le public et l'administration dispose à cet effet:

« Le silence gardé pendant deux mois par l'administration sur une demande vaut décision d'acceptation ».

Le principe est donc désormais que le silence vaut accord.

L'article L. 231-4 du Code des relations entre le public et l'administration mentionne toutefois un certain nombre d'exceptions, le silence gardé par l'administration pendant deux mois valant dans ces cas décision de rejet:

• Lorsque la demande ne tend pas à l'adoption d'une décision présentant le caractère d'une décision individuelle.

• Lorsque la demande ne s'inscrit pas dans une procédure prévue par un texte législatif ou réglementaire ou présente le caractère d'une réclamation ou d'un recours administratif.

• Si la demande présente un caractère financier.

• Dans les cas [...] où une acceptation implicite ne serait pas compatible avec le respect des engagements internationaux et européens de la France, la protection de la sécurité nationale, la protection des libertés et des principes à valeur constitutionnelle et la sauvegarde de l'ordre public.

• Dans les relations entre l'administration et ses agents.

Par ailleurs, l'article L. 231-6 dispose que « lorsque l'urgence ou la complexité de la procédure le justifie, un délai différent de ceux prévus aux deux articles précédents peut être fixé par décret en Conseil d'Etat ».

Le délai au terme duquel est susceptible d'intervenir une décision n'a pas le même point de départ, selon qu'il s'agit d'une décision implicite de rejet ou au contraire d'une décision implicite d'acceptation.

Dans le premier cas (décision implicite de rejet) le délai court à compter de la date de réception de la demande par l'administration saisie.

Dans le deuxième cas (décision implicite d'acceptation), ce délai ne court qu'à compter de la réception de la demande par l'administration compétente. Si cette administration informe l'auteur de la demande qu'il n'a pas fourni l'ensemble des informations ou pièces exigées par les textes (législatifs et réglementaires en vigueur), le délai ne court qu'à compter de la réception de ces informations ou pièces (Code des relations entre le public et l'administration: art. L. 114-3).

# PROCEDIMIENTO ADMINISTRATIVO NO CONTENCIOSO EN DERECHO FRANCÉS*

RENÉ HOSTIOU**

## Sección I. *Breve reseña histórica de la legislación y codificación en materia de procedimiento administrativo no contencioso en Francia*

El procedimiento administrativo "no contencioso" corresponde en el derecho francés a un concepto antiguo, aunque está mal definido. Su primera formulación en la doctrina es la de MAURICE HAURIOU quien, a principios del siglo XX, precisó que este procedimiento, que se refiere a la acción administrativa, "no debe confundirse con el procedimiento contencioso llevado ante los tribunales administrativos. Es el procedimiento de las operaciones realizadas por la administración [...]. Toda operación administrativa da lugar a un procedimiento reglamentado por la ley, por los reglamentos o incluso por circulares" (*Précis de droit administratif et de droit public général*, 4ª ed., Larosse, 1900-1901, pág. 894).

Aunque parece que el término no se ha utilizado mucho en el pasado, no es realmente un concepto nuevo, ya que el procedimiento administrativo no contencioso se presenta más a menudo como una "garantía" para los administrados. El profesor JEAN RIVERO inició así una tipología de los diferentes procesos de toma de decisiones administrativas contrastando dos esquemas conflictivos, uno de los cuales calificó de "militar", según el cual la decisión parece ser "el resultado de una conferencia del estado mayor" que pone a la administración frente a los "administrados", que deben obedecer las órdenes —que vienen de arriba— del "gran jefe", y el otro, que corresponde a lo que denominó "estilo Imperio", según el cual la decisión sería tomada en el marco de un proceso contradictorio, en el que se invitaba a los interesados a expresar sus voces, sus deseos y quejas y a presentar y defender sus puntos de vista (J. RIVERO, "Le système français de protection des citoyens contre l'arbitraire à l'épreuve des faits", en *Pages de doctrine*, LGDJ, 1980, pág. 563).

* Traducción de Gustavo Quintero Navas. Doctor en Derecho Público, Universidad de Nantes, Francia. Profesor de la Facultad de Derecho de la Universidad de los Andes. Abogado de la Universidad Santo Tomás de Bogotá.

** Profesor Emérito. Universidad de Nantes (France).

Sin embargo, fue solo después de la primera guerra mundial cuando realmente el concepto de procedimiento administrativo no contencioso —a diferencia del procedimiento "contencioso", que preside el desarrollo de un proceso— llega verdaderamente a su apogeo (cf. S. Saunier, "La notion de procédure administrative non contentieuse", en *Les procédures administratives*, Dalloz, 2015, pág. 43).

El juez administrativo ha contribuido, por su parte, a esta ampliación del alcance del procedimiento administrativo no contencioso. El juez, al recurrir a la teoría de los principios generales del derecho, crea el principio de los "derechos de la defensa" e impone a la administración, de esta manera, que se asegure que, antes de que se tome una sanción contra ella, el administrado haya podido controvertir los cargos formulados en su contra (CE, 5 de mayo de 1944, *Dame Veuve Trompier-Gravier*, Rec. 133). Con la finalidad de proteger a los administrados contra el riesgo de cualquier arbitrariedad, el juez administrativo obliga igualmente a la motivación de ciertas decisiones, como las que provienen de los organismos profesionales de carácter colegiado (CE, 27 de noviembre de 1970; *Agence Maritime Fret, Compagnie Générale Transatlantique*, RDP 1971, pág. 987, conclusión M. Gentot).

El legislador, mediante una serie de leyes sucesivas, continuó y amplificó este movimiento.

La ley del 17 de julio de 1978 sobre diversas medidas para mejorar las relaciones entre la administración y el público establece el principio de libertad de acceso a los documentos administrativos y crea una comisión conocida como la "comisión de acceso a los documentos administrativos", encargada de velar que se respete este derecho.

Según la ley del 11 de julio de 1979, las personas físicas o morales pueden ser informadas —sin plazo— de los motivos de las "decisiones administrativas individuales desfavorables" que las conciernan.

La ley del 12 de abril de 2000, sobre los derechos de los ciudadanos en sus relaciones con la administración, contiene una serie de disposiciones que también tienen por objeto lograr una mayor "transparencia administrativa". En particular, la ley establece la regla según la cual el silencio de la administración puede, en ciertos casos, constituir una decisión de aceptación y, por último, especifica el derecho del interesado a tener la oportunidad de presentar observaciones escritas —o incluso orales— antes de que se adopte la decisión en cuestión.

El punto culminante de esta evolución se encuentra en el Código de relaciones entre el público y la administración, adoptado el 23 de octubre de 2015, que entró en vigor el 1° de enero de 2016. Se observa que si ese Código, que contiene un gran número de disposiciones relativas al procedimiento administrativo no contencioso en general, es un documento "ineludible" en esta materia, es claro que este Código no tiene carácter exhaustivo y que, por otra parte, ese Código tiene un campo de aplicación que desborda el mero "procedimiento administrativo no contencioso".

El hecho es que este nuevo código es hoy en día el instrumento de referencia privilegiado en esta materia.

## **Sección II.** *Campo de aplicación del procedimiento administrativo no contencioso*

El procedimiento administrativo no contencioso tiene como objeto, en general, la reglamentación de la operación de promulgación del acto administrativo. Esto concierne todas las operaciones "que son la condición de la introducción del acto en el ordenamiento jurídico, es decir, todas las operaciones necesarias para que este pueda desarrollar sus efectos jurídicos". Por lo tanto, debe definirse como "el conjunto de reglas relativas al procedimiento de elaboración del acto, las formas que debe adoptar, la publicidad necesaria para su entrada en vigor, así como los recursos a los que puede ser objeto ante las autoridades administrativas" (G. Isaac, *La procédure administrative non contentieuse*, LGDJ 1968, pág. 158).

Más allá de esta observación muy general, es evidente que el procedimiento administrativo no contencioso se aplica de manera diferente según sea la naturaleza del acto en cuestión (es evidente que las normas de publicidad aplicables a un acto son diferentes según se trate de un acto reglamentario o de un acto no reglamentario) y según su finalidad particular (una licencia de construcción debe ser objeto de medidas de publicidad especiales —avisos en la construcción— con el fin de permitir que el público interesado, y en primer lugar los vecinos, tengan conocimiento de ello). Huelga decir también que un gran número de disposiciones relativas al procedimiento administrativo no contencioso están destinadas a aplicarse únicamente a determinados tipos de actos. Un ejemplo es el procedimiento de participación ciudadana o encuesta pública, que solo tiene sentido cuando se trata de dar la palabra a un público numeroso, *a priori* indeterminado, y que, por consiguiente, solo se requiere en determinados casos muy concretos (procedimientos de expropiación, decisiones susceptibles de afectar al medio ambiente).

En el mismo sentido, ciertas disposiciones relativas al procedimiento administrativo contencioso pueden excluirse también en razón del objeto del acto en cuestión. Aun cuando la regla de la motivación tenga un ámbito de aplicación muy amplio (véase Código de relaciones entre el público y la administración, art. L. 211-2), se puede comprobar que esto solo se aplica a las decisiones individuales (y sin embargo no a todas) y que por lo tanto no se aplica a las decisiones reglamentarias. Asimismo, los derechos de la defensa también se aplican si el acto en cuestión es calificado de sanción o, por lo menos, de "acto tomado en consideración de la persona" (cuya finalidad tiene carácter "represivo") y que, por lo tanto, no se aplica si el acto en cuestión es una medida "policiva" (cuya finalidad se presenta como de carácter "preventivo").

Aunque, en algunos aspectos, estos dos sistemas no se encuentran "a años luz" (basta pensar en los "derechos de la defensa" en el caso de las sanciones administrativas, que también se encuentran, bajo una forma diferente, en el caso de las sanciones penales, o también en la motivación, que solo es aplicable a determinadas decisiones administrativas y que, sin embargo, se aplica a todas las decisiones judiciales), en el derecho francés, la "esfera administrativa" es, por definición, ajena a la "esfera civil" (cf. Tribunal de Conflictos, 8 de febrero de 1873, Blanco). Por lo tanto, aunque sea a título supletorio, no hay préstamo del procedimiento administrativo no contencioso al procedimiento civil.

## **Sección III.** *Los principios en materia de procedimiento administrativo no contencioso*

### 1. Principio de finalidad. Realización de la acción administrativa y protección y garantía de los derechos de los administrados

Son numerosos los autores que destacan la importancia del procedimiento administrativo no contencioso como protección y garantía de los derechos de los administrados.

Uno de los primeros, Edouard Laferrière señala que "las formalidades no deben considerarse jamás como procedimientos de pura forma, como un dispositivo externo destinado a dar más solemnidad al acto (sino como) garantías ofrecidas a los interesados, al público, a la propia administración, contra decisiones precipitadas o mal estudiadas. [...]. A cada una de las formalidades corresponde, en el pensamiento del legislador, una manera de evitar un error, de prevenir una injusticia, de asegurar la madurez y la oportunidad de la decisión, de modo que el acto se presume correcto sólo si se han observado todas las formas requeridas" (E. Laferrière, *Traité de la juridiction administrative et des recours contentieux*, Paris, Berger-Levrault, 1896, pág. 250).

Gastón Jèze considera que las formas son una de las "garantías automáticas imaginadas por las leyes o reglamentos para asegurar el buen funcionamiento de los servicios públicos, evitando las decisiones poco meditadas, precipitadas e insuficientemente estudiadas". Es necesario proteger por las formas, tanto los intereses de la comunidad, como los intereses particulares de los individuos afectados por las medidas tomadas por los poderes públicos (G. Jèze, *Les principes généraux du droit administratif*, 3ème édition, Paris, M. Giard, 1926, pág. 277).

MAURICE HAURIOU llega a conclusiones similares: "Hay que darse cuenta", escribe, "que las formalidades de los procedimientos constituyen, con la determinación precisa de las competencias, la principal condición de orden y moderación en el ejercicio del poder administrativo. La administración no es más que un organismo automático que carece de una conciencia central siempre en alerta; a este elemento de conciencia central se añade la multiplicidad de formalidades que incluye en el procedimiento de la operación, una cantidad de agentes que se controlan mutuamente; de ahí la importancia y la gravedad de la omisión de una formalidad (M. HAURIOU, *Droit administratif*, 9ème édition, Paris, Sirey, 1919, pág. 507, note 3).

Más cerca de nosotros, GUY ISAAC resalta la dimensión "política" del tema: "El procedimiento administrativo no contencioso es la piedra de toque de la democratización de la administración, del desarrollo de una participación activa en el proceso de la acción administrativa. Su reglamentación es la condición para la emancipación de los administrados y su cooperación más activa en la labor de la administración. Es la manera de poner fin a una lamentable inseguridad jurídica y de restablecer una confianza muy comprometida, sustituyendo el ambiente litigioso (que muy frecuentemente sigue siendo el de las relaciones entre la administración y los administrados) por relaciones de colaboración" (G. ISAAC, *La procédure administrative non contentieuse*, Paris, LGDJ, 1968, pág. 245).

Si bien, en general, estas citaciones atestiguan que la doctrina presta especial atención a los méritos del procedimiento administrativo no contencioso, percibido a la vez como una garantía de buena administración y como un instrumento de protección de los administrados, sin embargo, siempre ha existido un movimiento que, sin ser abiertamente hostil a este proceso, siempre ha tratado de "neutralizar" su impacto en caso de un recurso contencioso dirigido contra el acto al que este se aplica.

Así es como la jurisprudencia siempre ha querido distinguir —oponiendo— las irregularidades "sustanciales", que justificaban la anulación del acto impugnado, y las irregularidades "no sustanciales", que, aunque comprobadas, eran consideradas por el juez administrativo como insusceptibles de poner en tela de juicio la legalidad del acto impugnado (cf. R. HOSTIOU, *Procédure et formes de l'acte administratif unilatéral en droit français*, Paris, LGDJ, 1974, págs. 255 y s.).

Esta jurisprudencia fue sistematizada por el Consejo de Estado en 2011: "Si (el principio es que) los actos administrativos deben adoptarse de conformidad con las formas y procedimientos establecidos por las leyes y reglamentos, un defecto que afecte el desarrollo de un procedimiento administrativo previo, ya sea obligatorio o facultativo, solo puede hacer que la decisión adoptada sea ilegal si de los documentos del expediente se desprende que pudo ejercer una influencia sobre el sentido de la decisión adoptada o que priva a los interesados de una garantía (CE, 23 de diciembre de 2011, *Danthony*, Rec. 649).

Otro ejemplo de esta misma preocupación por evitar la anulación de una decisión por el mero hecho de haber sido adoptada sin tener en cuenta los requisitos formales y de procedimiento, se encuentra en una ley recientemente aprobada, que instituye de forma experimental y por un período de tres años, el mecanismo del "rescrit juridictionnel" (Ley 2018-727, de 10 de agosto de 2018, art. 2, 54), cuyo objeto es permitir que el autor o el beneficiario de ciertas decisiones administrativas de carácter no reglamentario (como, por ejemplo, una declaración de utilidad pública) presente al tribunal administrativo —como medida preventiva, por así decirlo— una solicitud destinada a evaluar la legalidad "externa" (competencia, forma y procedimiento) de esas decisiones, con el fin de "purgar" el acto en cuestión de todo riesgo de anulación posterior (por vía de acción o por excepción), por ilegalidad externa.

Como en el caso anterior, se trata, por lo tanto, de limitar en la medida de lo posible la anulación de un acto administrativo por el solo hecho de que se hubiese tomado en violación de las reglas adjuntas al procedimiento administrativo no contencioso.

## 2. Principios aplicables al curso del proceso de toma de decisión (negocium) y a la presentación del acto (instrumentum)

De conformidad con los trabajos de Charles Eisenmann, cuando se refiere al concepto de acto administrativo, hay que distinguir, por una parte, el proceso de toma de decisiones (*el negocium*), que, independientemente de las normas relativas a la competencia del autor, puede dar lugar a cierto número de formalidades (o procedimientos) y, por otra parte, el resultado de este proceso, es decir, el propio acto (*el instrumentum*), que está sujeto a cierto número de formalidades (o procedimientos).

¿Podemos hablar de los principios que rigen todo el proceso? Allan R. Brewer Carias ha analizado extensamente la cuestión (*Les principes de la procédure administrative non contentieuse*, Económica, 1992, págs. 118 y ss.). En cuanto al derecho francés, hay motivos para mostrarse relativamente reservados al respecto.

Aquí están las observaciones que se pueden hacer sobre este tema.

### A) *Principio de eficiencia, economía y simplicidad*

Son, según Allan R. Brewer Carrias (*op. cit.*, pág. 122), principios que deben orientar al *iter* (es decir, el camino) procesal, en otras palabras, y para usar la fórmula de Ch. Eisenmann, el *negocium*. En derecho francés, no existe equivalente a estos principios.

B) *Principio de celeridad. Condiciones de regularidad " ratione temporis"*

Si el principio de celeridad en sí mismo no tiene traducción en derecho francés, el hecho sigue siendo que, en general, los procedimientos a los que está sometido un acto no escapan a una exigencia que puede estar vinculada a este principio, en el sentido de que están sujetos a limitaciones de tiempo.

Huelga decir que cuando la ley o el reglamento prevea la consulta previa de un órgano antes de tomar una decisión y cuando dicha consulta constituye una garantía en beneficio de los administrados o es probable que lo sea, el hecho de no consultar previamente a ese órgano no puede, salvo cuando el texto disponga lo contrario, ser considerado como regularizado por la consulta de ese órgano después de la decisión (CE, 7 de febrero de 2020, N° 428625, Sra. B).

Una vez completadas, estas son válidas por un período de tiempo limitado. Esta jurisprudencia subordina la regularidad del acto a la cercanía de la relación *ratione temporis* con el proceso. Por lo tanto, es parte del principio en cuestión.

C) *Principio de no formalismo*

A este respecto, hay que distinguir según tratamos las formas del acto como un *instrumentum* o las formalidades de elaboración del acto como un *negotium*.

a) Respecto al primer caso, podemos afirmar que el derecho francés no es "formalista" en el sentido de que las formas siempre son, como lo subraya Georges Dupuis en su prólogo a la tesis de René Hostiou (*op. cit.*), "el eco de un dato de fondo" y que tradicionalmente el juez administrativo privilegia la sustancia sobre la forma. Por eso, añade Georges Dupuis, el contencioso está muy legítimamente sujeto a una especie de desprecio de las formas, y la revisión debe centrarse en el fondo, del que sólo son un reflejo, para utilizar otra imagen". (Del mismo autor, véase *Les motifs des actes administratifs*, EDCE 1975, pág. 13).

Sin embargo, esta evaluación debe matizarse a la luz de los acontecimientos contemporáneos.

Sin establecer un principio general de motivación de todos los actos administrativos, la Ley de 11 de julio de 1979 impuso la motivación de un cierto número de actos (Código de Relaciones entre el público y la administración, art. L. 211-2) "Las personas físicas o morales tienen derecho a ser informadas sin demora de los motivos de las decisiones administrativas individuales desfavorables en relación con ellos". Con este fin, se deben dar razones para las decisiones:

1°) Que restringen el ejercicio de las libertades públicas o, en general, constituyen una medida policiva.

2º) Que infligen una sanción.

3º) Que someten la concesión de una autorización a condiciones restrictivas o que imponen restricciones.

4º) Que retiran o abrogan una decisión que crea derechos.

5º) Que oponen una prescripción, una ejecución hipotecaria o una pérdida del derecho.

6º) Que rechazan una ventaja cuya atribución constituye un derecho para las personas que reúnan las condiciones legales para obtenerla.

En el mismo sentido, la ley de 12 de abril de 2000 establece que "Toda decisión que tome la administración incluye la firma de su autor, así como la mención, en caracteres legibles, de su nombre, apellido y calidad (Código de relaciones entre el público y la administración: art. L. 212-1). Sin embargo, parece que este requisito es controlado por el juez con cierto pragmatismo, testificando su renuencia a hacer prevalecer el formalismo sobre el fondo.

b) Respecto al segundo caso, vale decir el de las formalidades, el procedimiento administrativo en sentido estricto, también hay que distinguir el proceso de elaboración del acto y el de su difusión a su(s) destinatario(s).

En relación con las formalidades de la elaboración del acto (procedimiento consultivo, procedimiento contradictorio, encuesta pública, etc.), hay que considerar que cualquier irregularidad es tal que puede llevar a la anulación del acto, siempre y cuando la irregularidad sea "sustancial"; esta última condición tiene un efecto de limitar el formalismo en la medida que se asocia muy generalmente a una visión negativa del Derecho. Cabe señalar que la jurisprudencia *Danthony* antes mencionada, en cuanto obliga al juez administrativo a cuestionarse sobre las garantías que hubiesen sido infringidas o sobre las incidencias de la irregularidad en cuestión, contribuye en gran medida —de hecho, ese era su propósito (cf. D. Labetoulle, "La jurisprudence Danthony", en *Les procédures administratives*, Paris, Dalloz 2015, pág. 271)— para disipar la acusación de un formalismo demasiado importante.

En cuanto a la difusión del contenido del acto, es decir, de la publicidad, esta difiere según la naturaleza y el alcance del acto en cuestión. Da lugar, según los casos, a una publicación (Diario Oficial, boletines diversos, visualización) o a una notificación, si se trata de una decisión individual; la sanción se ubica, si no se cumplen las condiciones requeridas, en el campo de la ausencia de oponibilidad del acto y no en el de la anulación, sin que se pueda evocar aquí un exceso de formalismo por parte del juez administrativo (cf. R. Hostiou, tesis citada, págs. 143 y s.).

D) *Principio de imparcialidad*

Este principio está naturalmente ligado a la imparcialidad exigida a cualquier órgano del Estado y al principio de igualdad entre los ciudadanos. Es mediante el desvío de poder —cuyo objeto es sancionar el hecho de que una autoridad administrativa haya utilizado voluntariamente sus facultades para un fin distinto de aquel para el que le fueron conferidas y con propósitos que no son de interés público— como el juez administrativo ha velado durante mucho tiempo por el respeto del principio de imparcialidad del procedimiento. Sin embargo, así como lo señala Guy Isaac (*La procédure administrative non contentieuse*, LGDJ, Paris, 1968, pág. 422), "a medida que aumenta la importancia del procedimiento administrativo no contencioso, que se multiplica el número de procedimientos de investigación, indagaciones, encuestas, consultas de funcionarios o comisiones, la mera sanción de parcialidad en la decisión final parece cada vez más insuficiente [...]. Lo que se requiere no es solo la imparcialidad del que toma la decisión, sino también la imparcialidad de todo el procedimiento, que no puede garantizarse solamente con el control por desvío del poder".

La encuesta pública, que es un procedimiento de consulta al público antes de una operación de expropiación y, más generalmente, de una operación susceptible de afectar al medio ambiente, y que concluye con una opinión —favorable o desfavorable a la realización de la operación— del comisario encuestador, muestra la importancia de esta exigencia, que condiciona la propia credibilidad de dicho procedimiento y que es objeto de disposiciones textuales muy precisas relativas al comisario investigador.

Dos principios —estrechamente complementarios— se aplican al comisionado investigador, uno a título preventivo, relativo al nombramiento del comisionado (principio de independencia) y otro relativo al cumplimiento efectivo de sus funciones (principio de imparcialidad). Ambos están sujetos al control del juez administrativo en caso de recurso por exceso de poder ejercido contra la declaración de utilidad pública o la decisión que afecte a la protección del medio ambiente (véase J.-C. Hélin et R. Hostiou, *Traité de droit des enquêtes publiques*, Le Moniteur, 2ème éd., 2014, págs. 105 y s.).

El artículo R. 123-4 del Código del Medio Ambiente dispone: "Antes de ser nombrado, cada comisario investigador indica al presidente del tribunal administrativo (autoridad encargada de nombrar al comisario investigador) las actividades realizadas en el curso de sus funciones anteriores o actuales que podrían considerarse incompatibles con las funciones de comisario investigador en virtud del artículo L. 123-5 y firma una declaración jurada de que no tiene ningún interés personal en el proyecto, plan o programa". Se trata de una obligación de este último de recusarse en el caso de que tuviese algún interés susceptible de poner en entredicho su nombramiento, obligación que es anterior a esta disposición textual, en el sentido de que es de carácter general, ya que la imparcialidad del procedimiento administrativo no contencioso entra en el ámbito de los "principios generales del derecho" (véase G. Isaac, *op. cit.*, pág. 427).

El artículo L.123-5 del Código del Medio Ambiente añade: "No podrán ser designadas comisarios investigadores [...] las personas interesadas en el proyecto a título personal o en razón de sus funciones, en particular en el seno de la comunidad, de la organización o del servicio que contrata la obra, responsable de la gestión del proyecto o del control de la operación investigada".

E) *Principio de eficacia*

El derecho administrativo francés exige que las formas y procedimientos, cuando sean necesarios, se lleven a cabo de manera "efectiva".

Se ofrecen dos ejemplos a este respecto:

a) *La motivación.* Cuando la administración deba motivar la decisión que adopte, estas motivaciones deben ser "efectivas". Deben estar escritas e incluir una declaración de las consideraciones de hecho y de derecho que constituyen la base de la decisión (Código de relaciones entre el público y la administración: art. L. 211-5). Por lo tanto, debe permitir al destinatario conocer, con la simple lectura del acto —o eventualmente de un documento, siempre que se adjunte al mismo— las razones por las que se tomó la decisión que le afecta.

Y si se acepta que, en un caso de absoluta urgencia que impida motivar una decisión, la falta de motivación no hace que la decisión sea ilegal, "la autoridad que tomó la decisión le informará, en el plazo de un mes, de los motivos en que se basa". Asimismo, si bien se admite que una decisión implícita derivada del silencio administrativo, adoptada en los casos en que debería haber sido motivada por una decisión explícita, no es ilícita por el solo hecho de no ir acompañada de tales motivos, se prevé que, a petición del interesado, formulada dentro del plazo para intentar el recursos contencioso, se le comuniquen los motivos de la decisión "en el plazo de un mes a partir de dicha petición" (Código de Relaciones, art. L. 232-4).

b) *El examen particular y completo de las circunstancias del caso.* El administrador que se ocupa de una solicitud que tiene toda libertad para aprobar o rechazarla y que, por lo tanto, dispone de una competencia denominada discrecional, está obligado, antes de ejercer su facultad discrecional, a examinar las circunstancias concretas del caso y no puede limitarse a rechazarla indicando un motivo de orden general. Se trata de un principio fundamental del procedimiento administrativo no contencioso, una garantía procesal esencial que se aplica a todos los órganos que intervienen en los procedimientos administrativos, tanto si disponen de un poder de decisión o simplemente de opinión. La autoridad que tiene facultades discrecionales debe utilizarlas de manera matizada, teniendo en cuenta las circunstancias particulares de cada caso que se le presenta, lo que la obliga a hacer un examen específico de esas circunstancias. "La administración tiene la obligación jurídica, o será sancionada por el juez administrativo, de ponerse en las mejores condiciones, antes de pronunciarse —e incluso (y sobre todo cuando tiene un poder discrecional)— para hacer una evaluación sana e informada de lo que requiere el interés general" (M. Waline, nota bajo CE, 20 de junio de 1952, Legros, RDP 1953, pág. 725).

F) *Confianza legítima. Principio de seguridad jurídica*

En las democracias contemporáneas, existe una fuerte demanda de seguridad jurídica ante la administración activa, lo que forma parte de un problema general de garantía de las libertades fundamentales.

Esta preocupación por la seguridad jurídica se refleja en las disposiciones del artículo L. 112-1 del Código de las Relaciones entre el público y la administración, según las cuales "toda persona obligada a respetar un plazo o una fecha límite para presentar una solicitud [...] a una administración, puede cumplir esta obligación a más tardar en la fecha prevista, mediante una carta de correspondencia, la que se demuestra con el sello colocado por los servicios postales". Se prevén disposiciones especiales para el caso de una consulta por vía electrónica (arts. L. 112-8 y ss.).

Las disposiciones de los artículos L. 221-2 y L. 221-3, relativas a las normas de entrada en vigor de las decisiones reglamentarias, y el artículo L. 221-8, relativo a los actos individuales, deben vincularse a esta misma preocupación por la seguridad jurídica.

Cabe destacar que la seguridad jurídica es objetiva y que la confianza legítima es subjetiva: se basa en la creencia que las personas interesadas pueden tener en la existencia y el mantenimiento de un determinado Estado de derecho. En otras palabras, los dos conceptos pueden cruzarse, pero no superponerse. Y para el Consejo de Estado, "el motivo basado en la falta de conocimiento del principio de confianza legítima, que forma parte de los principios generales del derecho comunitario, solo puede aplicarse en el ordenamiento jurídico nacional si la situación jurídica ante el tribunal administrativo francés se rige por el derecho comunitario" (CE, 24 de marzo de 2006, Société KPMG, Rec. Lebon pág. 154).

## **Sección IV.** *Punto de partida y desarrollo del proceso de participación*

### **1.** Principios relativos a la iniciación de procedimientos. Derecho de petición y recurso administrativo

(Sobre la distinción entre estas dos instituciones, véase J. Moreau, "Un inconnu; le droit de pétition sous la IVème république", en *Travaux juridiques et économiques de l'Université de Rennes*, tome XXI , 1958 , págs. 1 y s.).

1. "En el derecho constitucional, la petición tiene un significado específico: se refiere al recurso a las asambleas legislativas, recurso que la doctrina considera como un derecho natural que existe sin necesidad de un texto que lo prevea y cuyo régimen jurídico se encuentra principalmente en los reglamentos de las asambleas" (HEUMANN concl. sobre CE, 26 de octubre de 1956, *Association des combattants de la Paix et de la Liberté*, RDP, 1957, pág. 543).

Por lo tanto, este derecho no debe confundirse con el derecho a la acción judicial y al recurso administrativo.

Llamamos recursos administrativos (los únicos que nos interesan aquí) a las actuaciones que permiten a los administrados acudir ante un funcionario, ya sea el que tomó la decisión (el llamado recurso de reposición), o el superior jerárquico de este último (el llamado recurso "jerárquico" o apelación).

Retomando una antigua regla, de origen jurisprudencial y considerada como un principio general del derecho, el Código de Relaciones entre el público y la administración ha ratificado este derecho:

"Toda decisión administrativa podrá ser objeto, dentro del plazo establecido para la presentación de una acción contenciosa (es decir, dos meses), de un recurso de reposición o jerárquico que interrumpa este plazo".

Cuando, dentro del plazo inicial de la acción contenciosa que hay contra una decisión, se interpone un recurso de reposición y un recurso jerárquico, el plazo de la acción contenciosa, ampliado por el ejercicio de estos recursos administrativos, "no vuelve a correr con respecto a la decisión inicial hasta que ambos hayan sido rechazados" (Código de Relaciones, prec., art. L. 411-2).

2. Inicio automático del procedimiento a iniciativa de la administración. Los actos por los que la propia administración inicia el procedimiento son, dada la diversidad de sus facultades y la multitud de circunstancias en las que puede ser llamada a ejercerlas, numerosos y heterogéneos. Por ende, todos los casos en que se deba aplicar un procedimiento contradictorio, se debe informar al interesado que puede solicitar la comunicación de su expediente o, más generalmente, de las quejas en su contra, por lo que corresponde a la administración informarle de su derecho.

Asimismo, en el caso del procedimiento de encuesta pública, es la administración la que, por decreto, abre la investigación pública y es a partir de ese momento cuando los interesados, si así lo desean, podrán consultar el expediente, reunirse con el comisario investigador y formular sus observaciones.

3. Inicio del procedimiento a petición de las partes interesadas. Hay muchos casos en los que la administración solo puede poner en práctica el proceso de adopción de decisiones si ha recibido una solicitud en ese sentido de las partes interesadas. Este es generalmente el caso de todos los procedimientos por los que se solicita el reconocimiento de un derecho o la atribución de un favor: permiso, autorización, licencia, concesión, etc. Se trata de casos en los que la

administración no puede actuar inmediatamente. Solo puede actuar cuando ha recibido una solicitud, lo que implica que la solicitud debe formularse de conformidad con los requisitos (en cuanto a la forma y el fondo) exigidos en esos casos.

El Código de Relaciones entre el público y la administración establece una serie de normas al respecto:

"Se exige el uso del idioma francés en los intercambios entre el público y la administración" (art. L. 111-1).

Toda solicitud dirigida a la administración debe ser objeto de un acuse de recibo (art. L. 112-3), salvo excepciones, por ejemplo, "en caso de solicitudes abusivas" (art. L. 112-3). En este último caso se indica si es probable que la solicitud dé lugar a una decisión implícita de rechazo —silencio administrativo negativo— o a una decisión implícita de aceptación —silencio administrativo positivo—. En el primer caso, menciona los plazos y los recursos contra la decisión. En el segundo caso, menciona la posibilidad ofrecida al solicitante de que se le expida el certificado previsto en tal caso (art. L. 112-5). En el mismo código se especifican también las normas especiales aplicables a las consultas y los intercambios por medios electrónicos (arts. L. 112-8 y ss.).

## 2. Participación de los administrados

Si bien la acción "unilateral" —la forma de acción privilegiada en materia administrativa— se caracteriza por el hecho de colocar al destinatario de esta acción en una posición de tercero en relación con el autor del acto (que es precisamente lo que distingue esta forma de acción del proceso contractual), no es raro que por diversas razones (una de las cuales es, sin duda, la búsqueda de la eficacia de dicha acción), la administración deba hacer participar al o a los administrado(s) con diversos grados de intensidad, en la preparación de la decisión.

A este respecto, se mencionan dos casos, el procedimiento consultivo y el procedimiento de encuesta pública.

### A) *El procedimiento de consulta*

La importancia del procedimiento consultivo parece ser una de las características destacadas del derecho administrativo francés. La proliferación de comités, consejos y diversas comisiones, la exigencia previa de opiniones, propuestas y consultas se ha desarrollado hasta tal punto que a veces ha llevado incluso a reconsiderar la definición de un acto "unilateral", es decir, una decisión administrativa, que ya no parece ser una "orden", de hacer o de no hacer, sino más bien el resultado de negociaciones y acuerdos entre el autor y los diversos grupos interesados (véase R. Hostiou, *Procédures et formes de l'acte administratif unilatéral en droit français, op. cit.*, págs. 25 y ss.).

Desde un punto de vista estrictamente jurídico (y no sociológico), hay que distinguir entre las opiniones "conformes" —es decir, las que traducen un reparto de competencias entre los "coautores" del acto y que, como tales, no entran en el ámbito del procedimiento administrativo no contencioso— y las denominadas opiniones "consultivas", que, por su parte, se encuentran en el centro mismo de nuestro tema. La importancia cuantitativa de estas consultas ha dado lugar a un contencioso que se refiere, en particular, a la composición del órgano consultado, la fecha en que se celebró la consulta y su posible expiración, y el vínculo entre el objeto de la consulta y el contenido del acto finaL.

Bajo el rótulo muy general de "Asociación del público a las decisiones de la administración", el Código de Relaciones entre el público y la administración evoca, pero de manera muy parcial y lejos de abarcar la totalidad de la cuestión, el derecho aplicable a las "comisiones administrativas de carácter consultivo" (art. R. 133-1 y ss.) y específica el régimen jurídico aplicable a las consultas organizadas en Internet (art. R. 132-1 y ss.). (Ver P. Bon, "L'association du public aux décisions prises par l'administration », en, RFD Adm. 2016, núm. 1, pág. 27).

B) *El procedimiento de encuesta pública*

La encuesta pública es un procedimiento de consulta pública sobre un proyecto llevado a cabo por la administración, que constituye un expediente sobre el que se invita al público a expresar su voluntad. Da lugar a una opinión —que es en sí misma "consultiva" en el sentido de que no obliga a la autoridad que decide— del comisario de encuesta (cf. J.-C. Hélin y R. Hostiou, *Traité de droit des enquêtes publiques*, Le Moniteur, 2ª ed., 2014).

Originalmente (1830), era un procedimiento destinado en esencia a garantizar la protección de la propiedad privada —"inviolable y sagrada" según el artículo 17 de la Declaración de los Derechos del Hombre y del Ciudadano— en el contexto de la expropiación por utilidad pública. Su ámbito de aplicación se ha ido ampliando gradualmente a las instalaciones clasificadas para la protección del medio ambiente y a la planificación urbana. En 1983, se revisó radicalmente con el fin de implicar más eficazmente al público en las decisiones que afectan al medio ambiente (en este caso, hablamos de una encuesta pública "ambiental", cuyo régimen se rige por el Código del Medio Ambiente). Por último, y tal vez algo superfluo, en 2015, el Código de Relaciones entre el público y la administración estableció un tercer sistema de investigación pública, aplicable a las operaciones "que no entran en el Código de Expropiación ni en el Código del Medio Ambiente", y que se inspira muy directamente en ellos.

Aunque solo difieren ligeramente, estos tres tipos de encuesta pública se basan en la misma lógica y tienen el mismo propósito. Según lo previsto en el artículo L. 134-2 del Código de Relaciones entre el público y la administración (casi idéntico al art. L 123-1 del Código del Medio Ambiente), "la encuesta pública tiene por objeto garantizar la información y la participación del público, así como la consideración de los intereses de terceros durante la elaboración de decisiones administrativas". Las observaciones y propuestas recogidas durante la encuesta serán tenidas en cuenta por la administración competente antes de adoptar una decisión.

Para concluir, cabe añadir que la Ley de 12 de julio de 2010 y la Ordenanza 2016-1060 de 3 de agosto de 2016 introdujeron la posibilidad de utilizar "medios electrónicos" y que esta nueva fórmula significa que ahora están llamados a coexistir dos modelos: el modelo "presencial", que corresponde al modelo tradicional y el modelo correspondiente al uso de Internet tanto para la presentación del expediente como para la formulación de comentarios públicos (cf. R. Hostiou, "L'enquête publique dématérialisée en droit français: de la galaxie Gutenberg à l'ère du tout numérique", en Ensayos ofrecidos al profesor Nantawat Boramanand, Univ. Chulalongkorn, Bangkok, 2018 pág. 43). Estas disposiciones se especificaron en el Decreto 2017-626, de 25 de abril de 2017, relativo a las modalidades de información y participación del público en la preparación de determinadas decisiones que pueden tener repercusiones en el medio ambiente (véase N. Huten, "La substitution expérimentale de la consultation électronique à l'enquête publique", en *Rev. Jur. de l'Env.*, núm. 1, 2019, págs. 169 y ss.).

### C) *Disposiciones especiales relativas al urbanismo y a la protección del medio ambiente*

Adoptada en 2005 e integrada en el "bloque de constitucionalidad" de la legislación francesa, la carta del medio ambiente prevé:

"Toda persona tiene derecho, en las condiciones y dentro de los límites definidos por la ley, a acceder a las informaciones relativas al medio ambiente que posean las autoridades públicas y a participar en la preparación de las decisiones públicas que afecten al medio ambiente" (art. 7). Este derecho "implica que la persona pública interesada deberá poner a disposición del público información objetiva y pertinente, suficiente para que la consulta se lleve a cabo de manera significativa" (CE, 20 de enero de 2020, núm. 423819, *Association Force S, Groupement des agriculteurs du Finistère et autres*).

Además de las modificaciones introducidas en la ley sobre las encuestas públicas, el principio de "participación" —al que está sujeto ahora el derecho del medio ambiente— ha dado lugar al establecimiento de procedimientos especiales destinados a "democratizar" la toma de decisiones en materia de medio ambiente (Código del Medio Ambiente, art. L. 121-1-A).

Se trata en particular, del procedimiento de "concertación" previa, cuya finalidad es hacer participar al público en la preparación de un proyecto, plan o programa (Código del Medio Ambiente, arts. L. 121-1-A). L. 121-15-1 y ss.; Código del Urbanismo, art. L. 300-2) o de la Comisión Nacional para el Debate Público, que es una "autoridad administrativa independiente" encargada de velar para que se respete la participación del público en el proceso de elaboración de proyectos de desarrollo o de instalaciones de interés nacional para el Estado, las colectividades territoriales, las instituciones públicas y los particulares "cuando presenten un elevado interés socioeconómico o tengan repercusiones importantes en el medio ambiente o la ordenación del territorio" (Código del Medio Ambiente, art. L. 121-1).

### 3. Defensor de los derechos

En Francia, el "defensor de los derechos" es una "autoridad administrativa independiente", creada por la revisión constitucional de 23 de julio de 2008 e instituida por la ley orgánica de 29 de marzo de 2011, que reemplazó al "ombudsman", y después al "mediador de la República". Nombrado por el presidente de la República para un mandato de seis años, el defensor de los derechos se encarga de defender los derechos de los ciudadanos no solo ante las administraciones (ombudsman). También tiene prerrogativas especiales en cuanto a la promoción de los derechos del niño, la lucha contra la discriminación, el respeto de la ética de las actividades de seguridad y formula recomendaciones a los poderes públicos.

Publica un Informe de Actividades anuales. El informe publicado en 2012 se refiere a los "derechos de los usuarios de los servicios públicos". Contiene, entre otras, las siguientes observaciones, que dan una visión significativa de los problemas que plantea la relación entre la administración y los administrados, que está en el centro mismo de los problemas del procedimiento administrativo no contencioso:

"Así pues, el análisis de los conflictos de carácter administrativo revela un sentimiento de desconfianza y decepción hacia la administración. De hecho, muchas quejas no reflejan ningún tipo de disfunción sino más bien una falta de confianza en los servicios administrativos. Por más fundadas que estén, los administrados no parecen poder resignarse a aceptar decisiones cuya sequedad no deja de parecerles que refleja una administración deshumanizada, que no escucha y carece de empatía. Esta última parece estar en el origen de decisiones que agravan situaciones que ya son delicadas, ya que afectan la vida cotidiana o los escasos recursos de los más desfavorecidos. También desde el punto de vista del reclamante, esas decisiones parecen explicarse únicamente por la voluntad deliberada del Estado de reducir al *mínimo* su intervención o por una interpretación errónea de su situación personal, en medio de un cúmulo de normas, tan impersonales como mal coordinadas".

Huelga decir, sin embargo, que el defensor de los derechos se ocupa de asuntos que van mucho más allá de las meras cuestiones de procedimiento administrativo no contencioso. Por ello, aunque la existencia y la posibilidad de recurrir a él se mencionan en el Código de Relaciones entre el público y la administración (art. L. 424-1), las disposiciones que le conciernen se encuentran en la Ley Orgánica de 29 de marzo de 2011 y en los dos decretos de la misma fecha, por lo que no figuran en este Código.

## 4. Régimen de los recursos administrativos. Escrito. Contenido. Recepción

El concepto de recurso administrativo, que se deduce desde hace mucho tiempo solo de la jurisprudencia y que se limita a dar contenido jurídico a ciertas quejas dirigidas a la administración, ha dado lugar a una serie de aclaraciones en el Código de Relaciones Públicas y de la Administración (art. L. 410-1). Tras definir el recurso administrativo como "una reclamación dirigida a la administración con el fin de resolver una controversia derivada de una decisión administrativa", el Código distingue entre lo siguiente:

- El recurso de reposición: el recurso administrativo dirigido a la administración que tomó la decisión impugnada.
- El recurso jerárquico: el recurso administrativo dirigido a la autoridad a la que está subordinada la autoridad que tomó la decisión impugnada.
- El recurso administrativo previo obligatorio: el recurso administrativo al que se encuentra supeditado el ejercicio de una acción contenciosa contra una decisión administrativa.

El recurso administrativo de derecho común no está sujeto a un plazo. La administración es válidamente recibida, cualquier que sea el momento en que se presente. Presentado fuera de plazo, el recurso administrativo de derecho común es admisible: debe ser examinado pero no reabre la acción contenciosa contra la decisión inicial ni tampoco contra la decisión que toma la administración.

No está sujeto a ninguna forma en particular. Si ello implica la presentación de conclusiones (solicitud de rechazo, reforma, retiro, derogación), no es necesario acompañar esas conclusiones con alegatos. El administrado puede situarse no solo en el campo de la "legalidad" sino también en el de la "oportunidad" o la "equidad", que —y esta es la diferencia esencial entre este recurso y el contencioso— no son, por su parte, competencia del juez de exceso de poder (cf. D. Maillard, Desgrées du Loû, *Droit des relations de l'administration avec ses usagers*, Paris, PUF 2000, pág. 520).

Como para todas las solicitudes presentadas a la administración, el recurso administrativo debe dar lugar a la entrega de un acuse de recibo (Código de Relaciones entre la administración y el público, art. L. 411-3).

La administración debe conocer válidamente de la reclamación sin tener que preguntarse si el reclamante tiene derecho a reclamar. Ni la calidad ni el interés suelen condicionar la admisibilidad de los recursos administrativos de "derecho común". (No ocurre lo mismo cuando se trata de la acción contenciosa que podrá intentarse con posterioridad).

## 5. Derecho de la defensa. Derecho a ser escuchado. Acceso al expediente

El carácter contradictorio del procedimiento propende la participación efectiva en el procedimiento que le concierne a toda persona cuyos derechos o intereses puedan verse afectados por un acto administrativo, a fin de que pueda presentar su defensa o, al menos, su punto de vista.

Este principio, conocido universalmente como *audi alteram partem*, es un principio que se aplica en el contexto de todos los procedimientos de carácter jurisdiccional.

También tiene, en el contexto de los procedimientos administrativos no judiciales, un amplio ámbito de aplicación. El principio se afirmó por primera vez bajo el título de "principios generales del derecho" en las más diversas áreas, para todas las medidas que tengan carácter de sanción y siempre que la medida se adopte sobre la base de consideraciones particulares de la persona interesada.

Con excepción de los casos en que se adopta una decisión sobre una solicitud, el procedimiento "contradictorio" previo se aplica a las decisiones individuales sujetas a la obligación de motivación (decisiones "desfavorables" y, de manera más general, a todas las decisiones adoptadas "teniendo en cuenta a la persona" (Código de Relaciones entre el público y la administración, art. L. 121-1).

Estas decisiones se adoptan únicamente después de que se haya dado al interesado la oportunidad de presentar observaciones por escrito y, si es el caso, a petición suya, observaciones orales. Esa persona puede ser asistida por un abogado o representada por un representante de su elección. (Código de Relaciones entre el público y la administración, art. L. 122-1).

Las medidas que se refieren a una "sanción" solo podrán adoptarse después de que la persona en cuestión haya sido informada de los cargos presentados contra ella y se le haya dado la oportunidad de solicitar la comunicación de su expediente (Código de Relaciones entre el público y la administración, art. L. 122-2).

El carácter contradictorio del procedimiento implica que el interesado tiene un derecho mínimo a ser informado de la existencia de un proceso cuyo resultado pueda afectar sus intereses, a fin de que pueda familiarizarse con los cargos formulados contra él y preparar sus descargos. Dado que la apertura de la investigación y la decisión posterior forman un todo, es importante que no se separen por un período de tiempo demasiado largo. El plazo tampoco debe ser demasiado breve, pues de lo contrario el interesado no podrá tener una "defensa útil".

## 6. Información a los administrados. Acceso a los documentos administrativos

Al mencionar "el derecho de toda persona a la información" y al enunciar "la libertad de acceso a los documentos administrativos", el artículo 1 de la ley de 17 de julio de 1978, codificado en el artículo L. 300-1 del Código de Relaciones entre el público y la administración, ha instituido un verdadero cambio de paradigma. El derecho de acceso a los documentos administrativos es ahora una de las garantías fundamentales que se conceden a los ciudadanos para el ejercicio de las libertades públicas.

El texto de la norma define los documentos administrativos como "los documentos producidos o recibidos, en el marco de su misión de servicio público, por el Estado, las colectividades territoriales y otras personas de derecho público o privado a las que se haya confiado ese tipo de misión" (Código de Relaciones entre el público y la administración, art. L. 300-2). Aunque este derecho de comunicación solo se aplica a los "documentos completos" y no se refiere a los "documentos preparatorios de una decisión administrativa durante su elaboración", los dictámenes previstos por los textos legislativos o reglamentarios, a la luz de los cuales se resuelve sobre una solicitud de decisión individual creadora de derechos, también pueden ser comunicados al autor de esta solicitud tan pronto como se envíen a la autoridad competente para pronunciarse sobre la demanda.

La Comisión de Acceso a los Documentos Administrativos, que es una autoridad administrativa independiente, se encargará de velar para que se respete la libertad de acceso a los documentos administrativos. Cuando una persona a la que se le haya denegado el acceso le remita una solicitud, emitirá un concepto. La consulta a la Comisión para que emita un concepto es un requisito previo obligatorio para el ejercicio de la acción contenciosa (Código de Relaciones con la Administración Pública, art. L. 342-1).

## 7. Comportamiento del procedimiento administrativos no contencioso. Medidas preventivas y de suspensión

El procedimiento administrativo no contencioso no tiene repercusiones directas en la ejecutividad de la decisión administrativa. Aparece esencialmente como una posibilidad que se da al ciudadano de pedir a la administración que reconsidere una decisión ya tomada (recurso de reposición y apelación), o como una condición para la regularidad de dicho acto, constituyendo el procedimiento en cierto modo una garantía de que la decisión de la administración se adoptará con pleno conocimiento de causa y respetando los derechos de las partes interesadas (encuesta pública, procedimiento consultivo, procedimiento contradictorio, etc.).

Puede considerarse que la existencia misma de este procedimiento tiene un efecto "preventivo" en cuanto prohíbe a la administración tomar su decisión de manera precipitada. No obstante, huelga decir que si tiene el efecto de retrasar la toma de decisiones —por lo que se le suele reprochar— el procedimiento administrativo no tiene en sí mismo ningún efecto suspensivo.

Cabe señalar, sin embargo, que en situaciones muy excepcionales, el procedimiento administrativo puede tener en algunos casos el efecto de poner en tela de juicio la aplicación de la decisión administrativa.

Así, el artículo L. 123-6 del Código del Medio Ambiente dispone lo siguiente:

"El juez administrativo de medidas provisionales, que conoce de una solicitud de suspensión de una decisión adoptada tras las conclusiones desfavorables del comisario de encuesta o de la comisión de investigación, concederá esta solicitud si contiene un medio susceptible de crear, en el estado de la investigación, una seria duda sobre su legalidad.

"También concederá toda solicitud de suspensión de una decisión adoptada sin que se haya realizado la encuesta pública exigida por el presente capítulo o sin que haya tenido lugar la participación pública prevista en el artículo L. 123-19".

Estas disposiciones —específicas del derecho del medio ambiente— tienen por efecto dar un "peso" particular al procedimiento administrativo en el sentido de que este tiene por efecto, si la opinión del comisario de encuesta es desfavorable al proyecto, reforzar las posibilidades del solicitante de obtener, en caso de acción contenciosa, la suspensión de la decisión administrativa tomada al término de la encuesta pública (véase J.-C. Hélin y R. Hostiou, *Traité de droit des enquêtes publiques*, Le Moniteur , 2ª ed., 2014, págs. 288 y ss.).

## 8. La cuestión de los plazos de que dispone la administración para adoptar su decisión tras la realización de una formalidad en un procedimiento administrativo no contencioso

La ley o el reglamento suelen fijar un plazo para la intervención de las decisiones administrativas que deben adoptarse en el procedimiento administrativo o tras una formalidad de este. Aunque la presunción es favorable al carácter meramente "indicativo" de los plazos cuando estos están previstos en un texto, hay que señalar que este principio tiene límites.

Hay casos en los que estos plazos son analizados por el juez como de carácter "imperativo", puesto que su cumplimiento constituye una "garantía" para los administrados.

El artículo L. 121-2 del Código de Expropiación dispone lo siguiente: "El acto que declara el interés público o la decisión que se niega a declararlo interviene a más tardar un año después de la conclusión de la investigación preliminar. Este plazo se aumenta en seis meses cuando la declaración de utilidad pública sólo puede ser pronunciada por decreto en el Consejo de Estado".

De este texto se desprende claramente que el período en cuestión (un año o 18 meses, según que la declaración de interés público se haga por simple orden o por decreto del Consejo de Estado) es "imperativo". Al final de este período, la encuesta "deja de tener efecto legal".

Sin embargo, de manera más general, independientemente de que los textos hayan previsto o no un plazo, el principio es que la validez de una formalidad está, en cualquier caso, siempre sujeta a la ausencia de cambio en las circunstancias —de hecho o de derecho— en las que dicha formalidad tuvo lugar.

Por consiguiente, las disposiciones del artículo L. 121-2 deben combinarse con el principio según el cual los resultados de la investigación pueden verse afectados en caso de "un cambio de las circunstancias —de hecho o de derecho— que se produzca después de la clausura de la investigación, si ese cambio es de tal naturaleza e importancia que los interesados pueden haber sido inducidos a malinterpretar el alcance del proyecto y no pudieron expresar una decisión informada sobre la utilidad pública del mismo.

## 9. Participación en actos de aplicación general. Encuestas públicas

El procedimiento de encuesta pública es un procedimiento que en el derecho francés se remonta a la primera mitad del siglo XIX y que lleva a asociar la participación de los administrados, invitados a formular sus observaciones, en la elaboración de un cierto número de proyectos enumerados de manera restrictiva (operaciones de expropiación, establecimientos industriales llamados "peligrosos, inconvenientes o insalubres", urbanismo) y que posteriormente, con el auge de las consideraciones medioambientales, ha visto ampliado considerablemente su ámbito de aplicación (céase J.- C. Hélin y R. Hostiou, *Traité de droit des enquêtes publiques*, cit., págs. 49 y ss.).

El Código del Medio Ambiente lo define de la siguiente manera: "El propósito de una encuesta pública es asegurar que el público esté informado, participe y que los intereses de terceros se tengan en cuenta en la preparación de las decisiones que puedan afectar al medio ambiente. Las observaciones y propuestas recibidas durante el período de la encuesta son tomadas en cuenta por el administrador del proyecto y por la autoridad competente al tomar la decisión".

Una característica de este procedimiento es que se invita al público a examinar un expediente en el que se describe la operación en cuestión, su costo y su impacto ambiental y, sobre la base de ello, a formular observaciones sobre el proyecto en cuestión. También se caracteriza por el hecho de que un "comisario-encuestador", y a veces incluso una comisión de encuesta, son designados por el presidente del tribunal administrativo territorialmente competente, para "seguir" el desarrollo de la encuesta, recibir a los administrados que lo deseen y, por último, dar, al final de la investigación, una opinión —favorable o no— a la realización del proyecto en cuestión. Hay que especificar que esta opinión es simplemente "consultiva" en el sentido de que no obliga a la autoridad administrativa llamada a pronunciarse, pero sin embargo no carece de efecto (en particular, como se ha mencionado anteriormente, la posibilidad de obtener, en caso de acción contenciosa, una suspensión de la ejecución de la decisión).

Este procedimiento que, con la ley de 13 de julio de 1983 "relativa a la democratización de la encuesta pública y a la protección del medio ambiente", conocida como Ley Bouchardeau (Código del Medio Ambiente, arts. L. 123-1 a L. 123-18), había visto ampliado su ámbito de aplicación y revisado sus modalidades de funcionamiento, ha sido objeto, desde esa fecha, de una serie de medidas cuyo rasgo común es limitar el margen o reducir el alcance del principio de participación.

La primera consistió en generalizar el uso del procedimiento más flexible, más sencillo que la encuesta pública, de simplemente "poner a disposición" del público un expediente sobre un proyecto. A diferencia del procedimiento de encuesta pública, este es un procedimiento con muy pocas regulaciones y, por lo tanto, con muy pocas garantías para el público.

La segunda consiste en limitar el alcance del estudio de impacto ambiental y, por lo tanto, correlativamente el de la encuesta pública, siendo esta última modelada sobre la primera.

## **Sección V.** *Cierre de los procedimientos administrativos no contenciosos*

### 1. Renuncia. Prescripción. Caducidad

Cabe señalar en primer lugar que, a diferencia de las normas de competencia, las diversas normas relativas a los procedimientos administrativos no contenciosos no se consideran de "orden público", lo que significa que su violación, en caso de acción contenciosa, solo puede ser sancionada en la medida en que el fundamento de desconocimiento de esa violación hubiese sido presentado por el demandante. En otras palabras, si se ha producido una sanción con desconocimiento del derecho de defensa o si se ha tomado una decisión sin consultar a un órgano cuya opinión se requería, la irregularidad que ha empañado la decisión final no dará lugar a la anulación de dicha decisión si la excepción de ilegalidad no ha sido expresamente invocada por el peticionario y, además, dicha excepción no puede ser invocada de oficio por el juez (cf. R. Chapus, *Droit du contentieux administratif*, 13ème éd., Paris, Montchrestien, 2008, pág. 820).

Además, como se ha señalado anteriormente, una irregularidad que afecte al desarrollo del procedimiento administrativo no contencioso solo puede dar lugar a la anulación de la decisión si es probable que influya en el significado de la decisión adoptada o si priva a las partes interesadas de una garantía (CE, 23 de diciembre de 2011, *Danthony*, citado anteriormente).

Por último, en lo que consta de la relación del procedimiento administrativo con el tiempo, además del caso en que un texto prevé imperativamente un plazo al cabo del cual la formalidad cumplida está sujeta a caducidad y por lo tanto no puede tomarse en consideración, también debe tenerse en cuenta la teoría del "cambio de circunstancias", según la cual, aunque no haya expirado el plazo previsto en los textos, la opinión, la propuesta o la encuesta solo puede tenerse en cuenta si, entre el momento en que se realizaron esas formalidades y el momento en que se adoptó el acto, no ha habido ningún cambio en las circunstancias de hecho o de derecho.

## 2. Decisión adoptada tras la realización de las formalidades relativas al procedimiento administrativo no contencioso

Un ejemplo de ello es un acto administrativo adoptado a raíz de una opinión emitida por un órgano consultivo.

Según Y. Weber (*L'administration consultative*, Paris, LGDJ, 1968, págs. 211 y ss.), "el acto emitido por un órgano consultivo no difiere en modo alguno, en su presentación y al control al que está sujeto, de cualquier acto administrativo, que sea objeto directo de tal recurso". Según este autor, un acto consultivo (es decir, la opinión expresada por el órgano consultado) es "un acto unilateral, permisivo y ejecutorio".

Este análisis es erróneo. Como toda formalidad previa, el concepto tiene un carácter "preparatorio" (por lo que se considera que no reprocha y no está sujeto a revisión judicial) y no puede "desvincularse" de la decisión administrativa (véase R. Hostiou, *Procédure et formes de l'acte administratif unilatéral en droit français*, Paris, LGDJ, 1974, págs. 55 y ss.). Y si las irregularidades afectan a dicho procedimiento, solo podrán ser invocadas en el marco de un recurso contra la decisión administrativa adoptada al final de dicho procedimiento.

### 3. Globalidad de la decisión

Es en este sentido que se puede evocar la idea de una decisión "global", ya que los distintos elementos relativos al procedimiento administrativo contencioso en el sentido más amplio del término (formas y trámites) tienen como único objetivo garantizar que la decisión se adopte "con pleno conocimiento de causa", lo que se aplica tanto al autor de dicha decisión debidamente informado de los pormenores y del expediente en cuestión (y ello en lo que respecta a los conceptos formulados, los resultados de la encuesta realizada, etc.) y tanto para el destinatario o destinatarios de la decisión en cuestión (acceso al expediente y procedimiento contradictorio, exposición de motivos, etc.).

En la medida en que su finalidad es a la vez iluminar al autor de la decisión administrativa y a los destinatarios de la misma, tiende a atenuar el riesgo de abuso inherente al carácter unilateral de la acción de la administración (riesgo que a priori falte cuando la acción normativa es contractual y, por tanto, bilateral). De este modo, el procedimiento administrativo no contencioso aparece, sino como una "garantía", al menos como un factor —no despreciable— de "democratización" de la acción de la administración.

### 4. El silencio de la administración. Alcance

El silencio de la administración solo ha sido abordado por el legislador francés desde una perspectiva contenciosa. Al permitir al ciudadano que, tras haber presentado una solicitud a la administración, se enfrenta al silencio de esta, y al asimilar este silencio —después de cuatro meses— a una decisión de denegación explícita, los distintos textos que han intervenido en este asunto tienen por objeto suprimir lo que podría parecer una "verdadera denegación de justicia". Aunque se toleraban algunas excepciones, la regla era , por lo tanto, que "el silencio equivale al rechazo".

La Ley 2013-1005, de 12 de noviembre de 2013, anuló este principio. El artículo L. 231-1 del código de las relaciones entre el público y la administración prevé a este efecto:

"El silencio mantenido durante dos meses por la administración sobre una solicitud equivale a la decisión de aceptarla".

El principio es de ahora en adelante que el silencio vale como estar de acuerdo.

No obstante, el artículo L. 231-4 del Código de las Relaciones entre el público y la administración menciona varias excepciones, en las que el silencio de la administración durante dos meses se considera una decisión de denegación de la solicitud:

• Cuando la solicitud no conduce a la adopción de una decisión que tenga el carácter de una decisión individual.

• Cuando la solicitud no forma parte de un procedimiento previsto en un texto legislativo o reglamentario o tiene carácter de reclamo o recurso administrativo

• Si la solicitud es de naturaleza financiera.

• En los casos [...] en que una aceptación implícita no sea compatible con el cumplimiento de los compromisos internacionales y europeos de Francia, la protección de la seguridad nacional, la protección de las libertades y principios de valor constitucional y la salvaguardia del orden público.

• En las relaciones entre la administración y sus agentes.

Por otra parte, el artículo L. 231-6 dispone que "cuando la urgencia o la complejidad del procedimiento lo justifique, podrá fijarse por decreto en el Consejo de Estado un plazo distinto de los previstos en los dos artículos precedentes".

El plazo al final del cual es susceptible de adoptarse una decisión no tiene el mismo punto de partida, según se trate de una decisión implícita de rechazo o, por el contrario, de una decisión implícita de aceptación.

En el primer caso (decisión implícita de rechazo), el plazo correrá a partir de la fecha de recepción de la solicitud por la administración correspondiente.

En el segundo caso (decisión implícita de aceptación), el plazo solo correrá a partir de la fecha de recepción de la solicitud por la administración competente. Si esta administración informa al autor de la solicitud de que no ha entregado todas las informaciones o documentos exigidos por los textos (leyes y reglamentos en vigor), el plazo solo empezará a correr a partir de la fecha de recepción de esas informaciones o documentos (Código de Relaciones entre el público y la administración, art. L. 114-3).

# ITALIA

# EL PROCEDIMIENTO ADMINISTRATIVO EN ITALIA*

Fabrizio Fracchia

## Sección I

### 1. La experiencia italiana: aspectos generales

En la tradición jurídica italiana, la resolución (“provvedimento”) es el acto administrativo que, en cuanto eficaz sobre el plano del ordenamiento general, produce efectos jurídicos en relación con las situaciones jurídicas de terceros[1]. Dicha resolución se caracteriza, respecto a otros actos administrativos, porque es típica, nominativa y prescriptiva[2].

La resolución va precedida de un conjunto de actos, hechos y actividades que desembocan en la emanación de (y que están lógica y cronológicamente orientadas a) la propia resolución.

Este conjunto de hechos y actividades constituyen el procedimiento.

La doctrina italiana, en un intento de explicar el vínculo entre varios actos, después de haber privilegiado, al principio, la referencia a la figura del acto complejo (por lo tanto valorizando, desde una perspectiva estática, la teoría del acto como manifestación de la voluntad[3]), a partir de la segunda década del siglo XX ha dedicado importantes contribuciones a la dinámica del poder, desarrollando tanto una noción formal de procedimiento (en atención a dar evidencia a la sucesión de sus fases a la vista del fin último[4], así como enfatizando la

* Quiero agradecer a mi amigo y colega Jesús Conde Antequera por su ayuda y por sus sugerencias para la traducción.

[1] E. Casetta, F. Fracchia, *Manuale di diritto amministrativo,* Milán, 2019, 381 y ss.

[2] E. Casetta, “Provvedimento e atto amministrativo”, voz del *Dig. IV (disc. pubbl.),* XII, Torino, 1997, 243 y ss.; B. G. Mattarella, *L’imperatività del provvedimento amministrativo,* Padova, 2000; R. Villata, M. Ramajoli, *Il provvedimento amministrativo,* Torino, 2017.

[3] V. Brondi, *L’atto complesso nel diritto pubblico,* 1898; D. Donati, *Atto complesso, autorizzazione, approvazione*, 1903, ahora en *Scritti di diritto pubblico,* I, Padova, 1966, 387 y ss. Y U. Borsi, “L’atto amministrativo complesso”, en *Studi senesi,* 1903, XX, 1 y ss. Vid. además, G. Miele, “Alcune osservazioni sulla nozione di procedimento amministrativo”, en *Foro it.,* 1933, III, 378 y ss. Y U. Forti, “«Atto» e «procedimento» amministrativo”, en *Studi di diritto pubblico in onore di O. Ranelletti,* I, Padova, 1931, 453 y ss.

[4] A. M Sandulli, *Il procedimento amministrativo*, Milán, 1940.

relación entre los varios elementos procedimentales), como, esta vez en clave funcional, la afortunada tesis del procedimiento como "forma de la función"[5], sin descuidar la atenta consideración de experiencias comparadas[6].

En esencia, además de la concepción que pretende describir *qué* sea el procedimiento y cuáles sean sus fases, otras posiciones han tratado de definir "cómo" debe desarrollarse y qué normas deben regular la contraposición de los intereses que se articulan en el mismo. De ahí, de hecho, la idea de la "forma de la función". Con el fin de comprender mejor tal fórmula, procede aclarar que el paso desde la atribución del poder a la concreta producción del efecto final está marcada por una serie coordinada de actividades y actos "endoprocedimentales" que constituyen la función. De alguna manera actúa como un medio entre una situación estática (el poder) y otra situación estática (el efecto producido por la resolución y tipificado en ley: se producirán así autorizaciones, concesiones, expropiaciones, sanciones, órdenes, etc.). En este espacio se sitúa el procedimiento administrativo, que da evidencia a este momento, representando precisamente la forma externa en la que se manifiesta la realización de la acción administrativa (así como el proceso es la forma de la función jurisdiccional que concluye con una sentencia que finaliza el juicio), que debe tener lugar respetando algunos principios de "legitimidad" y, en particular, el principio de contradicción.

El procedimiento encuentra su razón de ser en una serie de exigencias y características peculiares del derecho público, o, en todo caso, específicamente advertidas en este ámbito[7], entre las que se recuerdan: a) la necesidad de evidenciar las modalidades de elección efectuadas por la administración en aras del interés público; b) la importancia de evidenciar los varios pasos que conducen a la determinación conclusiva como garantía del ciudadano[8] y el control operado por el juez administrativo (la cual no se limita a valorar la elección final sino que puede dirigirse a examinar el modo en que se desarrolla la acción); c) la existencia de normas jurídicas a las que está sujeta la administración en el desarrollo de su actividad; d) debe añadirse que, dado que la "función" —de la cual se trata— constituye esencialmente ejercicio de potestad discrecional, el procedimiento debe ser estructurado de modo que

[5] F. Benvenuti, "Funzione amministrativa, procedimento, processo", en *Riv. trim. dir. pubbl.*, 1952, 126 y ss. Véase entonces M. S. Giannini, *Lezioni di diritto amministrativo,* Milán, 1950, 259 y ss.

[6] G. Pastori (a cura di), *La procedura amministrativa*, Vicenza, 1964. Para una reseña de la doctrina, véase G. Manfredi, "Gli scritti sul procedimento amministrativo dopo la legge 241 del 1990", en *Amministrare*, 2018, 271 y ss.

[7] Véase, por otro lado, Salv. Romano, *Introduzione allo studio del procedimento giuridico nel diritto privato*, Milán, 1961.

[8] M. Nigro, "Il nodo della partecipazione", en *Riv. dir. proc.*, 1980, 225 y ss.

permita que la elección discrecional pueda tener lugar de manera oportuna. A tal fin, el procedimiento debe configurarse de modo que permita evidenciar los intereses involucrados en la ponderación (lo cual constituye aspecto esencial de la discrecionalidad[9]), permitiendo, en particular a los interesados, intervenir en el transcurso de la acción para representar el propio punto de vista (véase, *infra*, pár. 7).

## 2. Ley 241 de 1990

El legislador, después de que en la posguerra habían resultado fallidas varias tentativas de codificación del procedimiento, solo en 1990 aprobó una ley general[10], elaborada por una Comisión presidida por Mario Nigro.

Anteriormente, algunas fuentes habían tratado procedimientos específicos (baste citar la ley que disciplinaba el procedimiento de expropiación, que se remonta incluso a 1865, la Ley urbanística 1150/1942, relativa al proceso de planificación, y la Ley 689/1981, relativa a determinados procedimientos sancionadores) o aspectos particulares (como el contradictorio: art. 3 de la Ley 2248/1865, en virtud del cual "las materias no incluidas en el artículo anterior" —es decir, aquellas devueltas a la jurisdicción ordinaria— "serán atribuidas a las autoridades administrativas, las cuales, con sujeción a las deducciones y observaciones aducidas por escrito por las partes interesadas, proveerán mediante decretos motivados, previo informe de los consejos administrativos en los casos establecidos en la ley"), mientras que la Corte Constitucional (sent. 13/1962) había afirmado el principio del justo procedimiento[11] (calificado sin embargo como principio general del ordenamiento, vinculante para las regiones, pero no como principio constitucional), que impone una distinción entre "prever" en abstracto y "proveer" en concreto, situando los intereses privados en condiciones de exponer las propias razones, ya en garantía del propio interés, ya a título de colaboración con el interés público. La juris-

[9] Por todos, v. M. S. Giannini, *Il potere discrezionale della pubblica amministrazione. Concetto e problemi,* Milán, 1939.

[10] M. Nigro, "Il procedimento amministrativo fra inerzia legislativa e trasformazioni dell'amministrazione (a proposito di un recente disegno di legge)", en *Dir. proc. amm.*, 1989, 5 y ss. V. además, F. Tedeschini, "Procedimento amministrativo", voz *de la Enc. Dir.,* XXXV, Milán, 1986, 872 y ss.; E. Cardi, "Procedimento amministrativo", voz de la *Enc. giur. Treccani,* Roma, XXIV, 1991; R. Villata, G. Sala, "Procedimento amministrativo", voz del *Dig. IV (disc. pubbl.),* Torino, 1996, XI, 574; G. Morbidelli, "Il procedimento amministrativo", en *Diritto amministrativo*, a cura di L. Mazzarolli, II, Bologna, 2001, 1225 y ss.; A. Sandulli, "Il procedimento", en S. Cassese (a cura di), *Trattato di diritto amministrativo,* II, Milán, 2003, 1036 y ss.

[11] Sobre esta institución, véase V. Crisafulli, "Principio di legalità e giusto procedimento", en *Giur. Cost.,* 1962, 130 y ss.

prudencia administrativa, pues, había afirmado otros importantes principios procedimentales, como el deber de motivar los actos limitativos de la esfera jurídica de los particulares y la obligación de contestar en los procedimientos sancionadores. La doctrina, por su parte, había puesto el acento sobre importantes principios, como la buena fe y la confianza legítima del ciudadano[12].

La Ley 241, de 7 agosto de 1990, inspirándose también en experiencias extranjeras, introduce en cambio una norma "general", ocupando un espacio que previamente estaba sobre todo presidido por el juez administrativo, empeñado, como se ha visto, en la elaboración de principios aplicables a la acción administrativa.

Esta Ley contiene "nuevas normas en materia de procedimiento administrativo y de derecho de acceso a los documentos administrativos". De hecho, la Ley se ocupa también de aspectos que solo indirectamente se refieren al procedimiento, como del derecho de acceso y, en refuerzo de las más recientes reformas, del régimen de la resolución administrativa no conforme con el paradigma normativo, de su eficacia, de la revocación y de su anulación.

Esta Ley, en efecto, ha sufrido cambios significativos a lo largo de los años. Entre los más recientes, cabe resaltar los introducidos por la Ley 15/2005 y por la Ley 124/2015.

## Sección II

### 3. El ámbito de aplicación de la Ley

La Ley 241/1990 no contiene una disciplina completa y exhaustiva del procedimiento (ciertas fases endoprocedimentales, por ejemplo las deliberaciones colegiadas, no están contempladas), sino que se limita a especificar algunos principios y a disciplinar las instituciones más importantes.

Los procedimientos especiales, por lo tanto, tienen una disciplina peculiar, incluso si las normativas sectoriales remiten a la Ley 241/1990 (por ejemplo, el decr. leg. 50/2016 sobre contratos públicos, en el art. 30, establece que "en lo no expresamente previsto en el presente código y en los actos de aplicación, a los procedimientos de adjudicación y a las otras actividades administrativas en materia de contratos públicos se aplican las disposiciones de la Ley núm. 241/1990, y a las estipulaciones del contrato y a la fase de ejecución se aplican las disposiciones del código").

Un importante problema que debe abordarse es el de delimitar el ámbito de aplicación de la Ley 241/1990.

[12] F. Merusi, *L'affidamento del cittadino,* Milán, 1970. Más recientemente, v. F. Manganaro, *Principio di buona fede e attività delle amministrazioni pubbliche,* Nápoles, 1995.

Según el artículo 29, las disposiciones de la Ley se aplican a las administraciones estatales y a los entes públicos nacionales[13].

Es clara la influencia de la reforma del Título V de la segunda parte de la Constitución (L. cost. 3/2001) que, en el contexto italiano se ha caracterizado por el hecho de que la potestad legislativa es reconocida solo a Estado y regiones y ampliando notablemente las materias que se incluyen en la potestad legislativa regional (sin incluir el procedimiento administrativo entre aquellas atribuidas a la competencia exclusiva del Estado), podría aparecer como base para un desarrollo de la disciplina regional sobre el procedimiento, acotando así la centralidad de la Ley 241/1990[14].

El apartado 2 del citado artículo 29, al respecto establece, sin embargo, que las regiones y los entes locales, en el ámbito de sus respectivas competencias, regulan las materias disciplinadas por la Ley 241 de conformidad con el sistema constitucional y con las garantías del ciudadano ante la acción administrativa, tal como se define de los principios establecidos por la misma Ley 241.

Por lo tanto, se percibe el esfuerzo realizado por el artículo 29 de la Ley 241/1990 para ampliar el alcance del campo de aplicación de la disciplina al objeto de incluir los procedimientos "gestionados" por las diversas administraciones, incluidas las no estatales. La norma, de hecho, después de haber precisado en el apartado 1 que la Ley se aplica también a las sociedades con total o mayoritario capital público limitadamente al ejercicio de las funciones administrativas (la constitución de sociedades, por lo tanto, no es una "vía de escape" respecto a la ley sobre procedimiento), aclara que los artículos relativos a las consecuencias del retraso en la conclusión del procedimiento, a los acuerdos, a la tutela en materia de acceso, así como a la eficacia, invalidez, revocación y anulación del acto, se aplican a todas las administraciones públicas[15].

De forma aún más clara, el apartado 2-*bis* —citando esta vez no ya la noma sino más bien el instituto, e invocando un específico título de legitimación— establece que pertenecen a los niveles esenciales de las prestaciones, de conformidad con artículo 117.2 letra m), Cost. (materia "trasversal" de competencia estatal), las disposiciones relativas a las obligaciones de la administración

[13] G. Morbidelli, "In tema di art. 29 l. 241/1990 e di principi generali del diritto amministrativo", en *www.giustamm.it*, 2010; M. Allena, "Disciplina generale del procedimento e ordinamento autonomistico", en *Diritto dell'Economía*, 2011, 319 y ss.

[14] Sobre este punto, véase M. Occhiena, "Il procedimento", en M. Crosetti y F. Fracchia (a cura di), *Procedimento amministrativo e partecipazione. Problemi, prospettive ed esperienze,* Milán, 2002, 167 y ss.

[15] Es evidente la voluntad de afianzar esa disciplina a algunos "títulos" de competencia legislativa estatal establecidos por la Constitución, como "jurisdicción y normas procesales; ordenamiento civil, justicia administrativa" (también si las disposiciones jurisdiccionales están ahora "transitadas" en el código del proceso administrativo: art. 133, decr. leg. 104/2010).

pública de garantizar la participación del interesado en el procedimiento, de identificar al responsable de su tramitación, de concluirlo dentro del plazo previsto y de asegurar el acceso a la documentación administrativa, así como aquellas relativas a la duración máxima del procedimiento.

En el sentido del apartado 2-*ter*, cumplen también los niveles esenciales de la prestación las disposiciones concernientes a la presentación de solicitudes, señalizaciones y comunicaciones y el silencio administrativo, salvo la posibilidad de identificar, con acuerdos en sede de Conferencia unificada, casos adicionales en los que tales disposiciones no se aplican. Los niveles esenciales pueden ser "incrementados": de conformidad con el apartado 2 *quater*, de hecho, al regular los procedimientos administrativos de su competencia, las regiones y los entes locales, aunque no puedan establecer garantías inferiores a aquellas aseguradas a los privados conforme a las disposiciones citadas, pueden prever niveles adicionales de tutela[16].

En relación al ámbito subjetivo de aplicación de la Ley 241/1990, debe aun subrayarse que, en orden al instituto del derecho de acceso a los documentos administrativos, el artículo 23 prevé que dicho derecho encuentra aplicación pura en relación con los gestores de servicios públicos.

La Ley 241/1990 establece, por lo tanto, que algunas instituciones no encuentran aplicación respecto a procedimientos específicos, dejando espacio a la disciplina especial[17], mientras que ciertas disposiciones de la Ley se aplican solo a los procedimientos a instancia de parte (por ejemplo, art. 10-*bis* sobre el preaviso de denegación y art. 20 sobre el silencio "assenso" - silencio positivo) o prevén reglas especiales para los casos en que se pongan en evidencia intereses sensibles (véase *infra,* párr. 10)[18].

[16] Además, según dispone el apartado 2-quinquies, las regiones con estatuto especial y las provincias autónomas de Trento y Bolzano adecúan su legislación a las disposiciones del art. 29, de conformidad con los estatutos respectivos y las relativas normas de aplicación.

[17] Propiamente, en relación al derecho de acceso, en particular, el art. 24 estipula que este derecho queda excluido por los documentos amparados por el secreto de Estado; en los casos de secreto o prohibición de divulgación expresamente previstos en el ordenamiento; en los procedimientos tributarios (para los cuales rigen las normas particulares que los regulan); respecto a la actividad de la administración pública dirigida a la emanación de disposiciones normativas, actos administrativos generales, de planificación y de programación (para los que se aplican las normas que regulan su formación) y respecto a los procedimientos selectivos, en cuanto a los documentos administrativos que contienen información psico-actitudinal relativa a terceros.

[18] El art. 13, sin embargo, establece que las normas sobre la participación "no se aplican a las actividades de la administración pública dirigidas a la promulgación de actos normativos, administrativos generales, de planificación y de programación, para los que siguen siendo aplicables las normas particulares que rigen su formación" (tampoco se aplican a los procedimientos tributarios para los que también siguen en vigor las normas particulares que las regulan).

De relevancia es, finalmente, el apartado 1 ter, del artículo 1, según el cual los sujetos privados encargados del ejercicio de actividad administrativa aseguran el respeto de los criterios y de los principios a los que se refiere el apartado 1, con un nivel de garantía no inferior a aquellos que corresponden a las administraciones públicas, de conformidad con las disposiciones de la presente Ley.

Ello confirma el carácter "expansivo" de la Ley e impone regular los principios del procedimiento regulado precisamente en el apartado 1.

## Sección III

### 4. Los principios enunciados en la Ley 241/1990: legalidad, eficacia, rentabilidad, eficiencia, no agravación, publicidad, imparcialidad

El artículo 1.1, de la Ley 241/1990, afirma que la actividad administrativa persigue los fines determinados en la Ley (principio de legalidad[19]) y se rige por "criterios" de economicidad, de eficacia, de imparcialidad, de publicidad y de transparencia según las modalidades previstas en la propia Ley 241 y de las demás disposiciones que disciplinan procedimientos especiales, así como de los principios del ordenamiento de la Unión Europea.

La acción es económica cuando el cumplimiento de los objetivos se produzca con el menor empleo posible de medios personales, financieros y procedimentales. El principio puede ser también empleado en la hipótesis de que permanecen espacios de elección discrecional para la administración, obviamente en cuanto la opción "económica" sea compatible con el interés público.

La economicidad se traduce en la exigencia de no agravamiento del procedimiento si no es por extraordinarias y motivadas exigencias impuestas por el desarrollo de la instrucción (art. 1.2). Al objeto de comprender esta prescripción (que, por lo tanto, no contempla el principio de simplicidad, sino el de no agravamiento[20], se abordará *infra* el tema de la simplificación procedimental), se recuerda que, dentro del procedimiento, se encuentran actos previstos en la ley y actos que la administración considera oportuno y útil adoptar (típico ejemplo de los informes facultativos). En aplicación del principio que examinamos, deben ser considerados ilegítimos los actos superfluos; en particular las duplicidades injustificadas de informes y de actuaciones de instrucción.

La eficacia es la relación entre los objetivos previstos y los objetivos alcanzados, y expresa la necesidad de que la administración, además del respeto

[19] Sobre este principio, por último, v. P. Pantalone, *Autorità indipendenti e matrici della legalità,* Nápoles, 2018.

[20] F. Saitta, "Interrogativi sul c.d. divieto di aggravamento: il difficile obiettivo di un'azione amministrativa «economica» tra libertà e ragionevole proporzionalità dell'istruttoria", en *Dir. e società,* 2001, 491 y ss.

formal de la Ley, apunte también, y sobre todo, a perseguir del mejor modo posible la finalidad que se le ha encomendado.

La publicidad[21] es un carácter que constituye consecuencia directa de la naturaleza pública de la administración. Este "modo de ser" de la administración pública implica, por un lado, la necesaria preordenación de su actividad hacia la satisfacción de los intereses públicos y, por otro, requiere la transparencia de la propia administración y de su acción a los ojos del "público" (por lo que está estrechamente ligada a la imparcialidad, reclamada por el propio art. 1).

Aplicación concreta de los criterios de imparcialidad, de publicidad y de transparencia la constituye el derecho de acceso a los documentos administrativos (v. par. 8). En sentido amplio, se relacionan con la publicidad también las instituciones de la participación en el procedimiento administrativo y de la motivación de la resolución del procedimiento (art. 3), las medidas para hacer conocibles las determinaciones de la unidad organizativa responsable de la instrucción, de cualquier otro cumplimiento procesal y de la resolución final[22]. Estrechamente conectado a la imparcialidad está el principio de la predeterminación de los criterios y de la modalidad a la que las administraciones se deben atener en elecciones sucesivas ("autolimite"). El autolímite está disciplinado en el artículo 12 de la Ley 241/1990 y encuentra aplicación en los supuestos de fondos públicos (subvenciones, contribuciones, subsidios y auxilios financieros), vetando a la administración el poder proceder en vía puntual y concreta sin la previa previsión general de los mismos criterios y modalidad. Estos deben ser publicados y su observancia debe resultar de la resolución[23].

Fuerte impulso a la transparencia se deriva de la aprobación del decreto legislativo 33/2013 (que se fundamenta en la Ley 190/2012, promulgada para combatir la corrupción), que, sin referirse específicamente al procedimiento

[21] G. Arena, *Il segreto amministrativo. Profili teorici,* Padua, 1984.

[22] La Corte constitucional (sent. 104/2006) ha reconducido la comunicación de incoación del procedimiento a la publicidad, que se consideró "un principio del patrimonio constitucional común de los países europeos"; principio establecido, entre otros, por el art. 253 del Tratado constitutivo de las Comunidades Europeas, que impone la obligación de motivación de los actos comunitarios (sentencia de la Corte de Justicia de la Comunidad Europea del 2 de abril de 1998, en la causa C-367/95) (hoy art. 296). La decisión es de interés porque identifica un fundamento ultranacional para el principio examinado.

[23] P. M. Vipiana, *L'autolimite della pubblica amministrazione*, Milán, 1990; A. Police, *La predeterminazione delle decisioni amministrative,* Nápoles, 1997. Fuera del ámbito de los reconocimientos de beneficios económicos ("cubierto" por el art. 12, cit.), existen numerosas otras hipótesis (piénsese en los procedimientos concursales) en las que, con el argumento de que no hay suficiente disponibilidad de recursos o servicios públicos frente a las solicitudes realizadas, al comienzo del episodio del ejercicio de un poder, la administración dicta actos de predeterminación, más o menos abstractos, que condicionan las decisiones posteriores, en deferencia, entre otros, al principio de imparcialidad.

solo, impone la publicación de una amplia categoría de actos y de informaciones[24]: la filosofía de fondo que inspira esta disciplina es aquella según la cual la corrupción prolifera donde hay opacidad.

El artículo 1 de la Ley 241, no reclama el concepto de eficiencia (relación entre medios empleados y objetivos conseguidos); ello se hace, sin embargo, en el artículo 3-*bis*, en el que se afirma que, para lograr con precisión una mayor eficiencia de su actividad, las administraciones incentivan el uso de la telemática[25].

En general, el recurso a los principios de eficiencia, eficacia y economicidad acentúa la consideración general de la acción administrativa no ya desde la óptica de la mera legalidad (que sigue siendo uno de los pilares del sistema), sino más bien desde la perspectiva del logro de un resultado (parte de la doctrina habla al respecto de administración del resultado[26]).

Muy importante es el reclamo, que ha de entenderse como "móvil", a los principios del derecho de la Unión Europea[27]. En realidad, se trata de aquellos elaborados por la Corte de Justicia; pensemos en los principios de proporcionalidad[28], de publicidad, de precaución, de tutela de la confianza legítima y, por lo tanto, de la confianza consolidada —tras cierto período de tiempo— por el privado como consecuencia de un acto favorable (sent. 17 diciembre 1998, causa C-186/96). En parte, estos están consagrados en la Carta de derechos de la Unión Europea (v. por ejemplo, el derecho del individuo a ser escuchado antes de que se adopte una resolución que le cause perjuicio, art. 41), ahora integrada en el Tratado de la Unión. Se discute si estos principios deben aplicarse solamente a la actividad administrativa destinada a conseguir objetivos comunitarios o a todo el espectro de acciones de los entes públicos (la solución restrictiva corre el riesgo de colisionar con el principio de igualdad).

[24] En algunos casos, la publicación "es condición para la adquisición de la eficacia": es el caso de los actos de gobierno del territorio y de las resoluciones que dispongan concesiones y asignaciones de un importe total superior a mil euros. Las administraciones públicas publican las informaciones y los datos relativos a las tipologías de procedimientos de su propia competencia.

[25] En el sentido del art. 3-bis del decr. leg. 82/2005, entonces, las administraciones públicas y los gestores o prestadores de servicios públicos normalmente se comunican con el ciudadano exclusivamente a través de la dirección electrónica informada por este (y la utilización de diferente modalidad de comunicación caería entre los criterios de evaluación de la actuación dirigencial); por otro lado, las instancias también pueden ser enviadas por vía telemática.

[26] L. Iannotta, "Previsione e realizzazione del risultato nella pubblica amministrazione: dagli interessi ai beni", en *Diritto Amministrativo*, 1999, 57 y ss.

[27] M. Cartabia, *La tutela dei diritti nel procedimento amministrativo - L. n. 241 del 1990 alla luce dei principi comunitari*, Milán, 1991.

[28] V. A. Sandulli, *Il principio di proporzionalità*, Padua, 1998 y D. U. Galetta, *Il principio di proporzionalità e sindacato giurisdizionale nel diritto amministrativo*, Milán, 1998.

Ya ha habido una referencia a la imparcialidad. Debe añadirse que, en virtud del artículo 6 de la Ley 241/1990, el responsable del procedimiento y los titulares de los órganos competentes para la emisión de los informes, las evaluaciones técnicas, los actos intraprocedimentales y la resolución final, deben abstenerse en caso de conflicto de intereses, señalando cualquier situación de conflicto, incluso potencial. De este modo queda reforzada la imparcialidad "subjetiva" de la persona física del funcionario. Es obvio que el conflicto no se refiere a un comportamiento, sino a una "situación": la ley se ocupa de un conflicto no ya estructural, sino ocasional y dinámico, imponiendo no solo la señalización del mismo, sino también la abstención[29].

El ordenamiento no prevé el derecho de terceros a recusar al funcionario (en particular, el responsable del procedimiento, figura que será examinada *Infra*, par. 7) que se encuentra en una situación de conflicto de intereses, y también si es solo potencial[30].

La acción administrativa debe exteriorizarse mediante actos formales[31]: una referencia a la informalidad se encuentra en la disciplina del derecho de acceso, respecto al que se admite (art. 5, d.p.r. 184/2006) que el relativo derecho pueda ser ejercido informalmente mediante solicitud, incluso verbal, dirigida al órgano administrativo.

Un ulterior aspecto que merece ser subrayado concierne a la consideración del procedimiento como "lugar" en el que concluya el ejercicio de potestades resolutorias, en particular autorizaciones y concesiones, relacionadas entre ellas —aunque distintas— en cuanto referidas a una misma actividad del particular[32].

[29] La disposición no distingue entre conflicto actual y potencial; la amplitud de su contenido preceptivo, además, podría generar el riesgo de numerosos "bloqueos" a la acción administrativa. La norma guarda silencio sobre los reflejos que la actuación en situación de conflicto tiene desde el plano de la resolución: esta podría ser interpretada en el sentido de que, en caso de su violación, el acto final sea sin embargo patológicamente inválido, sin admitir la demostración de que el sujeto ha operado correctamente no obstante la situación de conflicto o que el acto ha perseguido el interés público. El Consejo de Estado, sin embargo, respecto a las comisiones en los concursos públicos (Sez. III, núm. 1628/2016), ha rebatido la taxatividad de los casos de incompatibilidad del art. 51, c.p.c. (que se refiere a la abstención del juez en el proceso) invocando la necesidad de una aplicación razonable de la disciplina y, por lo tanto, confirmando la orientación más tradicional (contraria a una obligación de abstención omnicomprensiva) incluso después de la entrada en vigor del art. 6 bis de la Ley 241/ 1990.

[30] N. Paolantonio, "Ricusazione del responsabile del procedimento per conflitto di interessi tra dimensione organizzativa e pretese dei privati", en *Persona y amm.*, 2019, fasc. 1, 53 y ss.

[31] En el sentido de que la voluntad no puede expresarse por las administraciones mediante tweet, véase Consejo de Estado, Sez. VI, núm 769/2015.

[32] A este respecto, cabe señalar que la doctrina se ha ocupado de la actividad general de la administración (por todos, v. E. Casetta, " Attività amministrativa ", voz del *Dig. pubbl. (disc pubbl.)*,I, Turín, 1987, 522 y ss., y F. G. Scoca, "Attività amministrativa", voz de la *Enc. Dir., Agg. VI*, Milán, 2002, 75 y ss.; G. Corso, *L'attività amministrativa,* Turín, 1999). El

En esta hipótesis[33], el procedimiento se perfila como institución preordenada a tutelar más intereses públicos, no ya perseguidos por las distintas administraciones mediante diversos episodios procedimentales, sino considerados unitariamente en un mismo contexto. La elección legislativa comporta evidentes ventajas para la simplificación administrativa, reduciendo tiempos y cargas para las personas cuya actividad esté sujeta a distintos poderes administrativos. La misma filosofía se encuentra en la "conferenza di servizi" (v. *infra*, par. 10).

Lo anterior nos permite agregar que entre más procedimientos administrativos existan pueden subsistir múltiples relaciones[34].

A veces, la relación deriva del hecho de que algunos procedimientos constituyen alguna fase de un procedimiento principal. Estos procedimientos se definen como subprocedimientos. No son procedimientos autónomos, en el sentido de que, estando orientados a la emanación de un acto que constituye uno de los elementos de la serie que conduce a la producción de una resolución, no son autónomamente lesivos y no son capaces de producir un efecto sobre el plano del ordenamiento general; sin embargo, la invalidez que debiera verificarse dentro del subprocedimiento, se refleja sobre el procedimiento principal y, por lo tanto, sobre el acto final.

Los procedimientos se dicen en cambio conectados cuando el acto conclusivo de un procedimiento autónomo, impugnable en cuanto tal *per se*, condiciona el ejercicio del poder que se manifiesta en el curso de otro procedimiento (conexión funcional). La conexión más importante es constituida por la presuposición: a fin de ejercitar legítimamente un poder, debe subsistir un cierto acto que actúa como presupuesto, en cuanto crea una cualidad en un bien, cosa o persona que constituye el objeto de la resolución. La ilegitimidad del acto presupuesto, certificada por su anulación, puede invalidar también la resolución final (invalidez derivada[35]).

---

concepto de operación administrativa, consiente iluminar el desarrollo coordinado, acordado o unificado, de competencias, poderes, procedimientos, decisiones cooperantes (o condicionantes), tendentes al logro de un resultado concreto: D. D'Orsogna, *Contributo allo studio dell'operazione amministrativa*, Nápoles, 2005.

[33] Al respecto es de señalar la disciplina relativa a la ventanilla única. Esta ventanilla es competencia en los ayuntamientos, pero cuando estos no la instituyen, el ejercicio de sus funciones se delega, incluso en ausencia de resoluciones expresas, en las cámaras de comercio, industria, artesanía y agricultura. Importante es también el caso de la autorización ambiental única a que se refiere la d.p.r. 59/2013, aplicable en referencia a determinadas categorías de empresas (esta absorbe una serie de títulos habilitantes y se concluye con una única resolución).

[34] A. M. Sandulli, *Manuale di diritto amministrativo,* Nápoles, 1989, 658 y ss.; M. S. Giannini, *Diritto amministrativo,* Milán, 1988, 648 y ss. y G. Morbidelli, *Il procedimento amministrativo*, cit., 1237.

[35] A. Calegari, *L'invalidità derivata nei rapporti tra atti amministrativi,* Padua, 2013. Muy a menudo, el condicionamiento no se reduce al hecho de que la legitimidad de la reali-

Un último principio extraíble de la Ley 241/1990 es aquel que podría definirse de la acción en vía resolutoria: en el sentido del artículo 2, la administración debe de hecho concluir el procedimiento "mediante la adopción de una resolución expresa". La regla sufre sin embargo importantes excepciones deducibles de la propia Ley 241/1990 (v. en particular la hipótesis del silencio "assenso" al que se refiere el art. 20, par. 11).

Lo expuesto impone tratar del deber de actuar y resolver, que será analizado en el párrafo siguiente.

## Sección IV

### 5. Las fases del procedimiento: la iniciativa y el deber de proceder

El procedimiento debe seguir un particular orden —en principio, fijado por ley— en cuanto a sucesión de actos y de operaciones que lo componen.

En el procedimiento, en primer lugar, existen actos que desempeñan una función preparatoria con respecto a la promulgación de la resolución final, convergiendo en la fase preparatoria.

Continúa la fase decisoria, en la que se produce el acto o los actos con eficacia constitutiva, en el sentido de que de ellos surge el efecto final sobre el plano del ordenamiento general (denominado precisamente "eficacia").

El procedimiento concluye, por lo tanto, con aquellos actos que confluyen en la fase integrativa de la eficacia, que es eventual, en cuanto que en algunos casos la ley no la prevé, con la consecuencia de que la resolución producirá inmediatamente su eficacia después de la fase decisoria[36].

zación de un procedimiento dependa de la subsistencia del presupuesto, constituido por una resolución diferente: el acto que concluye el procedimiento posterior también debe, de hecho, adecuarse y uniformarse a las cualificaciones operadas por la primera resolución. Pensemos en los vínculos, en la zonificación y en las localizaciones impuestas por los planes urbanísticos, a las que deben adaptarse los posteriores permisos de construcción.

[36] La distinción entre las diferentes fases, útil a los fines clasificatorios y explicativos y elaborada por la primera doctrina que se ocupó del tema, no debe hacer olvidar que el procedimiento sirve para decidir (significativamente, también el art. 3 de la Ley 241/1990, se refiere a la "decisión") y que por lo tanto se desarrolla gradualmente y en fases sucesivas. En particular, ya en la fase preparatoria se adoptan opciones que pueden condicionar la decisión final, de modo que, desde este punto de vista, el procedimiento se configura como un *continuum* que no admite subdivisiones artificiosas. En todo caso, la ley formaliza algunas de las etapas endoprocedimentales: el art. 11 de la Ley 241/1990, establece que los acuerdos que la administración celebra con particulares deben ir precedidos de una "determinación del órgano que sería competente para la adopción de la resolución"; el art. 10-*bis*, en el caso de procedimientos iniciados a instancia de parte, impone el deber de comunicar a los solicitantes los "motivos que obstan la admisión de la demanda" (y, por lo tanto, presupone una suerte de proyecto de decisión ya delineada); el art. 6 destaca los resultados de la instrucción; para el art.

Entre los dos extremos del procedimiento —el inicio, por un lado, y la integración de la eficacia, donde se prevea, o la emanación de la resolución final, por otro— encuentran su lugar los referidos actos endoprocedimentales[37].

El procedimiento se abre con el inicio que puede ser a instancia de parte, o de oficio (Ley 241/1990, art. 2)[38].

El inicio a instancia[39] se caracteriza por el hecho de que el deber de proceder surge a continuación (y solo a continuación) del acto de impulso proveniente de un sujeto privado o de un sujeto público diferente a la administración a la que se le ha atribuido la potestad, o de un órgano diferente a aquel competente para resolver.

El inicio puede consistir en un acto administrativo; más exactamente se debe hablar en tal caso de requerimiento o de propuesta. Esta última[40] es el acto de inicio, que tiene también contenido evaluativo, con el que se sugiere la explicación de una cierta actividad. Esta puede ser vinculante o no vinculante. Si es vinculante, la propuesta comporta el deber de la administración actuante de ajustarse a la misma y, por lo tanto, de hacer propio el contenido del acto propuesto. En el caso de que se trate de propuesta no vinculante, la administración puede evaluar la oportunidad para ejercer la potestad o no seguirla.

El requerimiento, en sentido propio (la terminología utilizada por el legislador no es sin embargo unívoca), es el acto de inicio, consistente en una

14-*ter*, por último, la conferencia de servicios concluye con una determinación motivada de la administración procedente a la que sigue la resolución final. Estas instituciones se tratarán en los próximos apartados.

[37] Los actos endoprocedimentales no solo generan el impulso para la progresión del procedimiento, sino que también contribuyen a condicionar en diversa manera la elección discrecional final (basta pensar en los informes, en las observaciones y memorias presentadas por los privados, en las evaluaciones técnicas), o la producción y el efecto sobre el plano del ordenamiento general. No es de excluir que un acto endoprocedimental pueda producir por sí efectos externos y que, si es lesivo para situaciones jurídicas subjetivas, pueda ser impugnado ante el juez administrativo; esta constituye la razón por la que la jurisprudencia a veces considera que algunos de estos actos son inmediatamente impugnables (es el caso de una advertencia que ya inhibe el desarrollo de actividad o el del acto que causa la detención procedimental, como sucede en el caso del archivo de una práctica que impide la realización de una intervención). El fenómeno es explicable recurriendo a la idea de la publicación de los actos y de los casos legales.

[38] Al sentido del art. 41 del decr. leg. 82/2005, las administraciones «gestionan» los procedimientos administrativos utilizando las tecnologías de la información y de la comunicación, en los casos y en los modos previstos por la legislación vigente. Estas recopilan en un archivo informático todos los datos y documentos, que pueden ser consultados por otras administraciones.

[39] P. Lazzara, *I procedimenti amministrativi a istanza di parte,* Nápoles, 2008.

[40] A. Travi, "Proposta", voce del *Dig. IV (disc. pubbl.)*, XII, Torino, 1997, 100 y ss.

manifestación de voluntad, mediante el cual una autoridad solicita a otro sujeto público la emanación de un determinado acto administrativo[41].

La instancia, en cambio, proviene del ciudadano y es expresión de su autonomía privada[42].

Ante la instancia, la administración debe dar curso al procedimiento, pero puede también detectar el error o que esté incompleta[43]. Las solicitudes ilegales o emulativas, sin embargo, no generan deber alguno.

La jurisprudencia ha afirmado que el deber de proceder surge no solo en los casos en que la ley "tipifica" la instancia o el requerimiento (pensemos en la solicitud de una autorización), sino también en los casos en que razones de justicia y de equidad impongan la adopción de una resolución incluso a solicitud de un particular[44].

Cuando el ordenamiento no reconoce al privado un interés protegido y un deber de proceder por parte de la administración, su acto no se configura como instancia en sentido propio, sino como mera denuncia, mediante la cual se pone en conocimiento de la administración una dada situación de hecho, pi-

[41] Un ejemplo particular de solicitud que proviene de un órgano de administración activa y está dirigida a un órgano de administración consultiva es la solicitud de informe, que actualmente regula el art. 16 de la Ley 241/1990. De la solicitud se distingue la designación, que consiste "en la indicación de uno o más nombres a la autoridad competente para resolver sobre un nombramiento" (A. M. Sandulli, *Manuale di diritto amministrativo,* cit., 613); tal acto, al igual que la propuesta, identifica el contenido del acto final, pero, contrariamente a esta, no es un acto de iniciativa procedimental (A. Travi, "Proposta", cit.).

[42] Según el art. 39, d.p.r. 445/2000, se prohíbe a la administración pública requerir la autenticación de la suscripción de las solicitudes de participación en selecciones de acceso a las administraciones públicas, así como para exámenes obtener habilitaciones, diplomas o títulos culturales. La suscripción de instancia que se presenta a los órganos de la administración pública o a los prestadores de servicios públicos puede realizarse ante el empleado y, en cualquier caso, no está sujeta a autenticación cuando la instancia se presente junto con una copia aunque no sea autenticada, del documento de identidad de quien la suscribe. Todas las instancias y declaraciones que se presenten a la administración pública, o a los gestores u operadores de servicios públicos también pueden enviarse por fax y por vía telemática (en este último caso, las instancias y declaraciones son sin embargo válidas si se firman electrónicamente).

[43] Antes de rechazar la solicitud, la administración debe proceder al mencionado socorro instructorio resolutorio y, por lo tanto, a requerir la rectificación (Ley 241/1990, art. 6.1, letra *b*), que introduce el principio de la subsanación de las instancias de particulares; E. Frediani, *Il dovere di soccorso procedimentale,* Nápoles, 2016).

[44] Más específicamente, Cons. Stato, Sez VI, núm. 2318/2007, se refiere a la solicitud dirigida a obtener una resolución favorable (existe el deber, salvo que la solicitud remitida por el particular sea manifiestamente infundada o exceda del ámbito de las pretensiones abstractamente reconducibles a la relación administrativa) y a la instancia con la que el privado solicita el ejercicio de potestades desfavorables —represivas, inhibidoras, sancionadoras— contra terceros, a condición de que el particular sea titular de una situación de específico y relevante interés que lo diferencia del interés general de por sí no inmediatamente tutelable.

diendo la adopción de una resolución o, más genéricamente, de medidas de adopción de oficio. Típico es el caso en que se solicita un acto de autotutela, cuya adopción se deja a la discrecionalidad de la administración pública[45].

El inicio de oficio está previsto en el ordenamiento en la hipótesis de que el tipo de intereses públicos confiados a una administración, o el continuo y correcto ejercicio del poder-deber atribuido al sujeto público, exige que estos se activen automáticamente al darse ciertos presupuestos, independientemente de la solicitud proveniente de sujetos externos (algunas veces, como se ha dicho, si de hecho hay una denuncia, una reclamación o una instancia informal de parte de terceros, más a menudo un informe de parte de órganos u oficinas técnicas o inspectoras o también una invitación del particular). Las declaraciones (en Italia, denominadas "segnalizacioni") deben normalmente estar sujetas a una verificación, que en todo caso se refiere a la suficiencia del hecho representado a los fines de la activación del procedimento.

## 6. La terminación del procedimiento

La administración pública tiene el deber de concluir el procedimiento "mediante la adopción de una resolución expresa" en el plazo de treinta días[46]. En realidad, la disciplina se completa con siete reglas adicionales.

a) En cuanto a la administración estatal, el plazo puede disponerse diversamente con uno o más decretos del presidente del Consejo de Ministros. En cuanto respecta a los entes públicos nacionales, estos establecen, según los propios ordenamientos, el término dentro del cual deben concluirse los procedimientos de su propia competencia.

b) Sin embargo, el plazo establecido mediante decreto o por las entidades, no puede ser superior a noventa días; así queda establecido un límite a la discrecionalidad de los sujetos públicos.

c) Donde subsistan casos particulares (ligados a la "sostenibilidad" de los tiempos desde un punto de vista organizativo, a la naturaleza de los intereses o a la complejidad del procedimiento) este término "máximo" se eleva a ciento ochenta días.

d) Existe, sin embargo, la excepción constituida por el procedimiento para la adquisición de la ciudadanía italiana y de aquellos relativos a la inmigración, que, por lo tanto, pueden "sobrepasarlo".

e) Una norma específica, relativa a la "autoridad de garantía y de vigilancia": estas, salvo lo dispuesto en disposiciones específicas, regulan los términos

[45] Sobre esa institución, por último, también críticamente, v. M. Allena, *L'annullamento d'ufficio,* Napoili, 2018.

[46] M. Clarich, *Termine del procedimento e potere amministrativo,* Turín, 1995.

sobre los procedimientos de su competencia, de conformidad con sus propios ordenamientos, sin espacios de intervención para el gobierno.

f) Para los procedimientos de verificación o sobre bienes culturales y paisajísticos, así como para los relacionados con materias ambientales, permanecen vigentes los términos establecidos en la normativa especial.

g) Un plazo especifico es dictado por el artículo 21-*nonies* de la Ley 241/1990 en relación con la revisión de oficio (*annullamento*), que puede ser implantado dentro de un término razonable, siempre que no exceda de dieciocho meses desde el momento de la adopción de la resolución de autorización o de atribución de ventajas económicas.

Los plazos pueden ser interrumpidos o suspendidos[47].

En relación al problema del tiempo, debe recordarse que en el ordenamiento italiano está vigente el principio según el cual *tempus regit actum*: todo acto debe ser disciplinado por la normativa vigente en el momento en que se dicta[48].

## 7. El responsable del procedimiento

La Ley 241/1990 disciplina la figura del responsable del procedimiento[49], sujeto que, superando la separación constituida por la personalidad jurídica y la lógica del órgano necesariamente externo, desarrolla importantes tareas, tanto en relación con la fase de inicio de la acción administrativa, como, más en general, al desarrollo del procedimiento en su conjunto.

Las administraciones públicas están obligadas a determinar, para cada tipo de procedimiento relativo a los actos de su competencia, la unidad organiza-

[47] En el caso de la primera eventualidad, el art. 10-*bis*, en referencia al procedimiento a instancia de parte, establece que, antes de la adopción formal de una resolución negativa, la administración comunica en plazo a los solicitantes los motivos que impiden la admisión de la solicitud; esta comunicación interrumpe los plazos que comienzan a correr de nuevo a partir de la fecha de presentación de las observaciones (a las que está supeditada la comunicación) o, a falta de estas, del transcurso del plazo de diez días desde la recepción de la comunicación, atribuido a los momentos para presentar sus observaciones por escrito, eventualmente acompañadas de documentos. Con respecto a la suspensión, el art. 2.7, estipula que los términos podrán suspenderse, por una sola vez y por un período no superior a treinta días, para la adquisición de información o de certificaciones relativas a hechos, estados o cualidades no atestiguadas en documentos ya en posesión de la propia administración o no directamente accesibles a través de otras administraciones públicas.

[48] G. D. Comporti, *Tempus regit actionem - Contributo allo studio del diritto intertemporale dei procedimenti amministrativi*, Turín, 2001.

[49] M. Occhiena, "Il «nuovo» responsabile del procedimento, la responsabilità dei dirigenti pubblici e il labile confine tra la politica e l'amministrazione", en *Dir. e società*, 2006, 557 y ss.; M. Renna, "Il responsabile del procedimento nell'organizzazione amministrativa", en *Dir. amm.*, 1994, 13 y ss.

tiva responsable de la instrucción y de cualquier otro trámite procedimental, así como de la adopción de la resolución final. Cumplida la obligación de determinar la singular unidad organizativa competente, continuará la designación, dentro de cada unidad organizativa, del responsable del procedimiento, persona física que actuará en concreto. El director de cada unidad organizativa se asignará a si mismo o a otros empleados de la unidad organizativa la responsabilidad de la instrucción y de todos los demás trámites inherentes al procedimiento en concreto, así como, eventualmente, de la adopción de la resolución final. Hasta que no se efectúe esta asignación, es considerado responsable del procedimiento singular el funcionario propuesto por la unidad organizativa determinada.

En cuanto a las funciones del responsable, de la lectura de la Ley 241/1990 se deduce el perfil del guía del procedimiento, del coordinador de la instrucción y del órgano de impulso. El responsable, por otro lado, representa el esencial punto de referencia, tanto para los privados como para la administración actuante y para los órganos de otras administraciones involucradas por el sujeto actuante. La presencia de un responsable llamado a dialogar con los sujetos involucrados en el procedimiento debería permitir superar el tradicional límite de la impersonalidad de los órganos[50].

El responsable del procedimiento es en síntesis el sujeto de la administración que instaura el diálogo con los sujetos interesados en el procedimiento mediante la comunicación del inicio del procedimiento, lo prosigue en la fase de la participación y también después de la emanación de la resolución final, mediante la comunicación, la publicación y las notificaciones previstas en el ordenamiento (Ley 241/1990, art. 6.1.*d*).

La identificación del responsable no implica la atracción automática a cargo de esa persona de responsabilidad civil, penal y disciplinaria, una solución que, para los demás aspectos, desafiaría a los órganos competentes para emitir

[50] Las atribuciones del responsable del procedimiento están más específicamente indicadas por el art. 6 de la Ley 241/1990. El responsable evalúa las condiciones de admisibilidad, los requisitos de legitimación y los presupuestos que sean relevantes para la emanación de la resolución. Se trata, por lo tanto, en parte, de actividad preliminar con respecto al examen del fondo de la solicitud y, en parte, de primera evaluación en relación con la subsistencia de requisitos que condicionan la elección final. El responsable desempeña, entre otras, funciones más propiamente de instrucción, ya sea tramitándolas directamente, o bien dirigiendo esta fase procedimental: determina de oficio los hechos, disponiendo el cumplimiento de los actos necesarios, adquiere los documentos que ya están en posesión de la administración actuante o de otras administraciones (Ley 241/1990, art. 18) y adopta todas las medidas para el adecuado y rápido desarrollo de la instrucción. El administrador también puede solicitar declaraciones y la rectificación de declaraciones o solicitudes erróneas o incompletas. Además, tiene la tarea de impulsar el procedimiento: propone la convocatoria o, teniendo la competencia, convoca las conferencias de servicios. Por otro lado, en el caso de que no tenga competencia para emanar el acto final, transmiten los actos al órgano competente para su adopción; en otros casos, ellos mismos producen tal resolución.

los actos endoprocesales individuales. Por lo tanto, la responsabilidad del garante del procedimiento sigue estando sujeta a las normas vigentes, incluso si los impulsos y solicitudes, como resultado de las funciones de supervisión, denuncia y señalización encomendadas al responsable —especialmente para "el adecuado y solícito desarrollo de la instrucción": art. 6, apartado 1. letra b) de la Ley 241/1990— todavía pueden tenerse en cuenta para la evaluación de la legitimidad o legalidad de la conducta del responsable, o incluso de la culpabilidad.

En este encuadre se inserta la disposición según la cual (siempre que el responsable adopte, si tuviera competencia, la resolución final, o transmita las actuaciones al órgano competente para su adopción) el órgano competente para la adopción de la resolución final, si es diferente al responsable del procedimiento, no puede apartarse de los resultados de la instrucción realizada por el responsable del procedimiento sino indicando los motivos en la resolución final.

La norma no es de fácil interpretación: si la instrucción es correcta, el dirigente no debe "apartarse" de ella, pues en tal caso se emitiría una resolución fundamentada en una incorrecta valoración de los hechos; si no es correcta o completa debería integrarse, so pena de incurrir en vicio de desviación de poder por insuficiencia o carencia de instrucción. Probablemente, la disposición trate de referirse a la evaluación de los hechos objeto de la instrucción: si difiere de la realizada por el responsable, debe estar motivada por el dirigente.

Aunque en el contexto de un fortalecimiento de la figura del responsable, quien decide y responde sigue siendo el dirigente[51], órgano que tiene, entre otros, la carga de dirigir, coordinar y controlar la actividad de los responsables del procedimiento, incluso con facultades sustitutivas en caso de inercia (decr. leg. 165/2001, art. 16).

## 8. Comunicación de inicio, medidas cautelares, participación procedimental, intereses difusos y colectivos, derecho de acceso (cuestiones generales)

La comunicación del inicio es una de las primeras tareas que debe desarrollar el responsable del procedimiento.

El inicio del procedimiento debe ser comunicado a los sujetos respecto a los que la resolución final está destinada a producir efectos directos, a aquellos que deben intervenir, así como a los sujetos, diferentes de los destinatarios directos, que estén individualizados o sean fácilmente individualizables si de la resolución puede derivárseles un perjuicio (Ley 241/1990, art. 7[52]).

[51] M. Occhiena, *Il «nuovo» responsabile del procedimento,* cit.

[52] Por regla general, la comunicación debe hacerse mediante actuación personal (notificación, comunicación por notificador municipal o funcionario judicial, recomendada con acuse

Se prevé una excepción al deber de efectuar la comunicación de inicio en relación con los casos en que existan motivos de impedimento derivados de particulares exigencias de celeridad del procedimiento[53].

El artículo 7.2 de la Ley 241/1990, a continuación, se ocupa de las medidas cautelares[54] y permite a la administración su adopción "también antes de efectuar la comunicación" del inicio del procedimiento. Las medidas cautelares se adoptan en garantía de la futura determinación contenida en la resolución final, de la cual anticipan el contenido, asegurando que su adopción no resulte inútil; pensemos en la inhibición o en la suspensión de acciones y comportamientos que podrían frustrar la efectividad de una decisión final.

La institución de la comunicación se encuentra estrechamente ligada a la participación en el procedimiento[55], en el sentido de que permite a los intere-

---

de recibo, comunicación por medio del recibo emitido en el momento de la presentación de una solicitud); también puede llevarse a cabo de diferentes maneras, establecidas —y justificadas—, de vez en cuando por la administración, cuando por el número de destinatarios la comunicación personal no es posible o resulta particularmente gravosa (Ley 241/1990, art. 8.3). La comunicación debe contener los siguientes elementos: la administración competente; el objeto del procedimiento; el lugar y la persona del responsable del procedimiento; la fecha en que debe concluirse el procedimiento y los recursos admisibles en caso de inercia de la administración; en los procedimientos a iniciativa de parte, la fecha de presentación de la solicitud pertinente; el lugar donde se puede acceder al expediente. Debe señalarse que la comunicación también debe llevarse a cabo en el caso de procedimientos que se inicien a instancia de parte, aunque el privado tenga naturalmente conocimiento de la pendencia del procedimiento del que él mismo ha solicitado el inicio: de otro lado, como se ha visto, la comunicación proporciona adicionales informaciones e indicaciones.

[53] El art. 13 excluye algunos procedimientos de la aplicación de la disciplina sobre la participación: v. nota 68. En el sentido del art. 21-*octies,* por otro lado (norma que se citará todavía en el texto), la resolución no es anulable por falta de comunicación del inicio del procedimiento si la administración demuestra en juicio que el contenido de la resolución no habría podido ser diferente del que se ha adoptado en concreto. Se debate si las garantías procedimentales (y la comunicación de inicio del procedimiento) deben ser respetados en los procedimientos relativos a las *interdittive* ("inhabilitaciones") adoptadas por el prefecto en materia de lucha contra la mafia (en el sentido de que el derecho a contradicción en el procedimiento no es una prerrogativa absoluta, siendo sujeta a restricciones. V. Tribunal de Justicia de la UE, 9 de noviembre de 2017, en C-298/16).

[54] F. Saitta, *Il potere cautelare della pubblica amministrazione. Tra principio di tipicità ed esigenze di tempestività dell'azione amministrativa*, Turín, 2003.

[55] S. Cognetti, *«Quantità» e «qualità» della partecipazione. Tutela procedimentale e legittimazione processuale*, Milán, 2000; M. D'Alberti, "La «visione» e la «voce»: le garanzie di partecipazione ai procedimenti amministrativi", en *Riv. trim. dir. pubbl.*, 2000, 1 y ss; F. Fracchia, "Manifestazioni di interesse del privato e procedimento amministrativo", en *Dir. Amm.*, 1996, 11 y ss.; F. Figorilli, *Il contraddittorio nel procedimento amministrativo,* Nápoles, 1996; R. Ferrara, "*La partecipazione al procedimento amministrativo: un profilo critico*", en *Dir. amm.*, 2017, 209 y ss. Anteriormente, v. G. Baron, *L'intervento del privato*

sados contemplados en el artículo 7, cit., conocer la pendencia de un procedimiento en el cual pueden intervenir representando su propio punto de vista. No faltan, además, otras finalidades: en la comunicación, por ejemplo, debe también hacerse mención del derecho a la indemnización, así como de la forma y los plazos para obtenerla y ser indicado, por otro lado, el sujeto al que se atribuye el poder sustitutivo y los plazos determinados para la finalización del procedimiento (tales institutos serán analizados seguidamente).

Merece la pena insistir aún sobre la participación.

En el sentido de los artículos 7 y 9 de la Ley 241/1990, están legitimados para intervenir[56] en el procedimiento los ya citados sujetos respecto a los cuales la resolución final está destinada a producir efectos directos, los sujetos que han de intervenir en el procedimiento por ley y los sujetos que pueden sufrir un perjuicio derivado de la resolución, siempre que sea individualizado o fácilmente individualizable; estos sujetos se benefician de la comunicación de inicio del procedimiento, en atención al principio conforme al cual para participar se necesita conocer.

Pueden por otro lado intervenir en el procedimiento los representantes de intereses públicos o privados, así como los portadores de intereses difusos constituidos en asociaciones o comités, respecto a los cuales pueda derivar un perjuicio de la resolución (Ley 241/1990, art. 9, cit.). La norma se refiere a los intereses difusos, que se caracterizan desde un doble perfil[57]: desde un punto de vista subjetivo pertenecen a una pluralidad de sujetos; desde un punto de vista objetivo se refieren a bienes no susceptibles de un uso diferenciado. Los intereses colectivos, por otra parte, son los intereses de un grupo organizado. Aclarado esto, resulta evidente que la referencia que hace la Ley 241/1990 a la presencia de asociaciones y comités parece evocar los intereses colectivos, aunque no se mencione.

La participación (en su doble declinación de "voz" y "visión") ofrece la posibilidad a los sujetos legitimados de "presentar" memorias escritas y documentos (que la administración tiene el deber de evaluar cuando sean pertinentes

---

*nel procedimento amministrativo*, Milano, 1969; G. Bergonzini, *L'attività del privato nel procedimento amministrativo*, Padua, 1975; G. Ghetti, *Il contradditorio amministrativo,* Padova, 1971, 64 y ss. Y E. Cardi, *La manifestazione di interessi nei procedimenti amministrativi,* Rímini, I, 1983.

[56] M. Occhiena, *Situazioni giuridiche soggettive e procedimento amministrativo*, Milán, 2002.

[57] R. Ferrara, "Gli interessi superindividuali fra procedimento amministrativo e processo: problemi e orientamenti", en *Dir. proc. amm.* 1984, 48; Id. "Interessi collettivi e diffusi (ricorso giurisdizionale amministrativo)", voz del *Digesto IV (disc. pubbl.)*, Torino, 1993, vol. viii, 481; G. Manfredi, "Interessi diffusi e collettivi (diritto amministrativo)", voz de la *Encicl. dir.*-Annali, Milano, 2014, vol. vii, 513 y ss.

al objeto del procedimiento), así como de "revisar los actos del procedimiento" (Ley 241/1990, art. 10).

En cuanto al último aspecto, debe señalarse que el acceso también tiene su propia autonomía con respecto al procedimiento, en el sentido de que el relativo poder puede ejercerse también a procedimiento concluido (así resulta establecido en los arts. 22 y ss. de la Ley 241/1990)[58] y, por lo tanto, no está necesariamente preordenado al conocimiento de los documentos administrativos de manera instrumental respecto a la participación.

El acceso al que nos referimos aquí es, por lo tanto, el acceso endoprocedimental[59].

Los sujetos legitimados para ejercer el derecho de acceso son todos aquellos que tienen título para participar en el procedimiento.

El derecho de acceso se ejerce frente a las administraciones públicas, a las entidades independientes y especiales, los entes públicos y los gestores de servicios públicos, así como a los particulares, limitadamente a su actividad de interés público regida por el derecho nacional o de la Unión Europea.

El derecho de acceso se refiere a documentos administrativos, de los cuales el artículo 22 de la Ley 241/1990 ofrece una definición muy amplia: es considerado tal toda "representación gráfica, fotocinematográfica, electromagnética o de cualquier otra especie del contenido del acto, también internos o no relativos a un procedimiento específico, en poder de una administración pública y concerniente a actividad de interés público, independientemente de la naturaleza pública o privada de su disciplina sustancial".

No todos los documentos son susceptibles de ser conocidos por los ciudadanos[60].

[58] Desde un punto de vista subjetivo, una ulterior ampliación a "cualquiera" de la legitimación para acceder ha sido realizada por el decr. leg. 33/2013, que disciplina el acceso cívico. Existen por lo tanto numerosas leyes especiales que se ocupan del derecho de acceso en determinados procedimientos, como por ejemplo sucede en el sector medioambiental.

[59] G. Arena, "La trasparenza amministrativa ed il diritto di accesso ai documenti amministrativi", en AA. VV., *L'accesso ai documenti amministrativi*, Bolonia, 1991; M. Occhiena, "I diritti di accesso dopo la riforma della l. n. 241 del 1990", en *Foro amm.-Tar*, 2005, 905 y ss.

[60] El derecho no puede ejercerse en los casos de documentos protegidos por el secreto del Estado, el secreto o la prohibición de divulgación expresamente prevista por la ley, en los procedimientos tributarios, para los cuales se aplican las normas particulares que los rigen; frente a la actividad de la administración pública dirigida a producir actos normativos, administrativos generales, de planificación y de programación, para los que se aplican las normas particulares que regulan su formación; en los procedimientos selectivos, los documentos administrativos que contienen información de carácter psico-actitudinal relativa a terceros. El art. 24.6, por otro lado, reenvía a un reglamento gubernamental de delegación para la identificación de los casos de exclusión del acceso por exigencias de tutela de la seguridad, de la defensa nacional, de

Bastante delicado es el tema de la relación entre el derecho de acceso y la protección de la confidencialidad, es decir, de la existencia de un límite al derecho de acceso vinculado a la protección de la privacidad de terceros. El problema surge porque las administraciones que tienen que responder a una solicitud de acceso se encuentran normalmente ante el deber de tomar en consideración las exigencias de tutela de terceros (contrainteresados; desde el punto de vista procedimental, la administración debe comunicarles la solicitud de acceso, previendo también que puedan presentar una oposición motivada a la solicitud en un plazo de diez días, tras el cual la administración resuelve sobre lo solicitado).

En estos casos, corresponde a la administración equilibrar los dos intereses. La Ley 241/1990, sin embargo, establece que a los solicitantes debe garantizárseles el acceso a documentos administrativos cuyo conocimiento les sea necesario (y no solo útil) para proteger o defender sus propios intereses jurídicos, correspondiendo por lo tanto a la administración la pertinente evaluación. En el caso de documentos que contengan datos sensibles (adecuados para revelar el origen racial y étnico, creencias religiosas, filosóficas o de otro género, la opinión política, afiliación a partidos, sindicatos, asociaciones u organizaciones de carácter religioso, filosófico, político o sindical, así como sobre el estado de salud y vida sexual) y judiciales (piénsese en la cualidad de imputado o investigado), se permite el acceso dentro de los límites en que resulte estrictamente indispensable[61].

Con respecto a la hipótesis de que la administración no se pronuncie sobre la solicitud de acceso, el artículo 25.4 de la Ley 241/1990 dispone que transcurridos inútilmente treinta días desde la solicitud esta se entiende rechazada.

---

la política monetaria y de valores, del orden público; cuando los documentos se refieran a la negociación colectiva nacional de trabajo, o a la vida privada o confidencialidad de las personas físicas y jurídicas.

[61] Si, en base a la naturaleza del documento solicitado, no resulta la existencia de contrainteresados, el derecho de acceso puede ejercerse informalmente mediante solicitud, incluso verbal, al órgano de la administración (d.p.r. 184/2006). Esta, examinada inmediatamente y sin formalidad, es aceptada mediante la indicación de la publicación que contiene las noticias, exhibición del documento, extracción de copias u otro modo adecuado. Pero si se constata la existencia de contraintereses, o no sea posible aceptar la solicitud inmediatamente de manera informal, la administración invita al interesado a presentar solicitud de acceso formal. Seguidamente a la solicitud (que puede ser enviada también por vía electrónica), la administración podrá: invitar al solicitante a presentar una solicitud formal (en el caso de una solicitud informal que no sea inmediatamente admitida por las razones descritas anteriormente); denegar el acceso (en caso de falta de legitimación del solicitante y de relativa motivación; la administración podría resolver en sentido negativo en cuanto los actos requeridos estén sustraídos al acceso); aplazar el acceso (y se subraya al respecto que el acceso no puede ser negado o que sea suficiente recurrir al poder de aplazamiento); limitar el alcance del acceso (permitiendo que solo se haga a ciertas partes del documento); aceptar la petición.

El decreto legislativo 104/2010 (Código del Proceso Administrativo) asigna al juez administrativo la tutela jurisdiccional contra las determinaciones relativas al derecho de acceso y en los casos de denegación[62].

En el tema de la participación, cabe añadir que la consulta pública oral y abierta a todos los interesados estaba prevista en el texto elaborado por la Comisión Nigro[63], pero luego se eliminó de la versión definitiva de la Ley 241/1990. Esto significa que la participación procedimental solo tiene lugar por escrito. La posibilidad de realizar una investigación pública es reconocida por algunas normas especiales (por ejemplo, el art. 139, del decr. leg. 42/2004, en relación con los procedimientos de formación de listas de bienes ambientales al objeto de la declaración de notable interés público). El artículo 22 del decreto legislativo 50/2016 (Código de los Contratos Públicos) establece que, en algunos casos, los proyectos de viabilidad de las obras están sujetos a un procedimiento de debate público.

## 9. Preaviso de rechazo, relevancia de la CEDH, instrucción y principio inquisitorio

Una forma particular de participación está disciplinada por el artículo 10-*bis* de la Ley 241/1990, que se refiere a una fase procedimental en la que ya aparece nítidamente un esquema de decisión[64]. La norma establece de hecho que en el procedimiento a instancia de parte el responsable del procedimiento o la autoridad competente, antes de la adopción formal de una resolución negativa, comunica en tiempo a los solicitantes los motivos que impiden la aceptación de la solicitud.

La institución es una expresión del ya citado principio del debido procedimiento y está preordenada a instaurar la contradicción con el solicitante que intenta "convencer a la administración para que que cambie el sentido del pronunciamiento final". Se trata de una suerte de "segunda comunicación", dirigida a suscitar una verdadera y propia contradicción desprovista de valores colaborativos, sobre la base de un proyecto de decisión y no ya relativo exclusivamente a la fase de instrucción; en el plazo de diez días desde la re-

[62] También es posible pedir que se vuelva a examinar la determinación negativa en un plazo de treinta días al defensor del pueblo (si se actúa contra entidades locales o regionales) o, si se actúa frente a las administraciones estatales, a la Comisión para el Acceso a los Documentos Administrativos.

[63] M. Nigro, "Il procedimento amministrativo fra inerzia legislativa e trasformazioni dell'amministrazione (a proposito di un recente disegno di legge)", en *Dir. proc. amm.*, 1989, 5 y ss.

[64] F. Trimarchi Banfi, "L'istruttoria procedimentale dopo l'art. 10 bis della legge sul procedimento amministrativo", en *Dir. amm.,* 2011, 353 y ss.; C. Videtta, "Note a margine del nuovo art. 10-bis l. n. 241 del 1990", en *Foro amm.-Tar*, 2006, 837 y ss.

cepción de la comunicación, los solicitantes pueden presentar por escrito sus observaciones, eventualmente acompañadas de documentos. De la eventual falta de acogimiento de tales observaciones se da razón en la parte motiva de la resolución final. El ciudadano está ciertamente interesado en participar, aunque podría ser un freno a esta participación el miedo a "revelar" elementos que podría tener en reserva para impugnar la resolución de denegación y que, si ofrece a la administración, podría inducirla a motivar de forma diversa la denegación. En cualquier caso, la comunicación interrumpe los plazos para concluir el procedimiento, vuelven a correr nuevamente desde la fecha de presentación de las observaciones o, en caso de que estas no existan, después de diez días[65].

En cuanto al análisis de la participación, la doctrina ha utilizado a menudo la noción de partes del procedimiento, recurriendo a la terminología procesalista. Se identifican así partes necesarias (aquellas contempladas en el art. 7, cit.) y partes eventuales (disciplinadas por el art. 9, cit.)[66]. Sin embargo, el concepto de parte no puede ser referido en sentido propio a la función administrativa, en cuanto que la potestad es atribuida solamente a la administración pública. Tampoco se registra ningún fenómeno de coparticipación o de cotitularidad que permita acercar el sujeto privado a la administración.

Esto no quita que algunos procedimientos se acerquen significativamente al modelo procesal (en cuanto a la *ratio* del art. 10-*bis* ya se ha dicho *supra).* La cuestión se refiere sobre todo a los sancionadores, que exigen la aplicación de las normas (incluso de procedimiento) relativas a la imposición de sanciones conforme a la CEDH[67].

[65] La norma deja muchas dudas. Teniendo en cuenta que esta se refiere no ya a todos los interesados, sino solo a quien ha presentado la solicitud, de modo que frustra la posición de contrainteresados sustanciales, no viene por ejemplo con claridad el contenido de la comunicación y la forma en que debe ser efectuada por el solicitante. Por otra parte, la interrupción parecería irrazonable si el particular no hubiera realizado ninguna observación. Tampoco está claro si la administración puede comunicar en más ocasiones las razones que impiden admitir la solicitud, tal vez incluso después de examinar las observaciones propuestas, interrumpiendo posteriormente los plazos, o si, para evitar la paradoja de una administración que " fragmenta" la comunicación de las razones alargando el procedimiento, deba informar en una única solución al solicitante el proyecto de pronunciamiento de denegación y todas las razones que impiden la admisión de la solicitud, excluyendo ulteriores dudas (*one shot*).

[66] Sobre los distintos modelos de procedimientos, también en relación con el tipo de contradictorio que se desarrolla en ellos, v. *Il procedimento amministrativo: profili comparati* (a cura di L. Torchia), Padua, 1993; S. Cassese, "La disciplina legislativa del procedimento amministrativo. Un'analisi comparata", en *Foro it.*, 1993, IV, 287 y ss. y M. Cartabia, *La tutela dei diritti nel procedimento amministrativo*, cit., 52 y ss.

[67] El art. 6, CEDH estipula que todas las personas tienen derecho a que su caso sea examinado de manera justa, públicamente y dentro de un plazo razonable por un tribunal independiente e imparcial, establecido por ley, que decidirá tanto de los litigios sobre sus derechos

Rebatido que las normas contenidas en el capítulo sobre la participación en el procedimiento administrativo no se aplican a algunos procedimiento[68], cabe añadir que, para indicar la serie relevante de facultades que ya en el curso del procedimiento pueden ser ejercidas, en la doctrina se habla de intereses procedimentales[69].

La ley se ha movido en el sentido de la limitación de la incidencia de la violación de las normas procedimentales (comprendidas aquellas sobre la participación: se habla de minimización de los "vicios formales" que derivan de la violación de normas cuyo respeto no llevaría a una decisión diversa) estableciendo el artículo 21-*octies* que no es anulable la resolución adoptada en violación de normas sobre procedimiento o sobre la forma de los actos si, por la naturaleza vinculada de la resolución, resultara evidente que su contenido dispositivo no habría podido ser diferente del adoptado en concreto. La resolución administrativa, pues, no es por lo tanto anulable por falta de comunicación del inicio del procedimiento si la administración demuestra

---

y deberes de carácter civil, como del fundamento de toda acusación penal que se haga en su contra. A través de una extensiva interpretación de los diversos conceptos ("cargo penal", "derechos y deberes de carácter civil" y "tribunal"), avalada por el Tribunal de Estrasburgo (véase en particular la sent. de 28 de junio de 1994, asunto 19178/91, *Bryan v. Reino Unido*), las garantías relativas pueden extenderse desde el proceso también a muchos procedimientos administrativos. V. M. Allena, *Articolo 6 CEDU. Procedimento e processo amministrativo,* Nápoles, 2012. En particular, sent. 43509/2008 (*Menarini c. Italia*) recaida en referencia a las sanciones de competencia del Antitrust y la Consob (sobre los procedimientos ablatorios, que inciden sobre posiciones subjetivas, v. F. Goisis, *La tutela del cittadino nei confronti delle sanzioni amministrative tra diritto italiano ed europeo*, Turín, 2018). El Consejo de Estado (sez. VI, sent. nn. 1595 y 1596 del 2015) consideró que el procedimiento sancionador de la Consob, aunque no entra en conflicto con el art. 6 CEDH (que no impondría la necesaria aplicación de todas las garantías de un proceso equitativo desde la imposición de la sanción administrativa, siendo suficiente, por el contrario, la posibilidad de compensar *ex post*, en sede de *full jurisdiction*, las deficiencias de la fase procedimental) no ya en línea con los principios de contradicción, del pleno conocimiento de los actos y de la distinción entre funciones instructorias y decisorias realizada por la legislación nacional (en general, sobre la aplicabilidad del art. 6 a las sanciones aflictivas, v. Consejo de Estado, VI, núm. 4211/2018 y núm 7296/2019).

[68] Se trata de aquellos destinados a la emanación de actos normativos, administrativos generales, su planificación y programación ("para los cuales se aplican las normas particulares que rigen su formación"), así como a los impuestos ("para los que se aplican las normas particulares que les afectan"), art. 13.

[69] M. Occhiena, *Situazioni giuridiche soggettive e procedimento amministrativo,* cit., A. Zito, *Le pretese partecipative del privato nel procedimento amministrativo*, Milán, 1996. Las cuestiones más inmediatas se refieren a la forma en que se protegen los intereses procesales tanto en el curso del procedimiento como al final del procedimiento, ya que su perjuicio se traduce en la ilegalidad de la medida definitiva. La cuestión está entrelazada con el problema del recurso de casación del acto administrativo final ante el tribunal administrativo (legitimación procesal).

en juicio que el contenido de la resolución no habría podido ser diferente de aquel en concreto adoptado[70].

Como conclusión de la descripción de las fases que preceden a la decisión, ha de precisarse que un papel verdaderamente importante corresponde a la instrucción[71].

Esta, conducida por el responsable del procedimiento, está orientada a determinar los hechos y los presupuestos de la resolución y a la adquisición y evaluación de los intereses implicados en el ejercicio del poder[72].

Al respecto, es aplicable el principio inquisitorio, en virtud del cual la administración no se encuentra, en principio, vinculada por las alegaciones de los hechos contenidos en las instancias y en las solicitudes a ella dirigidas.

Para adquirir conocimiento de la realidad y de los intereses, la administración se vale de numerosos instrumentos. Algunos actos instructores están previstos como obligación por la ley; la administración puede pues llevar a cabo ulteriores actos "necesarios al efecto" (ley 241/1990, art. 6, c. 1, lett. b).

El principio inquisitorio es aplicable también a la elección de los medios de instrucción (periciales, controles, inspecciones, encuestas, nombramiento de consultores técnicos, órdenes de exhibición de documentos, mediciones) que la administración puede utilizar para adquirir el conocimiento de hechos relevantes a los fines de la determinación final.

La amplia posibilidad de decisión en orden a la naturaleza y extensión de los medios de instrucción encuentra el límite constituido por el principio de no agravamiento del procedimiento.

Los resultados emergentes de los medios instructorios son, por lo general, libremente valorados por la administración: en principio, de hecho, no subsisten pruebas que la vinculen de forma absoluta. Relevantes excepciones las constituyen las certificaciones, que crean certezas *erga omnes*, vinculantes también para la administración[73].

[70] A. Romano Tassone, *Contributo sul tema dell'irregolarità degli atti amministrativi,* Torino, 1993; F. Fracchia y M. Occhiena, "Teoria dell'invalidità dell'atto amministrativo e art. 21 octies l. n. 241/1990: quando il legislatore non può e non deve", en *Giust. amm.,* 2005, 48 y ss.; V. Parisio (a cura di), *Vizi formali, procedimento e processo amministrativo*, Milán, 2004.

[71] No es casualidad que, al tratar de la motivación, el art. 3 disponga: "La motivación debe indicar los presupuestos de hecho y las razones jurídicas que llevaron a la decisión de la administración, en relación con las conclusiones de la instrucción".

[72] F. Levi, *L'attività conoscitiva della pubblica amministrazione,* Turín, 1967.

[73] G. Sala, "Certificati e attestati", voz del *Dig. IV (disc. pubbl.i)*, II, Torino, 1987, 531 y ss.; G. Arena, "Autocertificazione e amministrazione per interessi", en *Scritti in onore di M. S. Giannini*, Milán, 1998, I, 49 y ss.

El artículo 18 de la Ley 241/1990 también prevé el deber de obtener de oficio los documentos que acrediten actos, hechos, cualidades y estados subjetivos, necesarios para la instrucción del procedimiento, cuando estén en posesión de la administración actuante, o los ostenten, institucionalmente, otras administraciones públicas. Del mismo modo, son comprobados de oficio por el responsable del procedimiento los hechos, estados y cualidades que la misma administración actuante u otra administración pública esté obligada a certificar[74].

En los últimos años se ha vuelto cada vez más apremiante la doble exigencia de aligerar la carga de trabajo de los funcionarios públicos y de consentir al privado la prueba, en sus relaciones con la administración, de determinados hechos, estados y cualidades prescindiendo de la exhibición de los relativos certificados. Actualmente, de hecho, estos ya no se pueden utilizar en las relaciones del ciudadano con la administración (d.p.r. 445/2000, art. 40), como en cambio tradicionalmente ha sucedido siempre en nuestro sistema jurídico.

Por lo tanto, el ciudadano utiliza siempre en este último caso el instrumento de las declaraciones sustitutivas de certificación. La declaración sustitutiva, realizada asumiendo incluso la responsabilidad penal respecto a cuanto se certifica (mientras corresponde a la administración llevar a cabo controles puntuales), es un acto del particular capaz de sustituir una certificación pública, y produce el mismo efecto jurídico[75].

Las certificaciones que emiten sujetos privados[76] —estas se atienen a la conformidad (solamente certificada por operadores privados especializados) de productos o de métodos de producción según normas y estándares técnicos: certificados presupuestarios, de calidad ISO, *International Organization for Standardization*, en el sector de los contratos, certificados ambientales, en el sector turístico y agroalimentario— comportan una reducción del campo de aplicación del principio inquisitorio, atestiguando que la administración no puede "superar" el éxito de la certificación.

[74] La creación de una red informática unitaria para todas las administraciones, destinada a migrar hacia el sistema público de conectividad, es una de las condiciones esenciales para la aplicación del art. 18, cit., y para la superación de la carga del ciudadano de presentar declaraciones sustitutivas de certificaciones y certificados. (v. *infra*). En términos más generales, es muy importante la cultura de compartir.

[75] La circunstancia de que el particular esté obligado a certificar o declarar bajo su responsabilidad la posesión de los requisitos o el cumplimiento de sus proyectos con los requisitos técnicos y reglamentarios da lugar a un cambio de objeto de la instrucción que corresponde a la administración, que, en lugar de determinar los hechos, está cada vez más llamada a determinar la integridad y regularidad de las declaraciones.

[76] F. Fracchia y M. Occhiena, *I sistemi di certificazione tra qualità e certezza*, Milán, 2006; A. Benedetti, *Certezza pubblica e "certezze" private - Poteri pubblici e certificazioni di mercato*, Milán, 2011.

## 10. La simplificación procedimental (aspectos generales)

La exigencia de simplificar[77] es particularmente prevista también, principalmente en materia procedimental.

La simplificación comporta la reducción de las fases procedimentales, la adecuación a las nuevas tecnologías informáticas, la reducción de los plazos, así como la unificación y la reglamentación uniforme de los procedimientos que atienden a la misma actividad.

La Ley 241/1990, en los artículos 14 y siguientes, define como institutos de simplificación la "conferenza di servizi", los acuerdos entre administraciones, la fijación de términos y de mecanismos procedimentales para permitir obtener en plazo ciertos informes o valoraciones técnicas, la autocertificación, la liberalización de actividad privada y el silencio "assenso" (también entre administraciones).

En el procedimiento administrativo conviven más almas: en particular, al "ansia de resolver" se contraponen las exigencias, de matriz puramente publicista, de hacer evidentes las razones de la acción, de permitir a los interesados proporcionar su propia colaboración y, más en general, de configurar la elección administrativa como el momento resumen de una instrucción completa y articulada, a efectos de permitir una elección ponderada fundada sobre un rico cuadro de referencia.

La simplificación que el legislador pretende lograr, parece, sobre todo, querer salvaguardar el primer momento. Los mecanismos sustitutivos de los informes y de las investigaciones técnicas, como se verá, permiten así de todos modos llegar a la conclusión (incluso superando o eliminando obstáculos o "bloqueos" procedimentales), pero empobrecen (o corren el riesgo de empobrecer) el elenco de elementos a disposición de la administración que debe decidir.

Emerge un esbozo de soluciones del conflicto entre las diversas exigencias anteriormente identificadas (eficiencia y eficacia de un lado, garantía y publicidad del otro): quizá inicialmente destinados a convivir en el procedimiento, estas se asientan tendencialmente hoy (pero, como se dirá, *infra*, no se ha dicho que la situación permanezca inalterada en el futuro próximo) conforme a una relación de prevalencia del ansia de resolver respecto a los valores de garantía, publicidad y complitud de la instrucción. Los principios de economicidad, eficiencia, eficacia y celeridad de la acción administrativa actúan como fuerzas centrífugas y centrípetas contemporáneamente: mientras, de hecho, empujan a los márgenes la instrucción y el procedimiento, atraen al centro la decisión,

[77] E. Casetta, "La difficoltà di «semplificare»", en *Dir. amm.*, 1998, 335 y ss.; F. Fracchia, "Vizi formali, semplificazione procedimentale, silenzio-assenso e irregolarità", en *Dir. economia*, 2002, 429 y ss.

la cual termina por convertirse en el elemento más importante de la acción administrativa, puesto que lo importante no es decidir bien, sino decidir y decidir en tiempo.

Podría objetarse que, sin embargo, el interés de los ciudadanos está a salvo, garantizándolo la rápida conclusión del procedimiento iniciado a raíz de una instancia. Al respecto, sin embargo no puede olvidarse que la simplificación puede favorecer ciertamente a los privados, pero solo a aquellos interesados sobre el efecto final, mientras perjudica gravemente los intereses de terceros contrainteresados. En este sentido, la disciplina solo en parte puede juzgarse como una conquista de la cual pueden beneficiarse todos los ciudadanos en su conjunto.

Se verá que no todos los intereses toleran una disciplina procedimental que comparta una simplificación tal que sacrifique la correcta ponderación de algunos "valores": basta recordar los intereses ambientales, paisajístico-territorial y de la salud, los cuales imponen un atemperamiento del ansia de resolver a toda costa. En esencia, frente a la inercia de la administración, el procedimiento no puede sin embargo "avanzar", eliminando fases procedimentales, desde la perspectiva de la simplificación. Es incidentalmente manifiesto que la fuerte atención a los temas ambientales (pensemos en el caso *Green New Deal*), con sus incidencias sobre el procedimiento, podría reportar al centro el procedimiento, sus dinámicas y la discrecionalidad, reduciendo los espacios para la simplificación.

En las relaciones entre administraciones, en todo caso, la inercia es superable incluso cuando estén en juego intereses sensibles, puesto que la disciplina sobre "*nulla osta*" (acto tipificado en el ordenamiento italiano que tiene el efecto de "nada impide"), asentimientos y conciertos prevén un mecanismo de silencio "assenso" y que la de la conferencia de servicios, bajo ciertas condiciones y a la vez previendo mecanismos particulares, como la oposición, permite superar el disenso y la inercia (arts. 14 y 17-*bis*). Ello empuja a las administraciones a pronunciarse tempestivamente de forma expresa.

Nos referimos ahora sucintamente a la disciplina sobre simplificación.

Por lo que respecta a los dictámenes, la Ley 241/1990 distingue en función de si se trata de un informe preceptivo o facultativo. Una vez finalizado el plazo de veinte días sin que se haya emitido el informe preceptivo o sin que el órgano receptor haya manifestado exigencias instructorias (en cuyo caso el informe debe ser realizado definitivamente dentro de los quince días posteriores a la recepción de los correspondientes elementos instructores), la administración solicitante queda facultada para proceder independientemente de la emisión del informe. Si el informe solicitado era facultativo (y siempre que el órgano receptor no haya presentado exigencias instructorias), la administración solicitante tiene el deber de proceder independientemente de la emisión del informe.

Esta normativa no se aplica en los casos en que el informe deba ser realizado por administraciones encargadas de la tutela ambiental, paisajística, territorial y de la salud del ciudadano (intereses sensibles), por lo que subsiste el riesgo de que la administración actuante permanezca "bloqueada".

Por lo que respecta a las evaluaciones técnicas[78], el artículo 17 de la Ley 241/1990, se ocupa del caso de que estas, previstas por una ley o un reglamento, sean requeridas a entes u órganos especiales y estos no provean dentro del plazo de noventa días, a contar desde la recepción de la solicitud o el previsto específicamente en la ley. En esta hipótesis, el responsable del procedimiento debe solicitar las referidas evaluaciones a otros órganos de la administración pública o a otros entes públicos que estén dotados de cualificación y capacidad técnica equivalente, o a institutos universitarios. Como es habitual, tal disciplina no se aplica en caso de evaluaciones que deban ser producto de administraciones encargadas de la tutela ambiental, paisajístico-territorial y de la salud de los ciudadanos (intereses sensibles)[79].

El artículo 17 bis de la Ley 241/1990, en señal de simplificación introduce el mecanismo del silencio "assenso" endoprocedimental entre administraciones; ello tiene un efecto legitimador para la administración actuante, permitiendo a la misma, en caso de inercia del sujeto que debe hacer valer el silencio, proceder a resolver el procedimiento[80].

[78] C. VIDETTA, *L'amministrazione della tecnica. La tecnica fra procedimento e processo amministrativo*, Nápoles, 2008.

[79] La elección consagrada en el art. 17 de la ley 241/1990 es clara respecto a la imposición de la obligación de proceder en cada caso a la evaluación técnica, sin introducir mecanismos que conduzcan a la conclusión del procedimiento. Esto marca una neta diferencia con respecto a lo previsto para el caso de los informes, en orden a los cuales, como se ha visto, en circunstancias particulares, la autoridad del procedimiento puede proceder independientemente de su recepción. La diversidad de la disciplina parece estar vinculada a la necesidad de que la instrucción sea completa, exigencia esta que no le permite proceder sin que sea evaluada la existencia de un presupuesto previsto en la ley. No solo eso: en el caso de las evaluaciones, a diferencia de lo que sucede en el caso de los informes, la administración actuante no tiene normalmente la "competencia" técnica y, por lo tanto, la posibilidad de sustituir el juicio expresado por el órgano u oficina técnica. Ello es aún más evidente en los supuestos de las evaluaciones producidas por las administraciones encargadas de la tutela ambiental, paisajístico-territorial y de la salud de los ciudadanos, donde ni siquiera es posible una "sustitución". En el ámbito de la dinámica jurídica norma-poder-efecto, se configura de tal modo una especie de reserva de evaluación técnica correspondiente a algunos órganos y entes: la evaluación no es sustituible o superable por la administración competente para decidir.

[80] Con más detalle, en el caso de que, en la fase decisoria, esté prevista la adopción de acuerdos, conciertos o "*nulla obsta*", independientemente de la denominación, de las administraciones públicas y los gestores de bienes o servicios públicos, para la adopción de medidas no solo administrativas, sino también normativas, de competencia de otras administraciones

En sustancia el "*nulla osta*" ha perdido el carácter originario propio, expresado por el significado del término (la administración está llamada a verificar que, en orden al interés protegido por la misma, "nada impide" la continuación del procedimiento del cual es responsable otro sujeto público, de modo que, a falta del consentimiento, aquel procedimiento debería detenerse y la administración dispone de una especie de poder de veto): inercia o disenso se han convertido en obstáculos superables.

El silencio "*assenso*" en las relaciones entre administraciones se forma también en la hipótesis de que esté prevista la adquisición de consentimientos, conciertos o "*nulla osta*", independientemente de su denominación, de administraciones encargadas de la tutela ambiental, paisajístico-territorial, de bienes culturales y de la salud de los ciudadanos, para la adopción de medidas normativas y administrativas de competencia de administraciones públicas (intereses sensibles: el plazo es, sin embargo, de noventa días). Tal régimen no se aplica únicamente en los casos en que disposiciones del derecho de la Unión Europea (que prevalecen sobre las nacionales) requieran la adopción de pronunciamientos expresos[81].

públicas, las administraciones o los gestores competentes comunican su propio consenso, concierto o "nulla osta" dentro de los treinta días siguientes a la recepción del esquema de resolución, acompañado de la correspondiente documentación, por parte de la administración procedente. Una vez finalizado el plazo sin que haya sido comunicado el consentimiento, el concierto o la autorización, se entiende adquirido el mismo. El plazo se interrumpe si se producen exigencias de la instrucción. La interrupción también opera en caso de solicitudes de modificación, motivadas y formuladas de manera puntual. En tal caso, el consentimiento, el concierto o "*nulla osta*" se presta en los siguientes treinta días desde la recepción de los elementos instructorios o el esquema de resolución; no se permiten más interrupciones del plazo. Cuando sea expreso el disenso y estén implicadas administraciones estatales, la norma introduce un instrumento adicional para superar el obstáculo: en caso de que no haya acuerdo (y no, por lo tanto, silencio) entre las administraciones estatales involucradas en el procedimiento, de hecho, el presidente del Consejo de Ministros, previa deliberación del Consejo de Ministros, decide sobre las modificaciones que deben hacerse al esquema de resolución.

[81] Cuando, por lo tanto, los intereses sensibles son atendidos por la administración encargada de realizar los informes (art. 16, salvo el recurso a la conferencia de servicio) o expresar la evaluación técnica (art. 17), ante la inercia de la administración, el procedimiento no puede, sin embargo, continuar, no estando permitido prescindir del informe o, para las evaluaciones técnicas, dirigirse a otro sujeto dotada de adecuada competencia. Y viceversa, en los casos en que las administraciones encargadas de la protección de dichos intereses deban participar en el procedimiento emitiendo consentimientos, conciertos o "*nulla osta*", la inercia prorrogada por noventa días equivale a la adquisición del acto de consentimiento. Por lo tanto, el legislador ha intentado introducir un mecanismo que impone a las administraciones que protegen intereses sensibles mediante el consentimiento pronunciarse positivamente, so pena de generación del silencio. Aquellos sujetos públicos se ven privados de una especie de poder de veto que, en el pasado, a menudo obstaculizaba la acción administrativa, debilitando así el carácter igualitario del consentimiento o del concierto.

También la conferencia de servicios (institución objeto de una disciplina —arts. 14 y ss. de la Ley 241/1990—[82] muy compleja y muchas veces modificada en el tiempo), caracterizada por la participación de un representante por cada administración interesada, es un instrumento de simplificación. Esta puede tener lugar de forma asíncrona o sincrónica y puede ser instructoria (para efectuar un examen contextual de los intereses públicos involucrados) o decisoria (indicada para adquirir "consensos" de otras administraciones) y tiende a un acuerdo entre las administraciones que participan en ella [83]. En extrema síntesis, incluso en el caso de disenso expreso por un sujeto convocado a la conferencia, de su ausencia o participación no colaborativa, sobre la base de los resultados de la conferencia, la administración actuante adopta una determinación conclusiva del procedimiento final: evidente, por lo tanto, es el "ansia" de resolver. Como es habitual, se ha establecido una disciplina especial para proteger ciertos intereses sensibles y para respetar la autonomía constitucional garantizada a algunos entes[84].

Incluso en la disciplina del silencio "*assenso*" (véase el párrafo siguiente) se percibe la tensión entre el ansia por producir el efecto final y la exigencia de tutela de los intereses sensibles.

## Sección V

### 11. La conclusión del procedimiento (fase decisoria): resolución, acuerdo, silencio

La Ley 241/1990 no se ocupa expresamente de la renuncia o perención (instituciones que están residenciadas en el proceso).

El procedimiento se concluye al dictarse la resolución (cuyas características se han resumido *supra,* párr. 1). A este respecto, debe añadirse que, si consideran la irreceptibilidad, inadmisibilidad, improcedencia o infundamentación de la solicitud, las administraciones públicas concluyen el procedimiento

[82] D. D'Orsogna, *Conferenza di servizi e amministrazione della complessità,* Torino, 2002; F. G. Scoca, "Analisi giuridica della conferenza di servizi", en *Dir. amm.,* 1999, 255 y ss.; E. Scotti, "La conferenza di servizi tra pluralismo e unilateralismo costituzionalmente orientato", en www.federalismi.it, 2019.

[83] E. Casetta - F. *Fracchia*, *Manuale*, cit., 486 e ss.

[84] Más específicamente, contra la determinación motivada de conclusión de la conferencia, las administraciones responsables de la protección ambiental, paisajística y territorial, el patrimonio cultural o la protección de la salud y la seguridad pública pueden proponer oposición al presidente del Consejo de Ministros (pueden por otro lado proponer oposición las administraciones de las regiones o de las provincias autónomas de Trento y Bolzano); en este punto se intenta primero un acuerdo y, en caso de un nuevo estancamiento, se abre la vía a la decisión final por parte del gobierno.

con una resolución expresada de forma simplificada, cuya motivación puede consistir en una referencia sintética a la cuestión de hecho o de derecho considerada decisiva[85]. La disposición se refiere a resolución simplificada y no ya a procedimiento simplificado, de modo que a este deberían aplicarse todas las garantías previstas por la Ley 241/1990 (incluido el preaviso de denegación), aunque no deben excluirse lecturas diferentes.

Sin embargo, también existe la posibilidad de que el procedimiento se resuelva mediante acuerdos (entre administraciones o con particulares).

Con más detalle, las administraciones públicas siempre pueden celebrar acuerdos entre ellas para regular el desarrollo en colaboración de actividades de interés común (Ley 241/1990, art. 15), mientras que el artículo 11 estipula que al aceptar las comunicaciones o propuestas presentadas por particulares, la administración actuante puede resolver sin perjuicio de los derechos de terceros y, en cualquier caso, en aras al interés público, acuerdos con los interesados para determinar el contenido discrecional de la resolución final o en sustitución de esta[86].

En cuanto a los procedimientos a instancia de parte, el artículo 20 admite finalmente la posibilidad de que el procedimiento sea resuelto mediante silencio (*assenso*)[87]. Ello significa que a la inercia está ligada la producción de los efectos correspondientes a aquellos de la resolución requerida por la parte; el ordenamiento, sobre la base de una valoración en general de la compatibilidad con el interés público del asentimiento que deriva del silencio mismo, ha elegido sin embargo la dinámica jurídica propia de este, caracterizada por la interposición de un poder administrativo entre ley y producción de efectos jurídicos.

El artículo 20, sin embargo, introduce una importante serie de excepciones a esta regla (véase también el parágrafo precedente), delimitando así —por el contrario— el ámbito en el que la administración debe actuar mediante resolución expresa. La norma señala los actos y los procedimientos referentes al patrimonio cultural y paisajístico, al medio ambiente, la defensa nacional, la seguridad pública, la inmigración, el asilo y la ciudadanía, la salud y la sani-

[85] S. Vernile, *Il provvedimento amministrativo in forma semplificata,* Nápoles, 2017.

[86] Por lo tanto, existen dos tipos de acuerdos entre la administración y los sujetos privados: los sustitutivos de resolución y los acuerdos integrativos de la resolución (determinantes del contenido discrecional de la propia resolución). Se ha discutido la naturaleza de estos acuerdos. En general, v. R. Ferrara, *Gli accordi di programma.* (*Potere, poteri pubblici e modelli dell'amministrazione concertata*), Padua, 1993; F. Fracchia, *L'accordo sostitutivo*, Padua, 1998; G. Falcón, "Convenzioni e accordi amministrativi", voz de la *Enc. giur. Treccani*, IX, Roma, 1988.

[87] F. G. Scoca - M. D'Orsogna, "Silenzio, clamori di novità", en *Dir. proc. amm.*, 1995, 393, V. Parisio, *I silenzi della pubblica amministrazione*, Milán, 1996. V. también A. Travi, *Silenzio-assenso ed esercizio della funzione amministrativa*, Padua, 1985.

dad pública, los casos en que la normativa comunitaria impone la adopción de resoluciones administrativas formales, los casos en que la ley califica el silencio de la administración como rechazo de la instancia, así como los actos y procedimiento identificados con uno o más decretos del presidente del Consejo de Ministros. En tales casos, ante el inútil transcurso del plazo sin que la administración haya dictado la resolución (y sin necesidad de ulteriores advertencias) se forma el mencionado silencio "*inadempimento*" (silencio administrativo cuyo efecto no está predeterminado por la norma), que aunque sea prejudicial, no produce efectos equivalentes a los de una resolución.

El ciudadano, al respecto, tiene a su disposición una basta serie de remedios para tratar de obtener una resolución expres[88]. Mientras tanto, existe el instrumento procesal específico del recurso contra este silencio "*inadempimento*", destinado a obtener en cualquier caso una resolución expresa sobre la base de la condena del juez administrativo a resolver; el mismo juez, después, en caso de actividad vinculada, puede pronunciarse sobre la fundamentación de la demanda, obligando a la administración a emanar "una" resolución específica.

De conformidad con el artículo 2-*bis* de la Ley 241/1990, las administraciones públicas están obligadas al resarcimiento del daño injusto ocasionado por la inobservancia dolosa o culposa del plazo de resolución (daños por retraso).

El artículo 2 de la Ley 241/1990, por otro lado, disciplina importantes poderes sustitutivos, delineando un mecanismo, que puede dar lugar a una especie de avocación o en una sustitución, activable a instancia de parte y gestionado por la "*dirigenza*" (autoridades administrativas)[89].

Considerando la hipótesis del ejercicio de los poderes sustitutivos y del recurso contra el silencio, podemos observar que la resolución tardía (respecto a los treinta días) emanada por el sustituto o, tras el inicio del rito procesal, por la administración, es legítima en tales casos desde el punto de vista del término (que no excluye eventualmente diversa ilegitimidad o responsabilidad), por lo que el término, fijado por la ley parece, desde el punto de vista aquí indagado, ordenatorio. La cuestión se relaciona con la de la resolución tardía adoptada espontáneamente por la administración competente, independientemente de las iniciativas descritas anteriormente (activación del poder sustitutivo y recurso contra el silencio): la jurisprudencia, subrayando que el poder no se

[88] S. Vernile, "*La relatività del tempo (amministrativo): la validità del provvedimento tardivo e la tutela risarcitoria (e indennitaria) tra esigenze di tutela del privato e perseguimento dell'interesse pubblico*", en *Dir.. Economía*, 2015, 403 y ss.

[89] Más concretamente, el órgano de gobierno identifica, dentro de las figuras superiores de la administración, al sujeto que se le atribuirá el poder sustitutivo en caso de inercia. El mecanismo se activa a petición de parte: una vez finalizado inútilmente el plazo para la conclusión del procedimiento, el particular puede dirigirse al responsable para que, en un plazo correspondiente a la mitad del originariamente previsto, concluya directamente el procedimiento a través de las estructuras competentes o mediante el nombramiento de un comisionado.

consume y que, en defecto de indicación específica, el plazo de resolución no tiene carácter perentorio (Cons. Stato, sez. V, núm. 1872/2015), reconoce la legitimidad (por todos, Cons. Stato, sez. VI, núm. 3197/2018)[90].

El artículo 28 del decreto ley 69/2013, convertido por la Ley 98/2013, ha introducido el instituto de la indemnización por el mero retraso, estableciendo que, en caso de inobservancia del término de conclusión del procedimiento administrativo corresponde al interesado, a título de indemnización por el mero retraso, una suma de 30 euros por cada día de retaso con efecto a partir de la fecha de caducidad del término del procedimiento, sin que esta exceda de 2.000 euros[91].

Además, el artículo 2.9 de la Ley 241/1990, establece que la falta o la tardía resolución constituye elemento de evaluación del desempeño individual, así como de responsabilidad disciplinaria y administrativo-contable del directivo y del funcionario que incumple. El ordenamiento también prevé la responsabilidad civil personal del agente[92].

## 12. La fase integrativa de la eficacia. Los recursos (aspectos generales)

Volviendo a las fases del procedimiento, debe añadirse que la producción de la eficacia —es decir, la capacidad de ser fuente de efectos jurídicos y de cualificar situaciones y relaciones— de la resolución final del procedimiento está a menudo subordinada al cumplimiento de determinadas actuaciones, a la verificación de ciertos hechos o a la promulgación de ulteriores actos (fase

[90] No faltan sin embargo casos en los que el ordenamiento considera el término como perentorio, de modo que su respeto es una condición añadida de existencia de la potestad. Una vez expirado, por lo tanto, falta la potestad y el acto es nulo, y, en cualquier caso, no produce sus propios efectos típicos. Cabe destacar la hipótesis de la anulación de oficio, que, conforme al art. 21 *nonies* de la Ley 241/1990, debe tener lugar en un plazo razonable, no superior a dieciocho meses a contar desde el momento de la adopción de las resoluciones de autorización o de atribución de beneficios económicos (por lo tanto, no se permite la anulación tardía).

[91] La disciplina solo se aplica a los procedimientos iniciados a instancia de parte, excluyendo por lo tanto la hipótesis del silencio cualificado y de los concursos públicos. En efecto, en sede de primera aplicación, la normativa se refiere solo a los procedimientos que afectan a las empresas. Sin embargo, desde el punto de vista procesal, el solicitante está obligado a accionar previamente el poder sustitutivo en el plazo de caducidad de veinte días a partir del transcurso del plazo de terminación del procedimiento.

[92] Conforme al art. 25 d.p.r. 3/1957 (t.u. imp. civ. Stato), en efecto, el particular puede solicitar el resarcimiento de los daños resultantes de la omisión o retraso en la realización de actos u operaciones a los que el empleado esté obligado por la ley o por reglamento. A tal fin, cuando hayan transcurrido sesenta días desde la fecha de presentación de la solicitud (por lo tanto, en la hipótesis de un procedimiento a instancia de parte), el interesado debe notificar una advertencia a la administración y al empleado, por medio de un oficial judicial; transcurridos inútilmente treinta días desde la advertencia (hoy no requerida ya para la formación del silencio-*adempimento*), estos pueden proponer la acción encaminada a obtener el resarcimiento.

de integración de la eficacia: comunicación, control, cumplimiento de una condición). Solo en ese momento se perfecciona dicha actividad, en el sentido de que se integran todas las circunstancias que el ordenamiento ha previsto, no ya para la existencia de la resolución, sino para que pueda tener efecto sobre el plano del ordenamiento general.

La resolución puede, por lo tanto, ser perfecta —y, esto es, completa de todos los elementos prescritos para su existencia— pero aún no eficaz.

Veamos en particular los casos en que la eficacia está subordinada a su comunicación a los destinatarios.

En tales hipótesis se habla de actos "*recettizi*". Son tradicionalmente calificados como tales los actos normativos. La ley, después, al regular la cuestión de la eficacia, aunque sin hablar expresamente de actos receptivos, de conformidad con el artículo 21 *bis*, de la Ley 241/1990, atribuye naturaleza receptiva a las resoluciones limitativas de la esfera jurídica de los particulares. De hecho, se dispone que tales actos adquieren eficacia respecto de "cada destinatario" con la comunicación personal, que en principio es constitutiva de la eficacia de la resolución[93].

Cuando la norma no se pronuncia, se entiende que las resoluciones ampliativas producen en cambio efectos independientemente de la comunicación, sin perjuicio de lo dispuesto en disposiciones legales específicas[94].

Por lo que se refiere a los recursos de que disponen los particulares, muy sintéticamente, debe recordarse que contra las resoluciones, acuerdos o silencio "*assenso*" lesivos de intereses legítimos, se admite la tutela jurisdiccional ante la

[93] El art. 21 *bis* de la Ley 241/1990, sin embargo, prevé una primera excepción posible (a elección de la administración caso por caso, especificando que no se aplica a una categoría específica de actos) y una segunda excepción legal:

La resolución restrictiva de la esfera jurídica de los particulares, de hecho, puede contener una cláusula motivada de inmediata eficacia y ello, se observa, independientemente por definición del conocimiento que tengan los particulares.

Sin embargo, esta norma no se aplica a las resoluciones sancionadoras, por lo que para estas el principio de la comunicación como requisito de eficacia no puede entenderse derogado;

Las resoluciones restrictivas del ámbito jurídico de las personas de carácter cautelar y urgente son inmediatamente eficaces.

[94] Para ellos, las medidas de participación desempeñan un papel diferente, permitiendo al particular tener legal conocimiento del acto a los efectos de su impugnación, haciendo correr por lo tanto los correspondientes plazos. El decr. leg. 33/2013, sobre la transparencia, sin embargo, condiciona la adquisición de eficacia de ciertas categorías de actos a su publicación. Esto se aplica, por ejemplo, a los actos que confieren encargos de colaboración o de consultoría a sujetos ajenos a la administración pública; la publicación, por lo tanto, "constituye una condición jurídica de la eficacia de las resoluciones que dispongan concesiones y asignaciones por un importe total de más de mil euros durante el año natural al mismo beneficiario" (análoga disciplina se establece para los actos de gobierno del territorio).

jurisdicción contencioso-administrativa (tribunales administrativos regionales en primera instancia y Consejo de Estado en apelación: el plazo es de sesenta días; si el acto, en cambio, lesiona un derecho subjetivo, la competencia corresponde a la jurisdicción ordinaria), así como la tutela administrativa, que consiste en la posibilidad de interponer un recurso "jerárquico" (alzada), en el plazo de treinta días, o un recurso extraordinario ante el presidente de la República (en el plazo de ciento veinte días) y, en los casos establecidos por la ley, recurso jerárquico impropio o recurso en oposición[95].

Finalmente (aunque no se trata de un recurso sino de una medida que la administración puede adoptar discrecionalmente de oficio y evaluando la subsistencia de un interés público que justifique la elección), la administración puede anular de oficio el acto ilegítimo en un plazo razonable (Ley 241/1990, art. 21 *nonies*[96]; esta medida equivale a la revisión del sistema español).

[95] E. Casetta - F Fracchia, *Giustizia amministrativa,* Milán, 2018; A. Travi, *Lezioni di giustizia amministrativa,* Turín, 2019.

[96] V. nota 90.

# MÉXICO

# EL PROCEDIMIENTO ADMINISTRATIVO EN MÉXICO

Luis José Béjar Rivera*
Carlos A. Villanueva Martínez**

## 1. Introducción

En primer lugar, debo agradecer la deferencia que el profesor Libardo Rodríguez Rodríguez, Presidente del Instituto Internacional de Derecho Administrativo (IIDA), nos brinda al invitarnos como participantes en este volumen que forma parte de la Colección de Derecho Administrativo Comparado, así como el trabajo realizado como Coordinador por parte el profesor Allan Brewer-Carías, y destacar ese importante esfuerzo dedicado al procedimiento administrativo y su aproximación desde el derecho comparado, como parte de esa frontera poco explorada[1].

Es importante señalar que en los Estados Unidos Mexicanos, se impone constitucionalmente como régimen político una república federal, siendo el procedimiento administrativo una de las ramas que cada entidad federativa, así como la Ciudad de México y la Federación regulan en cuerpos normativos diferentes, por lo que en nuestro país contamos con 33 leyes de procedimiento administrativo, que aunque muy similares, cada uno cuenta con peculiaridades acordes a sus propios sistemas, muy cercanos a su modelo de justicia administrativa.

* Licenciado en Derecho por el ITESO, Maestro en Ciencias Jurídicas y Doctor en Derecho por la Universidad Panamericana, Campus México. Profesor Investigador a tiempo completo de la Universidad Panamericana, Campus México. Miembro del Sistema Nacional de Investigadores del CONACYT. email: ljbejar@up.edu.mx

** Licenciado en Derecho (UNAM, 1997); Maestro en Derecho Empresarial Corporativo (Colegio Superior de Ciencias Jurídicas, 2006); en Ciencias Jurídicas y en Derecho Administrativo (Universidad Panamericana, 2011 y 2018) y Candidato a Doctor en Derecho (Universidad Panamericana). Profesor de Posgrado de la Universidad Panamericana e Invitado en la Universidad Panamericana, Campus Bonaterra (Aguascalientes, México) y del Departamento de Derecho Minero Energético de la Universidad Externado de Colombia. email: cavillanueva@up.edu.mx.

[1] Cfr. J. Boughey, "Administrative Law: The next frontier for comparative law", en *International and Comparative Law Quarterly,* núm. 62, 2013.

En este tenor, tratar de abordarlos y describirlos en su totalidad supondría un ejercicio complejo que consideramos se desvía del objetivo que nos hemos planteado para este trabajo y que daría como resultado un documento demasiado complejo para su comparación.

En virtud de lo anterior, nos proponemos centrar nuestro análisis sobre el régimen federal, lo que facilitará el trabajo de análisis comparatista (evitando la microcomparación de derecho interno), si se tiene en cuenta que en el caso de México, la Ley Federal de Procedimiento Administrativo (LFPA), fue la primera de su tipo y que ha generado algunos estudios y consideraciones jurisprudenciales, por supuesto, sin demeritar una reflexión posterior que la comparación en el derecho interno pudiera generar.

Sin más, el plan de trabajo que debemos desarrollar, a partir del contenido de la LFPA nos llevará, en primer lugar, a realizar algunas breves consideraciones históricas sobre el procedimiento administrativo. Posteriormente se abordará el tema de su ámbito de aplicación, así como la supletoriedad, para continuar con sus principios rectores.

Un siguiente apartado será dedicado al inicio del procedimiento y su substanciación, seguido de otro relativo a los derechos de los administrados en relación al procedimiento, medios de prueba y terminación del procedimiento.

Por último, se abordarán algunas consideraciones en relación con el silencio administrativo y el recurso administrativo.

En pocas palabras, el objetivo del trabajo es brindar al lector un panorama general del procedimiento administrativo federal, desde la LFPA, aclarando desde ya, que dependiendo de las materias específicas, el procedimiento tiene variantes necesarias acordes a cada materia; sin embargo, aún así, deberán corresponder al marco normativo indicado por la LFPA.

Reiteramos nuestro agradecimiento y admiración por el profesor Allan Brewer-Carias por la preparación de este volumen y la dirección de nuestro querido profesor Libardo Rodríguez Rodríguez al frente del IIDA e impulsor de este espacio tan necesario de diálogo comparatista en el campo del derecho público y el derecho administrativo.

## 2. Brevísima historia del procedimiento administrativo

Aún cuando podemos señalar que las distintas piezas de legislación administrativa, especialmente la legislación tributaria, han contenido desde hace años, disposiciones de índole procedimental, esto resultaba problemático, por decir lo menos, pues lejos de tratarse de normas de fácil acceso, forzaban a entender dinámicas distintas para cada procedimiento en lo particular, con efectos especialmente complejos sobre la pluralidad de recursos administrativos, lo cual finalmente se solucionó mediante la expedición de la LFPA

(Diario Oficial de la Federación, de 4 de agosto de 1994) que entró en vigor a partir del 1° de junio de 1995[2], una de cuyas principales funciones es uniformar, o mejor dicho, homologar los procedimientos administrativos con el fin de simplificar su manejo y entendimiento, tanto para la administración como para los administrados.

Legislación polémica en su origen, fue materia de elogios que ponderaban sus aportes al derecho positivo y la práctica administrativa y también objeto de severas críticas por su falta de sustento constitucional y su supuesto carácter parcial y supletorio, por parte de la comunidad académica y profesional iusadministrativista mexicana. Con todo, es menester reconocer que el paso del tiempo le ha permitido adquirir plena aceptación en la práctica jurídica administrativa federal, en su limitado ámbito de validez, aunque no ha logrado despertar entusiasmo, lo que se refleja en la ausencia de estudios sobre la materia. A poco más de veinticinco años de su publicación, apenas ha tenido siete reformas, siendo las más relevantes las que no han tenido que ver con el aspecto estrictamente procedimental, en particular las referidas a la mejora regulatoria que inicialmente se introdujo en México en este ordenamiento, para posteriormente ser sustraído y reconducido a una ley específica[3].

Es evidente, siguiendo al profesor español Jesús González Pérez, que la LFPA tiene un contenido mucho más amplio al mero procedimiento administrativo, como resulta natural, al incluir en su articulado la regulación del acto administrativo y sus nulidades, el recurso administrativo, los mínimos del sistema sancionador contravencional y hace relativamente poco tiempo, el régimen de mejora regulatoria, materia hoy de una legislación especial.

Ahora bien, siguiendo a Adolf Merkl:

"El procedimiento vendría a ser el camino, el *iter* jurídicamente regulado *a priori*, a través del cual una manifestación jurídica de un plano superior (generalmente una norma) produce una manifestación jurídica en un plano inferior (una norma de rango subalterno o un acto singular no normativo). El procedimiento, en general, se singularizaría, por lo tanto, en el mundo del derecho administrativo como el modo de producción de los actos administrativos"[4].

De cualquier manera, es un hecho que el procedimiento es y debe ser un problema fundamental para quienes cultivamos el estudio del derecho administrativo, dado que representa el cauce que da forma y sustancia la voluntad de la administración, que crea, modifica, transfiere o extingue derechos y

[2] Artículo primero transitorio de la LFPA.

[3] Se trata de reformas publicadas en el DOF el 24-12-1996, 19-4-2000, 30-5-2000, 15-12-2011, 9-4-2012, 2-5-2017 y 18-5-2018.

[4] Citado por Eduardo García de Enterría y Tomás-Ramón Fernández, *Curso de derecho administrativo II*, 10ª ed., Madrid, Thomson-Civitas, 2006, pág. 436.

obligaciones, afectando la esfera jurídica de los administrados; es por ello el medio que permite hacer efectivo el equilibrio entre las prerrogativas de la administración, la defensa del interés general y la protección de los derechos individuales de los sujetos pasivos de la relación jurídico administrativa, e incluso puede ser entendido como una forma de control por parte del legislador hacia la administración, haciendo previsible la conducta que debe desplegar la autoridad administrativa[5].

De su adecuado diseño y de su efectiva observancia pueden derivarse la materialidad del Estado de derecho en uno de sus más caros y complejos objetivos, que es someter a la autoridad al derecho; es decir, la efectiva traducción del derecho administrativo en el derecho del poder público para la libertad ciudadana.

Dicho lo anterior, es pertinente señalar que en su versión vigente, la LFPA se integra por 96 artículos distribuidos en seis títulos, que a su vez se distribuyen en capítulos. Específicamente, el tema del procedimiento administrativo se desarrolla en su Título tercero, que se compone de once capítulos, que abarcan del artículo 12 al 69 de este ordenamiento.

Es importante señalar que, más allá de las críticas que en su momento generó la LFPA o de las virtudes que se resalten de ella, se debe reconocer que esta norma ha venido a traer uniformidad al procedimiento administrativo federal[6].

## 3. Ámbito de aplicación y supletoriedad

En principio, se debe señalar que la LFPA resulta aplicable a las dependencias[7] y los organismos descentralizados[8], es decir, es una norma vinculan-

[5] Cfr. Kenneth J. Meier & Laurence O'Toole Jr., *Bureaucracy in a Democratic State*, Baltimore,The John Hopkins University Press, 2006, págs. 21-44.

[6] Es particularmente notorio lo preceptuado por el artículo transitorio 2 de su decreto de expedición, donde se señala que se derogan todas las disposiciones de las normas administrativas que se opongan a lo preceptuado por la LFPA, especialmente lo relativo a los recursos administrativos.

[7] De conformidad con el art. 2 de la Ley Orgánica de la Administración Pública Federal (LOAPF), se consideran dependencias a los entes que integran la administración pública centralizada, y que son las secretarías de Estado (actualmente diecinueve), la Consejería Jurídica del Ejecutivo Federal y los órganos reguladores coordinados en materia energética (la Comisión Reguladora de Energía y la Comisión Nacional de Hidrocarburos).

[8] Conforme al art. 45 de la LOAPF, se trata de entidades creadas por ley o decreto del Congreso de la Unión o por decreto del Ejecutivo Federal, con personalidad jurídica y patrimonio propios, cualquiera que sea la estructura legal que adopten. De conformidad con el art. 14 de la Ley Federal de las Entidades Paraestatales, su objeto puede ser la realización de actividades correspondientes a las áreas estratégicas o prioritarias; la prestación de un servicio público o social, o la obtención o aplicación de recursos para fines de asistencia o seguridad social.

te para la administración pública federal centralizada y solo de manera parcial para la administración descentralizada o paraestal[9], aunque debe tenerse en cuenta que hay ciertas materias que están expresamente excluidas en su aplicación, como la materia tributaria (tratándose contribuciones y sus elementos), justicia agraria y laboral (regulados por su propia ley) y al ministerio público en ejercicio de sus atribuciones constitucionales[10].

No se debe perder de vista que una norma de esta naturaleza resulta aplicable tanto para regular el comportamiento de la Administración Pública frente al administrado, pero a su vez, establece el camino a seguir para el particular, cuando se dirija a la autoridad administrativa[11].

En este tenor, señala ALFONSO NAVA NEGRETE:

"[...] la observancia del procedimiento administrativo representa, por un lado, una garantía constitucional, y por otra parte, garantiza la satisfacción del interés público a través de la pronta adopción de medidas decisivas por parte de los órganos administrativos, y que tal procedimiento se ha instaurado tanto en beneficio de los gobernados como de la administración"[12].

La supletoriedad, en términos de la LFPA merece algún comentario con cierto detenimiento. En primero lugar, se debe tener claro que

"La supletoriedad como técnica, solo opera entre una norma general/supletoria y una norma especial/suplible. En todos los casos, será por disposición expresa de la norma suplible, por lo que se permite recurrir a esta técnica, tratándose de dos casos en concreto: a) ante la falta de disposición expresa en la norma especial y, b) cuando la norma especial sea insuficiente o mejor dicho, regula de forma insuficiente una determinada institución jurídica"[13].

Sin embargo, la LFPA señala que las normas de carácter supletorio son normas especiales, y si se observa su contenido y redacción, señala además que el Código Federal de Procedimientos Civiles (CFPC), será de aplicación supletoria.

[9] Además de los referidos organismos descentralizados, esta se integra por las empresas de participación estatal (mayoritaria), instituciones nacionales de crédito, organizaciones auxiliares nacionales de crédito e instituciones nacionales de seguros y de fianzas, y los fideicomisos que el gobierno federal o alguna de las demás entidades paraestatales constituyan, con el propósito de auxiliar al ejecutivo federal en las atribuciones del Estado para impulsar las áreas prioritarias del desarrollo, que cuenten con una estructura orgánica análoga a las otras entidades y que tengan comités técnicos, según lo dispuesto por los arts. 3 y 47 de la LOAPF.

[10] Art. 1 LFPA.

[11] Art. 12 LFPA.

[12] ALFONSO NAVA NEGRETE, *Derecho procesal administrativo*, México, Porrúa, 1959, pág. 62

[13] LUIS JOSÉ BÉJAR RIVERA, "La supletoriedad en el derecho administrativo, una falta apreciación del derecho civil como derecho común", en *El derecho administrativo en Iberoamérica*. En homenaje al Profesor Mariano Brito (RODRÍGUEZ-ARANA, JAIME & LUIS JOSÉ BÉJAR RIVERA, Coords.), t. II, México, Universidad Panamericana-Espress, 2014, pág. 473.

En este sentido es importante señalar que a nuestro juicio, la LFPA es una ley marco, es decir obliga a una subordinación de las normas especiales[14], pues siempre será de aplicación concomitante a la norma especial, y ante un conflicto entre ambas, deberá aplicarse, acorde a una interpretación *pro personae*, a favor del particular y así ha sido aplicado por el Tribunal Federal de Justicia Administrativa (TFJA) en varias ocasiones. En todo caso, consideramos infortunada la redacción del artículo 2 de la LFPA, al señalar que existe una norma supletoria de otra, que denomina como supletoria, máxime que la naturaleza de esta es la de ley marco.

## 4. Principios rectores del procedimiento administrativo

Los principios rectores en el derecho nunca han estado exentos de debate, si se toma en consideración posiciones iusfilosóficas entre el naturalismo y el positivismo, pero, en todo caso, acentúan la dimensión ética y proyección sobre el plano de los valores[15]. En todo caso, siguiendo el pensamiento de Alexy, los principios resultan un mandato de optimización, y tal como lo señala el profesor Juan Carlos Cassagne, el principio sirve para dilucidar el sentido de una norma o dar razón de ella[16], e incluso generar nuevas formulaciones jurídicas, y aunque no necesariamente atiendan a valores supralegales, si incardinan o inspiran la actuación administrativa[17].

Ahora, una tendencia muy marcada en el ámbito del derecho administrativo mexicano, tal y como criticaba Dicey al derecho francés, es su intenso legalismo[18] (que curiosamente no tenemos en nuestro derecho constitucional, por lo menos desde la interpretación judicial), y por tanto, so pretexto de salvaguardar la legalidad, el legislador determinó incorporar principios como fuentes de inspiración (y aplicación) a la LFPA.

Esta norma dispone que la actuación administrativa en el procedimiento se desarrollará con arreglo a los principios de economía, celeridad, eficacia, legalidad, publicidad y buena fe[19], sin dotarlos de mayor significado. También

[14] Cfr. Juan Alfonso Santamaría Pastor, *Principios de derecho administrativo*, 4ª ed., t. i, Madrid, Ceura, 2002, pág. 266.

[15] Cfr. Jaime Rodríguez-Arana, "El derecho administrativo global: un derecho principial", en *Derecho administrativo*. Perspectivas contemporáneas (Luis José Béjar Rivera, Coord.), México, Porrúa, 2010, pág. 73.

[16] Cfr. Juan Carlos Cassagne, *Los principios generales del derecho en el derecho administrativo*, Buenos Aires, Abeledo-Perrot, 1988, pág. 43.

[17] Cfr. David Blanquer, *Curso de derecho administrativo III*. El fundamento y el control, teoría y práctica, Valencia, Tirant lo Blanch, 2006, págs. 55 y 56.

[18] Albert Venn Dicey, *An introduction to the study of the law of the constitution*, s./d.

[19] Art. 13 LFPA.

es importante señalar que en un sentido práctico, no necesariamente son los únicos principios que se aplican[20], pero eso ha sido más bien tarea de los juzgadores y en mucha menor medida de las autoridades administrativas.

En todo caso, en última instancia, y gracias a la creciente invocación de los derechos humanos en todos los ámbitos, especialmente en uno como el mexicano, donde debido al papel que cumple el juicio de amparo en nuestro sistema, claramente estamos frente a una constante interpretación *pro personae*, de acuerdo al propio texto constitucional (art. 1), así como los diversos tratados internacionales en materia de derechos humanos de los que México es parte.

La LFPA también señala que la administración pública federal no puede exigir más formalidades que las expresamente previstas en la ley[21], imponiéndole las siguientes obligaciones a los particulares: i) solicitar su comparecencia solo cuando esté previsto en ley, previa citación e indicando el lugar, fecha, hora y objeto de la comparecencia y los efectos de no atenderla; ii) requerir informes, documentos y otros datos durante la realización de visitas de verificación solo en los casos previstos en esta u otras leyes; iii) hacer de su conocimiento, en cualquier momento, el estado de la tramitación de los procedimientos en los que tengan interés jurídico y proporcionar copia de los documentos contenidos en ellos; iv) hacer constar en las copias de los documentos que se presenten junto con los originales, la presentación de los mismos; v) admitir las pruebas permitidas por la ley y recibir alegatos que deben ser tomados en cuenta por el órgano competente al dictar resolución; vi) abstenerse de requerir documentos o solicitar información que no sean exigidos por las normas aplicables al procedimiento o que ya se encuentren en el expediente que se está tramitando; vii) proporcionar información y orientar acerca de los requisitos jurídicos o técnicos que las disposiciones legales impongan a los proyectos, actuaciones o solicitudes que se propongan realizar; viii) permitir el acceso a sus registros y archivos en los términos previstos en esta u otras leyes; ix) tratarlos con respeto y facilitarles el ejercicio de sus derechos y el cumplimiento de sus obligaciones, y x) dictar resolución expresa sobre cuantas peticiones se formulen, así como en los procedimientos iniciados de oficio, cuya instrucción y resolución afecte a terceros, debiendo dictarla dentro del plazo fijado por la ley[22].

El servidor público estará impedido para intervenir o conocer de un procedimiento administrativo cuando: i) tengan interés directo o indirecto en el asunto o en otro semejante cuya resolución pueda influir en la de aquel, sea administrador de sociedad o entidad interesada o tenga litigio pendiente con

[20] Al respecto, Cfr. Luis José Béjar Rivera, *Fundamentos de derecho administrativo*, México, Tirant lo Blanch, 2012.

[21] Art. 15 LFPA.

[22] Art. 16 LFPA.

algún interesado; ii) tengan interés su cónyuge, sus parientes consanguíneos en línea recta sin limitación de grados, colaterales dentro del cuarto grado o los afines dentro del segundo; iii) hubiere parentesco de consanguinidad dentro del cuarto grado o de afinidad dentro del segundo, con cualquiera de los interesados, con los administradores de entidades o sociedades interesadas o con los asesores, representantes legales o mandatarios que intervengan en el procedimiento; iv) exista amistad o enemistad manifiesta que hagan patentes mediante hechos o actitudes evidentes del servidor público que la demuestre objetivamente o con alguna de las personas mencionadas en el numeral anterior; v) intervenga como perito o como testigo en el asunto de que se trate; vi) tengan relación de servicio, sea cual fuere su naturaleza, con las personas físicas o morales interesadas directamente en el asunto, y vii) por cualquier otra causa prevista en la ley[23]. Esta disposición se complementa con lo preceptuado en la Ley General de Responsabilidades Administrativas (LGRA)[24].

[23] Art. 21 LFPA.

[24] Art. 7. Los servidores públicos observarán en el desempeño de su empleo, cargo o comisión, los principios de disciplina, legalidad, objetividad, profesionalismo, honradez, lealtad, imparcialidad, integridad, rendición de cuentas, eficacia y eficiencia que rigen el servicio público. Para la efectiva aplicación de dichos principios, los servidores públicos observarán las siguientes directrices: I. Actuar conforme a lo que las leyes, reglamentos y demás disposiciones jurídicas les atribuyen a su empleo, cargo o comisión, por lo que deben conocer y cumplir las disposiciones que regulan el ejercicio de sus funciones, facultades y atribuciones; II. Conducirse con rectitud sin utilizar su empleo, cargo o comisión para obtener o pretender obtener algún beneficio, provecho o ventaja personal o a favor de terceros, ni buscar o aceptar compensaciones, prestaciones, dádivas, obsequios o regalos de cualquier persona u organización; III. Satisfacer el interés superior de las necesidades colectivas por encima de intereses particulares, personales o ajenos al interés general y bienestar de la población; IV. Dar a las personas en general el mismo trato, por lo que no concederán privilegios o preferencias a organizaciones o personas, ni permitirán que influencias, intereses o prejuicios indebidos afecten su compromiso para tomar decisiones o ejercer sus funciones de manera objetiva; V. Actuar conforme a una cultura de servicio orientada al logro de resultados, procurando en todo momento un mejor desempeño de sus funciones a fin de alcanzar las metas institucionales según sus responsabilidades; VI. Administrar los recursos públicos que estén bajo su responsabilidad, sujetándose a los principios de austeridad, eficiencia, eficacia, economía, transparencia y honradez para satisfacer los objetivos a los que estén destinados; VII. Promover, respetar, proteger y garantizar los derechos humanos establecidos en la Constitución; VIII. Corresponder a la confianza que la sociedad les ha conferido; tendrán una vocación absoluta de servicio a la sociedad, y preservarán el interés superior de las necesidades colectivas por encima de intereses particulares, personales o ajenos al interés general; IX. Evitar y dar cuenta de los intereses que puedan entrar en conflicto con el desempeño responsable y objetivo de sus facultades y obligaciones; X. Se abstendrán de asociarse con inversionistas, contratistas o empresarios nacionales o extranjeros, para establecer cualquier tipo de negocio privado que afecte el desempeño imparcial y objetivo en razón de intereses personales o familiares, hasta el cuarto grado por consanguinidad o afinidad; XI. Separarse legalmente de los activos e intereses económicos

En otro orden de ideas, con arreglo al principio de imparcialidad, el servidor público que se ubique en cualquiera de los supuestos mencionados debe excusarse de intervenir en el procedimiento y comunicarlo a su superior jerárquico para que este, dentro de los tres días siguientes, resuelva turnar el asunto a otro servidor público competente y de no haberlo, dispondrá que el servidor público que se haya excusado resuelva bajo su supervisión[25]. Si es el superior jerárquico quien identifica que un subalterno se encuentra en algún supuesto de impedimento, deberá ordenarle que se inhiba de todo conocimiento[26]. De no excusarse o inhibirse, el interesado podrá promover la recusación del servidor público[27].

La recusación se promoverá por escrito ante el superior jerárquico del recusado, expresando la causa o causas en que se funda y acompañando las pruebas pertinentes; al día siguiente de integrado el expediente con la documentación anterior, el recusado manifestará lo que considere pertinente a fin de que el superior jerárquico resuelva en un plazo de tres días. A falta de informe del recusado, se tendrá por cierto el impedimento[28]. Contra la resolución que se dicte en esta materia no cabe recurso, sin perjuicio de la posibilidad de alegar la recusación al interponer el recurso contra la resolución que dé por concluido el procedimiento[29], aunque la intervención del funcionario impedido no implica necesariamente la invalidez de los actos administrativos en los que haya intervenido, pero dará lugar a responsabilidad administrativa[30].

La confianza legítima (podría, con bastante libertad, identificarse con la buena fe), no está referida expresamente por la LFPA; sin embargo, ha sido objeto de invocación por nuestros altos tribunales y así, la Segunda Sala de la Suprema Corte de Justicia de la Nación ha emitido jurisprudencia con el rubro "Confianza legítima. Constituye una manifestación del derecho de seguridad

---

que afecten de manera directa el ejercicio de sus responsabilidades en el servicio público y que constituyan conflicto de intereses, de acuerdo con lo establecido en esta ley, en forma previa a la asunción de cualquier empleo, cargo o comisión; XII. Abstenerse de intervenir o promover, por sí o por interpósita persona, en la selección, nombramiento o designación para el servicio público de personas con quienes tenga parentesco por filiación hasta el cuarto grado o por afinidad hasta el segundo grado, y XIII. Abstenerse de realizar cualquier trato o promesa privada que comprometa al Estado mexicano. La separación de activos o intereses económicos a que se refiere la fracción XI de este artículo deberá comprobarse mediante la exhibición de los instrumentos legales conducentes, mismos que deberán incluir una cláusula que garantice la vigencia de la separación durante el tiempo de ejercicio del cargo y hasta por un año posterior a haberse retirado del empleo, cargo o comisión".

[25] Art. 22 LFPA.

[26] Art. 24 LFPA.

[27] Art. 25 LFPA.

[28] Art. 26 LFPA.

[29] Art. 27 LFPA.

[30] Art. 23 LFPA.

jurídica, en su faceta de interdicción de la arbitrariedad", derivada de una interpretación respecto del derecho a la seguridad jurídica, reconocido en los artículos 14 y 16 de la Constitución Política de los Estados Unidos Mexicanos, y que tutela la prerrogativa del gobernado a no encontrarse jamás en una situación de incertidumbre jurídica y, en consecuencia, en un estado de indefensión; su esencia versa sobre la premisa consistente de la previsibilidad del contenido de las leyes y de la propia actuación de la autoridad, y que la confianza legítima puede considerarse como una manifestación del derecho a la seguridad jurídica, en su faceta de interdicción o prohibición de la arbitrariedad o del exceso, en virtud de la cual, en el caso de que la actuación de los poderes públicos haya creado en una persona interesada confianza en la estabilidad de sus actos, estos no pueden modificarse de forma imprevisible e intempestiva, salvo el supuesto en que así lo exija el interés público y que, atendiendo a las características de todo Estado democrático, la confianza legítima adquiere diversos matices dependiendo de si se pretende invocar frente a actos administrativos o actos legislativos[31].

Precisamente en relación con los actos administrativos, la propia Segunda Sala, en tesis aislada[32] bajo el rubro "Confianza legítima. Su aplicación en el orden jurídico mexicano respecto de los actos administrativos", ha resuelto que tratándose de actos de la administración, la confianza legítima debe entenderse como la tutela de las expectativas razonablemente creadas en favor del gobernado, con base en la esperanza que la propia autoridad le indujo a partir de sus acciones u omisiones, las cuales se mantuvieron de manera persistente en el tiempo, de forma que generen en el particular la estabilidad de cierta decisión, con base en la cual haya ajustado su conducta, pero que con motivo de un cambio súbito e imprevisible, esa expectativa se vea quebrantada[33].

Sin embargo, un elemento indispensable que debe tomarse en consideración al estudiarse si se ha transgredido o no esa figura, es la ponderación efectuada entre los intereses públicos o colectivos frente a los intereses particulares, pues el acto de autoridad podrá modificarse ante una imperante necesidad del interés público. En ese orden de ideas, se afirma que la confianza legítima encuentra íntima relación con el principio de irrevocabilidad unilateral de los actos administrativos que contienen resoluciones favorables, el cual halla su confirmación legislativa en los artículos 2º, último párrafo y 13, fracción III, ambos

[31] Tesis: 2a./J. 103/2018 (10a.), Décima época, Gaceta del Semanario Judicial de la Federación, Libro 59, octubre de 2018, tomo I, pág. 847.

[32] En el derecho mexicano, una tesis aislada, se refiere a un criterio de interpretación, emitido por un órgano judicial, pero que no es vinculante ni de obligatoria invocación para los otros órganos judiciales o jurisdiccionales. A mayor abundamiento, Cfr. HUMBERTO RUIZ TORRES, *Curso general de amparo*, México, Oxford University Press, 2009.

[33] Tesis: 2ª XXXVIII/2017 (10a.), Décima época, Gaceta del Semanario Judicial de la Federación, Libro 40, marzo de 2017, tomo II, pág. 1386.

de la Ley Federal de Procedimiento Contencioso Administrativo (LFPCA), así como en el diverso 36 del Código Fiscal de la Federación (CFF), de los cuales se advierte que cuando la administración pública federal (incluidas las autoridades fiscales) pretendan la modificación o nulidad de una resolución favorable a un particular, deberá promover juicio contencioso ante el TFJA[34].

No obstante, debe advertirse que este principio se ve relativizado en el contexto del Estado regulador, como señala en tesis aislada el Primer Tribunal Colegiado de Circuito en materia administrativa especializado en Competencia Económica, Radiodifusión y Telecomunicaciones, con el rubro "Confianza legítima. Dicho principio es inaplicable a los actos del Instituto Federal de Telecomunicaciones que regulan la interconexión y la operación de redes de telecomunicaciones", en la que se afirma que dicho principio no rige en los casos en que la ley confiera a la autoridad un amplio margen de configuración para regular situaciones que se caractericen por la ausencia de un derecho tutelado en favor de los gobernados, que permita mantener sin modificaciones el ordenamiento jurídico relativo, como en el caso de los títulos de concesión para instalar, operar y explotar redes públicas de telecomunicaciones, los cuales son actos administrativos mixtos que, en virtud del principio de mutabilidad, quedan sujetos a las modificaciones que sufra el marco jurídico que los rige, incluso en cuanto a la regulación de situaciones y hechos no acaecidos. Por tanto, como el Instituto Federal de Telecomunicaciones (IFETEL) cuenta con un amplio margen de configuración establecido en la Constitución Política de los Estados Unidos Mexicanos (CPEUM) para regular y desarrollar el sector de las telecomunicaciones, en aspectos específicos como la interconexión y la operación de redes en dicha materia, los concesionarios no cuentan con un derecho jurídicamente tutelado a la inamovilidad de la regulación respectiva, propia del principio de confianza legítima, por lo cual, este es inaplicable a los actos en esos aspectos[35].

Sin duda se podrían hacer comentarios adicionales relativos a los principios aplicables al procedimiento administrativo, y sobre todo, nos puede llevar hacia una profunda discusión que sin duda amerita un trabajo diverso al aquí pretendido. En todo caso, reiteramos lo que se ha venido exponiendo a lo largo de este apartado: los principios incluidos en la redacción de la LFPA, resultan poco aplicables, dada la naturaleza misma del procedimiento administrativo, entendido en este entorno de intenso legalismo que caracteriza al modelo mexicano y que, a pesar de ello, esa restricción propia de la actuación administrativa, no es característica de los tribunales al momento de juzgar precisamente dicha actuación.

[34] Tesis: 2ª XXXVIII/2017 (10a.), Décima época, Gaceta del Semanario Judicial de la Federación, Libro 40, Marzo de 2017, tomo II, pág. 1386.

[35] Tesis: I.1o.A.E.248 A (10a.), Décima época, Gaceta del Semanario Judicial de la Federación, Libro 63, febrero de 2019, tomo II, pág. 2925.

## 5. Derechos de los administrados, medios de prueba y terminación del procedimiento

La LFPA dispone que el procedimiento administrativo podrá iniciarse de oficio[36] o a petición de parte interesada[37]. Se establece también que el procedimiento administrativo continuará de oficio, sin perjuicio del impulso que puedan darle los interesados y que en caso de corresponderles a estos y no lo hicieren, operará la caducidad en los términos previstos por esta ley[38].

La LFPA indica que las promociones deberán hacerse por escrito en el que se precisará el nombre, denominación o razón social de quien o quienes promuevan, en su caso, de su representante legal, el domicilio para recibir notificaciones, así como nombre de la persona o personas autorizadas para recibirlas, la petición que se formula, los hechos o razones que dan motivo a la petición, el órgano administrativo a que se dirigen, y el lugar y fecha de su emisión. El escrito debe estar firmado por el interesado o su representante legal, a menos que no sepa o no pueda firmar, caso en el cual se imprimirá su huella digital[39].

En cuanto a los interesados y su representación, la LFPA reconoce como interesados a quienes promuevan con capacidad de ejercicio, quienes pueden actuar por sí o por medio de representante o apoderado, y que la representación de las personas físicas o morales ante la administración pública federal para formular solicitudes, participar en el procedimiento administrativo, interponer recursos, desistirse y renunciar a derechos, debe acreditarse mediante instrumento público, aunque en el caso de personas físicas también puede hacerse mediante carta poder formada ante dos testigos y ratificadas las firmas del otorgante y testigos ante las propias autoridades o fedatario público, o declaración en comparecencia personal del interesado[40].

La LFPA no incluye mención o reconocimiento de los intereses colectivos o difusos; lo único que incluye es la disposición que establece que los titulares de los órganos administrativos ante quienes se inicie o se tramite cualquier procedimiento administrativo, de oficio o a petición de parte interesada, podrán disponer su acumulación, en contra de la cual no procederá recurso alguno[41],

[36] Para Manuel Lucero Espinosa, la iniciación de oficio se debe entender como aquellos casos donde el procedimiento puede comenzar por: a) iniciativa del órgano competente, b) orden del superior jerárquico, c) sugerencia razonada del subordinado, d) pedimento por órgano de igual jerarquía, pero incompetente en razón de la materia o jurisdicción, y e) por denuncia o queja de un particular con un interés legítimo. Cfr. Manuel Lucero Espinosa, *Ley Federal de Procedimiento Administrativo Comentada*, 10ª ed., México, Porrúa, 2019, págs. 76-78.

[37] Art. 14 LFPA.

[38] Art. 18 LFPA.

[39] Art. 15 LFPA.

[40] Art. 19 LFPA.

[41] Art. 45 LFPA.

así como el reconocimiento de una representación común cuando en una solicitud, escrito o comunicación comparezcan varios interesados, en el que las actuaciones se efectuarán con el representante común que hayan señalado o, en su defecto, con el que figure primero[42].

Sin embargo, como parte de los esfuerzos de simplificación administrativa se dispone que cada dependencia y organismo descentralizado creará un Registro de Personas Acreditadas para realizar trámites ante ellas, asignando un número de identificación al interesado quien, al citar dicho número en los trámites subsecuentes que presente, no requerirá asentar los datos ni acompañar los documentos antes referidos para las promociones por escrito, salvo el órgano al que se dirige el trámite, la petición que se formula, los hechos y razones que dan motivo a la petición y el lugar y fecha de emisión del escrito. Dichos registros deberán estar interconectados informáticamente y el número de identificación asignado por una dependencia u organismo descentralizado será obligatorio para los demás, el cual se integrará con base en el Registro Federal de Contribuyentes, en caso de que el solicitante esté inscrito en él, en los términos que establezca la autoridad en materia de mejora regulatoria[43].

También se dispone que en los procedimientos administrativos, las dependencias y los organismos descentralizados de la administración pública federal recibirán las promociones o solicitudes que los particulares presenten por escrito, sin perjuicio de que dichos documentos puedan presentarse a través de medios de comunicación electrónica en las etapas que las propias dependencias y organismos así lo determinen mediante reglas de carácter general publicadas en el DOF, supuesto en el cual emplearán, en sustitución de la firma autógrafa, medios de identificación electrónica[44].

Los documentos presentados por estos medios producirán los mismos efectos que las leyes otorgan a los documentos firmados autógrafamente y, en consecuencia, tendrán el mismo valor probatorio que las disposiciones aplicables les otorgan a estos.

El uso de medios electrónicos es optativo para los interesados, incluidos los particulares inscritos en el Registro de Personas Acreditadas, mientras que se reconoce que las dependencias y organismos descentralizados pueden hacer uso de ellos para realizar notificaciones, citatorios o requerimientos de documentación e información a los particulares, conforme a lo dispuesto por el artículo 35 de la ley.

[42] Art. 20 LFPA.

[43] Art. 69-B LFPA. La autoridad de mejora regulatoria es actualmente la Comisión Nacional de Mejora Regulatoria, prevista y regulada en la Ley General de Mejora Regulatoria (DOF 18-5-2018).

[44] Al respecto, se debe tomar en consideración las disposiciones de la Ley de Firma Electrónica Avanzada, publicada en el DOF el 11 de enero de 2012, sin reformas hasta la fecha del presente trabajo.

La certificación de los medios de identificación electrónica del promovente, así como la verificación de la fecha y hora de recepción de las promociones o solicitudes y de la autenticidad de las manifestaciones vertidas en las mismas, deberán hacerse por las dependencias u organismos descentralizados bajo su responsabilidad y de conformidad con las disposiciones generales que emita la Secretaría de la Función Pública[45].

También se debe destacar en esta línea de mejora regulatoria, simplificación administrativa y trámites electrónicos, la figura del expediente electrónico empresarial, que debe contener el conjunto de información y documentos electrónicos generados por la autoridad y por el interesado relativas a este y que se requieren para la realización de cualquier trámite ante la administración pública federal centralizada, cuya información y contenido goza para todos los efectos jurídicos de equivalencia funcional en relación con la información y documentación en medios no electrónicos, siempre que los originales se encuentren en poder de la administración pública o cuando cuenten con la firma digital de las personas facultadas para generarlos o cuando hayan sido verificados por la autoridad requirente.

Este expediente tiene por objeto facilitar las gestiones de los interesados frente a las autoridades y evitar duplicidad de información en trámites y crear sinergias entre las diversas bases de datos de las dependencias y organismos descentralizados vinculados a la realización de procedimientos administrativos relacionados con la apertura y operación de empresas, siendo responsabilidad de la Secretaría de Economía organizar, unificar e implantar el sistema informático que gestionará dichos expedientes, que podrá celebrar convenios con los estados y municipios que deseen incorporarse al sistema electrónico de apertura y operación de empresas[46].

Sin perjuicio de lo antes señalado en materia de trámites electrónicos, se dispone que los escritos dirigidos a la administración pública federal deben ser presentados directamente en sus oficinas autorizadas para tal efecto, en las oficinas de correos, mediante mensajería o telefax, salvo el caso del escrito inicial de impugnación, que debe presentarse en las oficinas administrativas correspondientes.

En el caso de los escritos recibidos por correo certificado con acuse de recibo, se consideran presentados en las fechas que indique el sello fechador de la oficina de correos, excepto en los casos en que hubieren sido dirigidos a una autoridad que resulte incompetente, para lo cual se agregará al expediente el sobre en donde aparezca dicho sello fechador. Cuando el escrito

[45] Art. 69-C LFPA. Cabe precisar que las referidas disposiciones generales de la Secretaría de la Función Pública, han sido sustituidas por la referida Ley de Firma Electrónica Avanzada ya mencionada.

[46] Art. 69 C Bis LFPA.

se ha presentado ante un órgano incompetente, este remitirá la promoción al que sea competente en el plazo de cinco días, caso en el cual se tendrá como fecha de presentación la del acuse de recibo del órgano incompetente, salvo que este aperciba al particular en el sentido de que su curso se recibe solo para efecto de ser turnado a la autoridad competente, circunstancia de la que dejará constancia por escrito en el propio documento y en la copia sellada que al efecto se exhiba[47]. Se dispone también que en ningún caso se podrán rechazar los escritos en las unidades de recepción de documentos[48].

Debe considerarse que la LFPA dispone también que cuando los escritos que presenten los interesados no contengan los datos o no cumplan los requisitos aplicables, la dependencia u organismo descentralizado correspondiente debe prevenir a los interesados, por escrito y una sola vez, para que subsanen la omisión dentro del término que establezca la dependencia u organismos descentralizado, que no podrá ser menor a cinco días hábiles contados a partir de que haya surtido efectos la notificación, transcurrido el cual sin desahogar la prevención, se desechará el trámite.

Se señala también que salvo que una norma de carácter general disponga otro plazo, la prevención de información faltante debe hacerse dentro del primer tercio del plazo de respuesta o, de no requerirse resolución alguna, dentro de los diez días hábiles siguientes a la presentación del escrito, computándose como día completo la fracción de día que resulte de la división del plazo de respuesta y que, en caso de que la resolución del trámite sea inmediata, la prevención debe hacerse también de manera inmediata a la presentación del escrito. De no realizarse esta prevención dentro del plazo aplicable, no se podrá desechar el trámite argumentando que está incompleto, pero de hacerse en tiempo, el plazo para resolver el trámite se suspenderá y se reanudará a partir del día hábil inmediato siguiente a aquel en que el interesado conteste[49].

Asimismo, se establece también que cuando en cualquier estado se considere que alguno de los actos no reúne los requisitos necesarios, el órgano administrativo lo pondrá en conocimiento de la parte interesada, concediéndole un plazo de cinco días para su cumplimiento y en caso de que los interesados no cumplan, se les podrá declarar la caducidad del ejercicio de su derecho[50].

Consideramos importante insistir que los mínimos y máximos establecidos en la LFPA, en términos generales son respetados por las leyes especiales, reiterando nuestra posición sobre la naturaleza de esta norma como ley marco.

[47] Art. 42 LFPA.

[48] Art. 43, primer párrafo, LFPA.

[49] Art. 17 A LFPA.

[50] Art. 43, segundo párrafo, LFPA.

Hemos señalado ya que el procedimiento administrativo puede iniciarse a instancia de parte interesada o bien, de oficio por parte de la autoridad. En este sentido, el derecho de defensa que deriva de las garantías previstas en los artículos 14 y 16 constitucionales, se traduce, como ya se ha indicado, en la obligación de la administración pública, en sus relaciones con los particulares, de solicitar su comparecencia solo cuando así esté previsto en la ley, previa citación en la que constará expresamente el lugar, fecha, hora y objeto de la comparecencia así como los efectos de no atenderla; solo se podrán requerir informes, documentos y otros datos durante las visitas de verificación en los casos previstos por la LFPA y otras leyes; se admitirán las pruebas permitidas por ley (excepto la confesional de la autoridad administrativa mediante absolución de posiciones) y recibir alegatos que serán tomados en cuenta al dictar resolución, así como proporcionar información y orientar acerca de los requisitos jurídicos o técnicos que las disposiciones legales impongan a las actuaciones o solicitudes, y dictar resolución expresa sobre las peticiones que se le formulen así como en los procedimientos iniciados de oficio, dentro del plazo fijado por la ley, entre otros[51].

Además, por lo que se refiere al acceso al expediente y la información administrativa, la administración pública federal también está obligada, como ya se había indicado, a permitir que los particulares conozcan, en cualquier momento, el estado de la tramitación de los procedimientos en los que tengan interés jurídico y a proporcionar copia de los documentos contenidos en ellos, así como permitir el acceso a sus registros y archivos en los términos previstos en la LFPA y en otras leyes[52].

Acorde con lo anterior, los interesados en un procedimiento administrativo tendrán derecho a conocer, en cualquier momento, el estado de su tramitación, recabando la oportuna información en las oficinas correspondientes, salvo cuando contengan información sobre la defensa y seguridad nacional, sean relativos a materias protegidas por el secreto industrial, en los que el interesado no sea titular o causahabiente o se trate de asuntos en que exista disposición legal que lo prohíba[53]. Salvo por las excepciones indicadas, los interesados podrán solicitar les sea expedida a su costa, copia certificada de los documentos contenidos en el expediente administrativo en el que se actúa[54].

Respecto de la conducción del procedimiento, se establece que en el despacho de los expedientes se guardará y respetará el orden riguroso de tramitación en los asuntos de la misma naturaleza y la alteración de dicho orden solo

[51] Art. 16, fracs. I, II, V, VII y X, LFPA.

[52] Art. 15, fracs. III y VIII, LFPA.

[53] Art. 33 LFPA.

[54] Art. 34 LFPA.

podrá realizarse se existe causa debidamente motivada de la que quede constancia, siendo causal de responsabilidad para los servidores públicos el incumplimiento de esta disposición[55]. Asimismo, se establece que los actos necesarios para la determinación, conocimiento y comprobación de los hechos en virtud de los cuales deba pronunciarse resolución, se realizarán de oficio por el órgano que tramite el procedimiento[56].

Iniciado el procedimiento administrativo, el órgano administrativo podrá adoptar las medidas provisionales establecidas en las leyes administrativas de la materia, y en su caso en la propia LFPA para asegurar la eficacia de la resolución que pudiera recaer, si existieren suficientes elementos de juicio para ello[57]. Cabe precisar que no obstante lo anterior, la LFPA no prevé ninguna medida provisional o cautelar específica, y se limita a hacer referencia a que las autoridades competentes harán uso de las medidas legales necesarias, incluyendo el auxilio de la fuerza pública, para lograr la ejecución de las sanciones y medidas de seguridad que procedan[58] y que en el caso de estas últimas, se consideran como tales las disposiciones que dicte la autoridad competente para proteger la salud y la seguridad públicas, y que se establecerán en cada caso por las leyes administrativas[59], mismas que podrán dictarse por las autoridades con base en los resultados de las visitas de verificación o del informe de las mismas, para corregir las irregularidades que se hubiesen encontrado, notificándolas al interesado y otorgándole un plazo adecuado para su realización y que tendrán la duración estrictamente necesaria para la corrección de las irregularidades respectivas[60].

En materia de plazos, términos y su cómputo, se establece que salvo que una disposición legal o administrativa de carácter general establezca otro plazo, no podrá exceder de tres meses el tiempo para que la dependencia u organismo descentralizado resuelva lo que corresponda[61] y que salvo disposición expresa en contrario, los plazos para que la autoridad conteste empezarán a correr el día hábil inmediato siguiente a la presentación del escrito correspondiente[62].

Ahora bien, en otro orden de ideas, la LFPA señala que las actuaciones y diligencias administrativas se practicarán en días y horas hábiles; y que en los

[55] Art. 46 LFPA.

[56] Art. 49 LFPA.

[57] Art. 44 LFPA.

[58] Art. 75 LFPA.

[59] Art. 81 LFPA.

[60] Art. 82 LFPA.

[61] Art. 17 LFPA.

[62] Art. 17 B LFPA.

plazos fijados en días no se contarán los inhábiles, salvo disposición en contrario, pudiendo suspenderse los términos por causa de fuerza mayor o caso fortuito, debidamente fundada y motivada por autoridad competente[63].

En los plazos establecidos por períodos se computarán todos los días; cuando se fijen por mes o por año se entenderá que el plazo concluye el mismo número de día del mes o año de calendario que corresponda, respectivamente; cuando no exista el mismo número de día en el mes calendario correspondiente, el término será el primer día hábil del siguiente mes calendario y si el último día del plazo o la fecha determinada son inhábiles o las oficinas ante las que se vaya a hacer el trámite permanecen cerradas durante el horario normal de labores, se prorrogará el plazo hasta el siguiente día hábil[64].

Por lo que hace a las diligencias o actuaciones en el procedimiento administrativo, estas se efectuarán conforme a los horarios que cada dependencia o entidad de la administración pública federal previamente establezca y publique en el DOF, y en su defecto, las comprendidas entre las 8:00 y las 18:00 horas, aunque se reconoce que una diligencia iniciada en horas hábiles podrá concluirse en hora inhábil sin afectar su validez y que las autoridades administrativas, en caso de urgencia o de existir causa justificada, pueden habilitar horas inhábiles cuando la persona con quien se vaya a practicar la diligencia realice actividades objeto de investigación en tales horas[65].

Los plazos podrán ser ampliados de oficio o a petición de parte, sin perjuicio de lo que establezcan otras leyes administrativas, sin que dicha ampliación exceda en ningún caso de la mitad del plazo previsto originalmente, cuando así lo exija el asunto y no se perjudiquen los derechos de los interesados o de terceros[66].

En materia de notificaciones, citaciones, emplazamientos, requerimientos, visitas e informes, a falta de términos o plazos establecidos en las leyes administrativas para la realización de trámites, aquellos no excederán de diez días, debiendo el órgano administrativo hacer del conocimiento del interesado dicho plazo[67].

[63] Se consideran días inhábiles los sábados, domingos; el 1° de enero; 5 de febrero; 21 de marzo; 1° de mayo; 1° y 16 de septiembre; 20 de noviembre; 1° de diciembre de cada seis años, cuando corresponda a la transmisión del poder ejecutivo federal, y el 25 de diciembre, así como los días en que tengan vacaciones generales las autoridades competentes o aquellos en que se suspendan las labores, los que se harán del conocimiento público mediante acuerdo del titular de la dependencia respectiva, que se publicará en el DOF (art. 28 LFPA). Cabe señalar que no todas las fechas antes indicadas son fijas y que pueden ser variables en términos de la Ley Federal del Trabajo (LFT).

[64] Art. 29 LFPA.

[65] Art. 30 LFPA.

[66] Art. 31 LFPA.

[67] Art. 32 LFPA.

Como confirmación de lo anterior, específicamente en materia de notificaciones, se ordena que estas deben hacerse en el plazo máximo de diez días a partir de la emisión de la resolución o acto que se notifique y que deben contener el texto íntegro del acto, el fundamento legal en que se apoye con la indicación de si es o no definitivo en la vía administrativa y, en su caso, la expresión del recurso administrativo que sea procedente contra ella, el órgano ante el que debe presentarse y el plazo para su interposición[68].

Tratándose de cuestiones incidentales que se susciten durante el procedimiento administrativo, si bien estas no suspenden su tramitación[69], deben tramitarse por escrito dentro de los cinco días siguientes a la notificación del acto que lo motive, expresando lo que a su derecho convenga y las pruebas que se estimen pertinentes fijando los puntos sobre los que versen, las que se desahogarán en el término que se fije y que no excederá de diez días, tras lo que se resolverá el incidente planteado[70]. Es precisamente en este punto donde el CFPC entra como norma supletoria al procedimiento administrativo, debido a la escasa especificidad de lo preceptuado por la LFPA.

Específicamente en materia de pruebas vinculadas al procedimiento y no a los incidentes, las ofrecidas y admitidas se desahogarán dentro de un plazo no menor a tres ni mayor de quince días, contados a partir de su admisión, sin perjuicio de que si se ofrecieron pruebas que amerite ulterior desahogo, se concederá al interesado un plazo no menor a ocho ni mayor a quince días para tal efecto[71]. En todo caso, el órgano administrativo notificará a los interesados con una anticipación de tres días, el inicio de las actuaciones necesarias para el desahogo de las pruebas admitidas[72].

En relación con los informes u opiniones solicitados a otros órganos administrativos durante la tramitación del procedimiento administrativo, estos deben rendirse dentro del plazo de quince días, salvo disposición que establezca uno distinto[73]. Es importante señalar que de dichos informes, opiniones o dictámenes, se pudiera desprender una confesión expresa, la cual si puede ser ofrecida, debido a que no se actualiza mediante absolución de posiciones.

Concluida la tramitación del procedimiento administrativo, se otorga a los interesados un plazo no inferior a cinco días ni superior a diez, para presentar por escrito sus alegatos, que deberán ser tomados en cuenta al dictarse la resolución[74].

[68] Art. 39 LFPA.

[69] Art. 47 LFPA.

[70] Art. 48 LFPA.

[71] Art. 51 LFPA.

[72] Art. 52 LFPA.

[73] Art. 55 LFPA.

[74] Art. 56 LFPA.

No deja de resultar curiosa la profunda influencia procesalista que rige al procedimiento administrativo mexicano, incluso si se nos permite, la redacción utilizada por la LFPA se acerca más a un procedimiento civil que a un verdadero procedimiento administrativo, cuyo objetivo ante todo es dotar de seguridad jurídica a la decisión administrativa.

En materia de pruebas, en el procedimiento administrativo se admitirán toda clase de ellas, a excepción de la confesional de las autoridades, aunque no se considera comprendida en esta prohibición la petición de informes a las autoridades administrativas, respecto de hechos que consten en sus expedientes o de documentos agregados a ellos. Por su parte, las autoridades pueden allegarse de los medios de prueba que consideren necesarios, sin más limitación que las establecidas en la ley, entendiendo que habrá que atender a lo que establece el CFPC, toda vez que la LFPA no contiene disposición al respecto.

El órgano o autoridad de la administración pública federal ante el que se tramite el procedimiento administrativo, acordará sobre la admisibilidad de las pruebas ofrecidas y solo podrá rechazar aquellas propuestas por los interesados cuando no fuesen ofrecidas conforme a derecho, no tengan relación con el fondo del asunto, sean improcedentes e innecesarias o contrarias a la moral y al derecho, resolución que deberá estar debidamente fundada y motivada[75].

Por último, la LFPA reconoce como actos administrativos de carácter general los reglamentos, decretos, acuerdos, normas oficiales mexicanas, circulares y formatos, así como los lineamientos, criterios, metodologías, instructivos, directivas, reglas, manuales, disposiciones que tengan por objeto establecer obligaciones específicas cuando no existan condiciones de competencia y cualesquiera de naturaleza análoga a los actos anteriores, que expidan las dependencias y organismos descentralizados de la administración pública federal, y ordena que deben publicarse en el DOF para producir efectos jurídicos[76].

Conforme a la Ley General de Mejora Regulatoria (LGMR), cuando estos actos administrativos se consideran como regulación o regulaciones, están sujetos al análisis de impacto regulatorio[77], que deberá presentarse ante la autoridad de mejora regulatoria[78] cuando menos treinta días antes de la

[75] Art. 50 LFPA.

[76] Art. 4 LFPA.

[77] De acuerdo con este ordenamiento, se consideran como tales cualquier normativa de carácter general cuya denominación puede ser acuerdo, circular, código, criterio, decreto, directiva, disposición de carácter general, disposición técnica, estatuto, formato, instructivo, ley, lineamiento, manual, metodología, norma oficial mexicana, regla, reglamento, o cualquier otra denominación de naturaleza análoga que expida cualquier sujeto obligado (art. 3, frac. XV, LGMR).

[78] De acuerdo con el art. 3, fracción II, de la LGMR, se entiende por tal a la Comisión Nacional de Mejora Regulatoria, las comisiones de mejora regulatoria de las entidades fede-

fecha en que pretendan publicarse o someterse a la consideración del titular del ejecutivo federal[79]. La autoridad de mejora regulatoria hará públicos desde que los reciba, las propuestas regulatorias, el análisis de impacto regulatorio, los dictámenes que emita, las respuestas a estos, las autorizaciones y exenciones previstas y todas las opiniones y comentarios de los interesados que se recaben durante la consulta pública, para lo que se establecerán plazos mínimos de consulta pública que no podrán ser menores a veinte días, tomando en consideración el impacto potencial de las propuestas regulatorias, su naturaleza jurídica y ámbito de aplicación[80]

De conformidad con la LFPA, ponen fin al procedimiento administrativo: i) la resolución del mismo; ii) el desistimiento; iii) la renuncia al derecho en que se funde la solicitud, cuando no esté prohibida por el ordenamiento jurídico; iv) la declaración de caducidad; v) la imposibilidad material de continuarlo por causas sobrevenidas, y vi) el convenio de las partes, cuando no sea contrario al orden jurídico ni verse sobre materias no susceptibles de transacción y tenga por objeto satisfacer el interés público con el alcance, efectos y régimen jurídico específico que en cada caso prevea la disposición que lo regula[81].

La resolución que ponga fin al procedimiento debe decidir todas las cuestiones planteadas por los interesados y de oficio las derivadas del mismo, pudiendo el órgano administrativo competente decidir sobre las mismas, poniéndolo previamente en conocimiento de los interesados por un plazo no superior a diez días para que manifiesten lo que a su derecho convenga y aporten las pruebas que estimen pertinentes; además, en los procedimientos tramitados a solicitud del interesado, la resolución debe ser congruente con las peticiones formuladas, sin perjuicio de la potestad de la administración pública federal de iniciar de oficio un nuevo procedimiento[82].

Es importante señalar que, para fines prácticos, debemos entender la resolución del procedimiento como un acto administrativo; de hecho, se puede decir que sin el acto administrativo, el procedimiento carece de sentido, y

---

rativas, municipales o de alcaldías o equivalentes, los comités, las unidades administrativas o áreas responsables de conducir la política de mejora regulatoria en sus respectivos ámbitos de competencia. Debe señalarse que en el ámbito federal, esta atribución corresponde a la Comisión Nacional de Mejora Regulatoria, que es un órgano administrativo desconcentrado de la Secretaría de Economía, con autonomía técnica y operativa, que tiene como objetivo promover la mejora de las regulaciones y la simplificación de trámites y servicios, así como la transparencia en la elaboración y aplicación de los mismos, procurando que estos generen beneficios superiores a sus costos y el máximo beneficio para la sociedad (art. 23 LGMR).

[79] Art. 71 LGMR.

[80] Art. 73 LGMR.

[81] Art. 57 LFPA.

[82] Art. 59 LFPA.

viceversa, para poder tener un acto jurídico válido y eficaz, es necesario que se emita mediante un procedimiento administrativo[83].

También se reconoce que todo interesado podrá desistirse de su solicitud o renunciar a sus derechos cuando estos no sean de orden e interés públicos, precisando que si el escrito de iniciación se hubiera formulado por dos o más interesados, el desistimiento o renuncia solo afectará a quien lo formule[84].

Por otra parte, cuando en los procedimientos iniciados a instancia del interesado se produzca su paralización por causas imputables al mismo, la administración pública federal le advertirá que transcurridos tres meses se producirá la caducidad del mismo, por lo que expirado dicho plazo sin que el interesado realice las actividades necesarias para reanudar su tramitación, se acordará el archivo de las actuaciones, notificándolo al interesado, resolución que puede ser impugnada mediante el recurso de revisión previsto en la LFPA.

En el caso de procedimientos iniciados de oficio, se entenderán caducados y se procederá al archivo de las actuaciones, a solicitud de parte o de oficio en el plazo de treinta días contados a partir de la expiración del plazo para dictar resolución. La caducidad no produce por sí misma la prescripción de las acciones del particular o de la administración, y no interrumpen ni suspenden el plazo de prescripción[85].

En líneas precedentes insistimos sobre la trascendencia del acto administrativo para el procedimiento, como su resultado más natural. Reconocemos también el amplio debate al respecto de la conceptualización del acto administrativo, pero nos adherimos al concepto de este como: "[...] la manifestación unilateral de la voluntad de la autoridad administrativa, dirigida a un particular [...] y que en cumplimiento de sus funciones provoca consecuencias jurídicas para el sujeto y terceros, atendiendo a los fines públicos"[86].

Más allá de la cuestión conceptual del acto administrativo, siguiendo lo dispuesto por la LFPA, este debe ser expedido por órgano competente, por medio de servidor público y de ser órgano colegiado, reunir las formalidades de la ley o decreto para emitirlo; tener objeto que pueda ser materia del mismo, determinado o determinable, preciso en cuanto a las circunstancias de tiempo y lugar y previsto por la ley; cumplir con la finalidad de interés público regulado por

[83] A mayor abundamiento, cfr. LUIS JOSÉ BÉJAR RIVERA, "El acto administrativo y sus elementos esenciales. Notas sobre su regulación en México", en *Estudios de derecho administrativo*. El derecho administrativo iberoamericano, t. II, Lima, Gaceta Jurídica, 2018, págs. 9-28.

[84] Art. 58 LFPA.

[85] Art. 60 LFPA.

[86] LUIS JOSÉ BÉJAR RIVERA, *El acto administrativo y su finalidad*, México, Porrúa, 2018, pág. 6.

las normas en que se concreta, sin que puedan perseguirse otros fines distintos; hacer constar por escrito y con la firma autógrafa de la autoridad que lo expida, salvo en los casos en los que la ley autorice otra forma de expedición; estar fundado y motivado; ser expedido sujetándose a las disposiciones relativas al procedimiento administrativo y sin que medie error sobre el objeto, causa o motivo o sobre el fin y sin que medie dolo o violencia en su emisión y mencionar el órgano del cual emana[87].

La omisión o irregularidad de cualquiera de los elementos o requisitos producirá la nulidad del acto, que será declarada por el superior jerárquico de la autoridad que lo emitió, salvo que el acto impugnado provenga del titular de una dependencia, caso en el que la nulidad será declarada por el mismo.

El acto declarado nulo será inválido, no se presumirá legítimo ni ejecutable; será subsanable sin perjuicio de que pueda expedirse uno nuevo; los particulares no tendrán obligación de cumplirlo y los servidores públicos deben hacer constar su oposición a ejecutar el acto, fundando y motivando su negativa y su declaración de nulidad producirá efectos retroactivos aunque de haberse consumado o resultar imposible de hecho o de derecho retrotraer sus efectos, solo dará lugar a la responsabilidad del servidor público que lo hubiere emitido u ordenado[88].

El acto administrativo debe ser expedido sin que medie error respecto a la referencia específica de identificación del expediente, documentos o nombre completo de las personas; ser expedido señalando lugar y fecha de emisión; tratándose de actos administrativos que deban notificarse debe hacerse mención de la oficina en que se encuentra y puede ser consultado el expediente respectivo; tratándose de actos recurribles debe hacerse mención de los recursos que procedan y ser expedido decidiendo expresamente todos los puntos propuestos por las partes o establecidos por la ley[89].

La omisión o irregularidad de los elementos y requisitos anteriores producirá la anulabilidad del acto administrativo; aunque el acto declarado anulable se considerará válido, gozará de presunción de legitimidad y ejecutividad y será subsanable por los órganos administrativos mediante el pleno cumplimiento de los requisitos exigidos por el ordenamiento jurídico para la plena validez y eficacia del acto; su saneamiento producirá efectos retroactivos por lo que el acto se considerará como si siempre hubiera sido válido, por lo que tanto los servidores públicos como los particulares tendrán obligación de cumplirlo[90].

[87] Art. 3, fracs. I a X, LFPA.

[88] Art. 6 LFPA.

[89] Art. 3, fracs. XII a XVI, LFPA.

[90] Art. 7 LFPA.

Evidentemente, el tema de nulidades de los actos administrativos amerita mayor profundización, como es evidente no puede ser agotada aquí[91].

El acto administrativo será válido hasta en tanto su invalidez no haya sido declarada por autoridad administrativa o jurisdiccional, según sea el caso[92], y siendo válido será eficaz y exigible a partir de que surta efectos la notificación legalmente efectuada, excepto cuando se trata de actos que otorguen un beneficio al particular, que serán exigibles por estos al órgano que lo emitió desde la fecha en que se dictó o de la que tenga señalada para iniciar su vigencia, así como los casos de actos de inspección, investigación o vigilancia que serán exigibles a partir de la fecha en que la administración pública federal los efectúe[93]. Si el acto administrativo requiere aprobación de órganos o autoridades distintas del que lo emita, no tendrá eficacia sino hasta en tanto aquella se produzca[94].

## 6. El silencio administrativo y el recurso administrativo

En palabras de Miguel Galindo Camacho, el silencio administrativo es "[...] la abstención de la autoridad administrativa para realizar un acto previsto por la ley y generalmente solicitado por un administrado, es decir, consiste en una inactividad del órgano, cuya obligación es emitir o realizar el acto y expresarlo, bien sea acordándolo favorablemente o desfavorablemente"[95].

Consagrado en el artículo 17 de la LFPA, el silencio administrativo señala que la resolución se entenderá en sentido negativo, a menos que en otra disposición legal o administrativa de carácter general se prevea lo contrario, es decir, que se configure la afirmativa ficta, sin embargo, aún cuando está regulada en distintas normas, la realidad es que no es una figura muy recurrida[96].

En todo caso, la autoridad a quien corresponde debe, a petición del interesado, emitir constancia de tal circunstancia dentro de los dos días hábiles siguientes a la presentación de la solicitud respectiva. En caso de que se recurra la negativa por falta de resolución y esta a su vez no se resuelva dentro mismo término, se entenderá confirmada en sentido negativo[97]. En todo caso,

[91] Sobre este particular, cfr. Jean Claude Tron Petit y Gabriel Ortiz Reyes, *La nulidad de los actos administrativos*, 5ª ed., México, Porrúa, 2015.

[92] Art. 8 LFPA.

[93] Art. 9 LFPA.

[94] Art. 10 LFPA.

[95] Miguel Galindo Camacho, *Derecho administrativo*, t. i, México, Porrúa, 1997, pág. 209.

[96] A mayor abundamiento sobre el particular, Cfr. Luis José Béjar Rivera, *Curso de derecho administrativo*, México, Novum, 2012.

[97] Art. 17 LFPA.

el silencio administrativo en sentido negativo constituye la habilitación para que el administrado ejerza el medio de defensa correspondiente, sea el recurso en sede administrativa, el juicio contencioso administrativo o bien, bajo ciertas condiciones, el juicio de amparo indirecto.

En otro orden de ideas, en términos de la LFPA, tal y como ya lo habíamos adelantado, parte de la unificación que representó la expedición de esta norma, se centró en eliminar la dispersión de la regulación de los recursos administrativos, para reducirlos a uno solo, el recurso de revisión que en ella se establece[98]. El recurso administrativo "[...] tiene como finalidad fundamental, corregir los actos de la autoridad administrativa que el particular considera contrarios a derecho; consecuentemente, la impugnación se dirige a obtener una ulterior revisión, con el objeto de que el mismo órgano emisor u otro de superior jerarquía los anule o los reforme, si se encuentra comprobada la ilegalidad o la inoportunidad de los mismos"[99].

SÁNCHEZ PICHARDO señala que el recurso en sí es un procedimiento administrativo mediante el cual el particular busca obtener de la autoridad administrativa una revisión del propio acto que emitió, en caso de que encuentre demostrada la ilegalidad del mismo[100].

Una de las características más importantes del recurso en México es su optatividad en relación con el juicio contencioso administrativo, posición que ha sido reiterada por la Segunda Sala de nuestra Suprema Corte de Justicia de la Nación (SCJN), mediante jurisprudencia firme con el rubro: "Recurso de revisión. No es necesario agotar el previsto en el artículo 83 de la Ley Federal de Procedimiento Administrativo antes de acudir al juicio de amparo indirecto"[101].

El plazo para su interposición será de quince días contado a partir del día siguiente a aquel en que hubiera surtido efectos la notificación de la resolución que se recurra[102].

El escrito de interposición del recurso debe presentarse ante la autoridad que emitió el acto impugnado y será resuelto por el superior jerárquico, salvo cuando provenga del titular de una dependencia, caso en el que será resuelto por el mismo.

[98] Quedó expresamente señalado por el CFF el recurso de revocación para la materia tributaria y el de inconformidad en materia de seguridad social, como excepciones a esta unificación.

[99] GONZALO ARMIENTA HERNÁNDEZ, *Tratado teórico práctico de los recursos administrativos*, 6ª ed., México, Porrúa, 2002, pág. 57.

[100] ALBERTO C. SÁNCHEZ PICHARDO, *Los medios de impugnación en materia administrativa*, 7ª ed., México, Porrúa, 2006, pág. 126.

[101] 2a/J. 109/2008, novena época, SJFyG tomo XXVIII, septiembre de 2008, pág. 232.

[102] Art. 85 LFPA.

Dicho escrito expresará: i) el órgano administrativo a quien se dirige; ii) el nombre del recurrente, y del tercero perjudicado si lo hubiere así como el lugar que señale para efectos de notificaciones; iii) el acto que se recurre y fecha en que se le notificó o tuvo conocimiento del mismo; iv) los agravios que se le causan; v) en su caso, copia de la resolución o acto que se impugna y de su notificación y tratándose de actos que por no haberse resuelto en tiempo se entiendan negados, debe acompañarse el escrito de iniciación del procedimiento o el documento sobre el cual no hubiere recaído resolución alguna, y vi) las pruebas que ofrezca, que tengan relación inmediata y directa con la resolución o acto impugnado debiendo acompañar las documentales con que cuente, incluidas las que acrediten su personalidad cuando actúen en nombre de otro o de personas morales[103].

La interposición del recurso suspenderá la ejecución del acto impugnado siempre y cuando: i) lo solicite expresamente el recurrente; ii) sea procedente el recurso; iii) no se siga perjuicio al interés social o se contravengan disposiciones de orden público; iv) no se ocasionen daños o perjuicios a terceros, a menos que se garanticen estos para el caso de no obtener resolución favorable, y v) tratándose de multas, el recurrente garantice el crédito fiscal en cualquiera de las formas previstas en el CFF. El otorgamiento o denegación de la suspensión deberá ser acordada por la autoridad dentro de los cinco días siguientes a su interposición, en cuyo defecto se entenderá otorgada[104].

Se tendrá por no interpuesto y se desechará cuando i) se presente fuera de plazo; ii) no se haya acompañado la documentación que acredite la personalidad del recurrente, y iii) no aparezca suscrito por quien deba hacerlo, a menos que se firme antes del vencimiento del plazo para interponerlo[105]. Por otra parte, el recurso se desechará por improcedente cuando se promueva contra i) actos que sean materia de otro recurso y que se encuentre pendiente de resolución, promovido por el mismo recurrente y por el propio acto impugnado; ii) actos que no afecten los intereses jurídicos del promovente; iii) actos consumados de modo irreparable; iv) actos consentidos expresamente, y v) cuando se esté tramitando ante tribunales algún recurso o defensa legal interpuesto por el promovente, que pueda tener por efecto modificar, revocar o nulificar el acto respectivo[106]. Además podrá ser sobreseido cuando i) el promovente desista expresamente del recurso; ii) el agraviado fallezca durante el procedimiento si el acto respectivo solo afecta su persona; iii) durante el procedimiento so-

[103] Art. 86 LFPA.

[104] Art. 87 LFPA. A mayor abundamiento sobre este particular, Cfr. Genaro David Góngora Pimentel, *La suspensión en materia administrativa*, 6ª ed., México, Porrúa, 2001.

[105] Art. 88 LFPA.

[106] Art. 89 LFPA.

brevenga alguna de las causas de improcedencia antes indicadas; iv) cuando hayan cesado los efectos del acto; v) por falta de objeto o materia del acto respectivo, y vi) no se probare la existencia del acto respectivo[107].

Al resolver el recurso, la autoridad encargada podrá: i) desecharlo por improcedente o sobreseerlo; ii) confirmar el acto impugnado; iii) declarar la inexistencia, nulidad o anulabilidad del acto impugnado o revocarlo total o parcialmente, y iv) modificar u ordenar la modificación del acto impugnado o dictar u ordenar expedir uno nuevo que lo sustituya, cuando el recurso interpuesto sea total o parcialmente resuelto a favor del recurrente[108]. La resolución del recurso se fundará en derecho y examinará todos y cada uno de los agravios hechos valer por el recurrente teniendo la autoridad la facultad de invocar hechos notorios, pero cuando uno de los agravios sea suficiente para desvirtuar la validez del acto impugnado, bastará con el examen de dicho punto, aunque la autoridad podrá, en beneficio del recurrente, corregir los errores que advierta en la cita de los preceptos que se consideren violados y examinar en su conjunto los agravios, así como los demás razonamientos del recurrente, a fin de resolver la cuestión efectivamente planteada, pero sin cambiar los hechos expuestos en el recurso, y debe dejar sin efectos los actos administrativos cuando advierta una ilegalidad manifiesta y los agravios sean insuficientes, pero debe fundar cuidadosamente los motivos por los que consideró ilegal el acto y precisar el alcance en la resolución; si esta ordena realizar un determinado acto o iniciar la reposición del procedimiento debe cumplirse en un plazo de cuatro meses[109].

No se podrán revocar o modificar los actos administrativos en la parte no impugnada por el recurrente, y la resolución expresará con claridad los actos que se modifiquen y si la modificación es parcial, se precisará esta[110].

El recurrente podrá esperar la resolución expresa o impugnar en cualquier tiempo la presunta confirmación del acto impugnado[111], mientras que la autoridad podrá dejar sin efectos un requerimiento o una sanción, de oficio o a petición de parte interesada, cuando se trate de un error manifiesto o el particular demuestre que ya había dado cumplimiento con anterioridad, si bien se precisa que la tramitación de la declaración no constituye recurso ni suspende el plazo para su interposición ni suspenderá la ejecución del acto[112].

Finalmente, cuando hayan de tenerse en cuenta nuevos hechos o documentos que no obren en el expediente original derivado del acto impugnado, se pondrá

[107] Art. 90 LFPA.

[108] Art. 91 LFPA.

[109] Art. 92 LFPA.

[110] Art. 93 LFPA.

[111] Art. 94 LFPA.

[112] Art. 95 LFPA.

de manifiesto a los interesados para que, en un plazo no inferior a cinco díaz ni superior a diez, formulen sus alegatos y presenten los documentos que estime procedentes, si bien se precisa que no se tomarán en cuenta en la resolución del recurso, hechos, documentos o alegatos del recurrente cuando habiendo podido aportarlos en el procedimiento administrativo no lo haya hecho[113].

## 7. Comentarios finales

Consideramos que nuestra intención de mostrar la forma en la cual el procedimiento administrativo está regulado en México, mediante una ley marco como es la LFPA, resulta razonable, dado que al tener uniformidad en los procedimientos, se incrementa la previsibilidad en la actuación administrativa y por ende, un mayor respeto a la seguridad jurídica.

También es cierto que hay procedimientos administrativos regulados por las leyes especiales, sin embargo, su marco de aplicación generalmente está dentro de los mínimos y máximos establecidos por la LFPA. En caso de que esto no sea así, una interpretación de la solución más favorable al administrado determinará cuál norma será preferente en un caso concreto.

De cualquier forma, esta interpretación está reforzada por la aplicación directa del artículo 1 de la CPEUM, del cual se desprende el principio *pro personae*, frecuentemente invocado por los órganos judiciales.

La LFPA, al igual que otras piezas de legislación, es perfectible sin duda, y claramente hoy en día existe una importante oportunidad para desarrollar más el tema relativo a los procedimientos y actos administrativos electrónicos, máxime que ya se cuenta con el juicio en línea ante el TFJA e incluso está autorizado el juicio de amparo por esta vía.

Aún así, la LFPA llegó a México para traer cierto orden, parafraseando al profesor García de Enterría, en un mundo de leyes desbocadas.

## BIBLIOGRAFÍA

### A) *Doctrina*

Armienta Hernández, Gonzalo: *Tratado teórico práctico de los recursos administrativos*, 6ª ed., México, Porrúa, 2002.

Béjar Rivera, Luis José: "El acto administrativo y sus elementos esenciales. Notas sobre su regulación en México", en *Estudios de derecho administrativo*. El derecho administrativo iberoamericano, t. II, Gaceta Jurídica, Lima, 2018.

[113] Art. 96 LFPA.

— "La supletoriedad en el derecho administrativo, una falta apreciación del derecho civil como derecho común", en *El derecho administrativo en Iberoamérica*. En homenaje al Profesor Mariano Brito (Jaime Rodríguez-Arana y Luis José Béjar Rivera, Coords.), t. II, México, Universidad Panamericana-Espress, 2014.

— *El acto administrativo y su finalidad*, México, Porrúa, 2018.

— *Fundamentos de derecho administrativo*, México, Tirant lo Blanch, 2012.

Blanquer, David: *Curso de derecho administrativo III*. El fundamento y el control, teoría y práctica, Valencia, Tirant lo Blanch, 2006.

Boughey, J.: "*Administrative Law: The next frontier for comparative law*", en *International and Comparative Law Quarterly*, núm. 62, 2013.

Cassagne, Juan Carlos: *Los principios generales del derecho en el derecho administrativo*, Buenos Aires, Abeledo-Perrot, 1988.

Dicey, Albert Venn: An introduction to the study of the law of the constitution, s./d.

Eduardo García de Enterría y Tomás-Ramón Fernández, *Curso de derecho administrativo II*, 10ª ed., Madrid, Thomson-Civitas, 2006.

Góngora Pimentel, Genaro David: *La suspensión en materia administrativa*, 6ª ed., México, Porrúa, 2001.

Lucero Espinosa, Manuel: *Ley Federal de Procedimiento Administrativo Comentada*, 10ª ed., México, Porrúa, 2019.

Meier, Kenneth J. y Laurence O'Toole Jr.: *Bureaucracy in a Democratic State*, Baltimore, The John Hopkins University Press, 2006.

Nava Negrete, Alfonso: *Derecho procesal administrativo*, México, Porrúa, 1959.

Rodríguez-Arana, Jaime: "El derecho administrativo global: un derecho principial", en *Derecho administrativo. Perspectivas contemporáneas* (Luis José Béjar Rivera, Coord.), México, Porrúa, 2010.

Ruiz Torres, Humberto: *Curso general de amparo*, México, Oxford University Press, 2009

Sánchez Pichardo, Alberto C.: *Los medios de impugnación en materia administrativa*, 7ª ed., México, Porrúa, 2006.

Santamaría Pastor, Juan Alfonso: *Principios de derecho administrativo*, 4ª ed., tomo I, Madrid, Ceura, 2002.

Tron Petit, Jean Claude y Gabriel Ortiz Reyes: *La nulidad de los actos administrativos*, 5ª ed., México, Porrúa, 2015.

B) *Legislación*

Constitución Política de los Estados Unidos Mexicanos.

Código Fiscal de la Federación.

Ley de Firma Electrónica Avanzada.

Ley Federal de Procedimiento Administrativo.

Ley General de Mejora Regulatoria.

Ley General de Responsabilidades Administrativas.

C) *Jurisprudencia*

Tesis 2a/J. 109/2008, novena época, SJFyG tomo XXVIII, septiembre de 2008, pág. 232.

Tesis: 2a. XXXVIII/2017 (10a.), Décima Época, Gaceta del Semanario Judicial de la Federación, Libro 40, marzo de 2017, tomo II, pág 1386.

Tesis: 2a. XXXVIII/2017 (10a.), Décima Época, Gaceta del Semanario Judicial de la Federación, Libro 40, marzo de 2017, tomo II, pág. 1386.

Tesis: 2a./J. 103/2018 (10a.), Décima Época, Gaceta del Semanario Judicial de la Federación, Libro 59, octubre de 2018, tomo I, pág. 847.

Tesis: I.1o.A.E.248 A (10a.), Décima Época, Gaceta del Semanario Judicial de la Federación, Libro 63, febrero de 2019, tomo II, pág. 2925.

# URUGUAY

# EL PROCEDIMIENTO ADMINISTRATIVO EN URUGUAY

CRISTINA VÁZQUEZ*

## INTRODUCCIÓN

Con profundo agradecimiento al Instituto Internacional de Derecho Administrativo (IIDA), por su invitación para participar en esta obra, encaramos la misma haciendo nuestras las palabras de su Coordinador, el Profesor BREWER-CARÍAS[1], cuando nos recuerda que *"el signo más importante de la evolución del Derecho administrativo en América Latina durante las últimas décadas del siglo pasado hasta el presente, ha sido precisamente el proceso de su codificación que se ha materializado particularmente en la sanción de leyes reguladoras del procedimiento administrativo en general"*.

El querido Profesor ubica los inicios del proceso de transformación del derecho administrativo, mediante la codificación del procedimiento adminis-

* Doctora en Derecho y Ciencias Sociales de la Universidad de la República (Uruguay); Master en Ciencia de la Legislación y Governance Política de la Università di Pisa (Italia); Posgrado en Utility Regulation and Strategy de la University of Florida (USA); Posgrados en Gestión de las Energías Renovables y El Sector de Petróleo y sus Derivados del Centro de Educación a Distancia para el Desarrollo Económico y Tecnológico (CEDDET) y Posgrado en Defensa de la Competencia de la Comisión de Defensa de la Competencia (España); Profesora Titular de Derecho Administrativo de la Universidad de la República (Uruguay); Directora del Instituto Uruguayo de Derecho Administrativo; Integrante de la Asamblea del Claustro de la Facultad de Derecho de la UDELAR; Directora del Programa Máster de Derecho Administrativo Económico (PMDAE) entre 2015 y 2017, y Profesora de Procedimientos Administrativos, Regulación y Competencia, Derecho de la Energía y Derecho de las Telecomunicaciones, en la Facultad de Derecho de la Universidad de Montevideo; Profesora Invitada de Master en Economía y Regulación de los Servicios Públicos de la Universidad de Barcelona (España); Integrante del Consejo Editorial de la Revista de Derecho y Tribunales; Integrante del Foro Iberoamericano de Derecho Administrativo (FIDA); Integrante del Instituto Internacional de Derecho Administrativo (IIDA); Integrante Académica Supernumeraria de la Academia Nacional de Economía; autora de libros y artículos sobre temas de la especialidad.

[1] ALLAN R. BREWER-CARÍAS, "La codificación del Derecho administrativo y la Ley 1473 de 2011 sobre el nuevo Código de Procedimiento Administrativo y de lo Contencioso Administrativo de Colombia", en *Lección Inaugural de los Cursos de 2011 de la Universidad Externado de Colombia*, dictada el 9 de febrero de ese año, en: http://www.allanbrewercarias.com/Content/449725d9-f1cb-474b-8ab2-41efb849fea2/Content/I,%201,%201020.%20La%20Codificacion%20del%20Derecho%20Administrativo%20y%20la%20Ley%201.437%20de%202011%20de%20Colombia%20_C%C3%B3digo%20PAyCA_.doc).pdf

trativo, con la sanción de la primera de las leyes nacionales en la materia, en Argentina, en 1972, y honra a Uruguay reconociéndonos haber sido de los primeros en dicho proceso, con el dictado del Decreto 640/1973 de 8 de agosto.

Lo que podríamos considerar hoy el código de procedimiento administrativo de Uruguay es el Decreto 500/1991 de 27 de setiembre. Sin embargo, más allá de destacar las virtudes que le adornan, debemos reconocer que la labor de enmarcar su contenido en las aperturas temáticas que nos han sido sugeridas para este trabajo, ha puesto de manifiesto la necesidad de su actualización a efectos de dar entrada a principios e institutos de más reciente desarrollo en la doctrina comparada, que hemos advertido apenas esbozados o ausentes en su texto. En los casos en que enfrentamos estas restricciones del texto normativo, analizamos los aportes que han sido realizados por la jurisprudencia de nuestro Tribunal de lo Contencioso Administrativo (TCA), nutrida en general por la doctrina más recibida.

Otra debilidad que cabe señalar a la regulación uruguaya en la materia es la inexistencia de una ley nacional de procedimiento administrativo, dando así lugar a una abundante pluralidad de procedimientos, circunstancia que no encuentra justificación en un país unitario y que, por otra parte, claramente conspira contra la certeza y la igualdad jurídicas.

En efecto —sin perjuicio del alto grado de acatamiento inicial de la exhortación realizada por el artículo 235 del Decreto 500/1991, para que los entes descentralizados adoptaran sus normas por decisiones internas, y de la aplicación jurisprudencial de sus principios— lo cierto es que la adopción de sus modificaciones no se ha llevado a cabo con el mismo grado de acatamiento. Como resultado, puede decirse que existen casi tantos procedimientos administrativos en la administración pública uruguaya como personas jurídicas públicas, además de ámbitos donde las normas de procedimiento no se han adoptado en lo absoluto.

## **Sección primera.** *Breve reseña histórica sobre la legislación y codificación del procedimiento administrativo en el país*

La evolución del derecho administrativo por la vía de la codificación se inició en Uruguay aun antes del citado Decreto 640/1973, como lo indica su primer Resultando, cuando expresa que el Decreto "significó un importante avance en la línea progresista para las garantías del administrado y para el desarrollo del principio de buena administración, que iniciara el Decreto de 12 de mayo de 1964 y perfeccionara el Decreto 575/1966 de 23 de noviembre [...]".

El Decreto 640/973 fue sustituido por el mencionado Decreto 500/1991, algunas de cuyas disposiciones recibieron nuevo texto, a su vez, por el Decreto 420/2007 de 7 de noviembre.

Corresponde destacar, sin embargo, que parte de las modificaciones introducidas por el Decreto 420/2007 antes citado no han ido en la línea de evolución hacia mayores garantías para el administrado, y mejores controles para el obrar administrativo. Según puntualiza Delpiazzo[2], esta última modificación se vio animada por la necesidad de abreviar y simplificar el procedimiento (así se lo expresa en el Visto), pero termina imponiendo mayor riesgo a los funcionarios (sobre todo en el procedimiento disciplinario), y sacrifica garantías como la caducidad del ejercicio del poder disciplinario en los procedimientos de duración irrazonable. Afortunadamente, como se analiza *infra,* en el apartado respectivo, el artículo 78 de la Ley de Estatuto del Funcionario de la Administración Central 19.121 de 20 de agosto de 2013 establece la clausura de los procedimientos cuando la administración no se pronuncia sobre el fondo del asunto en el plazo que determina.

En la parte expositiva del Decreto 500/1991 también se pone el acento en la adaptación del procedimiento al empleo de los nuevos medios tecnológicos, permitiendo "el ahorro de tiempo y de gastos, una mejor prestación de los servicios y un estímulo para la especialización del personal" (Considerando II).

Esta tendencia de adaptación del procedimiento a las nuevas tecnologías se ha visto recogida, entre otras disposiciones, en los artículos 695 y ss. de la Ley 16.736 de 5 de enero de 1996 (que faculta la realización de las actuaciones del procedimiento administrativo por medios informáticos); en los artículos 24 y 26 de la Ley 17.243 de 29 de junio de 2000 (que imponen al Estado, entes autónomos y servicios descentralizados la implantación del expediente electrónico, facultándolo a los Gobiernos Departamentales); y en la Ley 18.600 de 21 de setiembre de 2009 de Documento Electrónico y Firma Electrónica y sus Decretos reglamentarios 436/2011 de 8 de diciembre y 276/2013 de 3 de setiembre.

Según resulta de lo expresado y tal como señala Cajarville[3], salvo en estos aspectos de adecuación a la nueva tecnología, el legislador ha sido en materia de procedimiento administrativo "criticablemente parco", manteniendo la regulación del mismo en un nivel fundamentalmente reglamentario.

Como también señala Cajarville, más allá de las normas legales y reglamentarias mencionadas, corresponde tener presente la regulación de nivel constitucional contenida en el artículo 318 (cuando alude a la materia compartida entre ley y reglamento respecto de la actuación administrativa, sin perjuicio de

[2] Carlos Delpiazzo, "Presentación del Texto Ordenado", en *Texto Ordenado de Procedimiento Administrativo*, Decreto 500/991, Presentado y anotado, Montevideo, FCU, 2008.

[3] Juan P. Cajarville, "Sobre teoría jurídica de la actividad administrativa: procedimiento administrativo", en *Sobre derecho administrativo*, tomo ii, 3ª ed., Montevideo, FCU, 2012, págs. 143 y ss. Señala el autor que en caso de conflicto entre principios debe buscarse la síntesis que contemple todos los valores en juego.

la materia reservada a la ley en cuanto a limitación de derechos y garantías e imposición de deberes a los habitantes); en el artículo 168, numeral 4 sobre la potestad del poder ejecutivo para dictar reglamentos de ejecución de ley; en el artículo 66 sobre debido proceso, y en los artículos 317 y 318 sobre recursos y peticiones; además de los muy relevantes artículos 72 (en virtud del cual se atribuye valor y fuerza de norma constitucional a los principios que reconocen derechos, deberes y garantías —aun no enumerados en la Carta— que son inherentes a la personalidad humana o derivan de la forma republicana de gobierno) y 332 (según el cual los preceptos de la Constitución que reconocen derechos a los individuos, así como los que atribuyen facultades e imponen deberes a las autoridades públicas no dejarán de aplicarse por falta de reglamentación, pudiendo suplirse la misma por los fundamentos de leyes análogas, los principios generales de derecho y las doctrinas generalmente admitidas).

Considerando que, a la luz del citado artículo 318 de la Carta, puede regularse el procedimiento administrativo tanto por ley como por reglamento (con la salvedad de la materia de reserva legal antes mencionada), vale reiterar la bondad que derivaría de la opción por una regulación legal del mismo, considerando como una importante ventaja su homogeneización en toda la administración pública.

## **Sección segunda.** *Ámbito de la regulación del procedimiento administrativo*

Sayagués define el procedimiento administrativo como "conjunto de trámites y formalidades que debe observar la administración al desarrollar su actividad" (definición tomada por el Decreto 500/1991 de 27 de setiembre, para el procedimiento disciplinario, en su art. 168)[4]. Cajarville, por su parte, lo define *como* "sucesión o secuencia de actos y tareas materiales y técnicas, cumplidos por una entidad estatal o ante ella, instrumentalmente destinados al dictado o la ejecución de un acto final de naturaleza administrativa"[5]. En esta definición aparecen —entre otras— las nociones de *"acto"* (ver art. 120), "tarea u operación material", "tarea u operación técnica" y "entidad estatal".

El cumplimiento de los trámites y formalidades previstos en la norma ha sido caracterizado por Cajarville como un presupuesto (de procedimiento) del acto administrativo (junto al presupuesto de derecho: norma atributiva de competencia al órgano actuante, y al presupuesto de hecho: acaecimiento del supuesto

[4] Enrique Sayagués Laso, *Tratado de derecho administrativo*, tomo i, 9ª ed., actualizada por Daniel Hugo Martins, Montevideo, FCU, 2010.

[5] Juan P. Cajarville, *Procedimiento administrativo en el Decreto 500/1991*, Montevideo, Ediciones IDEA, 1997.

previsto en la norma o motivo). Como tal, es una circunstancia extrínseca al acto que debe existir en el momento en que este se perfecciona, condicionando su validez o su eficacia. Los presupuestos del acto se distinguen de los elementos esenciales que son circunstancias intrínsecas, componentes, aquello de lo que el acto está formado, lo integra, lo constituye, que se vincula con su perfeccionamiento, nacimiento a la vida jurídica (materia y forma)[6].

Como indica Sayagués, las operaciones materiales son típicas de la función administrativa, que define como "la actividad estatal que tiene por objeto la realización de los cometidos estatales en cuanto requieren ejecución práctica, mediante actos jurídicos —que pueden ser reglamentarios, subjetivos o actos condición— y operaciones materiales". Dicha función administrativa implica en diversos aspectos el accionamiento material de los órganos administrativos y las mencionadas operaciones materiales se traducen en hechos de ejecución generalmente voluntarios, realizados con el propósito de lograr determinado resultado con consecuencias jurídicas. A su vez, como ejemplo de las operaciones técnicas, pueden mencionarse los ensayos de productos, los peritajes y los dictámenes.

Por su parte, la expresión "entidad estatal" refiere a las personas públicas estatales: Estado persona pública mayor, gobiernos departamentales, entes autónomos y servicios descentralizados. Sin embargo, tal como surge del artículo 1° del Decreto 500/1991, el mismo solo es inmediatamente aplicable a la administración central (en el sentido de poder ejecutivo y sus dependencias). Como se ha anticipado, por el ya citado artículo 235 se exhorta a los entes autónomos y servicios descentralizados a adoptarlo por decisiones internas, dejándose establecido que el poder ejecutivo apreciará, en el ejercicio de sus poderes de contralor (previstos en los arts. 197 y 198 de la Constitución), el modo como se cumpla tal exhortación.

La expresión "o ante" ellas, en la definición de Cajarville, trae a colación la actuación de quienes participan en el procedimiento además de la entidad estatal de que se trate.

La definición de procedimiento formulada por Cajarville también pone de manifiesto la instrumentalidad de los actos y tareas en relación con el dictado o la ejecución del acto administrativo final. En sentido similar, García de Enterría y Fernández[7] comparan al procedimiento con una cadena, cuyos eslabones aparecen articulados a través de un vínculo común, sin perjuicio de su individualidad propia, en orden a un fin único a cuya consecución coadyuvan.

[6] Juan P. Cajarville, "Invalidez de los actos administrativos", en *Dos estudios de Derecho administrativo*, Montevideo, FCU, 1988.

[7] Eduardo, García de Enterría y Tomás Ramón, Fernández, *Curso de derecho administrativo,* tomo II, 9ª ed., Madrid, Civitas, 2004.

En igual sentido, Arceo[8] señala que los actos del procedimiento deben reunir tres condiciones: individualidad (separabilidad a diferencia de lo que ocurre con el acto complejo), unidad de efecto jurídico, y vinculación causal (uno supone al anterior y el último los supone a todos).

Con similar perspectiva, Cassagne expresa que el procedimiento "no es un acto complejo sino un complejo de actos, cada uno de los cuales posee individualidad jurídica propia, sin perjuicio de hallarse relacionados con los demás actos con los cuales tiene una vinculación común en mérito a la obtención de la finalidad de interés público que persigue la Administración". El autor destaca que esos actos separables pueden impugnarse y —conforme a la teoría de los actos coligados desarrollada por Barra— su estructura traduce una unidad esencial en cuanto están vinculados a una serie co-causal de actos de la misma especie, en una relación de actos antecedentes y consecuentes[9].

La doctrina ha formulado diversas clasificaciones de procedimientos administrativos: a) procedimiento general y especiales (cuya existencia se vuelve inevitable en virtud de la diversidad de los sectores en que la Administración actúa); b) procedimientos declarativos (de elaboración de decisiones), ejecutivos (tendientes a la realización material de una decisión) y de simple gestión o internos (preparatorios de una decisión); c) procedimientos ordinarios y sumarios o de urgencia; d) procedimientos en que las partes son la Administración y el administrado y procedimientos en que la administración se ve obligada a actuar, de alguna manera, como árbitro entre intereses contradictorios de los particulares.

La primera clasificación es la aludida en el artículo 1° del Decreto 500/1991, cuando expresa que sus disposiciones alcanzan al procedimiento administrativo común o general[10], desenvuelto en la actividad de los órganos de la administración central y a los "especiales" o técnicos en cuanto condigan con su naturaleza. Pueden mencionarse como ejemplos de este tipo de procedimientos, el de contratación[11], el tributario[12] o el de promociones o ascensos, entre otros[13].

[8] Tomás Arceo, "Naturaleza del procedimiento administrativo e individualidad de los actos que lo componen", en *Procedimiento administrativo*, Buenos Aires, Abeledo Perrot, 2010, libro de la Cátedra del Prof. Guido Tawil, realizado bajo dirección de este.

[9] Juan Carlos Cassagne, *Derecho administrativo*, tomo ii, 6ª ed. actualizada, Buenos Aires, LexisNexis, 1998.

[10] *Procedimientos administrativos*, tomo i (texto del Decreto 500/991 anotado y comentado por Cristina Vázquez y citas de jurisprudencia a cargo de Pablo Schiavi), Montevideo, 2013.

[11] Vid. *Procedimientos administrativos*, tomo ii (texto del Tocaf anotado y comentado por Cristina Vázquez y citas de jurisprudencia a cargo de Pablo Schiavi), Montevideo, La Ley Uruguay, 2016. Cristina Vázquez, "Distintos procedimientos de contratación y sus supuestos", en *La contratación administrativa en Uruguay y Argentina frente al Mercosur*, Montevideo, I.E.E.M., 1993, págs. 31 y ss. Cristina Vázquez, "Variedad de procedimientos de contratación", en *Renovación de la contratación pública,* Montevideo, FCU, págs. 117 y ss.

[12] Procedimientos administrativos, tomo iii (Código Tributario comentado y anotado por Cristina Vázquez, en coautoría con Pablo Schiavi y Martín Soca), Montevideo, La Ley, 2018.

[13] Cristina Vázquez, "Procedimientos marcarios", en *El procedimiento administrativo y la función pública en la actualidad*, Montevideo, Instituto de Derecho Administrativo, FCU,2014;

A su vez, el artículo 232 alude a los regímenes particulares en razón de la especialidad de las reparticiones en que se aplican. Para estos procedimientos, el Decreto 500/1991 es de aplicación supletoria. Podrían ser ejemplos de los mismos, algunos de los procedimientos desarrollados en la actividad de las unidades reguladoras (procedimiento de cálculo de precios de paridad de importación de los combustibles, subastas de espectro radioeléctrico, etc.).

El Decreto 500/1991 no excluye expresamente procedimiento alguno, de su aplicación, y sus principios pueden tomarse en los casos en que una entidad estatal no se ha dado una norma de procedimiento ni ha adoptado este procedimiento general, como es el caso de la Universidad de la República.

Algunas normas de procedimiento remiten a la aplicación del Código General del Proceso, como ocurre con el artículo 70 del Decreto 500/1991, cuando convoca las reglas de la sana crítica establecidas en dicho Código para la valoración de la prueba.

## **Sección tercera.** *Principios del procedimiento administrativo*

### 1. Consideración general sobre los principios del procedimiento

Al estudiar los principios rectores del procedimiento administrativo, Cajarville[14] distingue entre aquellos que tienen el carácter de principios generales del ordenamiento, de los que son propios del procedimiento administrativo.

Entre los primeros incluye el de debido proceso (una de cuyas manifestaciones es el debido procedimiento recogido en el art. 2°, lit. i) del Decreto 500/1991); el derecho al honor y a la dignidad y la presunción de inocencia (recogidos en los arts. 170 y 174 del Decreto 500/1991); el de imparcialidad (art. 2°, lit. a) del Decreto 500/1991), el derecho a la seguridad que se manifiesta en la prescripción de las faltas y en el *non bis in idem* (arts. 172 y 173 del Decreto 500/1991); y los principios de buena fe, lealtad y presunción de verdad salvo prueba en contrario (art. 2°, lit. k) del Decreto 500/1991).

El principio de debido proceso es recogido por el artículo 66 de la Constitución. A su vez, en su expresión de *debido procedimiento*, es recibido por el Decreto 500/1991 en el ya citado literal i) del artículo 2°, y en el artículo 5°, que convoca todos los derechos y garantías que le son inherentes, "de conformidad con lo establecido por la Constitución de la República, las leyes y las normas de Derecho Internacional aprobadas por la República[15].

---

Cristina Vázquez, "Procedimiento de resolución de disputas en materia de regulación económica por parte de los Entes Reguladores", en *Estudios de Derecho Administrativo,* núm. 10, La Ley Uruguay, 2014, págs. 473 y ss.

[14] Juan P. Cajarville, *Procedimiento administrativo en el Decreto 500/1991*, cit.

[15] Por ejemplo, las garantías recogidas por el art. 8° del Pacto de San José de Costa Rica.

Estos derechos implican un procedimiento de duración razonable que resuelva sus pretensiones".

El principio supone el derecho a ser oído antes de la decisión (arts. 75 y 76 del Decreto 500/1991), a ser notificado de la existencia del procedimiento (arts 91 y ss. del Decreto 500/1991 con las modificaciones introducidas por el Decreto 420/2007), a conocer el contenido de las actuaciones, a comparecer en ellas con el patrocinio letrado que se estime necesario[16], y al diligenciamiento de la prueba admisible, pertinente y conducente (art. 71 del Decreto 500/1991). Comprende, asimismo, el principio de motivación de la decisión (arts. 2°, lit. l), 123 y 124 del mismo Decreto). También es expresión de dicho principio, el de contradicción o contradictorio integral (arts. 2°, lit. j), 17 y 153 del mismo Decreto). En este caso, el conflicto se plantea no solo entre el individuo y la administración, sino que aparece otro individuo en contienda con el primero. Entonces, la administración está obligada a asegurar a las partes una situación igualitaria, garantizando al tercero interesado contrariamente, su participación en el procedimiento con igual carácter de parte, que el interesado principal[17].

El Decreto 500/1991 incluye una enumeración de principios rectores, los que, además, se señalan como criterio interpretativo para resolver las cuestiones que puedan suscitarse en la aplicación de las reglas de procedimiento[18].

En consonancia con el literal k) del artículo 2° del Decreto, el artículo 6° preceptúa el ajuste de la conducta de los partícipes en el procedimiento, al respeto mutuo y la lealtad y buena fe: "Las partes, sus representantes y abogados patrocinantes, los funcionarios públicos y, en general todos los participantes del procedimiento, ajustarán su conducta al respeto mutuo y a la lealtad y buena fe".

Entre los principios específicos del procedimiento administrativo, Cajarville menciona la legalidad objetiva (art. 2°, lit. b) del Decreto 500/1991), la verdad material (art. 2°, lit. d) del mismo Decreto), la impulsión de oficio (art. 2°, lit. c), la delegación material (art. 2°, lit. h) y los principios relativos a las

[16] Varias disposiciones del Decreto 500/1991 aluden a la asistencia letrada (arts. 6°, 72, 77, 79, 82, 201, 208, 213, 218).

[17] Conf. Héctor Frugone Schiavone, "Principios fundamentales del procedimiento administrativo", en *Procedimiento administrativo*, Montevideo, ACALI, 1977.

[18] "Art. 2°. La administración pública debe servir con objetividad los intereses generales con sometimiento pleno al derecho y debe actuar de acuerdo con los siguientes principios generales: a) imparcialidad; b) legalidad objetiva; c) impulsión de oficio; d) verdad material; e) economía, celeridad y eficacia; f) informalismo en favor del administrado; g) flexibilidad, materialidad y ausencia de ritualismos; h) delegación material; i) debido procedimiento; j) contradicción; k) buena fe, lealtad y presunción de verdad salvo prueba en contrario; l) motivación de la decisión; m) gratuidad. Los principios señalados servirán también de criterio interpretativo para resolver las cuestiones que puedan suscitarse en la aplicación de las reglas de procedimiento".

formalidades (lits. d), f) y g) del mismo art. 2°). El artículo 2° también recoge el principio de gratuidad en su literal m)[19]. En relación con el principio de gratuidad, el artículo 74 establece que los gastos que ocasione el diligenciamiento de la prueba serán de cargo de la Administración o de las partes por el orden causado, sin perjuicio de que pueda conferirse la auxiliatoria de pobreza en casos debidamente justificados mediante información sumaria.

## 2. Principio de finalidad

A diferencia de otros códigos de procedimiento administrativo, como es el caso del de Colombia[20] —en que el principio de finalidad aparece explicitado en relación con la protección y garantía de los derechos y libertades de las personas, la primacía de los intereses generales, la sujeción de las autoridades a la Constitución y demás preceptos del ordenamiento jurídico, el cumplimiento de los fines estatales, el funcionamiento eficiente y democrático de la administración, y la observancia de los deberes del Estado y de los particulares (art. 1°)— en el Decreto 500/1991 su recepción resulta más elíptica.

Así, por ejemplo, su Considerando I) destaca "el mérito de poner especial énfasis en los principios generales de conformidad con los cuales debe actuar la Administración a fin de servir con objetividad los intereses generales con sometimiento pleno al Derecho y para mejor tutelar los derechos e intereses legítimos de los administrados". Esta disposición refleja de manera excelente la particular tensión que caracteriza a nuestra disciplina, la tensión entre las potestades del poder público en procura de la satisfacción del interés general y los derechos e intereses legítimos del administrado. Esa tensión debe encontrar un punto de adecuada armonización y a ello apuntan los principios rectores de aplicación en el ámbito del procedimiento administrativo.

En el mismo sentido, en el acápite del artículo 2° del Decreto se expresa que la "administración pública" (entidad estatal actuando en función administrativa) debe servir a los intereses generales con sometimiento pleno al derecho y conforme a los principios que enumera. De este modo se consagra el principio de legalidad objetiva o sujeción a la regla de Derecho. El artículo 23, literal a) del Decreto-Ley Orgánico del TCA 15.524 de 9 de enero de 1984 define la regla de Derecho como "todo principio de derecho o norma constitucional, legislativa, reglamentaria o contractual".

[19] En relación con este aspecto, el art. 74 dispone: "Los gastos que ocasione el diligenciamiento de la prueba serán de cargo de la Administración o de las partes por el orden causado, sin perjuicio de que pueda conferirse el beneficio de auxiliatoria de pobreza en casos debidamente justificados mediante una información sumaria".

[20] Código de Procedimiento Administrativo y de lo Contencioso Administrativo (ley 1453 de 18 de enero de 2011).

Como señala CAJARVILLE, en el procedimiento administrativo, el principio de finalidad juega en varios planos, de modo que cada actividad del procedimiento debe perseguir el fin debido, el procedimiento mismo debe hacerlo, y la utilización de un procedimiento para un fin diverso para el que ha sido instituido configura ilegitimidad por "desviación de procedimiento"[21].

SAYAGUÉS[22] señala que los órganos de la Administración se mueven dentro de los límites precisos que fija el Derecho y sujetándose a reglas de procedimiento determinadas, indispensables para encauzar a las administraciones públicas y que constituyen garantía de los particulares afectados por las actividades que estas desenvuelven. Es así como el cumplimiento de las normas de procedimiento es un deber de los órganos públicos. En el mismo sentido de lo señalado por SAYAGUÉS, GARCÍA DE ENTERRÍA Y FERNÁNDEZ[23] destacan la función garantizadora del procedimiento administrativo respecto de las relaciones jurídicas que surgen en el marco del derecho administrativo material y de los derechos e intereses de los administrados que esas relaciones jurídicas ponen en juego. Como expresan estos autores, la garantía procedimental completa doblemente la jurisdiccional. Por un lado, porque esta solo puede actuar *a posteriori*, ante conductas cumplidas cuya potencialidad lesiva no siempre puede contrarrestarse debidamente por la dificultad de repristinar las situaciones legalmente alteradas. Por otro lado, la garantía procedimental permite ingresar en el mérito, aspecto que escapa a la actuación jurisdiccional.

Agrega SAYAGUÉS que, incluso, las reglas del procedimiento tienen importancia al punto que su cumplimiento condiciona generalmente la validez de los actos dictados.

Estos autores también ponen de relieve la trascendencia democratizadora del procedimiento administrativo sobre las instancias de decisión, como espacio que permite la participación y colaboración de las personas cuyos derechos y obligaciones se verán afectados.

De lo expresado surge la nota de instrumentalidad del procedimiento administrativo al servicio de los relevantes objetivos mencionados.

## 3. PRINCIPIO DE IMPULSIÓN DE OFICIO

Como se ha anticipado, el principio de impulsión de oficio se encuentra entre los enumerados por el artículo 2° del Decreto 500/1991, en su literal c).

Más adelante, el Capítulo VI (De la sustanciación del trámite) del Título II del Libro I del Decreto, se abre con el artículo 56 que dispone:

[21] JUAN P. CAJARVILLE, "Sobre teoría jurídica de la actividad administrativa: procedimiento administrativo", en *Sobre derecho administrativo*, tomo II, cit., pág. 194.

[22] Ob. cit.

[23] Ob. cit.

"La impulsión del procedimiento se realizará de oficio por los órganos intervinientes en su tramitación, a cuyos efectos la autoridad correspondiente practicará las diligencias y requerirá los informes y asesoramientos que correspondan, sin perjuicio de la impulsión que puedan darle los interesados."

"La falta de impulsión del procedimiento por los interesados no produce la perención de las actuaciones, debiendo la administración continuar con su tramitación hasta la decisión final".

También es relevante para la impulsión de las actuaciones lo previsto en el artículo 83 cuando establece que "los jefes o funcionarios que tuvieren a su cargo el despacho de los asuntos serán directamente responsables de la tramitación, debiendo adoptar las medidas oportunas para que no sufran retraso".

Por su parte, el inciso 1° del artículo 89 ordena a la Administración intimar la comparecencia del interesado en un plazo prudencial que fijará de acuerdo con la naturaleza del asunto, cuando el trámite se hubiere paralizado por causas imputables al mismo por un término de treinta días.

Agrega la disposición:

"En caso omiso y no mediando causa debidamente justificada, la Administración dejará la respectiva constancia y podrá continuar el procedimiento hasta dictar resolución.

"Si el interesado compareciere antes de que ésta sea dictada, tomará intervención en el estado en que se encuentre el procedimiento.

"Cuando la inactividad del interesado impida a la Administración continuar la sustanciación del expediente, vencidos los plazos a que se refiere el inciso primero, aquella se pronunciará sin más trámite sobre el fondo del asunto, de acuerdo con los elementos de juicio que obren en autos".

El principio de impulsión de oficio comprende el principio de instrucción, que impone a la administración el realizar todas las diligencias probatorias necesarias para esclarecer la realidad de los hechos relevantes. Y guarda importante relación con los principios de economía, celeridad y eficacia recogidos en el lit. e) del artículo 2° del Decreto 500/1991.

## 4. Principio "pro actione"

El principio *pro actione*, que procura la interpretación más favorable a dar curso a peticiones y recursos administrativos, no se ha incluido a texto expreso en el Decreto 500/1991. No obstante, la norma sí ha recogido otros principios que se examinan más adelante, como los vinculados a las formalidades, que muchas veces permiten superar objeciones al ingreso o prosecución de tales peticiones y recursos.

En cualquier caso, a pesar de la ausencia de referencia expresa al principio *pro actione*, por fortuna el mismo ha sido pacíficamente acogido por la jurisprudencia del TCA.

En numerosísimas sentencias[24], el Tribunal ha invocado dicho principio reputando correctamente interpuestos recursos administrativos que habían sido desestimados en vía administrativa, sea por errores en la denominación, inadvertencia de delegación de atribuciones en el dictado del acto, consentimiento de actos implícitos y otras objeciones.

Por ejemplo, en sentencia 635/2019 de 15 de octubre, el Tribunal expresa que "en relación a la fecha de interposición de la recurrencia administrativa, corresponde inclinarse en la duda a favor del administrado, como se estableció en sentencias N[os]. 401/2018, 506/2012, 467/2007 y 448/1992".

En sentencia 774/2015 el Tribunal, citando a GARCÍA DE ENTERRÍA y FERNÁNDEZ, expresa que este principio "[...] postula en favor de la mayor garantía y de la interpretación más favorable al ejercicio del derecho de acción y, por lo tanto, en el sentido de asegurar, en lo posible, más allá de las dificultades de índole formal, una decisión sobre el fondo de la cuestión objeto del procedimiento" (EDUARDO GARCÍA DE ENTERRÍA, TOMÁS-RAMÓN FERNÁNDEZ, *Curso de derecho administrativo*, t. II, 6ª ed., pág. 457).

En sentencia 278/2018 de 9 de agosto se expresa que el derecho de defensa interpretado a la luz de los principios *pro actione* y de tutela efectiva conduce a hacer primar una lectura garantista del ordenamiento jurídico. Igualmente, en sentencia 274/2018 de 9 de agosto, —vinculando el principio *pro actione* con el de tutela efectiva y citando a BELSITO y CAPORALE[25]— ha señalado que el acceso a la justicia no debe convertirse en un desagradable juego de confusiones en desmedro de los particulares. Los citados autores destacan que la incertidumbre o falta de claridad en la configuración del agotamiento de la vía administrativa constituye una violación al principio de tutela efectiva.

## 5. PRINCIPIO "FAVOR ACTI". PRESUNCIÓN DE JURIDICIDAD

El Derecho positivo uruguayo no recoge el principio *favor acti* en su vertiente de presunción de juridicidad del acto administrativo. En ausencia de texto expreso, la doctrina más reciente se ha agrupado en torno de dos posiciones extremas, la que niega la existencia de dicha presunción como principio aplicable

[24] Sents. 726/2019 de 29 de octubre, 636/2019 de 15 de octubre, 603/2019 de 10 de setiembre, 357/2019 de 11 de junio, 261/2019 de 9 de mayo, 69/2019 de 19 de febrero, 504/2018 de 30 de octubre, 433/2018 de 11 de octubre, 401/2018 de 25 de setiembre, 282/2018 de 9 de agosto, 260/2018 de 9 de agosto, 84/2018 de 19 de abril, 931/2017 de 28 de noviembre, 627/2017 de 15 de agosto, 418/2017 de 6 de junio, 273/2017 de 20 de abril, 265/2017 de 20 de abril, 2/2017 de 7 de febrero, 798/2016 de 8 de diciembre, 698/2016 de 27 de octubre, 627/2015, 446/2015, 410/2015, 263/2014, 385/2012, 1005/2011, 684/2006, 67/2000 y 307/1997 de 2 de febrero, entre muchas otras.

[25] CECILIA BELSITO, y ANDRÉS CAPORALE, *Tutela judicial efectiva*, Buenos Aires, Nova Tesis Editorial Jurídica, 2006.

más allá de su recepción en el ordenamiento, representada fundamentalmente por DURÁN MARTÍNEZ[26], y la representada por RICHINO[27] que, por el contrario, sostiene su existencia[28].

A su vez, la jurisprudencia también reciente del TCA (sents 172/2019 de 2 de abril, 40/2019 de 14 de febrero, 7/2019 de 7 de febrero, 685/2018 de 18 de diciembre, 435/2018 de 1° de octubre, 606/2017 de 8 de agosto, entre otras) se ha pronunciado sobre el particular, en los términos siguientes:

"Lo cierto es que en nuestro derecho —a diferencia del argentino y el español— ninguna disposición establece dicha presunción de legitimidad, ni cabe inferirla de principio general alguno.

"En tal sentido, recientemente el Tribunal ha expresado que «[...] es ciertamente discutible —por carencia de apoyatura normativa— el principio que admite la existencia de una presunción de legitimidad *iuris tantum*, en beneficio de los actos dictados por la Administración, directriz reiteradamente relevada por jurisprudencia del Cuerpo en anteriores integraciones (sentencias Nos. 656/2001, 773/2006, 680/2007, 589/2007, etc.), cuya aplicación al presente pretende la demandada» y citando al Prof. DURÁN MARTÍNEZ agregó que «[...] la presunción de constitucionalidad de las leyes distorsiona los principios generales de derecho de mayor valor y fuerza y la Constitución en función de los intereses del legislador y la presunción de legitimidad de los actos administrativos distorsiona esos mismos principios, la Constitución y la ley en función de los intereses de la administración, todo ello en definitiva en detrimento de los derechos humanos». Esas presunciones, pues —la de constitucionalidad de las leyes y la de legitimidad del acto administrativo—, no se adecuan al precepto de interpretación conforme a la Constitución".

El Tribunal objeta la aplicación de dicho principio como "criterio apriorístico de valoración del accionar administrativo que, como tal, sin respaldo jurídico

[26] AUGUSTO DURÁN MARTÍNEZ, "Otra vez sobre la inexistente presunción de legitimidad del acto administrativo", en *Anuario de Derecho Constitucional Latinoamericano*, 2009, año 15, Konrad Adenauer Stiftung, 2009, pág. 848; también "La presunción de legitimidad del acto administrativo: un mito innecesario y pernicioso", en *Revista de Derecho* 2007/02, Publicación arbitrada de la Universidad Católica del Uruguay, pág. 119; y La Ley Uruguay, cita: UY/DOC/268/2010.

[27] ÁLVARO RICHINO, "Defensa de la presunción de legitimidad del acto administrativo (un concepto básico estructurante del Estado de Derecho)", en *Estudios jurídicos en homenaje al Profesor Juan Pablo Cajarville Peluffo*, coordinado por CRISTINA VÁZQUEZ, Montevideo, 2011. RICHINO incluso afirma que el principio puede considerarse recogido en normas procesales y civiles que refieren al valor probatorio de instrumentos extendidos por funcionarios competentes.

[28] También ROTONDO (FELIPE ROTONDO, *Manual de derecho administrativo*, Montevideo, Ediciones del Foro, 2000, pág. 356) sostiene la presunción de legitimidad del acto administrativo, más como carácter del acto que como principio, aunque señalando que la misma no alcanza las situaciones de inexistencia y de nulidad absoluta.

en nuestro ordenamiento logra privilegiar a uno de los sujetos del proceso, en detrimento de su contraparte inobservando la igualdad de los litigantes que informa y preside el proceso contencioso administrativo de anulación (art. 4º C. G. P., art. 104 del Decreto-Ley 15.524)". (Sent. 420/2012, entre otras).

Y concluye que, en función de lo expresado, "la defensa basada en la presunción de juridicidad del acto no puede prosperar".

Desde la posición contraria a la de Durán Martínez, Richino ve en esta presunción una consecuencia lógica y necesaria del proceso de creación de normas jurídicas, específicamente las normas de atribución de competencias a los órganos del Estado, al asignar a esos órganos las potestades para actuar cuando están en juego los intereses generales. Expresa el autor: "El fundamento de la presunción de legitimidad de los actos administrativos es, simplemente, una consecuencia necesaria de las necesidades de organización y actuación de la Administración resultante del Estado de Derecho. Todas las competencias orgánicas (de los órganos del poder ejecutivo o de las administraciones descentralizadas, ya sean sus titulares electos o no) son asignadas como resultado de una elaboración normativa que remite necesariamente a la Constitución y a las leyes, y en el ejercicio de esas competencias «la administración pública debe servir con objetividad los intereses generales con sometimiento pleno al derecho» (artículo 2º del Decreto 500/991 de 27 de setiembre de 1991). El hecho de que en ocasiones los actos administrativos no se ajusten a Derecho no enerva esta idea, que es un auténtico principio general del sistema que conocemos como Estado de derecho".

El autor incluso lo define como "un principio estructurante" del sistema jurídico, que adquiere por ello "calidad de carácter primario de los actos administrativos, de los que se derivan los demás caracteres jurídicos de los mismos (estabilidad, ejecutividad, impugnabilidad, y cuando corresponda, ejecutoriedad)".

Más allá de los argumentos de una y otra parte, no debe olvidarse que, en todo caso, estaríamos ante una presunción *juris tantum* y que, como señala el propio Tribunal en las sentencias antes citadas: "En realidad, la apariencia de una presunción que no existe no es más que la aplicación en estos procesos, del principio dispositivo que hace gravitar sobre el actor la carga de alegación y, eventualmente, de prueba, para justificar la decisión que pretende".

## 6. Principio "conservatio acti"

En la normativa sobre procedimiento administrativo uruguayo no está recogido con esta denominación el principio *conservatio acti*, entendido como principio de subsanación o convalidación de trámites y actos administrativos que adolecen de irregularidades no esenciales.

No obstante, la doctrina lo ha considerado incluido en el principio de materialidad. Así, comentando el Decreto 500/1991, Frugone ha expresado: "El principio de materialidad pone el acento en lo significativo, en lo que tiene importancia por representar algún valor. Esto lleva a la aplicación del criterio de la idoneidad de las formas con relación al fin perseguido, por lo que en caso de violación del precepto, siempre que el fin se cumpla, sin menoscabo de los derechos y garantías del administrado, se conserva el acto (art. 7º)"[29].

El artículo 7º, que la doctrina y la jurisprudencia consideran que consagra el principio de trascendencia, dispone: "Los vicios de forma de los actos de procedimiento no causan nulidad si cumplen con el fin que los determina y si no se hubieren disminuido las garantías del proceso o provocado indefensión. La nulidad de un acto jurídico procedimental no importa la de los anteriores ni la de los sucesivos que sean independientes de aquel. La nulidad de una parte de un acto no afecta a las otras que son independientes de ella, ni impide que el acto produzca los efectos para los que es idóneo".

Así, la jurisprudencia del Tribunal de lo Contencioso Administrativo sobre anulación de actos de adjudicación indica que, a efectos de tal anulación, el vicio en el acto administrativo debe revestir la condición de "vicio trascendente". Por ejemplo, en sentencia 12/1999 de 3 de febrero, ha expresado: "Esta nulidad, supone siempre una medida grave, muchas veces distorsiona dado el tiempo transcurrido desde la adjudicación hasta esa decisión anulatoria, y como tal debe ser siempre la respuesta a una trascendente violación de los principios que regulan la decisión adjudicataria".

Por su parte, con respecto al mentado artículo 7º, Cajarville ha destacado que el incumplimiento de la forma no se aprecia en sí mismo, sino con referencia al agravio que produce. La trascendencia se aprecia en relación con el fin propio del acto de procedimiento vicioso y con las garantías del interesado en el mismo y no en relación con la juridicidad material o de fondo del acto final[30].

## 7. Principios de la organización: jerarquía, desconcentración, descentralización, coordinación

El artículo 2º del Decreto 500/1991 recoge, en su literal h) el principio de delegación material.

[29] Héctor Frugone Schiavone, "Principios del procedimiento administrativo", en *Reforma del Estado. El nuevo procedimiento administrativo*, Montevideo, Secretaría de la Presidencia de la República, 1991, pág. 34.

[30] Juan P. Cajarville, "Procedimiento administrativo común", en *Procedimiento administrativo*, Revista Uruguaya de Derecho Constitucional y Político, Serie Congresos y Conferencias, núm. 5, Montevideo, 1991, pág. 35.

En la expresión de delegación material, los autores han considerado comprendidas las diferentes modalidades de la centralización administrativa: la distribución de tareas o imputación funcional, la autonomía técnica, la delegación de atribuciones, y la desconcentración privativa y no privativa, técnicas organizativas que operan dentro del ámbito de la jerarquía.

La doctrina clásica define a la centralización administrativa como una forma de organización interna en la que los órganos que integran el conjunto orgánico aparecen vinculados en forma tal que el jerarca concentra la dirección del mismo. Las modalidades de la centralización constituyen alteraciones en el sistema centralizado, que son puramente funcionales ya que no afectan su estructura.

La imputación funcional implica la asignación de tareas materiales o técnicas, correspondientes al sistema, a un órgano subordinado. Puede comprender el dictado de actos administrativos de carácter auxiliar, preparatorios o de ejecución, no principales o decisorios.

La autonomía técnica o natural supone una actuación del inferior que se desenvuelve según los principios de su ciencia o arte, con un margen de discrecionalidad que el jerarca debe respetar. En los casos de asesoramiento, se emite un dictamen o juicio que expresa la voluntad del asesor, que será seguido o no por el superior, pero que queda fuera del poder de mando.

La delegación de atribuciones ha sido definida por CAJARVILLE como "el acto por el cual el órgano delegante debidamente autorizado para ello por una norma expresa inviste al delegado de la potestad (poder deber) de expresar la voluntad orgánica, en un determinado sector de competencia"[31].

La desconcentración no privativa implica la atribución a un subordinado, de la potestad de dictar actos administrativos principales, o sea de decidir una determinada cuestión por actos imputables al sistema a que ese órgano pertenece, sin privar al jerarca de dicha potestad, esto es, preservando su potestad de avocación.

La avocación permite al jerarca decidir un asunto sometido a consideración del inferior, sea a petición de parte, de oficio o ante planteo de un órgano de contralor.

La desconcentración privativa "se caracteriza —según la define PRAT[32]— por un tenue descenso de poderes de administración muy limitado, en favor de un órgano subordinado que los ejercerá a título de competencia propia,

[31] JUAN P. CAJARVILLE, "Delegación de atribuciones", en *Dos estudios de Derecho administrativo*, cit.

[32] JULIO A. PRAT, *Derecho administrativo*, tomo II, Montevideo, Acali Editorial, 1977.

privativa, en una determinada materia, por cierto muy restringida". Fuera de la materia desconcentrada la jerarquía es total; en esa materia, en cambio, se ven limitados los poderes del jerarca, el que no puede avocar[33].

## 8. Principios de eficacia, economía, celeridad, simplicidad e informalismo

En general, se define la eficacia como la capacidad de obtener un resultado deseado, mientras que la eficiencia es la capacidad de lograr ese resultado con el mínimo posible de recursos[34].

Los funcionarios públicos deben utilizar medios idóneos para el logro del fin de interés público a su cargo, procurando alcanzar la máxima eficiencia en su actuación (art. 19 del Decreto de Normas de Conducta de la Función Pública 30/2003 de 23 de enero).

En materia de procedimiento administrativo, el principio de eficacia se ha recogido a texto expreso en el literal e) del artículo 2° del Decreto 500/1991. En el mismo numeral, la norma recibe, asimismo, otros principios derivados del principio de eficacia, como lo son los de economía y celeridad.

Adicionalmente, el artículo 8° del Decreto 500/1991 dispone: "En el procedimiento administrativo deberá asegurarse la celeridad, simplicidad y economía del mismo y evitarse la realización o exigencia de trámites, formalismos o recaudos innecesarios o arbitrarios que compliquen o dificulten su desenvolvimiento; estos principios tenderán a la más correcta y plena aplicación de los otros principios enunciados en el artículo 2°".

Los principios de economía, celeridad y eficacia se concretan a su vez en otras disposiciones del Decreto, como por ejemplo la que prevé, en conocimiento de alguna irregularidad administrativa, la realización de una información de urgencia por el jefe o encargado de la repartición respectiva. "Esta consiste en los procedimientos inmediatos tendientes a individualizar a los posibles autores, cómplices y testigos y para evitar la dispersión de la prueba. A tales efectos, personalmente o por el funcionario que designe, interrogará al personal directamente vinculado al hecho, agregará la documentación que hubiere

[33] El Decreto 500/1991 no tiene previsión expresa relativa al principio de coordinación. Puede verse un atisbo de voluntad de coordinación y consideración del fenómeno de la descentralización, en la exhortación de su ya citado art. 235 a los entes descentralizados, a adoptar sus disposiciones por decisiones internas, agregando que el poder ejecutivo apreciará, en el ejercicio de sus poderes de contralor, el modo como se cumpla esta exhortación.

[34] Vid. Cristina Vázquez, "Equilibrio entre eficiencia y control en las contrataciones estatales", en *Actualidad de la contratación administrativa*, FCU, Montevideo, 1999, págs. 103 y ss. La propia Constitución incorpora la noción de eficiencia administrativa en su art. 60, con referencia al servicio civil.

y ocupará todo otro elemento que pueda resultar útil a los fines de ulteriores averiguaciones" (art. 180). La denuncia con la información de urgencia debe ponerse en conocimiento del jerarca dentro de las cuarenta y ocho horas, sin perjuicio de la comunicación inmediata si la gravedad del hecho lo justifica (art. 181).

Otra expresión de los principios de celeridad y economía es la disposición que prevé la posibilidad de acumular actuaciones: "La autoridad administrativa ante la cual se tramiten recursos relacionados con un mismo acto administrativo, podrá disponer su acumulación y resolver en una sola decisión" (art. 162). Puede considerarse, asimismo, expresión de dichos principios, lo dispuesto en el artículo 11 cuando asigna a las distintas dependencias o reparticiones resolver asuntos que consistan en la simple confrontación de hechos o en la aplicación automática de normas, tales como libramiento de certificados, anotaciones e inscripciones, instrucción de expedientes, cumplimiento y traslado de los actos de las autoridades superiores, devolución de documentos, etc[35].

También son relevantes en relación con el principio de eficacia, los principios de "verdad material" (lit. d) del artículo 2° del Decreto), "informalismo en favor del administrado" (lit. f), "flexibilidad", "materialidad" y "ausencia de ritualismos" (lit. g), así como de "presunción de verdad salvo prueba en contrario" (lit. k).

El principio de verdad material implica que los actos se funden en la verdad material de los hechos, sin que los acuerdos entre las partes o la falta de alegación o prueba de dichos hechos, exima a la Administración de investigarlos y ajustarse a ellos (art. 4° del Decreto 500/1991).

El "informalismo en favor del administrado", desarrollado a su vez en el artículo 9° del Decreto, permite subsanar la inobservancia de exigencias formales no esenciales y que puedan ser cumplidas posteriormente. La aplicación de este principio plantea los siguientes supuestos: a) que las formalidades que no se han observado sean "no esenciales", b) que las mismas puedan cumplirse posteriormente, y c) una interpretación de la situación en favor del administrado, esto es que la inobservancia de tales exigencias formales no esenciales no puede ser de la administración ni interpretarse a favor de esta.

Los principios de flexibilidad, materialidad y ausencia de ritualismos, por su parte, apuntan a evitar trámites, formalismos o recaudos innecesarios o arbitrarios, que compliquen el desenvolvimiento del procedimiento.

[35] También pueden considerarse concreciones de tales principios las previsiones de los arts. 13 y 14, sobre "*omiso medio*" e intercambio permanente y directo de datos e información entre todas las unidades y reparticiones de la administración pública, así como las contenidas en los arts. 60 y ss. sobre impulsión simultánea y decisión conjunta de asuntos y concentración de actuaciones.

## 9. Principio de imparcialidad. Excusación, recusación e impedimentos de funcionarios

En relación con el principio de imparcialidad, enumerado entre los principios rectores del procedimiento administrativo, en el literal a) del artículo 2° del Decreto 500/1991, el mismo es a continuación especialmente desarrollado por el artículo 3° del mismo Decreto.

Dicho artículo 3°, con la redacción dada por el artículo 1° del Decreto 420/2007 de 7 de noviembre, dispone la excusación y la recusación de los funcionarios intervinientes en el procedimiento administrativo "cuando medie cualquier circunstancia comprobable que pueda afectar su imparcialidad por interés en el procedimiento en que intervienen o afecto o enemistad en relación a las partes, así como por haber dado opinión concreta sobre el asunto en trámite (prejuzgamiento)".

La excusación y la recusación no producen suspensión del procedimiento ni implica la separación automática del funcionario interviniente, pero la autoridad competente para decidir debe disponer preventivamente la separación, cuando existan razones que, a su juicio, lo justifiquen.

Con el escrito de excusación o recusación se forma un expediente separado, al cual se agregan los informes necesarios, elevándose dentro de los cinco días al funcionario jerarca inmediatamente superior, el cual debe decidir la cuestión. Si admite la excusación o recusación, debe designar en el mismo acto al funcionario que debe continuar con la tramitación del procedimiento.

Las disposiciones mencionadas alcanzan a toda persona que, sin ser funcionario, pueda tener participación en el procedimiento, cuando su imparcialidad sea exigible en atención a la labor que cumpla (peritos, asesores especialmente contratados, etc.)[36].

[36] En el procedimiento de contratación el principio de imparcialidad se ve también protegido en el art. 46 del Texto Ordenado de Contabilidad y Administración Financiera (TOCAF), por la vía de previsión de impedimentos para contratar en caso de "ser funcionario de la administración contratante o mantener un vínculo laboral de cualquier naturaleza con la misma, no siendo admisibles las ofertas presentadas por este a título personal, o por personas físicas o jurídicas que la persona integre o con las que esté vinculada por razones de representación, dirección, asesoramiento o dependencia. No obstante, en este último caso de dependencia podrá darse curso a las ofertas presentadas cuando no exista conflicto de intereses y la persona no tenga participación en el proceso de adquisición. De las circunstancias mencionadas, deberá dejarse constancia expresa en el expediente". También supone impedimento "haber actuado como funcionario o mantenido algún vínculo laboral de cualquier naturaleza, asesor o consultor, en el asesoramiento o preparación de pliegos de bases y *condiciones particulares u otros recaudos relacionados con la licitación o procedimiento de contratación administrativa de que se trate*" (nums. 1 y 4).

Como señala CAJARVILLE, si bien la administración no puede ser imparcial en el procedimiento administrativo, porque en él está en juego el interés general de que es gestora, debe serlo ante el conflicto entre intereses particulares que puedan plantearse en dicho procedimiento[37].

## 10. PRINCIPIO DE BUENA FE. CONFIANZA LEGÍTIMA

Como se ha anticipado, el literal k) del artículo 2º del Decreto 500/1991 recoge los principios de lealtad y buena fe.

Sin embargo, no se ha recogido en la norma el principio de confianza legítima, que claramente se deriva del mencionado principio de buena fe. Ello no ha obstado a que el TCA haya desarrollado una importante jurisprudencia que acepta dicho principio de confianza legítima como corolario de la buena fe.

Así, por ejemplo, en sentencia 296/2018 de 21 de agosto, el Tribunal ha expresado:

"En lo que refiere al principio de buena fe —aplicado al derecho Administrativo— viene al caso citar al autor JESÚS GONZÁLEZ PÉREZ quien señaló que este principio representa el contenido ético social en el orden jurídico y, concretamente, el valor confianza en la conducta de los agentes públicos y de los administrados. Los valores de lealtad, honestidad, moralidad y transparencia que su aplicación conllevan, resultan hoy especialmente necesarios en las relaciones entre las Administraciones públicas y los administrados. (Cf. JESÚS GONZÁLEZ PÉREZ, *El principio general de la buena fe en el derecho administrativo*, Madrid, Civitas, 1999, pág. 36)".

A su vez, como se expresa en la misma sentencia 296/2018, el Tribunal ha recibido, también en relación con los principios de buena fe y confianza legítima, "la regla del acto propio":

"En Sentencia Nº 391/2014 el Tribunal sostuvo: «[...] Como lo expresa JONÁS BERGSTEIN en su excelente estudio, la regla del acto propio supone la prohibición de alegar un derecho en contradicción con una conducta anteriormente asumida. Se tutela la coherencia del comportamiento, sancionando la conducta de aquel que contraría o traiciona la confianza que él mismo ha suscitado a través de una conducta anterior. Se requiere una conducta previa y relevante, susceptible o apta de generar en la contraparte el estado de confianza que el derecho tutela, aptitud esta que debe ser apreciada conforme a los criterios de razonabilidad que inspiran todo el ordenamiento jurídico.

"»Y sus consecuencias no son otras que la inoponibilidad (ante ciertas personas), de la conducta contradictoria, esto es, la desestimación de la pre-

[37] En *Sobre derecho administrativo*, tomo II, cit., pág. 156.

tensión contradictoria» (Cf. Jonás Bergstein, *La regla del acto propio en las relaciones entre el Fisco y el contribuyente*, Montevideo, FCU, 2008, págs. 10 y 11)"[38].

Igual postura se recoge en las sentencias de la Corporación 942/2017 de 30 de noviembre, 782/2017, 781/2017 y 776/2017 de 10 de octubre, 701/2017 de 24 de agosto, y 599/2017 de 8 de agosto, entre otras.

## 11. Principio de lealtad

En consonancia con el literal k) del artículo 2° del Decreto 500/1991, su artículo 6° preceptúa el ajuste de la conducta de los partícipes en el procedimiento, al respeto mutuo, la lealtad y la buena fe.

En relación con este deber jurídico ha expresado Cajarville que "se trataría de la «buena fe-lealtad» (distinta de la «buena fe-creencia»), deber recíproco que recae sobre ambas partes de la relación". Esa buena fe-lealtad debe traducirse "en un comportamiento cumplido con «honestidad y honradez», conforme con las valoraciones vigentes en la comunidad; se suele concretar para el subordinado, en un deber de colaboración, de ejecutar el trabajo [...] de abstenerse de todo acto que pueda perjudicar al empleador y cumplir aquellos que tiendan a la protección de los intereses de éste () evitando el trabajo para terceros durante el horario de trabajo, de no revelar secretos de fabricación o comerciales, abstenerse de concurrencia desleal y omitir todas las formas de corrupción.

"En resumen, para los funcionarios públicos se trataría en verdad del correcto cumplimiento de los deberes en el desempeño de la función pública, con muy limitado alcance de las actividades del funcionario ajenas a la función, salvo en cuanto a la abstención en esas actividades privadas de actos que puedan perjudicar a la Administración"[39].

El enfoque de Cajarville es acogido por el TCA en sentencia 743/2019 de 5 de noviembre de 2019. A su vez, en sentencia 728/2019 de 29 de octubre de 2019, la Corporación cita al civilista Jorge Gamarra, en cuanto sostiene: "La buena fe objetiva es un modelo típico de conducta, una noción prejurídica que el Derecho toma en préstamo de la moral".

[38] El Tribunal cita también a Adolfo Gelsi Bidart, "Acerca de la teoría del acto propio", en *Revista Jurídica Estudiantil*, CED, núm. 5, Año 3, mayo 1988, págs. 9 y ss.; Laura Barbieri, "La doctrina de los actos propios y nuestra jurisprudencia", ADCU, t. xxx, págs. 767 y ss.; Jonás Bergstein, "Algunas reflexiones a propósito de la vigencia de la regla del acto propio en materia tributaria", en *Revista Tributaria*, t. xxxv, núm. 205, págs. 478-479.

[39] Juan Pablo Cajarville Peluffo, *Sobre derecho administrativo*, t. ii, 3ª ed., Montevideo, F. C. U., 2012, págs. 523-524.

## **Sección cuarta.** *Inicio y desarrollo del procedimiento administrativo*

### 1. Iniciación de oficio. Petición de parte. Denuncia

El Título I de la Sección II del Decreto 500/1991 contiene la regulación de la iniciación del procedimiento administrativo.

El artículo 15, que abre dicho Título, dispone que el procedimiento administrativo puede iniciarse a petición de persona interesada o de oficio. "En este último caso la autoridad competente puede actuar por disposición de su superior, por propia iniciativa, a instancia fundada de los correspondientes funcionarios o por denuncia".

Iniciado el procedimiento —expresa el art. 16— "la autoridad competente para resolverlo puede adoptar las medidas provisionales que estime oportunas para asegurar la eficacia de la resolución que pudiera recaer, si existieren elementos de juicio suficientes para ello. No se podrán dictar medidas provisionales que puedan causar perjuicios graves o irreparables".

El artículo 17 agrega: "Si de la petición resultara que la decisión puede afectar derechos o intereses de otras personas, se les notificará lo actuado a efectos de que intervengan en el procedimiento reclamando lo que les corresponde.

"En el caso de comparecer, deberán hacerlo en la misma forma que el peticionario y tendrán los mismos derechos que este".

Por su parte, el artículo 18 dispone: "En caso de ser varios los interesados, podrán comparecer conjuntamente por medio de un solo escrito con el que se formará un único expediente, o de un mismo formulario, según corresponda, siempre que pretendan un único acto administrativo"[40].

En relación con la denuncia, el artículo 175 del Decreto dispone que todo funcionario público está obligado a denunciar las irregularidades de que tenga conocimiento por razón de sus funciones, de las que se cometieren en su repartición o cuyos efectos ella experimentara particularmente. También debe recibir y dar trámite a las denuncias que se le formulen. En uno y otro caso, debe ponerlas en conocimiento de sus superiores jerárquicos.

Dicha denuncia es sin perjuicio de la denuncia policial o judicial de delitos conforme a la Constitución y al Código Penal (art. 176).

La omisión de denuncia administrativa, policial o judicial configura falta grave, según expresa el artículo 177.

[40] Los arts. 19 y 21 contienen disposiciones sobre la forma de presentación de las peticiones o exposiciones. El 25 refiere a la recepción y entrega de copia al interesado. Los artículos 27 a 55 regulan lo relativo a la documentación, la formación de expediente, el uso de formularios y, en general, aspectos materiales del trámite.

La denuncia, que debe formularse en forma clara y precisa conteniendo la información que se determina, puede plantearse en forma escrita, o verbal, en este último caso labrándose el acta respectiva[41].

## 2. Participación ciudadana

Si bien en el procedimiento administrativo general no se recogen normas referentes a la participación ciudadana, existen ámbitos de regulación en los que esta figura está prevista, como es el caso de la Ley 19.272 de Descentralización y participación ciudadana de 18 de setiembre de 2014.

La necesidad de tal participación como exigencia para la regularidad jurídica del acto administrativo ha sido analizada en la jurisprudencia del TCA. Así, por ejemplo, en sentencia 214/2019 de 19 de abril, se ha examinado el cumplimiento de tal requisito en relación con el traslado de una feria barrial.

El fallo destacó que la citada Ley 19.272 creó los municipios como un tercer nivel de Gobierno y Administración; previendo entre los principios cardinales del sistema de descentralización local, el de participación ciudadana (artículo 3°, numeral 4°). En el caso, se valoró que —con la consulta al municipio respectivo, resolviendo el Consejo Municipal, por unanimidad, ratificar la nueva ubicación ferial propuesta— se había cumplido con el principio de participación, al dar a los vecinos la oportunidad de informarse y tomar conocimiento de la medida, considerando que los consejos están integrados por vecinos que actúan como portavoces de las demandas de cada circunscripción.

## 3. Régimen de las peticiones. Escrito. Contenido. Recepción

Recogiendo lo dispuesto por el artículo 318 de la Constitución, el artículo 106 del Decreto 500/1991 regula el régimen de las llamadas peticiones calificadas, planteadas por titular de interés legítimo: "Toda autoridad administrativa está obligada a decidir sobre cualquier petición que le formule el titular de un interés legítimo en la ejecución de un determinado acto administrativo, previo los trámites que correspondan para la debida instrucción del asunto, dentro del término de ciento veinte días a contar de la fecha de cumplimiento del último acto que ordene la ley o el reglamento aplicable. Se entenderá desechada la petición si la autoridad no resolviera dentro del término indicado".

Por otra parte, el artículo 117 del Decreto 500/1991 recoge también el derecho de petición simple del artículo 30 de la Constitución, expresando que

[41] El procedimiento debe ser escrito en los casos que enumera el art. 27 del Decreto 500/1991, y la sustanciación puede hacerse por expediente o formularios. Como se ha adelantado, el art. 24 de la Ley 17.243 de 29 de junio de 2000 impone al Estado y entes descentralizados por servicios la obligación de implantar el expediente electrónico.

la titularidad del derecho de petición corresponde a todo habitante para ante todas y cualesquiera autoridades de la República.

Conforme al artículo 119, la petición debe presentarse ante la autoridad competente para decidir o proponer una decisión sobre lo pedido, y debe contener:

a) Nombre y domicilio del peticionario, con indicación del lugar donde deben realizarse las notificaciones, acreditando la calidad de apoderado o representante cuando corresponda.

b) Los hechos y fundamentos de derecho en que se apoya, expuestos con claridad y precisión, indicando las pruebas que deben practicarse y acompañando el interrogatorio respectivo en caso de prueba testimonial.

c)La solicitud concreta que se efectúa, formulada con toda precisión.

En caso de omisión, imprecisión o falta de claridad de la petición, se requerirá que en el plazo de diez días se salve la omisión o efectúe la aclaración correspondiente, bajo apercibimiento de mandarla a archivar.

## 4. El papel del ministerio público. El Defensor de los Derechos Humanos

Esta función la cumplen en el procedimiento administrativo de Uruguay las fiscalías de gobierno.

Conforme a lo dispuesto por el Decreto 106/1979 de 16 de febrero, las fiscalías de gobierno constituyen un cuerpo técnico-administrativo jerarquizado al poder ejecutivo. Actualmente se encuentran en el ámbito del Ministerio de Educación y Cultura, y gozan de independencia técnica en el ejercicio de sus funciones de asesoramiento.

Los fiscales de gobierno pueden ser consultados por el poder ejecutivo, directamente por la Presidencia de la República o por los ministerios u oficinas con rango ministerial, así como directamente por el director nacional de Aduanas y por el presidente del directorio de la Junta de Transparencia y Ética Pública.

Su intervención corresponde en diversos procedimientos que el ordenamiento determina. En particular, el Decreto 500/1991 lo prevé para los casos de decisión de recursos jerárquicos interpuestos contra actos administrativos dictados por órganos desconcentrados del poder ejecutivo (art. 165, en redacción dada por el Decreto 129/2019 de 6 de mayo), resolución del poder ejecutivo sobre el recurso de anulación (art. 167, en redacción dada por el art. 1° del Decreto 255/2016 de 15 de agosto), en procedimientos disciplinarios, cuando el funcionario instructor sea el asesor jefe o a solicitud del jerarca en carácter de medida para mejor proveer (art. 218, en la redacción dada por el Decreto 420/2007).

El Decreto 106/1979 dispone que los expedientes que se remitan a dictamen de las fiscalías de gobierno deben ser previa y preceptivamente informados por las asesorías letradas o similares del ministerio u oficina consultante, con expresa y completa mención de las normas que en principio se consideran aplicables, y agrega que los asuntos administrativos que requieran la opinión fiscal serán resueltos, salvo casos excepcionales, con el dictamen de uno de los fiscales de gobierno; cuando fuera necesario nuevo asesoramiento para mejor proveer, así se dispondrá por resolución fundada (arts. 14 y 15).

En lo que refiere a la defensa de los derechos humanos, el artículo 69 de la Ley 19.149 de 24 de octubre de 2013 crea la Secretaría de Derechos Humanos, órgano dirigido por un consejo directivo integrado por el secretario de la Presidencia de la República, que lo preside, por el ministro de Relaciones Exteriores, por el Ministro de Educación y Cultura, por el ministro del Interior y por el ministro de Desarrollo Social, los que pueden hacerse representar por sus correspondientes subsecretarios. Se trata del órgano rector del enfoque de derechos humanos del poder ejecutivo, con cometido de promover la incorporación de una perspectiva de derechos humanos en las políticas públicas, cumpliendo funciones de diseño, coordinación, seguimiento y evaluación.

## 5. Representación

El artículo 20 del Decreto 500/1991 prevé que los apoderados y, en general, quienes actúen en virtud de una representación, deben expresar en todos sus escritos, la calidad de tales y el nombre o nombres de las personas o entidades que representan.

Cuando se actúa en representación de otro, debe acompañarse mandato o documento que la acredite. La primera copia de los documentos que acrediten representación puede ser suplida por reproducciones en la forma que se determina.

Si la personería no es acreditada en el acto de la presentación del escrito, igualmente debe ser recibido, pero el funcionario receptor requerirá a quien lo presente que en el plazo de diez días hábiles salve la omisión, bajo apercibimiento de disponerse el archivo, de lo que se dejará constancia en el escrito con la firma de este último (art. 24).

El artículo 82 del Decreto prevé que, en cualquier etapa del procedimiento administrativo, el abogado firmante, en su calidad de patrocinante de la parte interesada y siempre que así se conviniere mediante escrito o acta administrativa, quede investido en especial y para ese trámite, del carácter de representante. Para que la autorización sea válida, la parte debe establecer en el escrito su domicilio real, así como comunicar los cambios que el mismo experimente. La norma preceptúa que se instruya especialmente al interesado de la representación de que se trata y de sus alcances, dejándose constancia expresa de ello en el escrito o acta administrativa pertinente.

## 6. Los interesados. Los terceros interesados. Intereses difusos y colectivos

De acuerdo con el Diccionario de la Real Academia[42], "interesado" es el que tiene interés en relación a algo; en el caso lo es el que tiene interés en relación al procedimiento, es decir aquel sujeto cuyos derechos o intereses pueden verse afectados por el mismo.

Si de la petición resulta que la decisión puede afectar derechos o intereses de otras personas, el artículo 17 del Decreto 500/1991 dispone que se les notifique a efectos de que intervengan en el procedimiento reclamando lo que les corresponde. En caso de comparecer lo harán en la misma forma que el peticionario y tendrán los mismos derechos que este.

Lo dispuesto en este artículo constituye aplicación del principio de contradicción o contradictorio integral, consagrado en el literal j) del artículo 2° ya comentado.

Cuando sean varios los interesados, como se ha expresado, podrán comparecer conjuntamente en un solo escrito, siempre que pretendan un único acto administrativo (art. 18).

Con referencia a lo que denomina "derechos colectivos o sectoriales"[43], categoría que parece resultar comprensiva de los intereses difusos como especie dentro del género de los colectivos, Ekmekdjian[44] alude a una "categoría de derechos cuya titularidad no corresponde a los individuos (o al menos no solamente a ellos), sino que es ejercida (exclusivamente o en forma compartida con los individuos) por ciertos grupos sociales, más o menos amplios, más o menos indefinidos o, incluso, por toda la sociedad civil o política".

En sentido más estricto —citando a Giannini— Biasco[45] observa que el interés colectivo corresponde a una pluralidad de sujetos que constituyen una

[42] http://lema.rae.es/drae/

[43] Cristina Vázquez, "Posición jurídica del particular frente a la administración", en *Revista de la Facultad de Derecho* núm. 30, en homenaje al Profesor Enrique Sayagués Laso, Montevideo, 2011, págs. 309 y ss.

[44] Miguel A. Ekmekdjian, "La protección judicial de los intereses difusos en el Derecho constitucional argentino", en http://www.cepc.es/rap/Publicaciones/Revistas/8/AIB_003_075.pdf

[45] Emilio Biasco, "Las figuras jurídicas subjetivas en el Derecho uruguayo. Apuntes del Curso de Derecho Público III", dictado en la Facultad de Derecho de la Universidad de la República, 1990, en http://www.ccee.edu.uy/ensenian/catderpu/material/figsubjetivas.pdf.

categoría o grupo homogéneo, organizado para realizar los fines corporativos de la categoría o grupo de que se trata. En cambio, el interés difuso pertenece a personas entre las que no existen vínculos jurídicos o fácticos precisos.

De igual modo, en la doctrina procesalista uruguaya[46], la indeterminación en cuanto a la identificación de las personas es indicada como nota propia del interés difuso.

Gelsi, por su parte, sostiene que "se trata de 1) intereses compartidos por toda una categoría de sujetos; no exclusivos de alguno o algunos en particular; de sujetos no individualizables de antemano; 2) las vías para lograr la satisfacción pueden ser más amplias o más restringidas según la legitimación que resulta de las normas vigentes; 3) el resultado dará satisfacción habitualmente a todos los integrantes de la categoría involucrada, sin perjuicio de que, en el caso concreto, puedan o no interesarse en la actividad pocos o muchos de los que forman parte de la misma"[47].

En el ordenamiento uruguayo, aluden a ellos los artículos 42 y 220 del Código General del Proceso, en los términos siguientes:

"Artículo 42. Representación en caso de intereses difusos. En el caso de cuestiones relativas a la defensa del medio ambiente, de valores culturales o históricos y, en general, que pertenezcan a un grupo indeterminado de personas, estarán legitimados indistintamente para promover el proceso pertinente, el ministerio público, cualquier interesado y las instituciones o asociaciones de interés social que según la ley o a juicio del tribunal garanticen una adecuada defensa del interés comprometido".

"Artículo 220. Efectos de la cosa juzgada en procesos promovidos en representación de intereses difusos.

"La sentencia dictada en procesos promovidos en defensa de intereses difusos (artículo 42) tendrá eficacia general, salvo si fuere absolutoria por ausencia de pruebas, en cuyo caso, otro legitimado podrá volver a plantear la cuestión en otro proceso".

El artículo 42 adopta el criterio doctrinario expuesto, que relaciona el interés difuso con el de grupos indeterminados de personas, y confiere legitimación activa al ministerio público, a cualquier interesado y a las instituciones o asociaciones de interés social que garanticen la defensa del interés, sea en virtud de definición legal o por decisión del tribunal[48].

[46] Dante Barrios de Angelis, "Defensa judicial de los intereses difusos", Montevideo, LJU, 1980, t. 81, págs. 281 y ss.; Enrique Véscovi, y otros, *Código General del Proceso*, Montevideo, 1993, págs. 74 y ss.

[47] Adolfo Gelsi Bidart, "Por qué puede dilucidarse, en amparo, la tutela de los intereses difusos", en *LJU*, t. 114, citado por Biasco, ob. cit.

[48] Biasco cita la sentencia de la Suprema Corte de Justicia 242/1998 de 16 de noviembre, en que se explicita que la enumeración de legitimados activos en esta norma no es taxativa,

## 7. Derecho a la defensa. Audiencia y derecho a ser oído

En tutela del derecho a la defensa, el Decreto 500/1991 preceptúa que —antes de dictar resolución— se otorgue vista por el término de diez días a las personas a que el procedimiento refiera, una vez terminada la instrucción o vencido el término de la misma, cuando de los antecedentes resulte que pueda recaer una decisión contraria a la petición formulada, o se hubiere deducido oposición. Al evacuar la vista, el interesado puede pedir el diligenciamiento de pruebas complementarias (art. 75)[49].

A su vez, en los procedimientos administrativos seguidos de oficio, con motivo de la aplicación de sanciones o de la imposición de un perjuicio a determinado administrado, no se dictará resolución sin previa vista al interesado por el término de diez días para que pueda presentar sus descargos y las correspondientes probanzas y articular su defensa (art. 76).

El derecho a tomar vista comprende no solo la facultad de revisar y leer las actuaciones, sino también la de copiar o reproducir por cualquier medio, todo o parte de ellas. El interesado también puede retirar el expediente de la oficina para su estudio —por un plazo máximo de dos días hábiles prorrogables por otros dos y bajo responsabilidad del abogado patrocinante— siempre que ello no represente un obstáculo para el trámite normal o un perjuicio cierto para los derechos de otros interesados (arts. 78 y 79).

## 8. Acceso al expediente

El Decreto 500/1991 tiene previsiones sobre la exhibición de los expedientes administrativos para su consulta. Ella es permitida en todos los casos, salvo con respecto a las piezas que posean carácter confidencial, reservado o secreto.

La misma se llevará a cabo en las oficinas de radicación de las actuaciones, bastando la simple solicitud verbal de la parte interesada, de su apoderado constituido en forma o de su abogado patrocinante (Decreto 500/1991, art. 77).

Con posterioridad se ha consagrado con amplitud el acceso a la información pública. Así la Ley 18.381 de 18 de octubre de 2008, reglamentada por el Decreto 232/2010 de 2 de agosto, —con el "objeto de promover la transparencia de la función administrativa de todo organismo público, sea o no estatal, y

---

otorgándose al sentenciante "facultades o poderes suficientes para determinar en cada caso concreto si una asociación o institución puede tutelar de manera adecuada los intereses que se ventilen en un proceso en particular".

[49] Entre los arts. 91 a 105 se regula el aspecto de las notificaciones.

garantizar el derecho fundamental de las personas al acceso a la información pública"— ha recogido dicho derecho fundamental para todas las personas sin discriminación y sin necesidad de justificar las razones por las que ella se solicita, definiendo como información pública "toda la que emane o esté en posesión de cualquier organismo público, sea o no estatal, salvo las excepciones o secretos establecidos por ley, así como las informaciones reservadas o confidenciales" (arts. 1° a 3°).

## 9. Información administrativa. Actuaciones reservadas

En el marco de la Ley 18.381 mencionada, se presume pública toda información producida, obtenida, en poder o bajo control de los sujetos obligados, con independencia del soporte en el que estén contenidas (art. 4°).

Las excepciones a la información pública son de interpretación estricta y comprenden, como se ha anticipado, aquellas definidas como secretas por la ley y las que se definan como de carácter reservado y confidencial (art. 8°).

Puede clasificarse como reservada, la información cuya difusión pueda: a) comprometer la seguridad pública o la defensa nacional; b) menoscabar la conducción de negociaciones o de relaciones internacionales; c) dañar la estabilidad financiera, económica o monetaria; d) poner en riesgo la vida, la dignidad humana, la seguridad o la salud de cualquier persona; e) suponer una pérdida de ventajas competitivas para el sujeto obligado o dañar su proceso de producción; f) desproteger descubrimientos científicos, tecnológicos o culturales desarrollados o en poder de los sujetos obligados; g) afectar la provisión libre y franca de asesoramientos, opiniones o recomendaciones que formen parte del proceso deliberativo de los sujetos obligados hasta que sea adoptada la decisión respectiva, la cual deberá estar documentada (art. 9°).

Y se considera información confidencial la relativa a datos personales[50] que requieran previo consentimiento informado, así como aquella entregada con carácter de confidencial a los sujetos obligados, siempre que refiera al patrimonio de la persona, comprenda hechos o actos de carácter económico, contable, jurídico o administrativo, relativos a una persona física o jurídica, que pudiera ser útil para un competidor, o esté amparada por una cláusula contractual de confidencialidad (art. 10).

Los sujetos obligados por esta ley no podrán invocar ninguna de las reservas mencionadas en los artículos que anteceden cuando la información solicitada se refiera a violaciones de derechos humanos o sea relevante para investigar, prevenir o evitar violaciones de dichos derechos (art. 12).

[50] La Ley 18.331 de 11 de agosto de 2008 regula la protección de datos personales y ha sido reglamentada por el Decreto 414/2009 de 31 de agosto.

## 10. Las medidas preventivas o cautelares

Conforme lo prevé el artículo 16 del Decreto 500/1991, iniciado el procedimiento, la autoridad competente puede adoptar las "medidas provisionales que estime oportunas para asegurar la eficacia de la resolución que pudiera recaer, si existieren elementos de juicio suficientes para ello".

No podrán dictarse medidas provisionales susceptibles de causar perjuicios graves o irreparables.

Como ejemplos de medidas provisionales pueden mencionarse la suspensión de la ejecución del acto administrativo (art. 150[51]) o la suspensión preventiva en el desempeño del funcionario sujeto a sumario (art. 186[52]).

En el derecho uruguayo también se dan casos de previsión normativa de efecto suspensivo automático de la interposición de recursos administrativos, como el consagrado en materia de contratación del Estado, en el inciso 4° del artículo 73 del Texto Ordenado de Contabilidad y Administración Financiera (TOCAF), aprobado por Decreto 150/2012 de 11 de mayo.

En este tema de la suspensión de la ejecución de los actos administrativos, vuelve a hacerse patente la inevitable tensión entre el interés público que el Estado representa y los derechos fundamentales de los particulares. Toda solución debe procurar armonizar dichos intereses en juego.

En perspectiva, la consagración con carácter general del efecto suspensivo automático de las impugnaciones de las decisiones administrativas podría verse como la gran panacea contra los desvíos y excesos del poder. En el otro extremo, la ausencia de toda solución de suspensión de los efectos de los

[51] "Fuera de los casos preceptivamente fijados por la ley, en los recursos administrativos interpuestos ante la administración, esta podrá, a petición de parte interesada o de oficio, disponer la suspensión transitoria, total o parcial, de la ejecución del acto impugnado, siempre que la misma fuera susceptible de irrogar a la parte recurrente daños graves y que de la mencionada suspensión no se siga perturbación grave a los intereses generales o de los derechos fundamentales de un tercero. La reglamentación podrá asimismo prever la suspensión para todos o para determinada clase de actos, en las condiciones que se establezcan. Del mismo modo, se podrá disponer toda otra medida cautelar o provisional que, garantizando la satisfacción del interés general, atiende al derecho o interés del recurrente durante el término del agotamiento de la vía administrativa, con el fin de no causarle injustos e inútiles perjuicios". Como hemos señalado, el fundamento de la suspensión de los efectos del acto se encuentra en el "principio de tutela efectiva". Vid. Cristina Vázquez, "La suspensión de los efectos del acto administrativo, en *Revista de Derecho y Tribunales*, núm. 33, Montevideo, febrero 2018, págs. 15 y ss.

[52] "Al decretarse un sumario, el jerarca nombrado en el artículo anterior, podrá disponer la suspensión preventiva del o de los funcionarios imputados, de conformidad a lo establecido en el inciso 1° del artículo 187 dando cuenta de inmediato al ministro, estándose a lo que este resuelva. Asimismo podrá proponer la adopción de otras medidas preventivas que estime convenientes en función del interés del servicio y de acuerdo con los antecedentes del caso".

actos administrativos podría defenderse como el único camino para prevenir el riesgo de paralización de la actividad estatal.

*In medio virtus* es la máxima que nos ha legado Aristóteles, en su *Ética para Nicómaco*. Pensamos que las soluciones adoptadas por el ordenamiento jurídico uruguayo —en cuanto imponen ponderar los intereses enfrentados a ser compuestos, y en la medida en que las mismas sean sabiamente aplicadas— satisfacen razonablemente la recomendación del gran Estagirita.

## 11. Los plazos para decidir

El artículo 118 del Decreto dispone que toda autoridad administrativa está obligada a decidir sobre cualquier petición que le formule el titular de un derecho subjetivo o de un interés legítimo en que se dicte o ejecute un determinado acto administrativo.

Adoptando el texto del artículo 8° de la Ley 15.869 de 22 de junio, de 1987, agrega que, "en ningún caso el vencimiento de este plazo exime a la autoridad correspondiente de su obligación de pronunciarse expresamente sobre el fondo del asunto".

Los trámites para la debida instrucción del asunto, a los que se refiere la norma citada, deben cumplirse en el caso de las peticiones, dentro del término de treinta días contados a partir del día siguiente a la fecha en que se formuló la petición (art. 107 del Decreto, que recoge disposiciones legales). Y las peticiones se tendrán por desechadas si al cabo de ciento cincuenta días siguientes al de su presentación no se dictó resolución expresa sobre lo pedido (art. 108).

Los plazos señalados se cuentan por días corridos y se computan sin interrupción, y si vencen en días feriados se extienden hasta el día hábil inmediato siguiente. El plazo de que disponen las autoridades administrativas para resolver las peticiones se suspende solamente durante la Semana de Turismo (Ley 15.869, art. 10).

Se trata de plazos que obligan por igual y sin necesidad de apremio a las autoridades y funcionarios competentes para la instrucción de los asuntos y a los interesados, y su inobservancia por parte de los funcionarios intervinientes determina la responsabilidad consiguiente, pasible de sanción disciplinaria, en caso de que el Jerarca entienda que la demora ha sido injustificada (Decreto 500/1991, art. 110 del con la redacción dada por el Decreto 420/007).

La Administración puede conceder a petición de los interesados una prórroga de los plazos mencionados cuando ellos tienen carácter exclusivamente reglamentario (esto es que no tienen origen constitucional o legal), si las circunstancias lo aconsejan y con ello no se perjudican derechos de terceros. Si la Administración no se expide sobre la solicitud de prórroga en el plazo de tres días, se reputa concedida. Puede solicitarse prórroga por una sola vez y en ningún caso esta excederá de la mitad del plazo original (artículo 111 del Decreto 500/991).

Los plazos se cuentan siempre a partir del día siguiente a aquél en que tenga lugar la notificación o publicación del acto de que se trate y, cuando los reglamentarios se señalen por días, se entiende que éstos son hábiles (aquellos en que funcionan las oficinas de la Administración). Si el plazo se fija en meses, estos se computan de fecha a fecha. Los que vencen en día feriado se extienden hasta el día hábil inmediato siguiente (arts 112 y 113).

Las providencias de trámite deben dictarse en el término máximo de tres días a contar del siguiente al de la recepción del documento o expediente por el órgano respectivo, y las diligencias o actuaciones ordenadas se cumplirán dentro del plazo máximo de cinco días, el que se podrá ampliar, a solicitud fundada del funcionario, por cinco días más (artículo 115).

En todos los casos, los jefes o encargados de las dependencias deben fiscalizar su cumplimiento.

## 12. La prueba

En relación con la prueba, vale reiterar la recepción en el ordenamiento uruguayo, del principio de verdad material, conforme al cual los actos deben fundarse en la verdad material de los hechos, sin que los acuerdos entre las partes o la falta de alegación o prueba de dichos hechos, exima a la administración de investigarlos y ajustarse a ellos (Decreto 500/1991, art. 4º)[53].

El artículo 70 del Decreto establece que los hechos relevantes para la decisión de un procedimiento pueden acreditarse por cualquier medio de prueba no prohibido por la ley.

La administración puede disponer de oficio las diligencias probatorias que estime necesarias y, si media pedido de parte, debe disponer la apertura de un período de prueba por un plazo prudencial no superior a los diez días. La resolución de la administración que rechace el diligenciamiento de una prueba por considerarla inadmisible, inconducente o impertinente debe fundarse debidamente. Las partes tienen derecho a controlar la producción de la prueba (art. 71 en la redacción dada por el Decreto 420/2007).

El proponente de la prueba de testigos tiene la carga de la comparecencia de los mismos y, si no concurrieran sin justa causa, se prescindirá de su testimonio. La administración puede interrogar libremente a los testigos y disponer careos, aun con los interesados. Las partes pueden impugnar las preguntas sugestivas, tendenciosas o capciosas y al término de las deposiciones de los

[53] No son aplicables en el procedimiento los principios sobre carga de la prueba del art. 139 del Código General del Proceso.

testigos pueden hacer repreguntas y solicitar las rectificaciones que consideren necesarias. El funcionario actuante conserva en todo momento la dirección del procedimiento (art. 72).

Los gastos que ocasione el diligenciamiento de la prueba son de cargo de la administración o de las partes por el orden causado, y los administrados pueden proponer la designación de peritos a su costa (arts. 73 y 74).

### 13. Participación en materia de actos de efectos generales. Consultas públicas

Existen en el ordenamiento uruguayo disposiciones especiales que prevén la realización de audiencias o consultas públicas en ámbitos determinados.

Es el caso del artículo 14, literal J) de la Ley 17.598 de 13 de diciembre de 2002 (de creación de la Unidad Reguladora de Servicios de Energía y Agua - URSEA).

La facultad para utilizar tales instancias fue reglamentada por Resolución de la Unidad 44/2008. En esta norma se prevé que, *s*in perjuicio del empleo de otros medios idóneos de publicidad, la URSEA someta a consulta o audiencia pública, los anteproyectos de reglamentación de los marcos regulatorios de los sectores bajo su competencia.

## **Sección quinta.** *Terminación del procedimiento administrativo*

El artículo 85 del Decreto 500/1991 dispone que, una vez concluida la sustanciación del expediente, la autoridad competente debe dictar resolución, sin que, en ningún caso el vencimiento de los plazos previstos a esos efectos le exima de su obligación de tal obligación.

### 1. Desistimiento. Renuncia

Todo interesado puede desistir de su petición o renunciar a su derecho. Si el escrito de petición se hubiere presentado por dos o más interesados, el desistimiento o la renuncia sólo afecta a aquellos que la hubieren formulado (artículo 86).

El desistimiento o la renuncia pueden formularse por escrito o verbalmente. En este último caso, el interesado debe comparecer ante el funcionario encargado de la instrucción del asunto, suscribiendo conjuntamente la respectiva diligencia (art. 87).

El artículo 88 dispone: "La Administración aceptará de plano el desistimiento o la renuncia y declarará concluido el procedimiento, salvo lo previsto en el artículo 86, o que se hubieren presentado en el mismo terceros interesados que insten a su continuación, en el plazo de diez días a contar de la vista que del desistimiento otorgará la Administración.

"Si la cuestión en trámite fuese de interés general, la Administración seguirá el procedimiento de oficio".

## 2. La Perención. Caducidad

Como observa Cestau[54], en muchas instituciones jurídicas ciertos efectos aparecen enlazados con el transcurso del tiempo, que influye sobre el nacimiento, modificación o extinción de situaciones jurídicas.

Como se ha expresado, en el caso del procedimiento administrativo uruguayo, el artículo 89 del Decreto 500/1991 prevé que, paralizado un trámite por causas imputables al interesado por un término de treinta días, la Administración debe intimar su comparecencia en un plazo prudencial, que fijará de acuerdo con la naturaleza del asunto. En caso omiso y no mediando causa debidamente justificada, la administración debe dejar la respectiva constancia y puede continuar el procedimiento hasta dictar resolución. Si el interesado comparece antes de que esta sea dictada, toma intervención en el estado en que el procedimiento se encuentre.

Cuando la inactividad del interesado impida continuar la sustanciación del expediente, vencidos los plazos referidos, la administración debe pronunciarse sin más trámite sobre el fondo del asunto, de acuerdo con los elementos de juicio que surjan en las actuaciones.

En relación con los supuestos de caducidad o prescripción[55], los mismos tienen recepción en el ámbito del derecho disciplinario, con las siguientes consideraciones:

a) No existen plazos generales para toda la materia sancionatoria, de prescripción de la falta, de la infracción y de la sanción administrativa, así como tampoco de la acción respectiva, o de caducidad del procedimiento sancionatorio, o de caducidad de la pretensión punitiva de la administración.

b) Existen soluciones especiales —en el ámbito de la administración Central— como es el caso de la prescripción de las faltas disciplinarias (arts. 172 del Decreto 500/1991 y 79 de la Ley 19.121[56]), el de clausura de la ins-

[54] Saúl D. Cestau, "De la prescripción", tomado de la *Revista El Derecho*, t. 18, núm. 74, 1939. Puede verse en http://documentos.aeu.org.uy/070/071-1-13-64.pdf

[55] Cristina Vázquez, *Extinción de las sanciones administrativas*, Guayaquil, FIDA, 2018.

[56] "Art. 172. Las faltas administrativas prescriben: a. cuando además constituyen delito, en el término de prescripción de ese delito; b. cuando no constituyen delito, a los seis años. El plazo de prescripción de la falta administrativa empieza a correr de la misma forma que

trucción de procedimientos disciplinarios (art. 212 del Decreto 500/1991 en la redacción dada por el Decreto 420/2007[57]), o el de la llamada caducidad de la pretensión punitiva de la Administración en materia disciplinaria (art. 78 de la Ley 19.121[58], reglamentado por el Decreto 222/2014 de 30 de julio).

c) El ordenamiento prevé otros supuestos de incidencia del tiempo en las situaciones jurídicas, en materia sancionatoria, invocadas por instancias técnicas de la administración, la doctrina y la jurisprudencia, por vía de analogía o de aplicación supletoria, como el artículo 38 del Código Tributario en materia de prescripción de contravenciones tributarias, o el artículo 118 del Código Penal de prescripción de las faltas penales, entre otras.

d) Los principios constitucionales de garantía de los derechos inherentes a la personalidad humana, como el de seguridad jurídica y el de debido procedimiento, entre otros, hacen inaceptable que cualquier persona pueda permanecer sujeta *sine die* a la potestad sancionatoria de la administración, por lo que la inexistencia de solución de prescripción de las faltas, infracciones y acciones correlativas, así como de caducidad del procedimiento o de la pretensión punitiva de la administración resultan absolutamente incompatibles con el Estado constitucional de derecho. A efectos de superar la objeción de ilegitimidad mencionada, es urgente e imprescindible proceder a regular en

---

el previsto para el de la prescripción de los delitos en el artículo 119 del Código Penal. La prescripción establecida en este artículo se suspende por la resolución que disponga una investigación administrativa o la instrucción de un sumario por la falta administrativa en cuestión".

[57] "Art. 212. Todo sumario e investigación administrativa deberá terminarse en el plazo de sesenta días corridos, contados desde aquél en que el funcionario instructor haya sido notificado de la resolución que lo ordena. En casos extraordinarios o circunstancias imprevistas, previa solicitud del funcionario instructor, el jerarca respectivo podrá prorrogar dicho plazo por un máximo de 60 días, sin perjuicio de lo dispuesto en el párrafo siguiente. Cualquier prórroga que supere el límite señalado precedentemente, será de exclusiva responsabilidad del jerarca que la hubiere concedido. Vencida esta, el sumariado podrá pedir la clausura de la instrucción del sumario, debiendo en tal caso la administración proceder de conformidad con los artículos 215 y siguientes hasta la culminación del procedimiento. La clausura de la instrucción no será de aplicación en el caso de funcionarios sometidos a la justicia penal" [art. 227 y ss. de este Decreto].

[58] Artículo 78. (Clausura). Los procedimientos se clausurarán si la administración no se pronuncia sobre el fondo del asunto en el plazo de dos años, contados a partir de la resolución que dispuso la instrucción del sumario. El cómputo del plazo referido se suspenderá: A) Por un término máximo de sesenta días, durante la tramitación de la ampliación o revisión sumarial. B) Por un plazo máximo de treinta días en cada caso, para recabar los dictámenes de la Fiscalía de Gobierno competente y de la Comisión Nacional del Servicio Civil cuando corresponda. C) Por un plazo máximo de noventa días durante el cual la Cámara de Senadores tiene a su consideración el pedido de venia constitucional para la destitución. Lo dispuesto en este artículo no será de aplicación en el caso de funcionarios sometidos a la justicia penal. Las disposiciones contenidas en el presente artículo, comenzarán a regir a partir de la vigencia de este Estatuto".

la materia. Esta regulación debería comenzar por precisar las nociones mismas de prescripción y caducidad, distinguiendo los supuestos de incidencia del tiempo en la falta o infracción, en la acción, en el procedimiento y en la sanción, a través de una convención de lenguaje que consulte la mejor teoría general desarrollada en torno a dichos conceptos.

e) En ausencia de previsiones expresas y en virtud de la necesidad de salvaguarda de los derechos fundamentales comprometidos, coincidimos con Martins[59] en que corresponde la aplicación de las normas del derecho penal en materia de faltas, en virtud de la analogía sustancial propia del único *jus puniendi* estatal y, siendo su plazo el más breve (seis meses), por aplicación del principio romano también citado por el autor, de *in dubio pro reo*. En definitiva, el Estado es quien, en su condición de regulador, tiene la potestad de poner fin a tal incertidumbre y es justo que soporte las consecuencias adversas por no hacerlo.

## 3. Decisión del procedimiento. El acto administrativo

El artículo 120 del Decreto 500/1991 define el acto administrativo como "toda manifestación de voluntad de la administración que produce efectos jurídicos" y distingue cuatro especies de este género: "Llámase reglamento, a las normas generales y abstractas creadas por acto administrativo. Llámase resolución a las normas particulares y concretas creadas por acto administrativo. Llámase disposición general, a las normas generales y concretas creadas por acto administrativo. Llámase reglamento singular, a las normas particulares y abstractas creadas por acto administrativo".

Los reglamentos, disposiciones generales y reglamentos singulares cuando han sido dictados por el poder ejecutivo reciben el nombre de decretos y si son dictados por los ministerios se denominarán ordenanzas (art. 121).

El artículo 123 desarrolla el principio de motivación de las decisiones[60]: "Todo acto administrativo deberá ser motivado, explicándose las razones de hecho y de derecho que lo fundamentan. No son admisibles fórmulas generales de fundamentación, sino que deberá hacerse una relación directa y concreta de los hechos del caso específico en resolución, exponiéndose además las razones que con referencia a él en particular justifican la decisión adoptada". Y el artículo 124 define la estructura del acto, describiendo los contenidos de sus partes expositiva y dispositiva.

[59] Daniel H. Martins, "El régimen jurídico de las sanciones administrativas en el Uruguay", en *Revista de Derecho y Tribunales,* núm. 15, Montevideo, 2011, págs. 11 y ss.

[60] Cristina Vázquez, "Motivación de la adjudicación contractual", en *Cuaderno 2 de Contratación Pública*, Montevideo, 2017.

Esta disposición reviste la máxima importancia en cuanto la motivación de los actos administrativos constituye verdadera piedra angular en la construcción de una administración garantista de los derechos de las personas. Creemos con Coviello y con el iusfilósofo español Igartúa Salaverría[61] que "[...] la motivación (suficiente) —en cuanto justificatoria de una decisión— es el santo y seña de cualquier proceder razonable, o sea la única garantía para proscribir la arbitrariedad. Nada menos".

## 4. Globalidad de la decisión (exhaustividad, con obligación de pronunciarse sobre todos los aspectos alegados y probados)

La decisión debe pronunciarse sobre todos los aspectos alegados y probados. Esta exigencia se relaciona con las cualidades que debe observar la motivación a que alude el antes citado artículo 123 del Decreto 500/1991.

La doctrina[62] y la jurisprudencia han señalado que la motivación debe ser suficiente (bastante, apta o idónea para explicar la decisión, dando razón del proceso lógico y jurídico que la ha determinado), congruente (coherente, lógica) y exacta (perfectamente adecuada, rigurosamente cierta o correcta, ajustada a lo verdadero, sin defecto ni exceso) y, en particular, debe pronunciarse en favor o en contra sobre las defensas alegadas por los interesados en el procedimiento, explicando la subsunción de la situación sobre la que se decide, en el supuesto de la norma aplicable.

En el mismo sentido, Real[63] señala que la motivación debe ser "congruente y exacta, y debe pronunciarse, en favor o en contra, sobre las defensas alegadas por los interesados en el procedimiento previo". La motivación no es suficiente cuando no da razón del proceso lógico y jurídico que ha determinado

[61] Juan Igartúa Salaverría, *Discrecionalidad técnica, motivación y control jurisdiccional*, Madrid, 1998, pág. 13, citado por Pedro J. J. Coviello, "La motivación del acto administrativo como medio de control judicial del ejercicio de las potestades discrecionales", en http://www.derecho.uba.ar/docentes/pdf/el-control-de-la-actividad-estatal/cae-coviello-motivacion.pdf

[62] Entre otros: Augusto Durán Martínez, "Motivación del acto administrativo y buena administración", en AA. VV., *Ética; Estado de Derecho; Buena Administración*, Montevideo, Universidad Católica del Uruguay, 2013, págs. 137 y ss.; Viviana Pérez Benech, "Motivación del acto administrativo: análisis de criterios jurisprudenciales y admisibilidad de su omisión alegando la reserva de las actuaciones", en *Revista de Derecho de la Universidad de Montevideo*, http://revistaderecho.um.edu.uy/wp-content/uploads/2012/12/Perez-Benech-Motivacion-del-acto-administrativo-Analisis-de-criterios-jurisprudenciales-y-admisiblidad-de-su-omision-alegando-la-reserva-de-las-actuaciones.pdf; Juan P. Cajarville, "Procedimiento administrativo común", en *Procedimiento administrativo*, Revista Uruguaya de Derecho Constitucional y Político, Serie Congresos y Conferencias, núm. 5, Montevideo, 1991, pág. 35.

[63] Alberto R. Real, "La fundamentación del acto administrativo", en *LJU*, tomo 80, Cita Online: UY/DOC/78/2009.

la decisión. No es congruente cuando no aparecen los motivos, las normas y razones, como premisas de donde se extrae lógicamente la conclusión. No es exacta cuando los fundamentos de Derecho no se corresponden con las normas invocadas o cuando los hechos considerados no son verdaderos.

## 5. Silencio administrativo. Efectos

Como se ha expresado en el apartado temático sobre el régimen de las peticiones y se dirá en el siguiente sobre recursos administrativos, las disposiciones que regulan tales institutos en el derecho uruguayo atribuyen al silencio administrativo el valor de una denegatoria ficta.

No obstante, algunas disposiciones del ordenamiento atribuyen al silencio administrativo valor positivo, configurando el llamado "*silencio positivo*". Un caso es el ya mencionado del artículo 111 del Decreto 500/1991, conforme al cual, si la administración no se expide sobre una solicitud de prórroga, en el plazo de tres días, dicha solicitud se reputa concedida.

Otro ejemplo es el artículo 18 de la antes citada Ley de Acceso a la Información Pública, 18.381, cuyo *nomen juris* es precisamente "Silencio positivo". Según este artículo, el interesado puede acceder a la información solicitada vencido el plazo de veinte días hábiles desde la presentación de la solicitud, si no ha mediado prórroga o vencida la misma no ha existido resolución expresa que se le haya notificado, considerándose falta grave la negativa de cualquier funcionario a proveérsela.

## 6. Los recursos en sede administrativa contra la decisión

El Título III de la Sección III del Libro I del Decreto 500/1991 desarrolla la normativa en relación con los recursos administrativos, recogiendo y complementando disposiciones constitucionales (art. 317) y legales (Leyes Orgánica del TCA 15.524 de 9 de enero de 1984, 15.869 de 22 de junio de 1987 y 17.292 de 25 de enero de 2001[64]).

[64] "Art. 40. Declárase, a los efectos establecidos por el numeral 20 del artículo 85 de la Constitución de la República, que el término de ciento veinte días previsto por el inciso primero de su artículo 318 solo es aplicable a los recursos de revocación y de reposición, incisos primero y cuarto del artículo 317 de la Constitución de la República, al decidir los cuales la «autoridad administrativa» resuelve recursos interpuestos «contra sus decisiones». Dicho término no rige para la resolución de los recursos jerárquicos de anulación y de apelación incisos segundo, tercero y cuarto del artículo 317 citado, los cuales tienen por objeto decisiones no adoptadas por los órganos que resuelven dichos recursos. Todo ello, sin perjuicio de la obligación de resolver los recursos administrativos cuya decisión le competa, que recae sobre todo órgano administrativo.

En cuanto a los recursos requeridos para agotar la vía administrativa, el artículo 142 del Decreto dispone que los actos administrativos, expresos o tácitos, pueden ser impugnados con el "recurso de revocación, ante el mismo órgano que los haya dictado", dentro de los diez días corridos y siguientes al de su notificación personal, si correspondiere, o de su publicación en el *Diario Oficial*[65]. "Cuando el acto administrativo haya sido dictado por un órgano sometido a jerarquía, podrá ser impugnado, además, con el recurso jerárquico para ante el jerarca máximo de dicho órgano, el que deberá interponerse conjuntamente y en forma subsidiaria al recurso de revocación. Cuando el acto administrativo haya sido dictado por el directorio o director general de un servicio descentralizado, podrá interponerse además, en forma conjunta y subsidiaria al de revocación, el recurso de anulación para ante el poder ejecutivo", el que debe fundarse en las mismas causas de nulidad previstas en el artículo 309 de la Constitución de la República[66]. "Cuando el

---

"Art. 41. Sustitúyense los artículos 5° y 6° de la Ley No. 15.869, de 22 de junio de 1987, por los siguientes:

"«Artículo 5°. A los ciento cincuenta días siguientes al de la interposición de los recursos de revocación o de reposición, a los doscientos días siguientes a la interposición conjunta de los recursos de revocación y jerárquico, de revocación y de anulación, o de reposición y apelación, y a los doscientos cincuenta días siguientes al de la interposición conjunta de los recursos de revocación, jerárquico y de anulación, si no se hubiere dictado resolución sobre el último recurso se tendrá por agotada la vía administrativa. [Las denominaciones "reposición" y "apelación" corresponden a los recursos ante los órganos de los Gobiernos Departamentales].

"»Artículo 6°. Vencido el plazo de ciento cincuenta días o el de doscientos, en su caso, se deberán franquear, automáticamente, los recursos subsidiariamente interpuestos, reputándose fictamente confirmado el acto impugnado. El vencimiento de los plazos a que refiere el inciso primero del presente artículo no exime al órgano competente para resolver el recurso de que se trate, de su obligación de dictar resolución sobre el mismo [artículo 318 de la Constitución de la República]. Si esta no se produjera dentro de los treinta días siguientes al vencimiento de los plazos previstos en el inciso primero, la omisión se tendrá como presunción simple a favor de la pretensión del actor, en el momento de dictarse sentencia por el Tribunal respecto de la acción de nulidad que aquél hubiere promovido".

[65] Si el acto administrativo no ha sido notificado personalmente (tratándose de actos subjetivos) ni publicado en el *Diario Oficial* (en caso de actos regla), según corresponda, el interesado puede recurrirlo en cualquier momento, según establece el artículo 142. A su vez, conforme al artículo 143, en ningún caso el conocimiento informal del acto por parte del interesado suple a la notificación personal o a la publicación en el *Diario Oficial*, por lo que no hace correr el cómputo del plazo para recurrir, sin perjuicio de lo cual el interesado, si lo estima del caso, puede ejercitar sus defensas jurídicas dándose por notificado.

[66] El Tribunal de lo Contencioso Administrativo conocerá de las demandas de nulidad de actos administrativos definitivos, cumplidos por la administración, en el ejercicio de sus funciones, contrarios a una regla de derecho o con desviación de poder. La jurisdicción del Tribunal comprenderá también los actos administrativos definitivos emanados de los demás órganos

acto administrativo haya sido dictado por un órgano sometido a jerarquía en un servicio descentralizado, podrán interponerse, además, en forma conjunta y sucesivamente subsidiaria al de revocación, el recurso jerárquico para ante el directorio o director general y el recurso de anulación para ante el poder ejecutivo" (conforme a los artículos 317 de la Carta y 4° de la Ley 15.869).

La referencia al artículo 309 de la Constitución indica que, mientras los recursos de revocación y jerárquico pueden fundarse en razones de juridicidad o mérito (oportunidad y conveniencia), el recurso de anulación debe fundarse en que dicho acto es contrario a una regla de derecho o implica desviación, abuso o exceso de poder. Como surge del artículo 155 del Decreto 500/1991, la fundamentación del recurso constituye un derecho del recurrente, que puede cumplir posteriormente a la interposición, en cualquier momento, mientras el asunto esté pendiente de resolución.

El plazo de diez días corridos para la interposición de los recursos administrativos se suspende durante las ferias judiciales y la Semana de Turismo, y si vence el día feriado se extiende al día hábil inmediato siguiente (Ley 15.869, art. 10).

La administración esta obligada a resolver los recursos administrativos dentro del plazo de ciento veinte días que se suman a los treinta días para la instrucción del asunto. En caso de silencio, el recurso se entiende rechazado (denegatoria ficta). Este plazo de ciento veinte días se cuenta por días corridos y se computa sin interrupción; se suspende durante la Semana de Turismo y si vence en día feriado se extiende al día hábil inmediato siguiente. En ningún caso el vencimiento de los plazos exime al órgano competente de su obligación de dictar resolución (arts. 318 de la Constitución y 6° y 10 de la Ley 15.869).

Si los órganos competentes no resuelven los recursos seguidos de subsidiario dentro de los sesenta días siguientes a aquel en que se configuró la denegatoria ficta, la omisión se tiene como presunción simple a favor de la pretensión del administrado en el momento de dictarse sentencia por el Tribunal de lo Contencioso Administrativo, para el caso que se promoviere acción de nulidad (Ley 15.869, art. 6°).

Si la resolución expresa del único o del último recurso correspondiente interpuesto es notificada personalmente al recurrente o publicada en el *Diario Oficial*, según sea procedente, antes del vencimiento del plazo total que en cada caso corresponda, la vía administrativa queda agotada en la fecha de la notificación o de la publicación (Ley 15.869, art. 7°).

---

del Estado, de los gobiernos departamentales, de los entes autónomos y de los servicios descentralizados. La acción de nulidad solo podrá ejercitarse por el titular de un derecho o de un interés directo, personal y legítimo, violado o lesionado por el acto administrativo".

Como resulta de la Constitución y expresa el artículo 152 del Decreto 500/1991, para la interposición de recursos administrativos basta la titularidad de un interés simple (personas que se consideren directamente lesionadas en sus derechos o intereses por el acto impugnado).

Los escritos en que se interponen recursos administrativos y los demás que se presentan durante su tramitación llevan firma letrada (art. 37 del Decreto-ley Orgánico del TCA Nº 15.524).

El recurrente dispone de un plazo de diez días hábiles a contar del siguiente a la recepción por la administración, para comparecer en la oficina a efectos de subsanar la omisión de requisitos formales de la presentación (Decreto 500/1991, art. 157).

# VENEZUELA

# EL PROCEDIMIENTO ADMINISTRATIVO EN VENEZUELA

ARMANDO RODRÍGUEZ GARCÍA*

## INTRODUCCIÓN

Este estudio, que se reduce a proponer un registro fundamentalmente descriptivo de los aspectos generales que presenta la institución del procedimiento administrativo en Venezuela obedece, en un sentido inmediato, a dar respuesta a la amable invitación formulada por los Profesores LIBARDO RODRÍGUEZ y ALLAN BREWER-CARÍAS, y con ello, contribuir con la estupenda iniciativa adelantada por el Instituto Internacional de Derecho Administrativo (IIDA) que se encamina a ofrecer una visión de derecho comparado sobre una categoría característica de nuestra disciplina.

A tal efecto, comenzamos por recordar que entendemos el procedimiento administrativo, en general, como un factor esencial y necesario dentro de la función administrativa del Estado, al igual que forma parte de la gestión administrativa de cualquier tipo, en tanto consiste en la fórmula lógica en que se agrupan los diferentes pasos requeridos para la construcción, expresión y aplicación de las decisiones que corresponde tomar a los agentes encargados de cumplir las tareas administrativas de diferente índole. De este modo, la idea básica y preliminar de procedimiento se contrae a ese protocolo necesario, contentivo de actuaciones estructuradas de manera secuencial, dispuestas así para arribar a la producción de una determinada decisión que, como consecuencia de su adecuado cumplimiento, viene a ser la expresión fidedigna de la voluntad del sujeto actor.

Apelando inicialmente a los datos que nos aporta el lenguaje tenemos que el vocablo *procedimiento* remite a los significados de "acción de proceder" o "método de ejecutar una cosa". Pero, adicionalmente —y como una acepción técnica propia del Derecho— se atribuye a la misma voz, el significado de "actuaciones por trámites judiciales o administrativos"[1]. Siguiendo la remisión

* Profesor de la Universidad Central de Venezuela (UCV), Director de Postgrado en Ciencias Jurídicas y Políticas (UCV), Miembro fundador del Instituto Internacional de Derecho Administrativo (IIDA).

[1] Real Academia Española: Diccionario de la Lengua Española. Vigésima Primera edición: Madrid, 1992. Pág1671.

contenida en la primera de las acepciones registradas ("acción de proceder"), encontramos que el término "proceder" admite, a su vez, varios significados, dentro de los cuales destacamos a los efectos de nuestro interés inmediato, en primer lugar —como verbo intransitivo— "ir en realidad o figuradamente algunas personas o cosas unas tras otras guardando cierto orden", luego, otra acepción se expresa como "obtenerse, nacer u originarse una cosa de otra, física o moralmente"[2].

En consecuencia, se puede admitir sin dificultad, que toda decisión, todo acto volitivo, es el resultado de un proceso de construcción, de un cauce o *procedimiento* —en tanto *acción de proceder*—, de una prosecución lineal de elementos que le anteceden, los cuales se conjugan siguiendo un orden, para lograr el producto definitivo, lo que alcanza por igual a la conducta que observan tanto las personas físicas como las organizaciones, tal como sucede con la administración pública. Es claro que, en el caso de las personas naturales, la mera manifestación de voluntad recoge, en un solo acto, todo el proceso de construcción de esa decisión, sin necesidad de exteriorizarlo, pues hay una imputación implícita al camino seguido para decidir, con lo cual, ese proceso no resulta destacable; sin embargo, en el supuesto de las organizaciones el asunto es diferente, pues la verificación de la forma en que construye la decisión se erige como un dato relevante para dotar de verosimilitud a lo decidido y con ello, admitir su adecuada imputación al sujeto que lo expresa.

De este modo, el tema del procedimiento empleado para construir decisiones, en el espectro de la gestión administrativa, adquiere una dimensión que sobrepasa los lineamientos meramente técnicos y se inscribe inexcusablemente en el campo jurídico, lo que, en lo atinente a la función administrativa del Estado ocupa, adicionalmente, una posición más destacada aún, en razón de la presencia del Estado de derecho como marco de actuación ineludible para todas las manifestaciones de ejercicio del poder público y en particular, por la vigencia del principio de legalidad, como singular pauta de actuación para la administración pública, al tiempo que se presenta como un elemento estratégico tanto en la vertebración doctrinaria, como en la elaboración normativa y en la aplicación práctica del derecho administrativo que la rige. En efecto, con la aparición de la noción de Estado de derecho, y con el advenimiento del constitucionalismo, todas las funciones del Estado, sin excepción, quedan sujetas a procedimiento, hablando en términos jurídico formales. Tal como afirma el Profesor ANTONIO MOLES, [...] En el Estado de régimen constitucional, todas las funciones están procedimentadas; es decir, sujetas a un procedimiento. Así, existe el procedimiento legislativo [...] de la misma manera existió

[2] *Ibidem*, pág. 1670.

desde hace largo tiempo el procedimiento judicial o jurisdiccional, como más recientemente existe también el procedimiento administrativo"[3].

"Por cuanto se trata de un asunto eminentemente formal, en tanto se centra en la determinación de los cauces que debe seguir la Administración pública como tarea preparatoria para poder alcanzar válidamente la producción de sus decisiones —lo que atrae un importante contingente de efectos jurídicos—, las normas regulatorias del procedimiento administrativo resultan ser un dato esencial y un punto de referencia primario para el conocimiento y la adecuada comprensión del sistema positivo concreto en el cual se inserta esa categoría, a partir de lo cual se abre la posibilidad de aplicar el método de análisis comparado".

En ese sentido resulta oportuno precisar que si bien se hace referencia a la figura del procedimiento administrativo, en singular, como una categoría única, este se manifiesta siempre mediante una pluralidad de expresiones concretas, es decir, a través de una gama más o menos amplia, pero en todo caso diversa, de procedimientos específicos que atienden a la finalidad concreta para la cual existen, confirmándose de esta forma la naturaleza esencialmente instrumental de la institución, por lo cual, su diseño debe conjugar componentes de eficiencia junto con la preservación de los principios de orden jurídico, como son la seguridad y certeza, la preservación del cumplimiento de objetivos de interés general, y junto a ello, el debido respeto a los derechos y las situaciones atinentes a los sujetos involucrados.

En resumen, la regulación normativa viene a ser el criterio de referencia básico y fundamental para la existencia del procedimiento administrativo. Aun cuando se trata de una noción instrumental, esencialmente técnica en su naturaleza y en su aplicación práctica, su existencia no se agota en la fórmula instrumental automática, pues la gestión implica un ejercicio racional que comporta apreciación, ponderación e interpretación que no puede reducirse a respuestas mecánicas o actos reflejos, carentes de evaluación de las circunstancias presentes en cada caso.

## 1. Legislación reguladora del procedimiento administrativo. Breve reseña histórica

### A) *La Ley Orgánica de Procedimientos Administrativos. Sus antecedentes y su papel central*

Partiendo del carácter fundamental que ostenta el factor de la normativa de rango legal en todo lo relativo al procedimiento administrativo, es indudable

[3] Véase Antonio Moles Caubet, "Introducción al procedimiento administrativo", en *El procedimiento administrativo.* Colección Archivo de Derecho Público y Ciencias de la Administración, vol. IV (1980-1981), Caracas, Instituto de Derecho Público, Universidad Central de Venezuela, 1983, pág. 15.

que, en el caso venezolano, el hito determinante en este sentido se encuentra en la Ley Orgánica de Procedimientos Administrativos de 1981[4], que identificamos coloquial y abreviadamente como LOPA, en los ambientes forense y académico.

Sin lugar a dudas este cuerpo legal marca una línea divisoria clara y definida en cuanto a la institución del procedimiento administrativo en Venezuela, por ser la primera ley —y hasta el momento, en una única versión, sin modificaciones— dispuesta total y específicamente para regular este asunto; pero además, es un ejemplo histórico en la legislación venezolana, por su alcance formal y por sus efectos jurídico-institucionales y prácticos, al punto que, luego de cuarenta años de vigencia, se mantiene como la referencia normativa general y básica de primer orden en la materia, al tiempo que se ha instalado progresivamente como una herramienta pedagógica singularmente útil en la actividad docente.

La aparición de la Ley Orgánica de Procedimientos Administrativos se produce luego de un prolongado período en el que se insistió en la necesidad de su existencia, como parte del ordenamiento jurídico positivo que exhibe una nueva y actualizada plataforma, a partir de la Constitución promulgada el 23 de enero de 1961, como una de las expresiones inaugurales de la etapa de mayor estabilidad democrática y proyección de vigencia del Estado de derecho que registra la historia de este país.

Aunque con anterioridad a la vigencia de la Ley Orgánica de Procedimientos Administrativos, se contaba con diversos textos legales que contenían regulaciones procedimentales específicas, cabe destacar la tarea adelantada por los órganos jurisdiccionales en la construcción de criterios generales y de verdaderos principios relativos a la presencia del procedimiento administrativo como pauta y requisito formal para la validez de las decisiones de la administración, como una forma de asegurar la aplicación del principio de legalidad.

Así lo puso de relieve Brewer, cuando instaló, tempranamente, el empleo sistemático de la referencia y el análisis jurisprudencial como herramienta metodológica en la enseñanza del derecho administrativo. En efecto, para el año 1963, indicaba el autor que "[...] La Corte Suprema de Justicia ha señalado que, mediando en un asunto la intervención del Estado, su manifestación de voluntad debe expresarse dentro de un proceso formativo que se desarrolla de acuerdo con la ley y con fundamento en la observancia de ciertas formalidades por parte de quien pueda cumplirlas en ejercicio de la función pública [...] Según este principio, no podrá haber manifestación legítima de voluntad cuando

[4] Publicada en Gaceta Oficial 2.818 Extraordinario de fecha 1° de julio de 1981. Vigente a partir de 1° de enero de 1982, por disposición de la propia ley (art. 108: "La presente Ley entrará en vigencia seis (6) meses después de su publicación en la Gaceta Oficial de la República de Venezuela").

dejan de cumplirse las formalidades requeridas, o cuando se han cumplido de manera irregular o distinta, porque la manifestación así emitida no responde a la verdadera voluntad de la administración", por lo todo lo cual, a renglón seguido, el profesor Brewer-Carías estimó oportuno precisar, que "[...] El proceso de formación de la manifestación de voluntad constituye lo que se ha llamado el procedimiento constitutivo del acto administrativo"[5].

Con base en esta y otras referencias que, para la época, pusieron de manifiesto la importancia y la necesidad de contar con un anclaje normativo formal de rango legal y de carácter general en materia de procedimientos administrativos, y luego de diversos planteamientos que describen recorridos más o menos extensos y azarosos, sin lograr alcanzar el objetivo final, se dicta la mencionada Ley Orgánica de Procedimientos Administrativos, con fundamento en lo que disponía el artículo 136 numeral 24 de la Constitución vigente para el momento, el cual atribuía a "la competencia del Poder Nacional, [...] (24) [...] la legislación de procedimientos". De allí deviene el doble carácter de reserva legal y la categoría de garantía que imprime singular importancia al tema del procedimiento administrativo.

En efecto, el arribo de la Ley Orgánica de Procedimientos Administrativos en Venezuela estuvo precedido de un prolongado y sostenido trayecto, marcado por diversas propuestas que destacan dentro del ambiente de permanente reclamo por la carencia de esa Ley, que se fue construyendo, primordialmente en el entorno académico.

En este sentido destaca, en primer término, el Proyecto de Ley de Procedimiento Administrativo redactado por el profesor Tomás Polanco Alcántara por encargo de la Comisión de Administración Pública, en el año 1963, que fue publicado en ese mismo año, en la Revista del Colegio de Abogados del Distrito Federal[6] . Este proyecto consta de 175 artículos distribuidos en dos Títulos, además de dos disposiciones preliminares y una disposición transitoria. En su contenido se aborda lo que denomina "Procedimientos administrativos no contenciosos" (Título I) para regular lo relacionado con los asuntos vinculados a los procedimientos internos, los que se agotan dentro de la esfera de actuación de la administración: competencia, abstenciones y recusaciones, interesados, actuaciones administrativas, eficiencia de los actos administrativos, nulidad y anulabilidad, términos y plazos, publicidad de los expedientes, procedimiento (iniciación e impulso, notificaciones, consultas internas, pruebas y acceso al expediente, resolución del asunto, notificación, ejecución y

[5] Véase Allan-Randolph Brewer Carías. *Las instituciones fundamentales del derecho administrativo y la jurisprudencia venezolana,* Caracas, Universidad Central de Venezuela, Publicaciones de la Facultad de Derecho. Colección Tesis de Doctorado, vol. iv, 1964, pág. 101.

[6] *Revista del Colegio de Abogados del Distrito Federal*, Caracas, año XXV, núms. 125-126, junio-diciembre 1963.

revisión —recursos—, procedimientos previos a las acciones judiciales contra la República). El Título II de este proyecto está destinado a cubrir lo relativo al "procedimiento contencioso administrativo" mediante la regulación de diversos aspectos propios de la materia, como son: el sentido y alcance general de la jurisdicción contencioso-administrativa, los órganos que la integran, las partes, los actos impugnables, el procedimiento ordinario, la primera y la segunda instancia y, finalmente, el contencioso fiscal.

Luego, en el año 1965, se hace presente un "Anteproyecto de Ley de Procedimiento Administrativo", elaborado por los Profesores Sebastián Martín Retortillo, Francisco Rubio Llorente y Allan R. Brewer-Carías para el Ministerio de Justicia, por encargo de su Consultoría Jurídica.

Esta propuesta tiene más amplio alcance, pues, además de su texto articulado, aporta una exposición de motivos y las reflexiones vertidas en la comunicación por la cual sus autores remiten al Despacho ministerial el resultado del encargo recibido, lo que permite abundar, no solamente en el sentido dado a la propuesta concreta, sino percibir, de alguna manera, el ambiente que para aquel momento inspiraba la aproximación a la temática propia del procedimiento administrativo y la necesidad de su tratamiento legal, considerando su entidad y trascendencia como poderosa herramienta para la afirmación efectiva de los postulados del Estado de derecho.

El texto articulado del Anteproyecto se compone de 112 artículos organizados en cuatro Títulos (I. Disposiciones generales; II. Del procedimiento administrativo; III. Revisión de los actos en vía administrativa, y IV. Del procedimiento administrativo previo a las demandas contra la República) en los cuales se transitan los temas relativos a los actos administrativos, determinando su sujeción a la legalidad y a las disposiciones de carácter general, el requisito de motivación, los supuestos de nulidad y sus consecuencias; la competencia de los órganos administrativos y las asociadas a su titularidad y ejercicio; las pautas para recepción y trámite de documentos, las pautas relativas a los términos y plazos para las actuaciones administrativas y la determinación de la cualidad de interesados frente a la administración; el procedimiento administrativo ordinario mediante la identificación de sus fases de iniciación, sustanciación y terminación, las reglas relativas a la notificación y publicación de los actos, así como a la ejecución de los mismos; el procedimiento de revisión de los actos en vía administrativa, mediante la modalidad de procedimiento de oficio y la fórmula de iniciativa de parte mediante los recursos administrativos, distinguiéndose entre los supuestos de recurso jerárquico, recurso de reconsideración y recurso de revisión. Finalmente, se regula de manera separada el procedimiento que con carácter obligatorio debe cumplirse como requisito previo a la interposición de acciones de contenido patrimonial contra la República.

Como puede observarse, la diferencia fundamental entre esta propuesta y la referida anteriormente, se centra en el alcance que se asigna al instrumento normativo, siendo que en el primero se incluye la regulación del proceso jurisdiccional de control de la actividad administrativa que identifica como procedimiento contencioso administrativo), en tanto el consignado en 1965 se concentra en la regulación de los procedimientos que se realizan en sede administrativa.

Luego, en 1971, tomando como antecedentes los textos antes mencionados, la Comisión de Administración Pública elabora un "Proyecto de Ley de Procedimientos Administrativos". Ese texto se despliega en 116 artículos organizados en cinco Títulos (I. Disposiciones fundamentales; II. De la actuación administrativa; III. Del procedimiento administrativo; IV. De la revisión de los actos en vía administrativa, y V. Disposiciones transitorias y finales), en los cuales se regulan los principios fundamentales de la actuación administrativa partiendo de la sujeción a la legalidad, la responsabilidad personal de los funcionarios por la debida tramitación de los asuntos que les compete y los correlativos derechos de los interesados para reclamar la resolución debida de los asuntos planteados, la impugnación de los que estime contrarios a derecho y la responsabilidad por el incumplimiento. En términos expresos se postulan los principios de economía, celeridad y eficiencia como pautas de la conducta debida por la Administración, al igual que la racionalización de los trabajos burocráticos, la normalización y racionalización de los expedientes como pauta de simplificación que debe mantenerse en forma permanente. Dentro de ese marco general se establecen regulaciones sobre el acto administrativo, la recepción de documentos, las inhibiciones y recusaciones, los términos y plazos, el procedimiento ordinario con sus fases de inicio, sustanciación y terminación, el supuesto de procedimiento sumario, la publicación o notificación y ejecución de lo decidido; la revisión de los actos, de oficio y mediante recurso jerárquico, de reconsideración o de revisión, a lo que se añaden disposiciones transitorias y finales para establecer fórmulas de puesta en práctica de los postulados propuestos.

Sobre este Proyecto, que se publicó como parte del *Informe sobre la Reforma de la administración pública* (tomo II, págs. 505-524) vale destacar el sesgo que impone la perspectiva integral de funcionamiento de la administración pública que deriva claramente de su origen, es decir, de la visión marcada por el enfoque natural que le impone la Comisión de Administración Pública, en tanto organismo encargado del abordaje global de los asuntos propios de la estructura y la función administrativa del Estado, lo que se hace presente aún cuando deban tratarse cuestiones puntuales o de carácter específico.

Posteriormente, en 1976, la Comisión de Reforma Integral de la Administración Pública produce un "Proyecto de Ley Orgánica de Procedimientos

Administrativos", que presenta a la consideración del Ejecutivo Nacional, sin que llegue a tener acceso a la consideración parlamentaria, al igual que sucedió con los anteriores proyectos.

En este caso el texto, compuesto por 111 artículos, mantiene, en líneas generales, el formato del proyecto anterior; sin embargo, en esta oportunidad se destaca el empleo de calificativo de orgánica que se le asigna a la propuesta de ley, lo que le impone a su contenido un grado de jerarquía normativa superior respecto de las disposiciones reguladoras de los asuntos alcanzados por este texto, que pudieran estar contemplados en leyes ordinarias.

Así, este proyecto mantuvo la estructura de cinco títulos para tratar las materias en forma similar al anterior (I. Disposiciones fundamentales; II. De la actuación administrativa; III. Del procedimiento administrativo; IV. De la revisión de los actos en vía administrativa, y V. Disposiciones transitorias y finales), con la incorporación de algunos detalles o precisiones regulatorias, como sucede con la determinación del contenido formal de los actos administrativos que trae el artículo 19. Pero también se incluyen disposiciones de mayor calado conceptual, como es la previsión del amparo constitucional frente a los actos administrativos afectados de nulidad absoluta, lo que se propone regular como una disposición transitoria, en espera de la aparición de una ley de la jurisdicción contencioso administrativa, mediante un proceso planteado ante el juez de Primera instancia en lo civil, con competencia territorial en el lugar donde se pretenda ejecutar el acto o donde tenga su asiento la autoridad que lo dictó.

Dos años más tarde, en marzo de 1978, el ministro de Justicia remite al presidente de la Cámara de Diputados del Congreso, a los efectos de la consideración de esa Cámara parlamentaria, un "Proyecto de Ley Orgánica de Procedimientos Administrativos". Como dato significativo se destaca el hecho de ser el primero de los distintos proyectos elaborados que alcanza a llegar a la instancia parlamentaria para su debida tramitación, lo que marca un paso más en un prolongado tránsito que recoge una tendencia de progresión sostenida y acumulativa hacia la consecución del texto legal con carácter general que se pretende obtener desde tiempo atrás, y así se destaca en el párrafo introductorio de la exposición de motivos que acompaña al texto articulado del Proyecto, donde se indica que el mismo toma como modelo o base el contenido de las distintas propuestas que se hicieron con anterioridad.

El proyecto consta de seis Títulos (I. Disposiciones fundamentales; II. De la actuación administrativa; III. Del procedimiento administrativo; IV. De la revisión de los actos en vía administrativa; V. De las sanciones, y VI. Disposiciones transitorias y finales) con un total de 125 artículos en los que se regulan los temas tratados en el proyecto anterior, salvo el supuesto de acción de amparo contra actos administrativos impugnados por nulidad absoluta, que no se considera en este texto y, en cambio, aparecen un conjunto de disposiciones (Título V), dirigidas a regular posibles infracciones de los particulares y sanciones a los funcionarios por diferentes supuestos de infracción a los deberes inherentes al cargo con motivo de los supuestos contemplados en el proyecto.

Durante un prolongado proceso parlamentario, el proyecto recibe modificaciones diversas, es aprobado por la Cámara de Diputados y remitido al Senado para su aprobación definitiva, por lo que recibe la correspondiente sanción el día 8 de diciembre de 1980, y se remite al Poder Ejecutivo para su promulgación; sin embargo, el presidente de la República, en Consejo de Ministros, le formula observaciones a la ley y la devuelve al Congreso para su consideración. Todo ello concluye con la sanción definitiva de la Ley Orgánica de Procedimientos Administrativos, por el Congreso de la República, en fecha 7 de mayo de 1981, su promulgación por el Ejecutivo Nacional y su publicación en *Gaceta Oficial* (núm. extraordinario 2818) el 1° de julio de 1981, siendo que, por efecto de lo dispuesto en su artículo 108, entré en vigencia seis meses después de su publicación, es decir, el 1° de enero de 1982.

La Ley Orgánica de Procedimientos Administrativos, finalmente sancionada, promulgada y vigente, se estructura mediante 108 artículos dispuestos en seis (6) Títulos (I. Disposiciones fundamentales; II. De la actividad administrativa; III. Del procedimiento administrativo; IV. De la revisión de los actos en vía administrativa; V. De las sanciones, y VI. Disposiciones transitorias)[7].

Un elemento digno de ser subrayado en este tema es el relativo a la presencia relevante, constante y sostenida que tuvo el enfoque técnico-jurídico en todas las propuestas formuladas, lo que pone de manifiesto la preeminencia del pensamiento científico, de la reflexión académica y su adecuada valoración frente al cálculo político, durante la prolongada andadura que condujo a la definitiva aparición de esta ley, así como en su contenido, lo que no la ha hecho inmune a las controversias, pero en todo caso, centradas en las apreciaciones fundamentadas en razonamientos de orden técnico.

En efecto, tal como se desprende de la secuencia que hemos consignado en líneas anteriores, en la que se registra el tránsito operado para alcanzar la aprobación de una Ley general de procedimientos administrativos (lo que resultó en la Ley Orgánica de Procedimientos Administrativos), se pone

[7] El texto de la Ley, así como los textos que corresponden a todos los proyectos que la anteceden, a los que hemos aludido, se encuentran recogidos en la obra *El procedimiento administrativo,* Colección Archivo de Derecho Público y Ciencias de la Administración, vol. IV (1980-1981), Caracas, Instituto de Derecho Público, Universidad Central de Venezuela, 1983. Esta obra también es accesible en formato digital de acceso libre, en: derechoadministrativoucv.com.ve, por alianza entre el Centro para la Investigación y el Derecho Público (CIDEP), el Instituto de Derecho Público UCV, y la Especialización en Derecho Administrativo UCV.

de manifiesto que su existencia es, en definitiva, un ejemplo —ciertamente poco usual en la experiencia venezolana—, de lo que implica la construcción científica de un texto legal, con el debido registro de los diversos eventos que se fueron sumando como fases de una andadura inserta en la dinámica de la sociedad y en continua sintonía con la evolución del pensamiento jurídico administrativo comparado sobre el asunto, para arribar a una decisión montada sobre un enfoque efectivamente colectivo y pluralista, con aciertos y con fallas que traen consigo fortalezas y debilidades, como es lógico, pero con un saldo global que, luego de cuatro décadas de vigencia, arroja un balance ciertamente positivo, desde cualquiera de los ángulos de observación empleados para la producción de un escrutinio valorativo.

Esta Ley Orgánica opera, entonces, como un cuerpo integral de dispositivos comunes, de carácter general y uniforme, previstos para regir la actividad de todas las formas de administración del Estado venezolano (central o directa, descentralizada o indirecta, nacional, estadal y municipal), por lo que, en su contenido, se despliegan las regulaciones fundamentales y los aspectos de principios aplicables a los procedimientos administrativos en general.

A nuestro juicio, ese dato pone de relieve uno de los valores más trascendentes de esta Ley, que apunta a destacar sus efectos prácticos, centrados en la utilidad jurídica y operativa que representa la concentración sistematizada de las pautas normativas que se consagran en su articulado, con un rango formal superior (ley orgánica); sin embargo, debe tenerse presente que su contenido no agota el espectro de la plataforma legal en materia de procedimientos administrativos.

En efecto, atendiendo a la variedad de asuntos que comprende la función administrativa como una de sus más significativas marcas de identidad, aparecen normas aplicables a distintos procedimientos administrativos, esto es, a la tramitación de asuntos de diversa índole, que responden a la naturaleza de tales asuntos, y se van incorporando en distintos textos legales que registran datas anteriores o posteriores a la vigencia de la Ley Orgánica de Procedimientos Administrativos.

En este sentido se encuentran múltiples disposiciones legales con vigencia muy anterior a esta Ley Orgánica, contentivas de regulaciones más o menos extensas y precisas sobre los procedimientos administrativos que se deben seguir en diversos temas, dentro de los cuales se mencionan, a título de ejemplo, la naturalización de extranjeros, expropiación, registro, contratos celebrados por la administración, inspección, vigilancia y control de instituciones bancarias, construcción de obras y edificaciones urbanas, actividades sujetas a control sanitario, reuniones públicas, circulación, propiedad industrial, reforma agraria, tributación, control fiscal, procedimientos previos a demandas contra la República, etc., muchos de los cuales se encuentran referidos, de manera directa o indirecta, en las primeras obras dedicadas al derecho administrativo en el país[8].

Pero de otra parte, también se van incorporando al elenco de leyes reguladoras de los procedimientos administrativos en Venezuela algunos textos con marcada orientación hacia ese objetivo de fijar pautas de carácter uniforme y general. Por lo tanto, se trata de textos legales que apuntalan, refuerzan o complementan el marco de dispositivos comunes comenzó por instalar la Ley Orgánica de Procedimientos Administrativos, y se encuentran contenidos en ella como un referente central, siendo que esas otras leyes aparecen reafirmando o complementando el contenido, alcance y enfoque de aquella, por lo que pasan a configurar, en su conjunto, una plataforma legal integral en la materia.

B) *Otras fuentes legales de carácter general*

Bajo este acápite procede mencionar, en primer término, la Ley Orgánica de la Administración Pública, dictada inicialmente en 2001, y reformada en diversas ocasiones mediante el empleo —ciertamente inadecuado y abusivo— de la figura del decreto-ley dictado por el presidente de la República, cuya última versión es la que se publica en *Gaceta Oficial* 6.147 Extraordinario de 17 de noviembre de 2014.

En este cuerpo normativo con rango de ley, dirigido a regular la estructura y funcionamiento de la administración pública se incorporan disposiciones de carácter principista que, por tal motivo, resultan de aplicación general y funcionan como un referente uniforme para la actuación de los distintos entes y órganos encargados del desempeño de la función administrativa del Estado, lo que, desde luego, incide en diversos aspectos relativos a los procedimientos administrativos, tal como veremos en forma detallada más adelante.

En una línea consistente, que incluye abusiva e infundadamente la figura del decreto-ley para reforzar la concentración de poder en el ejecutivo, desplazando la presencia de la representación popular, se dictan normas con rango de ley (pero emanadas del poder ejecutivo, es decir sin la forma ni el soporte legítimo de la ley), sobre simplificación de trámites administrativos. Tales normas aparecen, por primera vez, mediante el decreto 368, que aparece publicado en *Gaceta Oficial* (núm. 5393 Extraordinario de 22 de octubre de 1999[9]). En

[8] Al respecto pueden verse, fundamentalmente: J. M. Hernández Ron, *Tratado elemental de derecho administrativo*, 2 ts., Caracas, Editorial Las Novedades, C.A., 1944; Tomás Polanco Alcántara, *Derecho administrativo especial*, publicado originalmente en 1959 dentro de la Colección Cursos de Derecho, por la Facultad de Derecho, Caracas, Universidad Central de Venezuela, y mas recientemente por la Editorial Jurídica Venezolana, 2012.

[9] Publicado luego como *reimpresión por errores materiales* en Gaceta Oficial 36.845 de 7 de diciembre de 1999.

una segunda oportunidad se reiteran las mismas normas, prácticamente sin modificación, mediante el decreto 6.265 de 22 de julio de 2008, que apareció anunciado en el *Sumario* de la *Gaceta Oficial* de la República Bolivariana de Venezuela 38.984 de 31 de julio de 2008, junto con otros veinticinco decretos-leyes dictados en ejecución de la misma Ley Habilitante; sin embargo, no se recogía el texto de tal decreto-ley en aquella edición de la *Gaceta Oficial* (dicho sumario remitía a otros ejemplares de la Gaceta que salieron a la calle, efectivamente, con posterioridad a la fecha de ese día, donde se indica que este decreto-ley se publica en la *Gaceta Oficial* 5.891 Extraordinario). Más recientemente aparece el decreto-ley 1.423 por el que se dictan normas sobre simplificación de trámites administrativos, que se publica en la *Gaceta Oficial* (núm. ext. 6.149 de 18 de noviembre de 2014) que —reincidiendo en lo que parece más un ritual de obligatoria observancia que una situación excepcional— vuelve a aparecer *reimpreso por error*, en la *Gaceta Oficial* 40.549 de 26 de noviembre de 2014.

Estos textos se alinean en lo que podemos calificar como una constante clínica dentro del tema del procedimiento administrativo, que aparece con fuerza e intensidad, en el derecho comparado hacia el último cuarto del siglo pasado. Se trata de una búsqueda generalizada por niveles más elevados de eficacia en la gestión administrativa, al tiempo que se persigue mejorar la posición de los destinatarios de esa gestión en el espacio del procedimiento dentro de los diversos escenarios que dibuja la relación jurídico administrativa, en tanto se propende lograr una cierta disminución de las cargas que le corresponden en las tramitaciones, junto a la reducción de pasos y de tiempos para la producción de los objetivos de la decisión a los que apunta cada procedimiento en particular.

En síntesis, en este caso se trata de insertar en la plataforma legal sobre la materia algunas fórmulas que permitan hacer más simples los procedimientos, en beneficio del administrado y de la propia administración actora, sin restar con ello a las exigencias de objetividad, imparcialidad, certeza y seguridad necesarias para el respeto a la garantía individual y al principio de legalidad. Esa tendencia que ha estado presente en forma generalizada en el espectro jurídico administrativo occidental, también ha sido un punto de interés referencial para la realidad venezolana, con sus particulares expresiones, dentro de las cuales destacan estos dos actos del mismo origen institucional, con idéntico objetivo y similar contenido, producidos con casi una década de diferencia, por lo que vienen a ser la manifestación formal más llamativa e importante —aunque no por ello la más eficiente, si se atiende a los resultados producidos en la práctica— sobre la técnica de simplificación de trámites administrativos planteada en el país, a partir de la vigencia de la Ley Orgánica de Procedimientos Administrativos.

Haciendo abstracción de la apreciación que objetivamente, y partiendo de una simple lectura, pueda generar en su apariencia este instrumento producido por el poder ejecutivo con contenido normativo y fuerza de rango legal, tanto por la fórmula empleada (decreto-ley), como por la intencionalidad oculta que pueda encubrir (apuntalar el centralismo y reforzar la acumulación de poder en el gobierno nacional por encima de las estructuras territoriales del Estado), es lo cierto que su efecto ha sido absolutamente nulo, lo que pone en evidencia, entre otras cosas, la incapacidad gerencial del gobierno como aparato al cual corresponde motorizar el sentido y funcionamiento regular de la administración[10].

En este sentido destaca la reedición del decreto-ley original, reconociendo el fracaso de su formulación original, cuya aplicación corresponde única y exclusivamente a la cúpula del poder ejecutivo, en aplicación del principio de jerarquía, lo que se patentiza con mayor intensidad con el período de vigencia del segundo decreto ley de simplificación de trámites administrativos y la más elemental oportunidad de contacto con cualquier dependencia administrativa para evidenciar el incumplimiento de todas y cada una de sus previsiones.

En todo caso procede advertir que los distintos cuerpos normativos mencionados aportan en sus contenidos, algunas manifestaciones de postulados de carácter general y de aplicación uniforme, relativos a los procedimientos administrativos. Por tal motivo, aún con la reserva sobre su eficacia y vigencia práctica —en cuanto a su aplicabilidad efectiva por parte de los agentes de la administración—, debemos considerarlos dentro del elenco integral de fuentes legales del tema, y mencionaremos, en su momento, los puntos específicos que conducen a su consideración dentro de este enfoque.

De otra parte, junto a los textos mencionados, se hacen presentes algunas regulaciones legales de data más reciente cuya mención resulta igualmente oportuna para completar el registro que permite la visión integral que se propone, advirtiendo no obstante que, en estos casos, tales disposiciones normativas, si bien operan de manera transversal y tienen como notas características de su cobertura la generalidad y uniformidad, no se ocupan de asuntos estructurales, medulares o principistas de los procedimientos administrativos, puesto que tienen más bien, la condición de elementos instrumentales, accesorios o complementarios al mismo.

[10] En cuanto a este enfoque crítico ya hemos adelantado criterio en oportunidades anteriores. Al respecto pueden verse nuestros trabajos: "La Ley Orgánica de Procedimientos Administrativos y la simplificación de trámites administrativos", en *Estudios de derecho administrativo*. Libro Homenaje a los 20 años de la Especialización en Derecho Administrativo de la Universidad Central de Venezuela, Fernando Parra Aranguren y Armando Rodríguez García (Editores), publicado por el Tribunal Supremo de Justicia, Caracas, 2001, vol. 2, pág. 397 y ss. y "Reflexiones sobre el procedimiento administrativo y la simplificación de trámites en Venezuela", en *Visión actual de los procedimientos administrativos*, III Congreso de Derecho Administrativo, Margarita, 2011 (Coord. Alejandro Canónico Sarabia, Caracas, CAJO / Editorial Jurídica Venezolana, 2011, págs. 157 y ss.

En este momento hacemos referencia a la cuestión relativa al empleo de las herramientas tecnológicas propias de la información y la comunicación en el campo de la función administrativa pública, asunto este que se presenta con mayor énfasis a partir del impulso fruto, en las últimas décadas del siglo XX, de la llamada revolución tecnológica y sus manifestaciones en el desarrollo de la informática, lo que se potencia con el efecto de la irradiación que aporta el fenómeno de la globalización.

El tema de la incorporación de estos elementos instrumentales en la gestión de los asuntos públicos, cobra marcada relevancia, que llega a expresiones un tanto desproporcionadas o exageradas, al dar relieve protagónico a lo que no debe pasar de ser considerado, en sus justas proporciones, como un elemento o factor de apoyo que cuenta con indudables potencialidades, pero siempre en el espacio de un plano adjetivo, complementario, instrumental, y no como el centro neurálgico y sustancial de la operación medular de la gestión, al punto de intentar convertirlo en el núcleo dominante de una concepción científica que haga recomendable, o inclusive llegue a imponer, como necesaria, la adaptación del derecho administrativo a su existencia.

En cuanto a los referentes ubicados en el entorno del patrón de regulación legal en materia de informática y tecnología de las comunicaciones, con efectos sobre el procedimiento administrativo, que se incorporan al ordenamiento positivo cabe mencionar, primeramente, el decreto ley sobre mensajes de datos y firmas electrónicas de 10 de febrero de 2001, publicado en *Gaceta Oficial* 37.148 de 28 de febrero del mismo año, del cual se destaca la asignación de eficacia probatoria a los mensajes de datos en formato electrónico, similar a la que la ley otorga a los documentos escritos, junto a la figura de la firma electrónica.

Luego se puede mencionar el decreto-ley 9.051 sobre acceso e intercambio electrónico de datos, información y documentos entre los órganos y entes del Estado, publicado en *Gaceta Oficial* (núm. 39.945 del 15 de junio de 2012), con vigencia dos años después, por efecto de la *vacatio* dispuesta en su mismo texto.

Seguidamente aparece la Ley de Infogobierno, publicada en *Gaceta Oficial* 40.247 del 17 de octubre de 2013, con vigencia diez meses después, por efecto de su disposición final tercera, dirigida a fijar principios, lineamientos y bases para el uso de tecnologías de la información en el ámbito de actuación de los entes y órganos del poder público y el *poder popular*, con el objetivo de mejorar la gestión pública y los servicios prestados a las personas, e impulsar la transparencia del sector público[11].

[11] Al respecto véase el estudio de GABRIEL SIRA SANTANA, "Algunas notas sobre la Ley de Infogobierno y el Gobierno Electrónico en Venezuela", en *Revista Electrónica de Derecho Administrativo Venezolano*, núm. 6, mayo-agosto 2015, Caracas, 2015, págs. 259 y ss.

En líneas generales son estos los textos de rango legal que contienen el marco de disposiciones normativas de este rango formal, aplicables de manera general y uniforme a los procedimientos administrativos, cuyo desarrollo singularizado se encuentra en las normas de carácter y alcance sectorial dispuestas al efecto. Junto a esto, aparecen también normas aplicables al procedimiento administrativo, incorporadas a la Constitución, cuya referencia puntual hemos dejado para la oportunidad de pasar revista a los principios integrados al sistema normativo, lo que se aborda en seguida.

## 2. Los principios generales del procedimiento administrativo y sus técnicas de aplicación

A lo largo de la plataforma de derecho positivo que configuran las normas destinadas a regular los procedimientos administrativos se hacen presentes —bien de manera expresa y directa, o bien en forma subyacente, pero en cualquier caso, con indiscutible presencia y dominio estructural básico—, los principios jurídicos que inspiran y sirven de articulación esencial a la institución, dándole trascendencia, por lo que vienen a ser los factores determinantes, frente a los cuales ceden aquellos elementos accesorios, coyunturales o subalternos que puedan contrariarlos.

De entrada, el texto constitucional vigente (año 1999), en su artículo 137 recoge —en términos normativos idénticos a los que estaban contemplados en la Constitución anterior[12]—, la formulación del principio de legalidad, como eje de la conducta debida por parte de los órganos del poder público al disponer:

"Esta Constitución y la ley definen las atribuciones de los órganos que ejercen el poder público, a las cuales deben sujetarse las actividades que realicen".

Aplicando un nivel de mayor puntualización, la Constitución de 1999 establece un listado de principios que orientan y fundamentan el ejercicio de la función administrativa del Estado, fijando al mismo tiempo el sentido finalista de su actuación. De este modo, el artículo 141 constitucional precisa:

"La administración pública está al servicio de los ciudadanos y se fundamenta en los principios de honestidad, participación, celeridad, eficacia, eficiencia, transparencia, rendición de cuentas y responsabilidad en el ejercicio de la función pública, con sometimiento pleno a la ley y al derecho".

[12] En efecto, el art. 117 de la Constitución de 1961 disponía que "La Constitución y las leyes definen las atribuciones del poder público y a ellas debe sujetarse su ejercicio", y la mención tiene sentido, por cuanto a partir de esa norma, y por obra de una labor jurisprudencial con cabal capacidad interpretativa y adecuado sentido progresista en favor de la preponderancia de los valores del derecho y la justicia, se construyó buena parte de la armazón conceptual y regulatoria que permitieron instalar en la práctica tales principios.

A partir de estas normas, que se erigen como una guía fundamental de la administración pública, se despliegan otras regulaciones contentivas de principios que se aplican en forma preferente a determinados asuntos, tal como ocurre con el procedimiento administrativo, incorporado a la cláusula general del debido proceso ubicado como un derecho humano y una garantía en el mapa de la Carta Fundamental (Titulo III), al prescribir:

"Artículo 49. El debido proceso se aplicará a todas las actuaciones judiciales y administrativas, en consecuencia: 1. La defensa y la asistencia jurídica son derechos inalienables en todo estado y grado de la investigación y del proceso. Toda persona tiene derecho a ser notificada de los cargos por los cuales se le investiga, de acceder a las pruebas y de disponer del tiempo y de los medios adecuados para ejercer su defensa. Serán nulas las pruebas obtenidas mediante violación del debido proceso".

De esta manera se produce una integración regulatoria compleja que vincula los postulados constitucionales con disposiciones de rango legal, conformando un auténtico conjunto o grupo normativo como fuente de legalidad usual en esta materia. Tal como apunta el profesor Brewer-Carías, en uno de sus múltiples análisis sobre el punto en cuestión, "[...] Este derecho a la defensa es parte de la cláusula general del debido proceso incluida en el artículo 49 de la Constitución, la cual es una garantía no solo establecida ante los tribunales, sino también respecto a las actividades administrativas, y además, lo completa la disposición que declara que los actos administrativos promulgados en completa y absoluta ausencia de cualquier procedimiento administrativo, quedan afectados de nulidad absoluta, según se establece en el artículo 19.4 de la Ley Orgánica de Procedimientos Administrativos"[13].

A su vez, dentro del espectro de protección a las situaciones jurídicas de los sujetos que se vinculan con la administración en el espacio que define cualquier procedimiento administrativo, destaca como una pieza clave el derecho a ser oído que se formula como el principio de *audire alteram parte*. En tal virtud, dentro de la estructura del procedimiento se configura el derecho a una audiencia del administrado, que tiene que ser previa a la decisión de la administración, cuya violación constituye un vicio de la decisión administrativa que conduce a su nulidad pues afecta directamente el derecho y la garantía

[13] Allan R. Brewer-Carías, "Algunos principios generales del derecho administrativo en Venezuela, en particular, sobre el procedimiento administrativo y los efectos del silencio administrativo", Ponencia presentada al IV Congreso Internacional y V Congreso Mexicano de Derecho Administrativo. Universidad Nacional Autónoma de México, 2011, pag. 13, en http://derecho.posgrado.unam.mx/congresos/ivci_vmda/ponencias/AllanBrewerCarias.pdf

El art. 19.4 de la Ley Orgánica de Procedimientos Administrativos señala textualmente: "Los actos de la administración serán absolutamente nulos en los siguientes casos: 4. Cuando hubieren sido dictados por autoridad manifiestamente incompetente, o con prescindencia total y absoluta del procedimiento legalmente establecido".

constitucional del debido procedimiento administrativo. De otra parte, la audiencia oportuna del interesado, dentro del procedimiento administrativo, además de ser una obligación de la administración actora, se manifiesta como una práctica necesaria para alcanzar los estándares de la buena administración y el sentido finalista del procedimiento dentro de la actividad administrativa, es decir, opera como una sana práctica administrativa, pues permite recabar mayor volumen de información sobre el asunto que se debe decidir, y con ello, obtener mejores condiciones para la producción de una decisión justa, eficiente y con ello, apegada a la legalidad.

En igual sentido funcionan otros principios que se articulan como derechos del administrado con los correlativos deberes u obligaciones de la administración dentro de la trama de relación que se establece mediante el procedimiento administrativo. Así tenemos el derecho de acceso al expediente en cualquier estado y grado del procedimiento, para leer y copiar cualquier documento que repose en el mismo, así como solicitar copia simple o certificación, con la sola excepción de aquellos documentos que hubieren sido calificados como confidenciales por el superior jerárquico mediante acto motivado, los cuales, en tal virtud, deben ser archivados en cuerpos separados del expediente; así lo contempla el artículo 59 de la Ley Orgánica de Procedimientos Administrativos. De esta manera se establece una excepción al principio de unidad del expediente para recoger toda la tramitación a que dé lugar el asunto que rige como norma general, de conformidad con lo pautado en los artículos 31 y 51 de esa ley.

En la misma línea de esas normas, dispuestas como instrumentos para soportar y garantizar a plenitud el ejercicio del derecho al debido proceso, se hace presente el derecho a ser oído, todo ello, como técnicas concretas para apuntalar de diferentes modos, el derecho a la defensa. Además, se consagra el derecho de conocer, en cualquier momento, el estado de los procedimientos en que se tenga interés, así como, conocer la identidad de los funcionarios bajo cuya responsabilidad se tramite el procedimiento respectivo, obtener información y orientación acerca de los requisitos jurídicos o técnicos que impongan las disposiciones vigentes para las actuaciones o solicitudes que se proponga realizar, todo ello a tenor de lo prescrito en el artículo 7°, numerales 1, 2 y 7 del Decreto Ley Orgánico de la Administración Pública.

También en estos casos estimamos procedente asignar a la presencia de este elenco de derechos y los correlativos deberes específicos de la administración, una función principista hacia la presencia efectiva de las buenas prácticas administrativas y con ello, del principio fundamental de la buena administración, pues el mero anuncio, y mas aún, la efectiva puesta en práctica de cualquiera de estos mecanismos permite la activación de mecanismos correctivos o de saneamiento, en caso de detectarse fallas operativas de gestión, lo que puede ocurrir en la sola escala del procedimiento en trámite, pero también puede alcanzar objetivos más extensos, de carácter estructural o sistémico, que conduzcan a modificaciones o reformas operacionales tendentes a impartir mayor eficiencia y eficacia en la gestión.

Otras disposiciones legales aportan al elenco de principios que rigen los procedimientos administrativos, lo que se incluye en el registro global de una clara tendencia de positivización, cuya existencia tiene el sentido de contribuir a facilitar —tanto en las decisiones judiciales como en las que ocurren en sede administrativa—, el manejo jurídico de las situaciones de hecho que se hagan presentes en la práctica, y con ello hacer realidad la potencialidad funcional y el valor instrumental del derecho como institución que contribuye a reducir los costos de las transacciones sociales, mediante el aporte de mecanismos racionales para la resolución eficiente de los conflictos, por lo que puede actuar como un factor determinante para la educación de los comportamientos y el fortalecimiento de la trama vital del tejido social[14].

Pasar revista sobre algunos de esos dispositivos normativos, aún cuando pueda ser de forma somera, permite no solo confirmar su existencia sino advertir la vinculación existente entre las distintas categorías y técnicas jurídicas que, teniendo a esos principios como punto de referencia común, se integran como un sistema aplicable tanto en las pautas inherentes a organización como en lo que corresponde a los aspectos de orden operativo o funcional de la administración.

Así, la Ley Orgánica de Procedimientos Administrativos (art. 30) señala textualmente:

"La actividad administrativa se desarrollará con arreglo a principios de economía, eficacia, celeridad e imparcialidad.

"Las autoridades superiores de cada organismo velarán por el cumplimiento de estos preceptos cuando deban resolver cuestiones relativas a las normas de procedimiento".

De su parte, en la Ley Orgánica de la Administración Pública (decreto-ley), además de reiterarse que "[...] La administración pública está al servicio de las personas y su actuación estará dirigida a la atención de sus requerimientos y la satisfacción de sus necesidades, brindando especial atención a las de carácter social", y puntualizarse que la administración "[...]debe asegurar a todas las personas la efectividad de sus derechos cuando se relacionen con ella" (art. 5º), se ofrece un listado más extenso de los principios que rigen la organización y la actividad administrativa, en estos términos:

"Artículo 10. La actividad de la administración pública se desarrollará con base en los principios de economía, celeridad, simplicidad, rendición de cuentas,

[14] Véase, Julia Barragán, *Estrategias y derecho,* México, Instituto Tecnológico Autónomo de México (ITAM) / Editorial Miguel Ángel Porrúa, 2009

eficacia, eficiencia, proporcionalidad, oportunidad, objetividad, imparcialidad, participación, honestidad, accesibilidad, uniformidad, modernidad, transparencia, buena fe, paralelismo de la forma y responsabilidad en el ejercicio de la misma con sometimiento pleno a la ley y al derecho, y con supresión de formalidades no esenciales.

"La simplificación de los trámites administrativos, así como la supresión de los que fueren innecesarios será tarea permanente de los órganos y entes de la administración pública, de conformidad, con los principios y normas que establezca la ley correspondiente".

Como parte integrante del sistema de principios vinculados al procedimiento administrativo y las técnicas provistas para su aplicación, el ordenamiento positivo contempla diversas figuras como el *deber de inhibirse* del conocimiento del asunto, que vincula a los funcionarios por interés personal en el asunto, por amistad o enemistad manifiesta con las personas que intervienen en el procedimiento, por haber intervenido como testigo o perito en el expediente o haber manifestado opinión previa que pudiera prejuzgar su resolución, o bien por existir relación de servicio o subordinación con el interesado en la decisión (LOPA, art. 36), con lo cual se atiende, primordialmente, a los principios de imparcialidad, objetividad y confianza legítima. Tanto así, que se contempla que la inhibición pueda operar, incluso, por decisión del funcionario de mayor jerarquía, emitida a solicitud del interesado o de oficio, produciendo en el mismo acto la determinación del funcionario que debe continuar conociendo del expediente (art. 39), a los fines de asegurar la aplicación de los principios de actividad, finalidad, eficacia y economía.

En la misma línea de asegurar la eficiencia del procedimiento administrativo en favor de la protección debida a los derechos y las situaciones jurídicas legítimas, al tiempo que se propende garantizar la buena administración en beneficio de la colectividad, se regula el supuesto del *silencio administrativo*, que ocurre cuando un órgano de la administración no resuelva un asunto o recurso dentro de los lapsos pautados por la norma, estableciendo como pauta la presunción de resolución negativa, a los efectos de permitir al destinatario interesado la oportunidad de interponer el recurso que proceda, sin que ello releve de responsabilidad institucional a los órganos de la administración y de responsabilidad personal a los funcionarios que incurren en tal supuesto (LOPA, art. 4º).

Otros aspectos de igual trascendencia contenidos en el cuerpo de regulaciones legales de aplicación general y común, por su carácter básico o principal, son aquellos relativos a la jerarquización de los actos de la administración, atendiendo a su origen (en el art. 14 de la Ley Orgánica de Procedimientos Administrativos se establece jerarquía: decretos, resoluciones, ordenes, providencias y otras decisiones dictadas por órganos y autoridades administrativas), pero muy particularmente, la consagración normativa de la inderogabilidad singular de los actos generales, pues esto determina un marcador preciso para la prevalencia de la legalidad mediante el límite preciso de la competencia, determinando así el alcance y la validez de los actos concretos que puede dictar el agente administrativo. En estos términos lo contempla esa Ley Orgánica:

"Artículo 13. Ningún acto administrativo podrá violar lo establecido en otro de superior jerarquía; ni los de carácter particular vulnerar lo establecido en una disposición administrativa de carácter general, aún cuando fueren dictados por autoridad igual o superior a la que dictó la disposición general".

A lo anterior se añade la regulación normativa del principio de proporcionalidad que debe observar el órgano administrativo en sus decisiones, específicamente en los espacios de competencia discrecional, con lo cual se reafirma que la discrecionalidad no es una excepción al principio de legalidad, sino una expresión de la legalidad. En ese sentido debe subrayarse la importancia que el artículo 12 de la Ley Orgánica de Procedimientos Administrativos atribuye a la adecuación de la decisión discrecional, no solo al supuesto de hecho, sino a los fines de la norma regulatoria de ese supuesto:

"Artículo 12. Aún cuando una disposición legal o reglamentaria deje alguna medida o providencia a juicio de la autoridad competente, dicha medida o providencia deberá mantener la debida proporcionalidad y adecuación con el supuesto de hecho y con los fines de la norma, y cumplir los trámites, requisitos y formalidades necesarios para su validez".

En síntesis, el ordenamiento jurídico positivo venezolano contiene la previsión formal de una amplia batería de principios generales aplicables a los procedimientos administrativos. Dichos principios se ubican en normas de rango constitucional y se despliegan, además, a través de distintas disposiciones de rango legal, con aplicación general y uniforme a todas las estructuras de la administración pública, en razón de lo cual sirven para salvaguardar la estructura del sistema. Sin embargo, ello no afecta la especificidad de los procedimientos atendiendo a su contenido y finalidad, que deriva de la diversidad sustantiva propia de la gestión administrativa pública, tal como se aprecia en la fórmula que adopta la Ley Orgánica de Procedimientos Administrativos:

"Artículo 47. Los procedimientos administrativos contenidos en leyes especiales se aplicarán con preferencia al procedimiento ordinario previsto en este capítulo en las materias que constituyan la especialidad".

De esta manera se deduce que la legislación de base reafirma que los principios tienen como cualidad esencial y definitoria su aplicación general y uniforme a todos los procedimientos administrativos; por lo tanto, coexisten con la diversidad de soluciones de diseño que sirvan para dar respuestas específicas a las connotaciones impuestas por la materia concreta a cuya finalidad deban servir, atendiendo a los objetivos de utilidad y racionalidad que conceptualmente los impregna.

No obstante, queda claro que la existencia de unas pautas de procedimiento específicas o especiales para la tramitación de determinados asuntos que acusan particularidades sustantivas, no deja cabida al desconocimiento o desnaturalización de los principios generales y comunes del procedimiento administrativo, pues tal supuesto vendría a configurar una palmaria contrariedad a derecho, y de alguna forma se estarían violentando prescripciones de rango constitucional constitutivas de garantías y derechos fundamentales.

## 3. Los procedimientos ordinarios. Estructura general y efectos

Dentro de las regulaciones generales que, de manera uniforme se aplican a los procedimientos administrativos excepto cuando las leyes especiales regulen algún procedimiento específico, la Ley Orgánica de Procedimientos Administrativos establece la estructura del procedimiento ordinario de primer y segundo grado (atendiendo a si se trata de la decisión original o inicial, o de revisión de un acto anterior), la modalidad del procedimiento sumario y también fija pautas generales sobre los casos de prescripción de las obligaciones de los administrados creadas por actos administrativos.

El procedimiento ordinario de primer grado puede iniciarse de oficio o a instancia de parte interesada, lo que supone la emisión de un auto de apertura del procedimiento, como punto de partida, la correspondiente notificación a los sujetos cuyos derechos o intereses puedan resultar afectados por las decisiones resultantes de tal procedimiento (LOPA, art. 48). En este punto cabe advertir que, aunque la norma esta diseñada bajo la concepción que restringe la relación jurídico administrativa al vínculo entre la administración y los "particulares", es obvio que comprende a cualquier destinatario de la actuación administrativa, incluyendo, desde luego, a otra administración, supuesto que cobra actualidad e interés por los vínculos que cada día se multiplican entre agentes administrativos, y por los intereses generales que resultan involucrados en estas relaciones cuya protección legal no puede quedar descubierta por las garantías del ordenamiento jurídico y la consecuente interpretación progresiva de los órganos administrativos y judiciales encargados de su correcta aplicación para la plena vigencia del Estado de derecho.

Seguidamente se abre la fase de tramitación del procedimiento, con la incorporación al expediente de todas las tramitaciones a que dé lugar el asunto, incluyendo las comunicaciones internas y las notificaciones y publicaciones que se expidan, pudiendo ordenar la autoridad superior de la dependencia, la acumulación de expedientes sobre asuntos que guarden relación y se lleven en la misma oficina, a efectos de evitar decisiones contradictorias (art. 52).

Para la tramitación y resolución del procedimiento ordinario de primer grado, la ley pauta un plazo no superior a cuatro meses, salvo que medien causas excepcionales, plazo que podrá prorrogarse, dejando constancia de ello, sin que exceda de dos meses (art. 60). Se puede producir la finalización del procedimiento, por desistimiento del interesado, o por perención, cuando habiéndose iniciado a instancia de un interesado, se paraliza durante dos meses por causa imputable al mismo, contándose dicho plazo a partir de la fecha en que la administración lo notifique, siendo que la declaratoria de perención no extingue los derechos y acciones del interesado, ni interrumpe su término de prescripción. En caso de desistimiento o perención, puede la administración dar continuidad de oficio al procedimiento (arts. 63 a 66).

Cumplido el procedimiento, la decisión recaída debe notificarse a los interesados, y si se trata de un acto general o que interesa a un número indeterminado de personas, o cuando así lo exige la norma aplicable, debe ser publicado en el órgano oficial pertinente. La notificación debe expresar el contenido íntegro del acto así como los recursos que contra el mismo puedan interponerse, siendo que la notificación defectuosa acarrea la ineficacia de la decisión (arts. 72 a 77).

De igual forma, la Ley Orgánica de Procedimientos Administrativos establece pautas generales aplicables a la tramitación de revisión de los actos en vía administrativa, o procedimientos de segundo grado, bien sea que los mismos ocurran por iniciativa de la propia administración, es decir, de oficio, o mediante la interposición de alguno de los recursos administrativos previstos legalmente. En el caso de revisión de oficio se contemplan los supuestos de convalidación de actos afectados de anulabilidad, subsanando el vicio detectado (art. 81), así como la posibilidad de revocatoria de los actos que no generen derechos subjetivos o intereses legítimos, personales y directos a favor de las personas a quienes alcanzan sus efectos (art. 82). También dentro de este acápite se prevé la facultad de reconocer la nulidad absoluta de los actos, de oficio o a solicitud de "particulares" —entiéndase interesados, que pueden ser particulares o entidades públicas (art. 83)—, y finalmente, la facultad de corregir, en cualquier momento, los errores materiales o de cálculo en que se hubiere incurrido en la configuración del acto (art. 84).

En cuanto a las formas de revisión de los actos respondiendo a solicitud de algún interesado, se contemplan el recurso de reconsideración y el recurso jerárquico, atendiendo a la autoridad administrativa competente para conocer y decidir, y el recurso extraordinario de revisión, que procede contra actos firmes y conoce la máxima autoridad de la estructura administrativa pertinente.

Los recursos de reconsideración y jerárquico proceden contra los actos administrativos definitivos (que ponen fin al procedimiento constitutivo o de primer grado), o contra aquellos actos de trámite que imposibiliten la continuación del procedimiento constitutivo, causen indefensión o se prejuzguen como definitivos, en atención a que generen lesión de algún derecho subjetivo o interés legítimo personal y directo del recurrente (art. 85); el órgano administrativo que conoce el recurso debe resolver todos los asuntos que, dentro del ámbito de su competencia, le fueren planteados o que surjan con motivo del recurso, aunque no hubieren sido alegados (exhaustividad), y en su facultad de decisión permite confirmar, convalidar, modificar o revocar el acto sometido a control, o bien ordenar la reposición del procedimiento (arts. 89 y 90).

Conforme a la Ley Orgánica de Administración Pública (decreto-ley) no es obligatorio el agotamiento de la vía administrativa para ejercer los recursos administrativos o judiciales procedentes para la defensa de sus derechos (art. 7, num. 10), por lo cual, el administrado puede obviar el recurso de reconsideración y acudir directamente al recurso jerárquico, o activar directamente el control jurisdiccional, sin agotar la instancia interna; ello, salvo en los casos de procedimiento administrativo previo a las acciones de contenido patrimonial contra la República.

De su parte, el recurso de revisión tiene carácter extraordinario por cuanto permite actuar sobre un acto firme. Ello procede, cuando hayan aparecido pruebas esenciales para la resolución del asunto, no disponibles cuando se tramitó el expediente; cuando en la decisión hubieren influido decisivamente documentos o testimonios declarados falsos por decisión judicial, y cuando la decisión se hubiere adoptado por cohecho, violencia, soborno u otra forma de vicio de la voluntad declarado en sentencia definitivamente firme (art. 97).

En todo caso, consideramos pertinente tener en consideración que el contacto con el segmento del ordenamiento jurídico positivo más directamente referido a la temática del procedimiento administrativo y su efectividad práctica requiere incorporar en el análisis la perspectiva modélica o de prototipo que impregna a las figuras formales definidas, con lo cual es imprescindible acompañar las particularidades que acompañan a las diferentes y variadas situaciones generadas en la dinámica realidad de la administración, de la cual no puede eludirse el derecho administrativo.

## 4. Las perversas desviaciones

Dadas las circunstancias de grave quebranto que pesan sobre el entorno jurídico de Venezuela con especial fuerza e intensidad en el segmento del derecho público, y en particular, en torno al derecho administrativo y sus instituciones, no conviene cerrar el registro sobre el régimen de una de sus categorías más sensibles y trascendentales, como lo es el procedimiento administrativo, sin dejar debida constancia de las perturbaciones que deliberada y sistemáticamente se han venido infligiendo, en los últimos tiempos, a la legalidad propia de este tema.

Tal deriva, ilegítima e indebida, viene ocurriendo como una tendencia clara y definida que pone de relieve —entre otras cuestiones—, que la propensión a violar las reglas jurídicas y éticas, por quienes ejercen el poder sin probidad, se manifiesta como un virus que infecta a la sociedad y que muta a través de la multiplicación de sus agentes patógenos, con el propósito de mantenerse activo y de aumentar su vigor. Por esto, es inexcusable eludir la posición crítica frente a las manifestaciones más tangibles y evidentes de esas mutaciones, mediante el empleo de la simple mención a su nefasta presencia, como una mera tendencia normativa o conductual, siendo que se trata de abiertas violaciones al Estado de derecho.

Puede admitirse como una realidad, con presencia constante —aunque más o menos acentuada en razón de múltiples factores—, la existencia de supuestos concretos de contrariedad al ordenamiento jurídico por parte de la administración pública, lo que conduce a quebrantamiento de la legalidad, con consecuencias de diversa gravedad o intensidad; inclusive, pueden manejarse estándares y niveles de apego o desapego a la conducta debida por parte de las administraciones. Precisamente para responder a la existencia de esos supuestos indeseables el derecho administrativo contempla los mecanismos correctivos y restitutorios, aunque es cierto que estos no sustituyen la voluntad de orientar adecuadamente la gestión pública, que corresponde al liderazgo.

Lo que viene a ser excepcional y realmente llamativo del caso venezolano en la actualidad, está en la deliberada conducta antijurídica que se pone de manifiesto en las decisiones singulares de la administración, que resultan abiertamente sesgadas en favor del autoritarismo y la arbitrariedad, con el correlativo efecto lesivo de los derechos y garantías de los sujetos destinatarios de esas actuaciones y de la sociedad en general.

Pero más grave aún es que esa conducta ilegítima, por ser contraria a la juridicidad, también se aloja en las decisiones de carácter general y normativo, llegando a camuflarse en disposiciones con rango de ley, lo que se viene a complementar, en una gavilla perversamente perfecta, con la complicidad de quienes ocupan posiciones de decisión en las instancias judiciales, logrando así que se desvanezca la técnica del control, el equilibrio básico esencial e insustituible de pesos y contrapesos del poder, en un abyecto atentado contra el Estado de derecho.

Así lo han venido denunciando muchos autores del mundo académico venezolano, entre ellos, de manera destacada, pertinaz y consistente, el profesor Brewer-Carías aporta múltiples referencias fundamentadas sobre diferentes aspectos de esa nueva realidad consistente en la ejecución de una partitura orquestada, en la cual, al referirse a los principios del procedimiento administrativo, ha precisado que "[...] la situación venezolana no es un ejemplo de efectividad en materia de aplicación de estos principios, a pesar incluso del rango constitucional, siendo claro y evidente que los mismos, por más excelsos que sean y por más florido que sea el lenguaje de su enunciado, no son más que letra muerta cuando se está en presencia de un régimen autoritario como el que actualmente padece mi país, donde no hay jueces contencioso administrativos con autonomía e independencia capaces o dispuestos de asegurar su aplicación"[15].

Desde luego, escapa a la finalidad y al alcance que acota el presente estudio, la consignación de una revisión casuística detenida, sistemática o exhaustiva de casos que puedan servir para confirmar e ilustrar la existencia de arbitrariedades y violaciones de derechos subjetivos asociados al procedimiento administrativo, y de esta manera particularizar y servir como soporte empírico a lo que se ha venido indicando.

No obstante, a falta de esas referencias pormenorizadas, es lo cierto que se conocen como verdaderos, y en muchas ocasiones hasta con connotaciones noticiosas cuyo contenido y efecto sobrepasa las fronteras patrias, casos en los cuales diferentes agentes administrativos, incluyendo —algunos del más elevado nivel jerárquico— han adoptado y ejecutado decisiones, particularmente de contenido o efecto sancionatorio, tomadas *de plano*, sin respeto al procedimiento debido. Así, por vía de ejemplo, se encuentran como casos que han venido a ser usuales, la suspensión, sin procedimiento, de las operaciones regulares de líneas aéreas; la incautación de documentos de identidad (en particular el pasaporte), alegándose que *alguien* lo había reportado como extraviado sin conocimiento de titular, sin notificar procedimiento ni decisión de su anulación o sustitución por un nuevo documento; *expropiaciones* dictadas en programas de radio o televisión, sin apertura de procedimiento ni expediente alguno, además, impuestas abiertamente como sanción; cierre de establecimientos comerciales mediante aplicación de medidas preventivas o cautelares que operan como definitivas en tanto no existe oportunidad de objetar u oponerse anticipadamente a la decisión. También cabe aquí la observación relativa al impacto negativo que tiene la situación descrita, en relación con la propia administración, por el efecto de vulneración al principio-deber de la buena administración que la impulsa a buscar la aplicación regular de las buenas prácticas administrativas, lo que va acompañado de la prosecución del ideal de justicia que anima de forma integral a todas las manifestaciones de la actividad del Estado, al constituirse como un "[...] Estado democrático y social de Derecho y *de Justicia*" (art. 2° constitucional), lo que no puede alcanzarse

[15] Allan R. Brewer-Carías, "Los principios generales del procedimiento administrativo en la Ley 1437 de 2011 contentiva del Código de Procedimiento Administrativo y de lo Contencioso Administrativo de Colombia", en AA. VV., *Visión actual de los procedimientos administrativos*, III Congreso de Derecho Administrativo, Margarita 2011" (coord. Alejandro Canónico Sarabia), Caracas, Editorial Jurídica Venezolana / CAJO, 2011, pág. 23.

racionalmente sin manejar un adecuado conocimiento del asunto que se debe decidir, presupuesto este que, a su vez impone conocer la posición y los alegatos del destinatario de la decisión, más aún cuando hablamos de una sanción o de cualquier acto que desmejore su situación jurídica.

El asunto se perfila con mayor nivel de gravedad, como una verdadera patología que afecta no solo a situaciones singularizadas, cuando se comprueba su carácter sistemático y sistémico, en tanto se pone en evidencia una tarea ordenada dirigida a establecer una estructura dispuesta para desmantelar el sentido lógico del procedimiento administrativo anclado a los principios garantistas, mediante la implantación pervertida de una plataforma regulatoria que propugna la arbitrariedad y el abuso de poder por parte de los agentes administrativos y por lo tanto es ajena a tales principios.

Con ello se pasa, con profundo riesgo para los niveles de convivencia y desarrollo social, de una escala limitada, que comporta ciertos casos o supuestos singulares de violación de la legalidad —lo que puede considerarse como un nivel previsible de infracciones, propio de un estándar realista de la conducta esperable en la administración—, a un *estado generalizado* de violación del orden jurídico debido, cuya malignidad se expresa en términos cualitativos, por el deterioro generalizado del ambiente de respeto debido al orden establecido, en la ocurrencia de un mayor número de casos.

El nefasto escenario que dibuja la tendencia a dejar de lado los principios fundamentales del procedimiento administrativo mediante el empleo, ineficaz e inválido de disposiciones con rango legal —pero igualmente inconstitucionales—, como camuflaje, se pone de manifiesto groseramente en diversas materias, generando respuestas críticas y contundentes como la expresada por el profesor ALFREDO PERÉS, cuando afirma que "[...] observamos con suma preocupación cómo en los últimos tiempos se han aprobado muy censurables reformas y artificios legislativos que socavan instituciones y principios fundamentales del derecho administrativo. Así pues, la lucha emprendida en nuestro país desde hace varios decenios para limitar y controlar el poder público, en particular aquel que se ejerce a través del poder ejecutivo, ya no es solo resistida por este, sino que ahora lo es con complicidad de los restantes poderes. En el caso que hoy nos ocupa, la defenestración del procedimiento administrativo es urdida, primeramente por el Legislador —o, a veces, por el propio Ejecutivo disfrazado de Legislador, pero con la venia de aquel para el embozo— y posteriormente por el Ejecutivo, mediante inicuas interpretaciones de la ley, las cuales, en muchos casos, son finalmente convalidadas por el Judicial", lo que el autor precisa, a renglón seguido, en estos términos: "Algunas de estas leyes desarticulan formalmente y sin tapujos principios fundamentales que rigen el procedimiento administrativo, otras lo desnaturalizan, sirviéndose de él como una especie de manto de formalidad —muy delgado y transparente, por cierto— con el único propósito de dotar al irrespeto de garantías y derechos fundamentales de algún tipo de cobertura o apariencia de legalidad. Tomemos como ejemplo el procedimiento sancionador contenido en la vigente Ley de Aeronáutica Civil. Este procedimiento administrativo se inicia con la propia multa. La sustanciación es posterior a la imposición de la sanción, trasmutando al procedimiento *de* una verdadera garantía para el administrado *en* una mera careta hueca de legalidad[16]. Luego, el autor amplía el análisis a lo previsto en la Ley Orgánica de Aduana y el Servicio Integrado de Administración Aduanera y Tributaria, así como la Ley para la Defensa de las Personas en el Acceso a Bienes y Servicios, como una muestra de la tendencia denunciada, lo que incluye la conducta cómplice de los órganos del poder judicial.

Asumiendo una posición coincidente se produce el detenido análisis que, más recientemente, ofrece la profesora Flavia Pesci-Feltri al consignar el resultado de su investigación sobre la situación del derecho a la defensa en el espacio del procedimiento sancionatorio venezolano, a través del cual se confirma el aumento sostenido de la tendencia de ejercicio arbitrario del poder por la administración pública, con el correlativo detrimento de las libertades ciudadanas, lo que ha conducido a disminuir el desenvolvimiento de las personas en el entorno jurídico, asociado a la vulneración y el irrespeto de las garantías y derechos que se refleja con singular relieve en el campo de los procedimientos administrativos sancionatorios[17].

Una de las variaciones o modalidades de violación a los principios del procedimiento administrativo que han encontrado difusión en el ambiente actual de la administración pública en Venezuela es la que se produce a través del indebido empleo de los sistemas informáticos, con el llamado gobierno electrónico, apoyándose en la falta de inmediatez en la relación del administrado con los centros de tramitación de los asuntos de su interés, junto a otras cuestiones como las posibilidades reales de acceso a los medios tecnológicos imprescindibles y la escasa o nula calidad de los sistemas de comunicación, que si bien pueden entenderse como no directamente involucradas en el procedimiento mismo, resultan elementos instrumentales imprescindibles en calidad y en cantidad, para poder entender que se aplica con un mínimo requerido esta modalidad.

Pero, ciñéndonos a la temática especifica del procedimiento administrativo y las distorsiones sobre la prevalencia lógica de sus principios, derivadas de la

[16] Alfredo Perés Salas, "Dispare primero y averigüe después: De las sanciones de plano o la perniciosa tendencia a prescindir del procedimiento administrativo constitutivo en el ámbito sancionador", en AA. VV., *Visión Actual de los procedimientos administrativos, op. cit.*, págs. 214-215.

[17] Véase Flavia Pecsci-Feltri, "Violaciones del derecho a la defensa en el procedimiento sancionatorio venezolano", Caracas, Editorial Jurídica Venezolana / Centro de Estudios de Integración y Derecho Público (CIDEP), 2018.

manipulación de los mecanismos informáticos, vale la opinión que, al revisar la situación del derecho a la defensa en los procedimientos sancionatorios, aporta el profesor JOSÉ GREGORIO SILVA en estos términos: "[...] Es el caso que en muchas oportunidades, en especial, bajo formas de gobierno electrónico, pretenden imponerse sanciones de plano o por mero resultado, ante pretendidos incumplimientos de deberes formales. Por ejemplo, ante la falta de declaración oportuna, efectuada electrónicamente, se impone una sanción, y se aduce que, por tratarse de deber formal, no amerita sustanciación de procedimiento alguno. En otros casos hemos conocido que se impone las denominadas «multas por sistema», en cuyo caso, ante el pretendido incumplimiento, de manera automática, el sistema impone una sanción, cuyo único contenido se conoce a través del estado de cuenta, carente de acto administrativo alguno, procedimiento o sustanciación"[18].

En resumen, la cuestión del procedimiento administrativo en Venezuela, luego de una prolongada andadura hacia la instalación formal de los principios fundamentales que lo informan, ha sufrido el embate de la degradación del Estado de derecho, desde los centros de ejercicio del poder, a través de diversas expresiones que conducen a un claro estado de vulneración generalizada de los derechos y garantías a los cuales debe servir esta categoría clave en el derecho administrativo, por lo que una revisión de su régimen, para ser completa y objetiva, no puede obviar la mención a la realidad que lo afecta.

[18] Véase, JOSÉ GREGORIO SILVA B., "Del gobierno electrónico y el derecho a la defensa. ¿Existen, por los momentos, limites a la intervención en e-gobierno?", en AA. VV., *Transformación digital, modernización e innovación en la administración pública.* Con motivo de los 25 años de FUNEDA, coord. JOSÉ RAFAEL BELÁNDRIA G., Caracas, CIDEP / FUNEDA, 2019.

# ESTUDIO
# DE DERECHO COMPARADO

# LA CODIFICACIÓN DEL PROCEDIMIENTO ADMINISTRATIVO, SUS PRINCIPIOS Y EL AFIANZAMIENTO DEL PRINCIPIO DE LEGALIDAD EN EL MUNDO LATINO. APROXIMACIÓN COMPARATIVA

ALLAN R. BREWER-CARÍAS*

## 1. LA MOTIVACIÓN ESENCIAL DE LA CODIFICACIÓN DEL PROCEDIMIENTO ADMINISTRATIVO

Como se puede apreciar de los estudios que integran este volumen, preparados por los profesores HERNÁN CELORRIO (Argentina), TOMÁS CANO CAMPOS (España), RENÉ HOSTIOU (Francia), CRISTINA VÁZQUEZ (Uruguay), MANRIQUE JIMÉNEZ MEZA (Costa Rica), ARMANDO RODRÍGUEZ (Venezuela), AUGUSTO R. CHÁVEZ MARÍN (Colombia), FABRIZIO FRACCHIA (ITALIA), LUIS JOSÉ BÉJAR y CARLOS A. VILLANUEVA MARTÍNEZ (México) y EFRAÍN PÉREZ (Ecuador), el signo más importante de la evolución del derecho administrativo durante las últimas décadas, tanto en los países latinos europeos (España, Francia, Italia) como en los de la América Latina, ha sido el proceso de su codificación, particularmente a través de la sanción de leyes reguladoras del procedimiento administrativo. Ellas han marcado definitivamente la evolución de nuestra disciplina, afianzando el principio de legalidad, al punto de que en todos los países donde se han sancionado, el derecho administrativo puede dividirse en dos grandes etapas en su evolución, referidas al antes y al después de la sanción de dichas leyes.

Con las leyes, en efecto, en todos los países se comenzó a dar un nuevo enfoque al objeto de nuestra disciplina, comenzando por la propia administración pública, al regularse con amplitud y precisión no solo su carácter servicial y su actividad sustantiva sino los aspectos centrales de su relación con los administrados.

Estas leyes, dictadas durante las últimas seis décadas a partir de la Ley española sobre procedimiento administrativo de 17 de julio de 1958, se diferencian de las que existieron hasta la mitad del siglo pasado, las cuales en general se limitaban a regular aspectos de la organización interna de la administración, o a regular aspectos particulares y limitados de procedimiento para peticiones específicas, como, por ejemplo, las relativas al urbanismo; sobre algunos re-

* Profesor emérito, Universidad Central de Venezuela.

cursos para la revisión de los actos administrativos en vía administrativa, como el recurso jerárquico, tal como sucedió en Argentina con el Decreto 20.003/33 de 1933; o incluso respecto de algunos de los requisitos de los actos administrativos, como la motivación de los mismos. Este último fue el caso, por ejemplo, de la Ley francesa del 11 de julio de 1979, que obligó a los funcionarios a informar a las personas interesadas sobre los motivos de los actos administrativos individuales que les fueran desfavorables.

Frente a ello, ahora tenemos en contraste una regulación global del procedimiento administrativo en leyes generales, que abarcan las diversas situaciones jurídicas en las cuales se encuentran tanto la administración como los administrados en sus relaciones recíprocas, es decir, el conjunto de poderes, prerrogativas y obligaciones de la administración, por una parte; y por la otra, los derechos y obligaciones de los particulares en sus relaciones con aquella.

Esas leyes se han dictado partiendo, como antes indiqué, de la Ley española de 1958, en orden cronológico, en Argentina (1972), Uruguay (1973), Costa Rica (1978), Venezuela (1982), Colombia (1984), Honduras (1987), Italia (1990), México (1994), Brasil (1999), Panamá (2000), Perú (2001, Bolivia (2002), Chile (2003), República Dominicana (2013), Francia (2016), Ecuador (2017) y El Salvador (2017)[1]; teniendo como rasgo común el abarcar todo el proceso de producción de las decisiones administrativas, incorporando por ello en sus normas una muy importante regulación en relación con los actos administrativos. Puede incluso considerarse que casi todas estas leyes son, básicamente, leyes relativas al régimen jurídico del acto administrativo, lo que resume la Ley del Perú, en su artículo 29, al definir el procedimiento administrativo, entendiendo por tal el "Conjunto de actos y diligencias tramitados en las entidades, conducentes a la emisión de un acto administrativo que produzca efectos jurídicos individuales o individualizables sobre intereses, obligaciones o derechos de los administrados".

[1] *V*. para un estudio de derecho comparado sobre la materia, mis trabajos: ALLAN R. BREWER-CARÍAS, *Principios del procedimiento administrativo,* Prólogo de EDUARDO GARCÍA DE ENTERRÍA, Madrid, Editorial Civitas, 1990; "Principios del procedimiento administrativo en España y América Latina", en *200 Años del Colegio de Abogados, Libro Homenaje*, t. I, Caracas, Colegio de Abogados del Distrito Federal, Avila Arte/Impresores, 1990, págs. 255-435; *Los principios fundamentales del derecho público* (con una Introducción General sobre los principios del derecho administrativo en la Ley General de la Administración Pública de Costa Rica), San José, Editorial Investigaciones Jurídicas/ Editorial Jurídica Venezolana, Costa Rica 2012, 222 págs.; *Les principes de la procédure administrative non contentieuse. Études de Droit Comparé (France, Espagne, Amérique Latine)*, Prólogo de FRANCK MODERNE, Paris, Economica, 1992; también publicado en *Études de droit public comparé*, Bruxelles, Académie International de Droit Comparé, Bruylant, 2001, págs. 161-274; *Principios del procedimiento en América Latina*, Bogotá, Universidad del Rosario, Editorial Legis, 2003; y Principios del procedimiento administrativo en América latina, 2ª ed. ampliada, Buenos Aires, Edic. Olejnik, 2020.

En similar sentido, el artículo 15 de la Ley de la República Dominicana, y el artículo 18 de la Ley de Chile definen el procedimiento administrativo como "una sucesión de actos trámite vinculados entre sí, emanados de la administración y, en su caso, de particulares interesados, que tiene por finalidad producir un acto administrativo terminal".

Esta positivización de las normas sobre el procedimiento administrativo y los actos administrativos, por otra parte, se ha hecho en las leyes no solo teniendo en cuenta la acción de la administración, sino el régimen de garantías debidas a los administrados frente a la misma. Las leyes reflejan, por ello, la lucha permanente que ha caracterizado al propio derecho administrativo dirigida a la búsqueda de un balance entre los privilegios y prerrogativas de la administración, por una parte y, por la otra, los derechos de los administrados.

Así se expresa, v. gr., en los *Considerandos* de la Ley de Honduras de 1987, donde se señala que en el Estado moderno, "La satisfacción de los *intereses públicos* exige el respeto de las formas creadas como garantía *de los derechos* de los particulares frente a la actividad administrativa".

Asimismo, en los *Considerandos* del Decreto 500/1991 de Uruguay, se precisa la motivación de todo su conjunto normativo, al establecer que tiene por objeto regular la actuación de la Administración; "A fin de servir con objetividad los *intereses generales* con sometimiento pleno al Derecho y para mejor tutelar los *derechos e intereses legítimos* de los administrados".

La Ley de la República Dominicana comienza con la indicación expresa de su objeto en su artículo 1, disponiendo que la misma "tiene por objeto regular los derechos y deberes de las personas en sus relaciones con la administración pública, los principios que sirven de sustento a esas relaciones y las normas de procedimiento administrativo que rigen a la actividad administrativa".

Igual hace la ley de Bolivia al indicar en su primer artículo:

"Artículo 1 [Objeto de la ley]. La presente ley tiene por objeto: a) establecer las normas que regulan la actividad administrativa y el procedimiento administrativo del sector público; b) Hacer efectivo el ejercicio del derecho de petición ante la administración pública; c) regular la impugnación de actuaciones administrativas que afecten derechos subjetivos o intereses legítimos de los administrados, y d) regular procedimientos especiales".

Y en igual sentido, el artículo 1° de la ley de El Salvador también indica:

"Las disposiciones de la presente ley tienen por objeto regular: 1. Los requisitos de validez y eficacia de las actuaciones administrativas de toda la administración pública. 2. Los derechos de los ciudadanos frente a la administración pública. 3. El régimen de responsabilidad patrimonial de la administración pública y de sus funcionarios. 4. El ejercicio de la potestad normativa, así como los principios y garantías del procedimiento administrativo sancionador".

Lo mismo también lo señala expresamente, por ejemplo, tanto el artículo 1° de la Ley 9.784 de Brasil, como el artículo III (finalidad) del Título preliminar de la Ley 27.444 del Perú.

Incluso, en las leyes más recientes sobre procedimientos administrativos se han incorporado específicamente provisiones enumerativas de los derechos de las personas o administrados. Es el caso de las leyes de Chile (art. 17), de Bolivia (art. 17), de El Salvador (art. 16) y de República Dominicana, en la que se ha incorporado el que quizás sea el listado más completo de derechos, comenzando en su artículo 4, que reconoce "el derecho de las personas a una buena administración pública," el cual se concreta, en todos los "derechos subjetivos de orden administrativo" que integran el procedimiento administrativo, a los que nos referimos más adelante.

Por ello es por lo que, sin duda, todas estas regulaciones sobre el procedimiento administrativo, han contribuido a cambiar totalmente el balance tradicional de estas relaciones entre administración y particular, que antes pesaba a favor de la administración, con amplias regulaciones sobre sus poderes, potestades y prerrogativas y las obligaciones de los administrados, y pocas se referían a sus derechos y garantías; buscando ahora establecer una situación de equilibrio entre poderes de la administración y derechos de los particulares, que en ellas se garantizan,

Si se analizan comparativamente las regulaciones sobre el procedimiento administrativo en España, Italia y Francia y en Iberoamérica, pueden identificarse tres etapas importantes: la primera, con el impulso a partir de la Ley española en 1959 y en América Latina, de la Ley de Argentina de 1972; la segunda, con el impulso en 2001 de la Ley del Perú, y finalmente, la tercera, con el impulso final en 2017 de República Dominicana.

## 2. Las etapas de la codificación del procedimiento administrativo

### A) *Primera etapa: la codificación a partir de la Ley española (1959) y de la Ley de Argentina (1972)*

La primera de las leyes sancionadas en nuestros países con vocación codificadora, fue la dictada en España a finales de la década de los años cincuenta del siglo pasado, que fue la Ley de 17 de julio de 1958 sobre Procedimiento administrativo, y que como lo afirma Tomás Cano Campo en su estudio sobre "El procedimiento administrativo común en España" que se publica en esta obra, no solo fue "decisiva para la renovación del derecho administrativo español, sino que también tuvo una considerable proyección exterior y sirvió en numerosos países como modelo de regulación", lo que definitivamente fue cierto en América Latina. A la misma, en todo caso, hay que agregar la muy importante y complementaria Ley de Régimen Jurídico de la Administración del Estado de 1957. Dichas leyes fueron refundidas y reformadas en 1992 con la Ley 30/1992 de 26 de noviembre sobre el Régimen jurídico de las administraciones públicas y el procedimiento administrativo común, la cual fue a la vez reformada por la Ley 4/1999, de 13 de enero; y posteriormente reformadas por la Ley 39/2015, de 1° de octubre, de Procedimiento Administrativo Común (LPAC), y por la Ley 40/2015, de 1° de octubre, de Régimen Jurídico del Sector Público (LRJSP). En las mismas, como lo destaca CANO CAMPOS en su estudio citado, se incorporaron expresamente los principios de impulso de oficio, simplicidad, claridad, racionalización, economía procedimental, celeridad y antiformalismo.

Con base en estas regulaciones españolas puede decirse que el derecho administrativo latinoamericano, de haber estado influido en sus inicios solo por los principios del derecho administrativo francés e, incluso, por los principios del derecho administrativo italiano, a partir de la sanción de las mismas ha pasado a estar también influido significativamente por el derecho administrativo español y su doctrina contemporánea.

Cronológicamente, después de las leyes españolas, el proceso de codificación del derecho administrativo mediante leyes de procedimiento administrativo puede decirse que se siguió en América Latina, donde —dejando aparte un importante *Reglamento de normas generales de procedimiento administrativo* de Perú, dictado por Decreto Supremo 006-67-56 de 1967[2]— en Argentina se dictó la que fue la primera de las leyes nacionales sobre procedimientos administrativos de nuestros países, la Ley de Procedimientos Administrativos, 19.549 de 1972, reformada por la Ley 21.682[3], cuyas regulaciones estudia detalladamente el profesor HERNÁN CELORRIO, en su trabajo sobre "El procedimiento administrativo en la República Argentina" que se incluye en esta obra.

[2] *V.* Reglamento de Normas Generales de Procedimiento Administrativo dictado mediante Decreto Supremo 006-67-56 de 11 de noviembre de 1967. Este fue el primer texto comprehensivo que reguló el procedimiento administrativo en América Latina con evidentes influencias de la Ley española de 1958, a cuyo texto debía ajustarse la actuación administrativa de los órganos del poder ejecutivo, de los establecimientos públicos y de los gobiernos locales, "siempre que no se opusieran a las leyes o sus reglamentos especiales" (art. 1). En esta forma, si bien se establecieron principios generales de la acción administrativa, ello se hizo con un texto de rango reglamentario y supletorio, lo que implicó, en la práctica, que dicho texto no hubiera tenido mayor influencia en el desarrollo del derecho administrativo peruano.

[3] *V. Boletín Oficial* 22.411 del 27 de abril de 1972. Sobre la Ley argentina nuestros comentarios en ALLAN R. BREWER-CARÍAS, "La Ley de Procedimientos Administrativos de Argentina de 1972 en el inicio del proceso de positivización de los principios del procedimiento administrativo en América Latina", en HÉCTOR M. POZO GOWLAND, DAVID A. HALPERIN, OSCAR AGUILAR VALDEZ, FERNANDO JUAN LIMA, ARMANDO CANOSA (Coords.), *Procedimiento administrativo*, tomo II, *Aspectos generales del procedimiento administrativo. El procedimiento administrativo en el derecho comparado,* Buenos Aires, 2012, págs. 959-993.

Con esta ley puede decirse que, en América Latina, efectivamente se comenzó a dar un nuevo enfoque al objeto central de nuestra disciplina, que es la administración Pública y su actividad, la cual comenzó a estar regulada en normas de derecho positivo y no solo como consecuencia de principios generales, tanto en lo que se refiere a los aspectos formales y sustantivos de la actividad administrativa, como a los aspectos centrales de la relación de la administración con los administrados. Dicha ley, en definitiva, en Argentina superó el alcance limitado del largo proceso de regulación provincial que antes se había dictado sobre normas de procedimiento administrativo, y de regulación nacional sobre los recursos administrativos, particularmente, sobre el recurso jerárquico y que se remontan a los años treinta (Decreto 20.003/33 sustituido por Decreto 7520/44).

En el Decreto-Ley 19.549/72, además de establecerse los principios básicos a los que deben ajustarse los procedimientos administrativos desarrollados ante la administración pública nacional, los cuales son la "celeridad, economía, sencillez y eficacia en los trámites" (art. 1.b), y que deben respetarse tanto en la administración central como descentralizada, incluyendo los entes autónomos, regulándose las normas fundamentales relativas a los requisitos esenciales del acto administrativo, su estructura, validez y eficacia; asegurándose también para los administrados la garantía constitucional al debido proceso.

En este aspecto, la ley argentina puede decirse que fue pionera en establecer el alcance del debido procedimiento administrativo (art. 1.f), indicando que comprende: *primero*, el derecho a ser oído, con la posibilidad para el administrado de exponer las razones de sus pretensiones y defensas antes de que la administración emita actos administrativos que se refieren a sus derechos subjetivos o intereses legítimos, así como de interponer recursos y hacerse patrocinar y representar profesionalmente; *segundo*, el derecho a ofrecer y producir pruebas, y que las mismas se produzcan, si fuere pertinente, dentro del plazo que la administración fije en cada caso, atendiendo a la complejidad del asunto y a la índole de la que deba producirse, debiendo la administración requerir y producir los informes y dictámenes necesarios para el esclarecimiento de los hechos y de la verdad jurídica objetiva; todo ello "con el contralor de los interesados y sus profesionales, quienes podrán presentar alegatos y descargos una vez concluido el período probatorio"; y *tercero*, el derecho a una decisión fundada, en el sentido de que el acto administrativo decisorio haga expresa consideración de los principales argumentos y de las cuestiones propuestas.

La Ley argentina, por tanto, tiene el rasgo general que luego siguieron otras leyes latinoamericanas de abarcar todo el proceso de producción de las decisiones administrativas, lo que conduce a una muy importante regulación en relación con los actos administrativos.

Además, como todas las leyes en la materia que se dictaron posteriormente, regula el desarrollo de la actividad de la administración para obtener la adecuada satisfacción de los intereses públicos y, además, busca que los derechos de los administrados estén debidamente garantizados; de lo que deriva otro rasgo común de las mismas en el sentido de establecer las formas de la actuación de la administración en sus relaciones con los particulares, de manera que se desarrollen con el menor formalismo posible, evitando la realización o exigencias de trámites, formulismos o recaudos innecesarios o arbitrarios que compliquen o dificulten la acción administrativa.

En la tendencia y orientación de la Ley argentina, le siguió posteriormente el Decreto con fuerza de ley 640/1973, sobre procedimientos administrativos, dictado en Uruguay en 1973 y que fue sustituido en 1991 por el Decreto 500/1991 contentivo de las "Normas generales de actuación administrativa y regulación del procedimiento en la Administración Central"[4], las cuales analiza detenidamente la profesora CRISTINA VÁZQUEZ, en su estudio sobre "El procedimiento administrativo en Uruguay," que se publica en esta obra. Debe destacarse en este texto del Decreto del Uruguay, la enunciación extensa y comprensiva de los principios del procedimiento administrativo, al establecerse en su artículo 2, el carácter servicial de la administración pública, en el sentido de que "debe servir con objetividad los intereses generales con sometimiento pleno al derecho y debe actuar de acuerdo a los siguientes principios generales: a) imparcialidad; b) legalidad objetiva; c) impulsión de oficio; d) verdad material; e) economía, celeridad y eficacia; f) informalismo en favor del administrado; g) flexibilidad, materialidad y ausencia de ritualismos; h) delegación material; i) debido procedimiento; j) contradicción; k) buena fe, lealtad y presunción de verdad salvo prueba en contrario; l) motivación de la decisión; m) gratuidad".

Un lustro más tarde, en 1978 se sancionó la Ley General de la Administración Pública de Costa Rica[5], la cual no solo reguló el procedimiento administrativo, sino más allá, regulando materialmente todos los aspectos esenciales del derecho administrativo, lo que me llevó a calificarla al momento de estudiarla apenas fue promulgada, como una especie de "manual" de esta rama del derecho, redactado en forma de artículos, en lo cual contribuyó nuestro recordado amigo, el profesor EDUARDO ORTIZ ORTIZ[6]. En sus normas

[4] Alcance 90, *La Gaceta,* núm.102 de 30 de mayo de 1978.

[5] *Diario Oficial* de 3 de octubre de 1991.

[6] *V.* ALLAN R. BREWER-CARÍAS, "Comentarios sobre los principios generales de la Ley General de la Administración Pública de Costa Rica", en *Revista del Seminario Internacional de Derecho Administrativo*, San José, Colegio de Abogados de Costa Rica, 1981, págs. 31-57; y en *Revista Internacional de Ciencias Administrativas*, vol. XLVIII, Institut International des Sciences Administratives, Bruxelles, 1982, núm. 1, págs. 47-58; reproducido en mi libro: *Los*

se encuentra explicado el derecho administrativo como si se tratase del desarrollo de un programa de un curso sobre nuestra disciplina, expuesto en un muy hermoso y rico texto, en cuya redacción contribuyó mi recordado amigo el profesor de derecho administrativo EDUARDO ORTIZ ORTIZ, quien dejó en ella una huella importante. Es un ejemplo claro de la codificación del derecho administrativo formal, todo, y no solo del procedimiento administrativo, el cual se estudia con todo detenimiento por el profesor MANRIQUE JIMÉNEZ MEZA, en su estudio sobre "Análisis del procedimiento administrativo en Costa Rica," que se publica en esta obra. La Ley General, sin embargo, a pesar de toda su riqueza doctrinal, puede decirse que, en contraste del resto de la legislación latinoamericana, no tiene un artículo específico destinado a enumerar los principios del procedimiento administrativo.

A la ley costarricense la siguió cronológicamente la Ley Orgánica de Procedimientos Administrativos de 10 de julio de 1982, de Venezuela[7], texto que se comenzó a elaborar desde 1965, en un proyecto que me correspondió trabajar con la colaboración de dos profesores españoles que en ese momento estaban en Caracas, mis recordados amigos SEBASTIÁN MARTÍN RETORTILLO BEQUER y FRANCISCO RUBIO LLORENTE[8]. Esta Ley Orgánica, que analiza detalladamente ARMANDO RODRÍGUEZ GARCÍA en su estudio "El procedimiento administrativo en Venezuela" que se publica en esta obra, influenciada sin duda directamente por la Ley española, recogió todos los principios fundamentales relativos a la actividad administrativa desarrollada por los órganos de la administración pública nacional y aplicable supletoriamente a las administraciones estadales[9] y municipales; y en particular, los principios relativos a los actos administrativos (elaboración, formas y formalidades, efectos, revisión), que la jurisprudencia había establecido, habiendo contribuido ampliamente, desde su entrada en vigencia, a afianzar el principio de la legalidad administrativa[10].

---

*principios fundamentales del derecho público* (con una Introducción general sobre los principios del derecho administrativo en la Ley General de la Administración Pública de Costa Rica), San José, Editorial Investigaciones Jurídicas/ Editorial Jurídica Venezolana, 2012, 222 págs.

[7] *Gaceta Oficial* 2.818 Extraordinario de 1 de julio de 1981. *V.* sobre la Ley Orgánica en ALLAN R. BREWER-CARÍAS *et al.*, *Ley Orgánica de Procedimientos Administrativos,* Caracas, Editorial Jurídica Venezolana, 1982.

[8] *V. Informe sobre la Reforma de la Administración Pública Nacional,* Comisión de Administración Pública, Caracas, 1972, vol. 2, pág. 392.

[9] A lo largo de este libro utilizaré el venezolanismo "estadal" y "estadales" para referirmea lo que concierne a los estados de la federación.

[10] Sobre la ley venezolana, *V.*, ALLAN R. BREWER-CARÍAS, "Comentarios a la Ley Orgánica de Procedimientos Administrativos", en *Revista de Derecho Público*, núm. 7, Caracas, Editorial Jurídica Venezolana, julio-septiembre 1981, págs. 115-117; "Comentarios sobre el alcance y ámbito de la Ley Orgánica de Procedimientos Administrativos en Venezuela", en *Revista Internacional de Ciencias Administrativas*, vol. XLIX, núm. 3, Bruxelles, Institut International

La Ley Orgánica de Procedimientos Administrativos, además de los principios enunciados en las leyes anteriores ya mencionados de *celeridad, economía, sencillez y eficacia,* le agregó el principio de *imparcialidad* (art. 30). La Ley fue luego complementada, con la Ley de Simplificación de Trámites Administrativos (Decreto-Ley 368 de 5 de octubre de 1999, reformada en 2008) y con la Ley Orgánica de la Administración Pública de 17 de octubre de 2001, también reformada en 2008 y 2014[11]. En la Ley de Simplificación de Trámites Administrativos se enumeraron los siguientes principios conforme a los cuales se deben elaborar los planes de simplificación, que son:

"1. La presunción de buena fe del ciudadano. 2. La simplicidad, transparencia, celeridad y eficacia de la actividad de la administración pública. 3. La actividad de la administración pública al servicio de los ciudadanos. 4. La desconcentración en la toma de decisiones por parte de los órganos de dirección".

Estos principios los repitió el artículo 12 de la Ley Orgánica de la Administración Pública al precisar que la actividad de la administración pública se debe desarrollar con base en "los principios de economía, celeridad, simplicidad administrativa, eficacia, objetividad, imparcialidad, honestidad, transparencia, buena fe y confianza". Asimismo, se efectuará con arreglo a criterios de "racionalidad técnica y jurídica".

Debe indicarse además que, en Venezuela, estos principios fueron constitucionalizados, estableciéndose expresamente en el artículo 141 de la Constitución de 1999 el carácter servicial de la administración pública, al indicarse que "está al servicio de los ciudadanos", agregándose, además, que "se fundamenta en los principios de honestidad, participación, celeridad, eficacia, eficiencia, transparencia, rendición de cuentas y responsabilidad en el ejercicio de la función pública, con sometimiento pleno a la ley y al derecho ".

Unos años después de la Ley venezolana, en 1984, se produjo la reforma del Código Contencioso Administrativo de Colombia, al cual se le incorporó un nuevo Libro (Primero) sobre "procedimientos administrativos," también complementado con las disposiciones del decreto 266 de 2000 de Normas para la simplificación administrativa, el cual estudia con todo detenimiento el

---

des Sciences Administratives, 1983, págs. 247-258; "Comentarios sobre el alcance y ámbito de la Ley Orgánica de Procedimientos Administrativos en Venezuela", en *Revista de Control Fiscal*, núm. 104, Caracas, Contraloría General de la República, 1982, págs. 113-133; "Introducción al régimen de la Ley Orgánica de Procedimientos Administrativos", en ALLAN R. BREWER-CARÍAS (Coordinador-editor), HILDEGARD RONDÓN DE SANSÓ y GUSTAVO URDANETA, *Ley Orgánica de Procedimientos Administrativos*, Colección Textos Legislativos, núm. 1, Caracas, Editorial Jurídica Venezolana, 1981, págs. 7-51; y *El derecho administrativo y la Ley Orgánica de Procedimientos Administrativos. Principios del procedimiento administrativo*, 6ª ed., ampliada, Caracas, Editorial Jurídica Venezolana, 2002.

[11] *V.* sobre esta Ley, ALLAN R. BREWER-CARÍAS *et al.*, *Ley Orgánica de la Administración Pública,* Caracas, Editorial Jurídica Venezolana, 2008.

profesor A. R. CHÁVEZ MARÍN en su trabajo que se publica en esta obra, sobre "El procedimiento administrativo en Colombia". En el Código, además de todos los principios antes enunciados en las leyes precedentes, se agregaron otros como los de *publicidad, contradicción y conformidad* con el propio *Código* (art. 3º); es decir, el principio de legalidad objetiva.

Con este Código se dio un paso importante de avance en la codificación del derecho administrativo, al haberse regulado en un solo texto, que sigue siendo único en el Continente, todos los aspectos tanto del procedimiento administrativo como del proceso judicial contencioso administrativo. Debe recordarse que Colombia fue el único país de América Latina que adoptó en parte el modelo francés de dos órdenes de tribunales: una jurisdicción judicial que tiene en su cúspide a la Corte Suprema de Justicia, y una jurisdicción contencioso-administrativa que tiene en su cúspide al Consejo de Estado. Dada esta peculiar situación, desde 1941 se había dictado un Código Contencioso-Administrativo (ley 167 de 1941), en el cual se reguló exclusivamente el procedimiento judicial ante la jurisdicción contencioso-administrativa. Con base en la labor de la jurisprudencia, en 1980 se propuso la reforma y adaptación del Código, lo cual condujo a la sanción del decreto 01 de 1984, mediante el cual se le agregó al Código el nuevo "Libro" relativo al "procedimiento administrativo", diferenciado del "procedimiento ante la jurisdicción en lo contencioso-administrativo"[12]. Esta importante legislación nacional reguladora del procedimiento administrativo y del proceso contencioso administrativo, luego de la reforma constitucional de 1991, fue reformada en 2011, mediante la ley 1437 contentiva del nuevo Código de Procedimiento Administrativo y de lo Contencioso Administrativo[13].

Tres años después de la reforma colombiana, en 1987 se dictó la *Ley de Procedimiento Administrativo* de Honduras (Decreto 152-87, de 28 de septiembre de 1987), reformada parcialmente mediante la Ley para Optimizar la Administración Pública, Mejorar los Servicios a la Ciudadanía y Fortaleci-

[12] El decr. 1 se dictó con fundamento en la ley 58 de 1982. Posteriormente, y con estribo en la ley 30 de 1987, mediante decr. 2304, de 7 de octubre de 1989, se introdujeron reformas al Código Contencioso Administrativo.

[13] *V. Diario Oficial* 47.956 de 18 de enero de 2011. *V.* algunos comentarios sobre dicha reforma en ALLAN R. BREWER-CARÍAS, "Los principios del procedimiento administrativo en el Código de Procedimiento Administrativo y de lo Contencioso Administrativo de Colombia (ley 1437 de 2011)", en *Congreso Internacional de Derecho Administrativo, X Foro Iberoamericano de Derecho Administrativo.* El Salvador, 2011, págs. 879-918; "Los principios generales del procedimiento administrativo en la ley 1437 de 2011 contentiva del Código de Procedimiento Administrativo y de lo Contencioso Administrativo de Colombia" en *Visión actual de los procedimientos administrativos, III Congreso de Derecho Administrativo, Margarita 2011,* Caracas, Centro de Adiestramiento Jurídico "CAJO" y Editorial Jurídica Venezolana, 2011, págs. 13-48

miento de la Transparencia en el Gobierno[14]. En los *Considerandos* de la Ley se precisa que "la actividad administrativa debe estar presidida por principios de *economía, simplicidad, celeridad y eficacia* que garanticen la buena marcha de la Administración", a fin de lograr una pronta y efectiva satisfacción del interés general (art. 19).

En orden cronológico, a comienzos de la década de los noventa, se produjo en Italia el importante avance de codificación del derecho administrativo al sancionarse, después de varios intentos fallidos durante las décadas anteriores, la importante *Ley 241/1990* que contiene nuevas normas no solo en materia de procedimiento administrativo sino respecto del derecho de acceso a los documentos administrativos; la cual ha sido reformada posteriormente, siendo una de las últimas mediante la Ley 15/2005 y la Ley 124/2015, la cual se analiza detalladamente por el profesor FABRIZIO FRACCHIA, en su estudio sobre "El procedimiento administrativo en Italia" que se publica en esta obra. De dicha Ley 241 FRACCHIA destaca que la misma "afirma que la actividad administrativa persigue los fines determinados en la Ley (principio de legalidad) y se rige por «criterios» de economicidad, de eficacia, de imparcialidad, de publicidad y de transparencia según las modalidades previstas en la propia Ley", lo cual apunta a asegurar "el logro de un resultado".

Después de la Ley de Honduras y de Italia, casi diez años después, en 1994 se dictó en México la *Ley Federal de Procedimiento Administrativo*[15], cuya última reforma es de 2 de mayo de 2017, la cual se estudia ampliamente por los profesores LUIS JOSÉ BÉJAR RIVERA y CARLOS A. VILLANUEVA MARTÍNEZ, en su trabajo sobre "*El procedimiento administrativo en México*" que se publica en esta obra. En la Ley Federal de México, en general, en materia de principios del procedimiento administrativo, se sigue la misma orientación del texto del Código colombiano, y se agrega a la enumeración, también, el principio de la *buena fe* (art. 13).

Cinco años después de la Ley mexicana le siguió la Lei 9.784, de 1999 de Brasil, que regula *el proceso administrativo en el ámbito de la Administración Pública Federal*[16], en cuyo artículo 2 se precisan, en forma exhaustiva, los principios a los cuales debe someterse la administración pública, y se dispone:

A Administraçao Pública obedecerá, dentre outros, aos principios da legalidade, finalidade, motivaçao, razoabilidade, proporcionalidade, moralidade, ampla defesa, contraditório, segurança juridica, interesse público e eficiência.

"Parágrafo *único*. Nos processos administrativos serão observados, entre outros, os critérios de: I. atuação conforme a lei e o direito; II. atendimento a

[14] *V.* Diario Oficial *la Gaceta,* núm. 33,336 de 23 de enero de 2014.

[15] *V.* Diario Oficial de la Federación de 4 de agosto de 1994

[16] *V. Diario Oficial* de la Uniao del 1 de fevereiro de 1999.

fins de interesse geral, vedada a reúncia total ou parcial de poderes ou competências, salvo autorizaçã em lei; III. objetividade no atendimento do interesse público, vedada a promoção pessoal de agentes ou autoridades; IV. atuação segundo padrões éticos de probidade, decoro e boa-fé; V. divulgação oficial dos atos administrativos, ressalvadas as hipóteses de sigilo previstas na Constituição; VI. adequação entre meios e fins, vedada a imposição de obrigações, restrições e sanções em medida superior àquelas estritamente necessárias ao atendimento do interesse público; VII. indicação dos pressupostos de fato e de direito que determinarem a decisão; VIII. observância das formalidades essenciais a garantia dos direitos dos administrados; IX. adoção de formas simples, suficientes para propiciar adequado grau de certeza, segurança e respeito aos direitos dos administrados; X. garantia dos direitos à comunicação, à apresentações de alegações finais, à produção de provas e à interposição de recursos, nos processos de que possam resultar sanções e nas situações de litigio; XI. proibição de cobrança de despesas processuais, ressalvadas as previstas em lei; XII. impulsão, de oficio, do processo administrativo, sem prejuízo da atuação dos interessados; XIII. interpretação da norma administrativa da forma que melhor garanta o atendimento do fim público a que se dirige, vedada aplicação retroactiva de nova interpretação".

Al año siguiente se dictó en Panamá la Ley 38 de 2000[17] mediante la cual se aprobó el *Estatuto Orgánico de la Procuraduría de la Administración*, en el cual se regularon las normas relativas al procedimiento administrativo general. En la Ley, en materia de principios, en su artículo 34 se dispuso que las actuaciones administrativas en todas las entidades públicas se deben efectuar "con arreglo a normas de informalidad, imparcialidad, uniformidad, economía, celeridad y eficacia, garantizando la realización oportuna de la función administrativa, sin menoscabo del debido proceso legal, con objetividad y con apego al principio de estricta legalidad".

B) *Segunda etapa: la codificación a partir de la Ley del Perú (2001)*

Al año siguiente, en 2001, se publicó en el Perú la Ley 27.444 del Procedimiento Administrativo General[18], promulgada precisamente por uno de los destacados profesores de derecho administrativo de América Latina, el recordado amigo y entonces presidente de la República Valentín Paniagua. Con dicha Ley, redactada por un importante equipo de profesores peruanos encabezados por el profesor Jorge Danós, Perú se incorporó definitivamente en la corriente contemporánea de la codificación formal del procedimiento administrativo, siendo, en su momento, el texto que le dio un nuevo impulso y

[17] *V. Gaceta Oficial* 24.109, de 2 de agosto de 2000.

[18] *V.* Texto único ordenado de la Ley 27.444, de 17 de marzo de 2017, de procedimiento administrativo general, publicado en el *Diario Oficial* de 20 de marzo de 2017.

enfoque a la regulación del procedimiento administrativo, habiéndose recogido en el mismo, enriquecidos, todos los principios del procedimiento administrativo que se habían venido conformando en las décadas anteriores en todos nuestros países. por la doctrina, la jurisprudencia y la legislación[19].

Dicha Ley fue la primera en recibir el influjo de la Ley 30/1992 de Régimen Jurídico de las Administraciones Públicas y del Procedimiento Administrativo Común (modificada por Ley 4/1999 de 13 de enero de 1999) de España, pudiendo considerarse así, como un hito importante en la positivización de los principios del procedimiento administrativo, al precisar en el artículo IV del Título Preliminar que el procedimiento administrativo, sin perjuicio de la vigencia de otros principios generales del derecho administrativo, se sustenta fundamentalmente en los siguientes principios, que se enumeran a título enunciativo y no taxativo: "principio de legalidad; principio del debido procedimiento; principio del impulso de oficio; principio de razonabilidad; principio de imparcialidad; principio de informalismo; principio de presunción de veracidad; principio de conducta procedimental; principio de celeridad; principio de eficacia; principio de verdad material; principio de participación; principio de simplicidad; principio de uniformidad; principio de predictibilidad; principio de privilegio de controles posteriores".

A la Ley peruana, y en su misma orientación renovadora, en 2002 la siguió en Bolivia, la *ley 2341 sobre el procedimiento administrativo,* con la misma línea enumerativa extensa de principios generales de la actividad administrativa, listando los siguientes, luego de indicar como "principio fundamental" el del carácter servicial de la administración, que "el desempeño de la función pública está destinado exclusivamente a servir los intereses de la colectividad":

"Principio de autotutela; principio de sometimiento pleno a la ley; principio de verdad material; principio de buena fe, la confianza, la cooperación y la lealtad; principio de imparcialidad; principio de legalidad y presunción de legitimidad; principio de jerarquía normativa; principio de control judicial; principio de eficacia; principio de economía, simplicidad y celeridad; principio de informalismo; principio de publicidad; principio de impulso de oficio".

Posteriormente en Chile se sancionó en 2003 la Ley 19.880 sobre Procedimientos Administrativos[20], la cual enumeró en su artículo 4, como "principios del procedimiento", los siguientes: "principios de escrituración, gratuidad,

[19] Sobre la Ley peruana *V.* nuestros comentarios en Allan R. Brewer-Carías, "La regulación del procedimiento administrativo en América Latina (con ocasión de la primera década de la Ley Nº 27.444 del Procedimiento Administrativo General del Perú 2001-2011)", en *Derecho PUCP, Revista de la Facultad de Derecho,* núm. 67, *El procedimiento administrativo a los 10 años de entrada en vigencia de la LPAG*, Lima, Fondo Editorial, Pontificia Universidad Católica del Perú, 2011, págs. 47-77.

[20] *Diario Oficial* de 29 de mayo de 2003.

celeridad, conclusivo, economía procedimental, contradictoriedad, imparcialidad, abstención, no formalización, inexcusabilidad, impugnabilidad, transparencia y publicidad".

### C) *Tercera etapa: la codificación a partir de la ley de la República Dominicana (2017)*

Diez años después, en 2013 se dictó en la República Dominicana la Ley No 107-17 sobre los Derechos de las personas en sus relaciones con la Administración y procedimiento administrativo[21], en un texto que de nuevo significó una nueva ola en el proceso de codificación del derecho administrativo, habiéndose nutrido de la vasta experiencia en la materia desarrollada en todos nuestros países durante los últimos cincuenta años; y en cuya redacción contribuyeron los profesores OLIVO RODRÍGUEZ HUERTA y EDUARDO JORGE PRATS, entre otros, con la asistencia de los destacados profesores españoles RICARDO RIVERO, JAIME RODRÍGUEZ ARANA y JAVIER BARNES.

La Ley, en efecto, destinó su artículo 3 a establecer los "Principios de la actuación administrativa", disponiendo que en el marco "del respeto al ordenamiento jurídico en su conjunto, la administración pública sirve y garantiza con objetividad el interés general y actúa, especialmente en sus relaciones con las personas, de acuerdo con los siguientes principios:

"Principio de juridicidad; principio de servicio objetivo a las personas; principio promocional; principio de racionalidad; principio de igualdad de trato; principio de eficacia; principio de publicidad de las normas, de los procedimientos y del entero quehacer administrativo; principio de seguridad jurídica, de previsibilidad y certeza normativa; principio de proporcionalidad; principio de ejercicio normativo del poder; principio de imparcialidad e independencia; principio de relevancia; principio de coherencia; principio de buena fe; principio de confianza legítima; principio de asesoramiento; principio de responsabilidad; principio de facilitación; principio de celeridad; principio de protección de la intimidad; principio de ética; principio de debido proceso".

A la Ley de la República Dominicana, le siguió después de una larga evolución doctrinal y jurisprudencial, como no podía ser de otra forma, la sanción

[21] *V.* sobre esta Ley los comentarios en ALLAN R. BREWER-CARÍAS, "Principios del procedimiento administrativo en la Ley 107-13 de la República Dominicana sobre procedimientos administrativos de 6 de agosto de 2013," en Revista de Derecho Público, núm. 135 (julio-septiembre 2013)", Caracas, Editorial Jurídica Venezolana, 2013, págs. 59-72. Trabajo reproducido en mi libro: *Principios del procedimiento administrativo. Estudio de derecho comparado* (Presentación de OLIVO RODRÍGUEZ HUERTAS, Prólogos de EDUARDO GARCÍA DE ENTERRÍA y FRANK MODERNE), Asociación Dominicana de Derecho Administrativo, Colección Estudios de Derecho Administrativo, vol. II, Santo Domingo, Editorial Jurídica Venezolana International, 2016, 332 págs.

del "Código de relaciones entre el público y la Administración" de Francia, de 23 de octubre de 2015, que entró en vigor el 1° de enero de 2016, que contiene buen número de disposiciones sobre el procedimiento administrativo en general, y que constituye un documento de referencia inevitable en la materia, el cual ha sido analizado detalladamente por el profesor René Hostiou, en su estudio sobre "La procédure administrative non contentieuse en droit français", que se publica en esta obra.

Posteriormente, en 2017 se sancionó el *Código Orgánico Administrativo* en Ecuador,[22] el cual se analiza con todo detenimiento por el profesor Efrain Pérez, en su estudio sobre "Procedimiento administrativo en Ecuador" que se publica en esta obra, el cual tuvo como antecedentes la Ley 50 de Modernización del Estado, privatizaciones y prestación de servicios públicos por parte de la iniciativa privada de 1993, en la cual se precisó que los procesos de modernización se debían sujetar "a los principios de eficiencia, agilidad, transparencia, coparticipación en la gestión pública y solidaridad social", y antes, el Estatuto del Régimen Jurídico Administrativo de la Función Ejecutiva (Decreto Ejecutivo 1634 de 1994, reformado por Decreto Ejecutivo 2428 de 2002), el cual, sin embargo, solo reguló aspectos del procedimiento administrativo.

Todos esos antecedentes, condujeron a la previsión, en el nuevo Código Orgánico Administrativo, no solo a la enunciación sino a la definición, en sus artículos 2 a 17, de los siguientes otros principios:

"Principio de calidad; principio de jerarquía; principio de desconcentración; principio de descentralización; principio de coordinación; principio de participación; principio de planificación; principio de transparencia; principio de evaluación; principio de juridicidad; principio de responsabilidad; principio de proporcionalidad; principio de buena fe".

El mismo Código Orgánico Administrativo de Ecuador, agregó otros "principios de la actividad administrativa en relación con las personas", que enumeró en sus artículos 18 a 24:

"Principio de interdicción de la arbitrariedad; principio de imparcialidad e independencia; principio de control; principio de ética y probidad; principios de seguridad jurídica y confianza legítima; principio de racionalidad; principio de protección de la intimidad."

En 2017 también se sancionó en El Salvador, siguiendo la nueva orientación adoptada desde la Ley de la República Dominicana, la Ley de Procedimientos Administrativos (Decreto 856)[23], en cuyo artículo 3 se dispuso que la admi-

[22] *V. Registro Oficial* de 7 de julio de 2017.

[23] *V.* sobre esta Ley los comentarios en Allan R. Brewer-Carías, "Comentarios sobre algunos principios generales del régimen de la Ley de procedimientos administrativos de El Salvador", en *Revista de Derecho Público*, núms. 155-156, julio-diciembre 2018, Caracas,

nistración pública debe servir con objetividad a los intereses generales, y sus actuaciones están sujetas a los siguientes principios: "Legalidad; proporcionalidad; antiformalismo; eficacia; celeridad e impulso de oficio; economía; coherencia; verdad material; buena fe".

### 3. El ámbito de la regulación del procedimiento administrativo

#### A) *El ámbito de aplicación*

Un signo común del desarrollo legislativo del régimen de los procedimientos administrativo es la generalidad de su ámbito de aplicación, al concebirse el propio "procedimiento administrativo" como lo indica la Ley 27.444 del Perú, como el "Conjunto de actos y diligencias tramitados en las entidades, conducentes a la emisión de un acto administrativo que produzca efectos jurídicos individuales o individualizables sobre intereses, obligaciones o derechos de los administrados" (art. 29).

En ese marco, el principio fundamental que rige en esta materia es el de la generalidad del ámbito de aplicación de la ley, de manera que una vez dictada una ley de procedimiento administrativo, esta establece un régimen básico, común (de allí la nueva denominación de la ley española como ley de "régimen común") o general que se aplica a toda la administración pública, salvo excepciones que siempre deben ser expresas.

Por supuesto, hablar de la administración pública plantea el tema general de nuestra disciplina de precisar si esta debe definirse desde el punto de vista orgánico o funcional, siendo lo cierto, sin embargo, que en general las leyes de procedimiento administrativo han optado por un criterio orgánico para definir su ámbito de aplicación, y su excepción la definición de dicho ámbito de aplicación mediante criterios funcionales.

Esta excepción se da, por ejemplo, en el caso de Brasil y Colombia. La Ley de Brasil, en efecto, prescribe que los preceptos de la misma "se aplican a los órganos de los poderes legislativos o judicial de la Unión, cuando desempeñen la *función administrativa*" (art. 1°, parg. 1°). Por su parte, en Colombia, el Código Contencioso Administrativo, en el libro sobre Procedimientos administrativos, prescribe que sus normas se aplican al *ejercicio de la función administrativa*, sea cual fuere el órgano o entidad que la ejerza: puede tratarse

---

Editorial Jurídica Venezolana, págs. 249-296; y en "Comentarios sobre la Ley de Procedimientos Administrativos de 15 de diciembre de 2017 de El Salvador, en perspectiva histórica y comparada," en el libro *Comentarios a la Ley de procedimientos administrativos. Homenaje al Profesor José Meilán Gil* (Jaime Rodríguez Arana-Muñoz y Henry Alexander Mejía, Directores), Cuadernos Legislación Comentada y Relacionada, núm. 2, San Salvador, Editorial Cuscatleca, 2019, págs. 63-80.

de los órganos de todas las ramas del poder público, de entidades descentralizadas, de órganos desconcentrados de rango constitucional y de entidades privadas "cuando unos y otros cumplan funciones administrativas" (art. 1).

Por ello, la definición del ámbito de aplicación del Código de Colombia es funcional; sin considerar quien ejerza la función administrativa se rige por sus normas, trátese de un órgano del Congreso, de la administración, o de las entidades particulares cuando dictan actos administrativos.

En esta orientación se ubica la Ley del Perú, en la cual si bien se dispone que "será de aplicación para todas las entidades de la administración pública", la misma entiende por "entidades" de la administración pública para los fines de su aplicación, las siguientes:

"1. El Poder Ejecutivo, incluyendo ministerios y organismos públicos descentralizados; 2. El Poder Legislativo; 3. El Poder Judicial; 4. Los gobiernos regionales; 5. Los gobiernos locales; 6. Los organismos a los que la Constitución Política del Perú y las leyes confieren autonomía. 7. Las demás entidades y organismos, proyectos y programas del Estado, cuyas actividades se realizan en virtud de potestades administrativas y, por tanto, se consideran sujetas a las normas comunes de derecho público, salvo mandato expreso de ley que las refiera a otro régimen; y 8. Las personas jurídicas bajo el régimen privado que prestan servicios públicos o ejercen función administrativa, en virtud de concesión, delegación o autorización del Estado, conforme a la normativa de la materia" (art. 1).

Esta norma se complementa con lo dispuesto en el artículo II, según el cual la ley "regula las actuaciones de la función administrativa del Estado y el procedimiento administrativo común desarrollados en las entidades" (art. II, 1, Título Preliminar).

Pero, como antes se dijo, esta definición funcional es excepcional en cuanto al ámbito de aplicación de las leyes de procedimiento administrativo, pues en el resto de los países latinoamericanos se ha optado por el criterio orgánico. Normalmente se aplican a la administración pública centralizada como es el caso de Argentina (art. 1), de Venezuela (art. 1), del decreto 500/1991 sobre "Normas generales de actuación administrativa y regulación del procedimiento en la Administración *Central*" de Uruguay (art. 1º) y de México (art. 1º); y en algunos casos, la aplicación de las leyes se extiende expresamente a la administración pública descentralizada funcionalmente, como sucede en las leyes de Venezuela y Argentina.

Por otra parte, en países de régimen federal (por ejemplo, Argentina, Brasil, México y Venezuela), la distribución territorial del poder público en forma vertical hace que los órganos políticos de los Estados y municipales puedan tener autonomía incluso para regular los procedimientos administrativos, no existiendo una sola y general ley nacional de procedimientos administrativos.

Por ello, en México y en Brasil, la Ley se denomina "ley federal" de procedimientos administrativos, para distinguirla de las leyes de cada uno de los Estados de la Federación sobre procedimientos administrativos. En el caso argentino, la "ley nacional" de procedimientos administrativos es distinta e independiente de las leyes provinciales sobre procedimientos administrativos, las cuales, incluso, históricamente son anteriores a la ley nacional.

En el caso de Venezuela sucede lo mismo en materia de principios; siendo la forma del Estado la de un Estado federal, la Ley Orgánica de Procedimientos Administrativos nacional en principio no está destinada a los estados y municipios, entidades que tendrían autonomía normativa para regular sus propios procedimientos administrativos. Sin embargo, por el principio de la extensión, la propia Ley Orgánica nacional señala que sus disposiciones rigen respecto de los estados y municipios "en cuanto les sea aplicable" (art. 1º). En esta forma, mediante este principio de extensión se permite, en cuanto hace a los principios del procedimiento, controlar la legalidad de la actuación de los estados y los municipios, así hayan ellos dictado o no sus propias leyes u ordenanzas sobre procedimientos administrativos, lo que por la tendencia centralizadora que ha predominado en el país, ha sido excepcionalísimo.

### B) *El principio de la imperatividad y exclusividad*

Ahora bien, regulado un procedimiento administrativo en una ley general de procedimiento administrativo, él debe aplicarse exclusivamente, siendo el único válido y admisible.

Por tanto, una vez regulado un procedimiento administrativo, puede decirse que queda eliminado todo ámbito de discrecionalidad de la administración respecto de poder escoger o aplicar un procedimiento cualquiera.

Este es uno de los principios claves derivados de la garantía de los particulares frente a la administración, el que exclusivamente se aplique el procedimiento que regula la ley, no teniendo el funcionario poder discrecional alguno para aplicar cualquier otro procedimiento. Lo contrario atentaría contra el régimen mismo del procedimiento.

Por tanto, como garantía de los particulares, en materia de procedimiento administrativo, el principio de exclusividad conduce, en relación con la administración al principio de obligatoriedad.

En efecto, regulado legalmente un procedimiento, es de obligatoria aplicación. Así lo señala la Ley Federal mexicana, al prescribir que las disposiciones sobre procedimiento administrativo, "Son aplicables a la actuación de los particulares ante la administración pública federal, así como a los actos a través de los cuales se desenvuelve la función administrativa" (art. 12).

Sin embargo, en las leyes de procedimiento administrativo se pueden identificar algunos supuestos en los que, si bien se regula el procedimiento administrativo, el mismo podría no ser obligatorio. Es el caso, por ejemplo, de procedimientos que no afecten a los particulares. El procedimiento administrativo en último término, es una garantía de los particulares, por lo que, en definitiva, como lo señala la Ley de Honduras, los órganos y entidades de la administración pública, "Estarán sujetos a la presente Ley, cuando declaren, reconozcan o limiten los derechos de los particulares" (art. 1).

Por su parte, la Ley General de Costa Rica también establece expresamente, en su artículo 308, que el procedimiento ordinario que regula será de observancia obligatoria en cualquiera de los siguientes casos:

"a) Si el acto final puede causar perjuicio grave al administrado, sea imponiéndole obligaciones, suprimiéndole o denegándole derechos subjetivos, o por cualquier otra forma de lesión grave y directa a sus derechos o intereses legítimos, y b) si hay contradicción o concurso de interesados frente a la administración dentro del expediente".

Por ello, también agrega la Ley General de Costa Rica que el trámite que regula se aplica "cuando el acto final haya de producir efectos en la esfera jurídica de otras personas" (art. 215), es decir, pueda causar perjuicios o afectar a otros particulares, o cuando exista una contradicción o participación de particulares.

Lo antes dicho permite distinguir los procedimientos administrativos según sus efectos y, entre ellos, los que afecten a los particulares y los que no los afecten, de lo que deriva su obligatoriedad.

Por ello, si el procedimiento es de efectos internos exclusivamente respecto de los órganos de la administración, la ley de Costa Rica prescribe que la administración puede regularlo discrecionalmente. En consecuencia, la obligatoriedad es total cuando el procedimiento implique actos o acciones que vayan a afectar a los administrados, como lo señala la ley de Honduras. Al contrario, cuando esta afectación a los particulares no existe, la administración tendría la libertad de escoger cualquier otra modalidad de procedimiento.

Una excepción a la obligatoriedad se encuentra en la Ley Federal mexicana cuando se refiere a aquellos casos en que "medie una situación de emergencia o urgencia, debidamente fundada y motivada", supuesto en el cual la autoridad puede emitir el acto administrativo sin las formalidades del procedimiento, pero siempre respetando las garantías individuales (art. 61). Con ello, en situaciones excepcionales podría obviarse el principio de la obligatoriedad, así como también el procedimiento, y dictarse el acto sin regirse por la norma preestablecida, pero siempre respetando las garantías de los particulares.

La obligatoriedad del procedimiento trae como consecuencia, en todas las leyes, la aplicación del principio de la responsabilidad; por tanto, la mora o la no aplicación del procedimiento o trámites compromete la responsabilidad tanto de la Administración como del funcionario. Así, la Ley de El Salvador dispone que "los funcionarios que tuvieran a su cargo la tramitación de los asuntos, serán responsables de esta y adoptarán las medidas oportunas para que no sufra retraso. Por ello, dispondrán lo conveniente para eliminar toda anormalidad en los expedientes y en la atención al público" (art. 91).

Por otra parte, así está expresamente regulado en la ley venezolana (art. 6), y en la ley peruana. En la primera, se declara responsable al funcionario por "retardo, omisión, distorsión o incumplimiento de cualquier disposición, procedimiento, trámite o plazo" establecido en la Ley (art. 100). La responsabilidad disciplinaria, en estos casos, en general, origina la aplicación de sanciones pecuniarias como se dispone en el artículo 151 de la ley de Honduras; en el artículo 68 de la ley de Brasil; y en el artículo 100 de la ley de Venezuela.

En la Ley del Perú, además, se detallan los supuestos de responsabilidad de los funcionarios por falta administrativa en el procedimiento administrativo, en los siguientes casos:

"1. Negarse a recibir injustificadamente solicitudes, recursos, declaraciones, informaciones o expedir constancia sobre ellas. 2. No entregar, dentro del término legal, los documentos recibidos a la autoridad que deba decidir u opinar sobre ellos. 3. Demorar injustificadamente la remisión de datos, actuados o expedientes solicitados para resolver un procedimiento o la producción de un acto procesal sujeto a plazo determinado dentro del procedimiento administrativo. 4. Resolver sin motivación algún asunto sometido a su competencia. 5. Ejecutar un acto que no se encuentre expedito para ello. 6. No comunicar dentro del término legal la causa de abstención en la cual se encuentre incurso. 7. Dilatar el cumplimiento de mandatos superiores o administrativo o contradecir sus decisiones. 8. Intimidar de alguna manera a quien desee plantear queja administrativa o contradecir sus decisiones. 9. Incurrir en ilegalidad manifiesta. 10. Difundir de cualquier modo o permitir el acceso a la información confidencial".

En la reforma del Código colombiano de 2011, se estableció como uno de los nuevos principios del procedimiento administrativo enumerados en el mismo, siguiendo la normativa de la Constitución de 1991, el principio de responsabilidad, en virtud del cual, conforme al artículo 3° numeral 7, las autoridades y sus agentes deben asumir "las consecuencias por sus decisiones, omisiones o extralimitación de funciones, de acuerdo con la Constitución, las leyes y los reglamentos".

Con ello, se formaliza en el Código el principio constitucional de la responsabilidad de los funcionarios, y no solo del Estado, tan ampliamente desarrollado en Colombia; responsabilidad que se compromete frente a los administrados y también frente a la propia administración por los daños causados en sus actuaciones.

En la Ley de Honduras, por su parte, se regula el procedimiento de queja ante el superior inmediato del presunto responsable, en relación con "los retrasos injustificados o defectos de tramitación durante el procedimiento", a los efectos de la determinación de la responsabilidad disciplinaria, con intervención de la Contraloría General de la República (art. 117). La ley del Perú también regula en detalle el procedimiento de queja contra los defectos de tramitación (art. 158).

El resultado del principio de la responsabilidad es, por tanto, que los daños y perjuicios que se causen deben ser resarcidos por la administración. Como lo dispuso el Código de Ecuador (art. 15):

*Principio de responsabilidad.* El Estado responderá por los daños como consecuencia de la falta o deficiencia en la prestación de los servicios públicos o las acciones u omisiones de sus servidores públicos o los sujetos de derecho privado que actúan en ejercicio de una potestad pública por delegación del Estado y sus dependientes, controlados o contratistas. El Estado hará efectiva la responsabilidad de la o el servidor público por actos u omisiones dolosos o culposos. No hay servidor público exento de responsabilidad".

En igual sentido, la Ley de la República Dominicana dispone (art. 3.17):

*Principio de responsabilidad*: Por el que la administración responderá de las lesiones en los bienes o derechos de las personas ocasionados como consecuencia del funcionamiento de la actividad administrativa. Las autoridades y sus agentes asumirán las consecuencias de sus actuaciones de acuerdo con el ordenamiento jurídico".

C) *La proscripción de las vías de hecho*

La consecuencia de la regulación del procedimiento y del necesario sometimiento a la ley que lo regula es, en general, la necesidad de que la administración, en su actuación, tenga que seguir siempre las vías legales. Por ello la Ley de El Salvador exige que "Toda actuación material de ejecución debe tener como fundamento un acto administrativo y ajustarse a los límites y alcances definidos por este" (art. 34).

La consecuencia de esto es que quedan proscritas las vías de hecho, las cuales existirían en toda actuación de la administración que se aparte del procedimiento legalmente establecido o cuando la administración pretenda adoptar una decisión sin que exista un acto previo que la autorice.

Este principio se encuentra regulado, por ejemplo, en la Ley Orgánica venezolana, en materia de ejecución de actos administrativos, al establecer que "Ningún órgano de la administración podrá realizar actos materiales que menoscaben o perturben el ejercicio de los derechos de los particulares, sin que previamente haya sido dictada la decisión que sirva de fundamento a los actos" (art. 78).

En sentido similar, la Ley de Honduras prescribe que "Ninguna actuación material que limite derechos de los particulares podrá iniciarse sin que previamente haya sido adoptada y legalmente comunicada la decisión que le sirva del fundamento jurídico" (art. 20).

Por ello, la actuación de la administración mediante actos materiales se considera como una vía de hecho si no tiene su fundamento en un acto administrativo formal previo de la propia administración.

En el caso de la Ley de Argentina, la regulación de las "vías de hecho" es expresa al imponer a la administración la abstención de "comportamientos que importen vías de hecho administrativas lesivas de un derecho o garantía constitucionales" (art. 9, lit. a).

Incluso se califica como "vía de hecho" la actuación consistente en poner en ejecución un acto administrativo cuando está pendiente algún recurso administrativo de los que impliquen efectos respecto de la ejecución del acto; o cuando habiéndose resuelto, no hubiere sido notificado (art. 9, lit. b).

D) *Los procedimientos especiales*

Como excepción al principio de la generalidad, muchas leyes de procedimiento administrativo establecen excepciones expresas y precisas respecto de su aplicabilidad a determinados procedimientos. En Venezuela, por ejemplo, quedan excluidos de la aplicación de la Ley Orgánica de Procedimientos Administrativos, "los procedimientos concernientes a la seguridad y defensa del Estado" (art. 106).

En sentido similar, el Código colombiano precisa que sus normas "No se aplicarán en los procedimientos militares o de policía que por su naturaleza, requieren decisiones de aplicación inmediata, para evitar o remediar una perturbación de orden público en los aspectos de defensa nacional, seguridad, tranquilidad, salubridad y circulación de personas y cosas" (art. 1°).

En Colombia también se excluyen de la aplicación del Código los procedimientos "para ejercer la facultad de libre nombramiento y remoción" (art. 1°).

En Argentina, en esta materia, la Ley de Procedimientos Administrativos autoriza al poder ejecutivo para dictar el procedimiento administrativo que regirá respecto de los organismos militares y de defensa y seguridad, a propuesta de estos, adoptando los principios básicos de la Ley y su reglamento (art. 2).

En México, la Ley federal establece una amplia exclusión de la aplicabilidad de la Ley, al disponer que la misma no será aplicable a "Las materias de carácter fiscal, financiero, responsabilidades de los servidores públicos, electoral, competencia económica, justicias agraria y laboral, así como al ministerio público en ejercicio de sus funciones constitucionales" (art. 1°).

E) *El principio de especialidad y de supletoriedad*

Otro principio derivado de la regulación del procedimiento administrativo es el principio de supletoriedad vinculado al régimen de los procedimientos especiales.

En efecto, en todas las leyes de procedimiento administrativo se señala que puede haber procedimientos especiales, que serían los aplicables en el caso concreto, conforme al principio de la especialidad. Paralelamente, sin embargo, se regula el principio de la supletoriedad, en el sentido de que en estos procedimientos especiales se aplica el régimen general de la ley, en todo lo no regulado en los referidos procedimientos especiales.

Es el caso del Código colombiano, en cuyo artículo 1° se prescribe que los procedimientos administrativos regulados por leyes especiales se rigen por estas y, en todo lo no previsto en ellas, se aplican las disposiciones del Código. En igual sentido, el régimen venezolano de la Ley Orgánica de Procedimientos Administrativos señala que, si hay procedimientos regulados en leyes especiales, estos se aplican con preferencia al procedimiento ordinario previsto en la Ley, en las materias de su especialidad (art. 47). La supletoriedad también la regula con precisión la Ley peruana, al disponer que los procedimientos especiales creados y regulados como tales por ley expresa, atendiendo a la singularidad de la materia: "Se rigen supletoriamente por la presente ley en aquellos aspectos no previstos y en los que no son tratados expresamente de modo distinto" (art. II, 2).

En esta forma, el principio supletorio es un rasgo común de estas leyes de procedimiento administrativo, que también recogen las leyes de México (art. 2), de Argentina (art. 2), de Brasil (art. 68) y de Honduras (art. 2).

### F) *El régimen del Código de Procedimiento Civil como régimen supletorio*

Otro principio general que se puede identificar en el régimen de las leyes de procedimiento administrativo es el relativo a la aplicabilidad de las normas procesales generales respecto de los procedimientos administrativos. Entre las leyes de procedimiento administrativo que regulan este aspecto están las de Costa Rica, México, Honduras y Perú.

En efecto, la Ley General de Costa Rica destinada a regular los procedimientos que se desarrollan ante la administración, precisa que en ausencia de disposición expresa de su texto se deban aplicar "supletoriamente", en lo que fueren compatibles, las otras leyes que contengan normas procesales, que son, la Ley de la Jurisdicción Contencioso Administrativa y el Código de Procedimiento Civil (art. 229). En sentido similar, el artículo 150 de la Ley de Honduras (art. 150) dispone:

"Para la resolución de cuestiones no previstas expresamente en esta Ley, serán de aplicación supletoria los principios generales del procedimiento administrativo y, en su defecto, las normas del Código de Procedimientos Civiles siempre que no fueren incompatibles con el régimen establecido por la misma".

En el Perú, la Ley del Procedimiento Administrativo General dispone que "la regulación propia del derecho procesal civil es aplicable solo en cuanto sea compatible con el régimen administrativo" (art. IV, 2); y en México, la Ley Federal también prescribe que el Código Federal de Procedimiento Civil se aplicará, supletoriamente a esta Ley, en lo conducente (art. 2).

En todo caso, este ha sido uno de los temas tradicionalmente más discutidos en relación al régimen procesal administrativo. Las leyes administrativas están regidas por el principio del informalismo y el principio de la flexibilización de la acción administrativa, por lo que, como principio, el Código de Procedimiento Civil no debería aplicarse al procedimiento administrativo. Incluso en países como Venezuela, los tribunales contencioso-administrativos han tenido un rechazo sistemático respecto de admitir la aplicación de los principios del Código de Procedimiento Civil al procedimiento administrativo, precisamente, entre otros factores, por los principios del informalismo y anti-ritualismo que deben regir al procedimiento administrativo.

Por ello, en los casos de Costa Rica y de México, donde sí se remite expresamente al Código de Procedimiento Civil para lo no previsto en la ley, podría identificarse una fuerte contradicción entre el antiformalismo del procedimiento administrativo y el excesivo formalismo que caracteriza las normas de procedimiento civil.

## 4. La importancia de la enunciación legal de los principios del procedimiento administrativo en la consolidación del principio de legalidad

La enumeración de principios del procedimiento administrativo, y particularmente la extensísima contenida en las leyes de Brasil, de Uruguay, de Perú, de Bolivia, de Ecuador, de República Dominicana y de El Salvador, sin duda es un elemento de consolidación importante del principio de legalidad, al permitir ahora en nuestros países al juez contencioso-administrativo poder ejercer un control más efectivo y con mayor amplitud en relación con la actividad administrativa; y más aún cuando en muchas de las leyes, los principios no solo se enumeran sino que en su texto cada uno de ellos encuentra una definición precisa.

Lo importante de ello es que estos principios, además, como lo señala el artículo 2 de la Ley de Brasil, deben servir como *criterio interpretativo* para resolver las cuestiones que puedan suscitarse en la aplicación de las normas de procedimiento. En el mismo sentido, se regula en la Ley de Honduras (arts. 19 y 114) y la Ley del Perú (art. IV del Título preliminar), donde se señala no solo que los principios deben servir de criterio interpretativo para resolver las cuestiones que puedan suscitarse en la aplicación de las reglas de procedimiento sino, además, como lineamientos para la generación de otras disposiciones administrativas de carácter general, y para suplir los vacíos en el ordenamiento administrativo.

Por ello, mucho más importante que la sola enumeración de los principios que traen todas las leyes ha sido su progresiva definición en los propios textos legales explicitando el contenido de los mismos. Es lo que hacen, por ejemplo, además de las leyes antes indicadas, el Código colombiano, el cual, en relación con el principio de *economía* enumerado en todas las leyes, en su artículo 2°, señala que en virtud del mismo se debe tener en cuenta:

"Que las normas de procedimiento se utilicen para agilizar las decisiones; que los procedimientos se adelanten en el menor tiempo y con la menor cantidad de gastos de quienes intervengan en ellos; que no se exijan más documentos y copias que los estrictamente necesarios, ni autenticaciones ni notas de presentación personal sino cuando la ley lo ordene en forma expresa".

En relación, por ejemplo, con el principio del *debido procedimiento*, la Ley del Perú dispone en el artículo IV, 1.2 del Título Preliminar, que los administrados gozan de todos los derechos y garantías inherentes al debido procedimiento administrativo, que se rige por los principios de derecho administrativo, que comprende el derecho a exponer sus argumentos, a ofrecer y producir pruebas y a obtener una decisión motivada y fundada en derecho.

Por otra parte, al referirse al principio de *celeridad*, el artículo 3.19 de la ley de República Dominicana señala que en virtud del mismo, "las actuaciones administrativas se realizarán optimizando el uso del tiempo, resolviendo los procedimientos en plazo razonable que, en todo caso, no podrá superar los dos meses a contar desde la presentación de la solicitud en el órgano correspondiente, salvo que la legislación sectorial indique un plazo mayor. En especial, las autoridades impulsarán oficiosamente los procedimientos e incentivarán el uso de las tecnologías de la información y las comunicaciones a los efectos de que los procedimientos se tramiten con diligencia y sin dilaciones injustificadas, de manera escrita o a través de técnicas y medios electrónicos".

La Ley del Perú, por su parte, en relación con este mismo principio de *celeridad*, dispone en el artículo IV, 1.9 del Título preliminar, como obligación para quienes participan en el procedimiento, el que deben ajustar su actuación de tal modo que "Se dote al trámite de la máxima dinámica posible, evitando actuaciones procesales que dificulten su desenvolvimiento o constituyan meros formalismos, a fin de alcanzar una decisión en tiempo razonable, sin que ello releve a las autoridades del respeto al debido procedimiento o vulnere el ordenamiento".

Como se indicó en los *Considerandos* del Decreto uruguayo, su texto tiene por objeto agilizar y dar flexibilidad al procedimiento administrativo, "evitando la realización o exigencias de trámites, formulismos o recaudos innecesarios o arbitrarios que compliquen o dificulten su desenvolvimiento".

Por otra parte, en cuanto al principio de la *eficacia*, la norma del Código colombiano señala que tiene por objeto lograr la finalidad del procedimiento "removiendo de oficio los obstáculos puramente formales y evitando decisiones inhibitorias"; es más explícita la Ley de El Salvador al indicar sobre dicho principio en su artículo 3.4, que "La administración, antes de rechazar el inicio del procedimiento o recurso, su conclusión anormal o la apertura de un incidente, debe procurar la reparación o subsanación de cualquier defecto que haya advertido, incluso sin necesidad de prevención al interesado".

La Ley del Perú, en relación con este mismo principio de la *eficacia,* en el mismo artículo IV del Título Preliminar, es aún más explícita, al señalar:

"1.10. *Principio de eficacia.* Los sujetos del procedimiento administrativo deben hacer prevalecer el cumplimiento de la finalidad del acto procedimental, sobre aquellos formalismos cuya realización no incida en su validez, no determinen aspectos importantes en la decisión final, no disminuyan las garantías del procedimiento, ni causen indefensión a los administrados.

"En todos los supuestos de aplicación de este principio, la finalidad del acto que se privilegie sobre las formalidades no esenciales deberá ajustarse al marco normativo aplicable y su validez será una garantía de la finalidad pública que se busca satisfacer con la aplicación de este principio".

En sentido similar sobre el principio de la *eficacia*, se expresan el Código de Ecuador (art. 3), y la Ley de la República Dominicana (art. 3.6). Por su parte, la Ley de Bolivia dispone también en su artículo 4.p, que conforme al mismo, "La administración pública actuará con sometimiento a los fines establecidos en la presente Ley y utilizará los medios adecuados para su cumplimiento".

Otro principio positivizado es el que se encuentra en el Decreto uruguayo y en las Leyes de Perú y Venezuela, que es el principio de la *buena fe,* que puede considerarse como una revolución en el régimen jurídico de la administración pública, porque en la práctica de algunas administraciones, lamentablemente, lo que el funcionario busca normalmente es la manera de obstaculizar las pretensiones del interesado, y el administrado, a su vez, la manera de engañar a la administración.

El principio de la *buena fe*, al contrario, tiene que convertirse en el instrumento que pueda garantizarle al particular que puede confiar en la administración y en el funcionario, y viceversa. En consecuencia, encontrar este principio expresamente consagrado en el derecho positivo permite al juez poder controlar más la actuación de la administración.

En relación con este principio de la *buena fe*, la Ley del Perú lo enuncia, dentro del principio de conducta procedimental (art. IV, Título preliminar), así:

"1.8. *Principio de conducta procedimental.* La autoridad administrativa, los administrados, sus representantes o abogados y, en general, todos los partícipes del procedimiento, realizan sus respectivos actos procedimentales guiados por el respeto mutuo, la colaboración y la buena fe. Ninguna regulación del procedimiento administrativo puede interpretarse de modo tal que ampare alguna conducta contra la buena fe procesal".

Incluso, en la Ley venezolana sobre Simplificación de trámites administrativos (art. 9) se formula el principio según el cual, de acuerdo con la presunción de buena fe, los trámites administrativos deben mejorarse o rediseñarse para lograr el objetivo propuesto en la generalidad de los casos y no para cubrir posibles excepciones al comportamiento normal del ciudadano. En consecuencia, en todas las actuaciones que se realicen ante la administración pública, se debe tener como cierta la declaración del administrado, salvo prueba en contrario".

Este principio, por otra parte, se recoge como "presunción de veracidad" en el artículo 3° del decreto 266 de 2000, de Colombia, sobre simplificación de trámites; y también se enuncia, por ejemplo, en la Ley de Bolivia, en cuyo artículo 4.e se dispone sobre el mismo que "En la relación de los particulares con la administración pública se presume el principio de buena fe. La confianza, la cooperación y la lealtad en la actuación de los servidores públicos y de los ciudadanos, orientarán el procedimiento administrativo".

También, en la Ley de la República Dominicana, en su artículo 3.14 se indica sobre el principio de la *buena fe,* que "en cuya virtud las autoridades y los particulares presumirán el comportamiento legal de unos y otros en el ejercicio de sus competencias, derechos y deberes".

También en la Ley de El Salvador se enunció el principio de la *buena fe* (art. 3.9), indicándose que "todos los participantes en el procedimiento deben ajustar sus comportamientos a una conducta honesta, leal y conforme con las actuaciones que podrían esperarse de una persona correcta, la cual se presume respecto de todos los intervinientes".

Otro principio que ha tenido acogida en el derecho positivo, siguiendo la influencia de Europa es el principio de la *confianza legítima*, que ha contribuido a desarrollar nuevos mecanismos para regular la actividad de la administración en relación con los particulares y respecto de la relación jurídica que surge siempre entre ambos. Por ello, encontrar este principio, no ya derivado de la jurisprudencia, sino en el derecho positivo, sin duda, puede permitir un avance y un enriquecimiento posterior de gran importancia en nuestra disciplina.

Y en tal sentido, precisamente, debe destacarse la Ley de la República Dominicana que dispone (art. 3.15) en relación con dicho principio de la confianza legitima que en virtud del mismo "la actuación administrativa será respetuosa con las expectativas que razonablemente haya generado la propia administración en el pasado".

En similar sentido, con mayor desarrollo, el Código de Ecuador, dispone en su artículo 22, al referirse a los "*principios de seguridad jurídica y confianza legítima*":

"Las administraciones públicas actuarán bajo los criterios de certeza y previsibilidad. La actuación administrativa será respetuosa con las expectativas que razonablemente haya generado la propia administración pública en el pasado. La aplicación del principio de confianza legítima no impide que las administraciones puedan cambiar, de forma motivada, la política o el criterio que emplearán en el futuro. Los derechos de las personas no se afectarán por errores u omisiones de los servidores públicos en los procedimientos administrativos, salvo que el error u omisión haya sido inducido por culpa grave o dolo de la persona interesada".

Una norma que apunta en sentido similar, respecto de los cambios de criterios dispuestos por la administración y sus límites, se estableció en la ley venezolana, al disponer:

"Artículo 11. Los criterios establecidos por los distintos órganos de la administración pública podrán ser modificados, pero la nueva interpretación no podrá aplicarse a situaciones anteriores, salvo que fuere más favorable a los administrados. En todo caso, la modificación de los criterios no dará derecho a la revisión de los actos definitivamente firmes".

## 5. La positivización del principio de la legalidad en las leyes de procedimiento administrativo

El efecto fundamental de las leyes de procedimiento administrativo, en todo caso, es que las mismas, con todos sus principios, han contribuido a reforzar el principio de legalidad, es decir, el sometimiento pleno de la administración al derecho, o como lo indica la Ley de la República Dominicana "al ordenamiento jurídico del Estado" (art. 3.3), de manera de garantizar la situación jurídica de los particulares frente a la misma. Para ello, como lo indica la Ley peruana en el artículo IV, 1.1 del Título preliminar: "Las autoridades administrativas deben actuar con respeto a la Constitución, la ley y al derecho, dentro de las facultades que le estén atribuidas y de acuerdo con los fines para los que les fueron conferidas".

O como lo declara la Ley de El Salvador:

Legalidad. La administración pública actuará con pleno sometimiento al ordenamiento jurídico, de modo que solo puede hacer aquello que esté previsto expresamente en la ley y en los términos en que esta lo determine (art. 3.1)".

Con estas disposiciones se precisa con claridad, no solo que la administración actuará sometida al derecho, sino además dentro del preciso marco de las competencias que las normas le asignan, y siempre en acuerdo con los fines para los cuales le fueron conferidas dichas competencias. Este es el prin cipio universal en la materia, y que puede analizarse en el ámbito de las leyes latinoamericanas, haciendo referencia a las modalidades del sometimiento de la administración al derecho, y al significado que tienen las leyes de procedimiento administrativo en esa tarea.

En general, todas las leyes de procedimiento administrativo puede decirse que refuerzan este principio de legalidad para garantizar el sometimiento de la administración a la totalidad de las fuentes del derecho; principio que se puede analizar comparativamente desglosándolo de otros principios fundamentales: como el principio del carácter sub legal de la actividad administrativa, el principio de la jerarquía, que por vía interpretativa de las leyes permite afianzar la legalidad, el principio del paralelismo de las formas y, por último, el principio de los límites a la discrecionalidad, es decir, la reducción de la arbitrariedad que también encuentra consagración positiva.

A) *El principio del sometimiento pleno de la administración al derecho*

El solo hecho de que se dicte una ley de procedimientos administrativos puede considerarse como un enunciado formal de que la administración tiene que someterse al derecho y, a su vez, de que ese sometimiento puede ser objeto de control por los tribunales contencioso-administrativos. Se trata, nada más y nada menos, que de uno de los signos de afianzamiento del Estado de derecho.

Tratándose la actividad administrativa de una actividad estatal de rango sublegal, la misma no solo está sometida a la Constitución que es un texto de aplicación directa, y más aún, como consecuencia del proceso de constitucionalización del derecho administrativo desarrollado durante las últimas décadas (Colombia, por ejemplo), sino también a todas las otras fuentes del ordenamiento jurídico, respetándose "la jerarquía normativa" de las fuentes, como lo indica la Ley de Honduras (art. 2) e, incluso, a las fuentes no escritas. De allí la importancia de los principios generales del derecho administrativo que han guiado la elaboración de las leyes de procedimiento administrativo y que fueron formulados inicial y paulatinamente en su aplicación jurisprudencial, que han terminado siendo positivizados en dichas leyes.

Como consecuencia de ello, al analizar el sometimiento de la administración al principio de legalidad, conforme a las leyes de procedimiento administrativo se tiene que no se trata solo de un principio general del derecho, pues el mismo tiene cada vez con más frecuencia y precisión una expresión formal en los textos. Uno de estos enunciados está, por ejemplo, en la Ley de Brasil que impone como criterio que debe ser observado en los procedimientos administrativos, "la actuación conforme a la ley y al derecho" (art. 2, parg. único, I); y la Ley General de Costa Rica señala que "La administración pública actuará sometida al ordenamiento jurídico" (art. 11,1) y agrega, en otro artículo (art. 13), que

"La administración estará sujeta, en general, a todas las normas escritas y no escritas del ordenamiento administrativo y al derecho privado supletorio del mismo, sin poder derogarlos ni desaplicarlos para casos concretos".

La Ley de Bolivia, también se refiere al "principio de sometimiento pleno a la ley" de los actos de la Administración Pública, "asegurando a los administrados el debido proceso" (art. 4.c).

Este principio de *legalidad* o de actuación en conformidad con el derecho, por tanto, implica que las actividades que realicen todos los órganos que ejercen el poder público y no solo los que integran la administración pública, deben someterse a la Constitución y a las leyes. La consecuencia de ello, en un Estado de derecho, es que todas las actuaciones de los órganos públicos deben estar sometidas al control judicial. Como, por ejemplo, se organiza la Constitución venezolana de 1999, que las actividades contrarias al derecho están sometidas al control tanto de la jurisdicción constitucional (art. 334) como de la jurisdicción contencioso administrativa (art. 259), cuyos tribunales pueden anularlos.

En relación con la administración pública, la Ley Orgánica de la Administración Pública de Venezuela (art. 4°) expresa formalmente el principio, vinculándolo a la competencia, para lo cual, además, precisa la jerarquía de las fuentes del derecho aplicable a la administración, así:

"La administración pública se organiza y actúa de conformidad con el principio de legalidad, por el cual la asignación, distribución y ejercicio de sus competencias se sujeta a la Constitución de la República Bolivariana de Venezuela, a las leyes y a los actos administrativos de carácter normativo, dictados formal y previamente conforme a la ley, en garantía y protección de las libertades públicas que consagra el régimen democrático a las personas".

Se destaca de esta norma, como se dijo, la indicación formal de la jerarquía de las fuentes del derecho: 1) la Constitución, 2) las leyes y 3) los actos administrativos normativos; y la referencia al principio teleológico de la sumisión a la ley, cuyo fin es la garantía y protección de las libertades públicas propias del régimen democrático. Las fuentes del derecho, además, para ser tales, deben haberse dictado formal y previamente a la actividad que se regule, lo que implica la proscripción de la retroactividad de la ley.

El principio de la *legalidad*, además, se erige como un principio en el cual se fundamenta la administración pública, definiéndose en la Constitución venezolana como "el sometimiento pleno a la ley y al derecho" (art. 141), y es una de las misiones fundamentales de los órganos del poder ciudadano, consistente en velar por "la aplicación del principio de la legalidad en toda la actividad administrativa del Estado" (art. 274).

Adicionalmente, el artículo 8 de la Ley Orgánica de la Administración Pública de Venezuela recoge la previsión del artículo 7 de la Constitución, y precisa que "todos los funcionarios de la administración pública están en la obligación de cumplir y hacer cumplir la Constitución". Toda autoridad, por tanto, deriva y debe ejecutarse conforme a la Constitución.

Por otra parte, la Ley General de Costa Rica consagra en su propio texto no solo la sujeción de la administración a la ley escrita, sino también las diversas fuentes, es decir, las normas no escritas del ordenamiento jurídico. Incluso llega a enumerar con precisión y expresamente la jerarquía de las fuentes, las cuales el artículo 6,1 sujeta al siguiente orden:

"a) La Constitución Política; b) los tratados internacionales y las normas de la Comunidad Centroamericana; c)las leyes y los demás actos con valor de ley; d) los decretos del poder ejecutivo que reglamentan las leyes de los otros supremos poderes en la materia de su competencia; e) los demás reglamentos del poder ejecutivo, los estatutos y los reglamentos de los entes descentralizados; y f) las demás normas subordinadas a los reglamentos, centrales y descentralizadas".

Además, en la Ley General se enumeran las siguientes fuentes no escritas: "la costumbre, la jurisprudencia y los principios generales de derecho", que deben servir para interpretar, integrar y delimitar el campo de aplicación del ordenamiento escrito y tendrán el rango de la norma que interpretan, integran o delimitan (art. 7).

Esta identificación de las fuentes también se encuentra, por ejemplo, en el Código de Ecuador, al enunciar como "principio de juridicidad", el orden jerárquico de las mismas, así: "La actuación administrativa se somete a la Constitución, a los instrumentos internacionales, a la ley, a los principios, a la jurisprudencia aplicable y al presente Código. La potestad discrecional se utilizará conforme a Derecho".

En Panamá, el orden jerárquico de las disposiciones que deben ser aplicadas y que se define en la ley es: "la Constitución Política, las leyes o decretos con valor de ley y los reglamentos" (art. 35).

La Ley del Perú también fue precisa en este proceso de positivización de las fuentes del derecho administrativo, como fuentes del procedimiento administrativo, al indicar que "el ordenamiento jurídico-administrativo integra un sistema orgánico que tiene autonomía respecto de otras ramas del derecho" (art. V, Título preliminar), consagrando así la autonomía del derecho administrativo para lo cual precisa el mismo artículo V,1 que "el ordenamiento jurídico administrativo integra un sistema orgánico que tiene autonomía respecto de otras ramas del Derecho". Por otra parte, enumera las siguientes fuentes del derecho administrativo:

"2.1. Las disposiciones constitucionales. 2.2. Los tratados y convenios internacionales incorporados al ordenamiento jurídico nacional. 2.3. Las leyes y disposiciones de jerarquía equivalente. 2.4. Los decretos supremos y demás normas reglamentarias de otros poderes del Estado. 2.5. Los demás reglamentos del poder ejecutivo, los estatutos y reglamentos de las entidades, así como los de alcance institucional o provenientes de los sistemas administrativos. 2.6. Las demás normas subordinadas a los reglamentos anteriores. 2.7. La jurisprudencia proveniente de las autoridades jurisdiccionales que interpreten disposiciones administrativas. 2.8. Las resoluciones emitidas por la administración a través de sus tribunales o consejos regidos por leyes especiales, estableciendo criterios interpretativos de alcance general y debidamente publicadas. Estas decisiones generan precedente administrativo, agotan la vía administrativa y no pueden ser anuladas en esa sede. 2.9. Los pronunciamientos vinculantes de aquellas entidades facultadas expresamente para absolver consultas sobre la interpretación de normas administrativas que apliquen en su labor, debidamente difundidas. 2.10. Los principios generales del derecho administrativo".

Sin embargo, en cuanto a la jurisprudencia, a los precedentes, a las consultas interpretativas y a los principios generales del derecho administrativo, señala la ley que: "sirven para interpretar y delimitar el campo de aplicación del ordenamiento positivo al cual se refieren" (Título Preliminar, art. V, 3).

Por otra parte, para completar el proceso de positivización del principio de la legalidad, el artículo 8 de la Ley General de Costa Rica agrega también este enunciado:

"El ordenamiento administrativo se entenderá integrado por las normas no escritas necesarias para garantizar un equilibrio entre la eficiencia de la administración y la dignidad, la libertad y los otros derechos fundamentales del individuo".

Con ello también encuentra consagración en el derecho positivo el enunciado del principio del necesario equilibrio entre el poder de la administración (la eficiencia de la administración) y los derechos de los particulares.

Aparte de esto, la Ley costarricense señala otros principios a los cuales queda sometida la administración, como son los relativos al servicio público, "para asegurar su continuidad, su eficiencia, su adaptación a todo cambio en el régimen legal o en la necesidad social que satisfacen y la igualdad en el trato de los destinatarios, usuarios o beneficiarios" (art. 4).

Ahora bien, este principio del sometimiento de la administración al derecho encuentra en este conjunto de leyes una consagración expresa en otros aspectos que hay que destacar: en primer lugar, en el carácter siempre sublegal de la actividad de la administración y del acto administrativo; en segundo lugar, en la regulación misma del principio de la jerarquía de los actos administrativos; en tercer lugar, el principio del paralelismo de las formas como un elemento que debe guiar la actuación de la Administración; y en cuarto lugar el régimen de la discrecionalidad, su reducción y control.

B) *El carácter sublegal de la actividad administrativa*

Toda actividad administrativa es de carácter y rango sublegal; por ello, el acto administrativo se distingue del acto de gobierno emanado del jefe de Estado o de gobierno (ejecutivo) y de los actos del Parlamento, que son siempre de rango legal al ser dictados en ejecución directa e inmediata de la Constitución y sometidos, por tanto, al solo control de la jurisdicción constitucional. En cambio, los actos administrativos, al ser siempre de rango sublegal, están sometidos al control de la conformidad con el derecho (y no solo con la Constitución) que ejercen los tribunales de la jurisdicción contencioso administrativa.

a) *El respeto a la legalidad.* Ahora bien, el carácter sublegal de la actividad administrativa que implica el sometimiento o sujeción de la administración a la ley, exige precisar el esquema de relaciones entre la ley y el acto normativo de la administración (reglamento).

En tal sentido puede decirse que, con carácter general en América Latina, al contrario de lo que sucede en el sistema constitucional francés, no hay áreas normativas reservadas a la administración. La función normativa por excelencia corresponde al legislador, órgano que tiene la posibilidad de ejercer con los solos límites constitucionales, su potestad normativa. Por tanto, el principio del derecho francés de la existencia de áreas reservadas al poder ejecutivo para ser reglamentadas, que limitan la potestad reguladora del legislador, no existe en América Latina. Al contrario, en nuestros países, la potestad normativa del legislador en principio es ilimitada en cuanto a las materias que puede abarcar, por lo que puede regular todo dentro del marco de la Constitución. Es decir, la competencia normal de carácter normativo corresponde al Parlamento, no habiendo áreas reservadas al reglamento; al contrario, sí puede haber y existen áreas reservadas al legislador, que configuran la reserva legal como limitación a la potestad reglamentaria.

En consecuencia, el primer principio que deriva del carácter sublegal de la actividad administrativa es el del necesario respeto a la ley; cuyo antecedente normativo, en todo caso, se encuentra en la legislación española, específicamente en la Ley de Procedimientos Administrativos de 1958, que estableció el principio de que "la administración no podrá dictar disposiciones contrarias a las leyes" (art. 57). En sentido similar, la Ley de Honduras precisa que los órganos de la administración no pueden, mediante actos de carácter general "alterar el espíritu de la ley, variando el sentido y alcance de esta" (art. 40, lit. a). Este ha sido un principio tradicional del constitucionalismo venezolano que impone a la potestad reglamentaria el límite de que con ella no se puede "alterar el espíritu, propósito y razón de la Ley" (art. 236, 10).

b) *El respeto a la reserva legal.* De lo anterior resulta, por tanto, que si bien no existen áreas de regulación normativa reservadas al Reglamento, que siempre está sometido y subordinado a la ley; en cambio, sí existen áreas que están reservadas al legislador, que implican una limitación a la potestad reglamentaria y al acto administrativo normativo. Estas áreas de la reserva legal derivan tanto de principios constitucionales como de normas expresas de la Constitución.

En efecto, no es infrecuente encontrar en las Constituciones reservas legislativas expresas, por ejemplo, en materia de organización administrativa, como sucede en el caso venezolano, donde la Constitución precisa, por ejemplo, que "La Ley determinará lo relativo a la organización y funcionamiento de la Contraloría General de la República" (art. 290); o que "La organización de los municipios y demás entidades locales se regirá [...] por las normas que para desarrollar los principios constitucionales establezcan las leyes orgánicas nacionales, y por las disposiciones legales que en conformidad con aquellas dicten los Estados" (art. 169). Por lo tanto, en materia de organización, en estos casos, es la Constitución la que establece expresamente la reserva legal.

Estas materias de reserva legal, por tanto, no pueden ser objeto de regulación mediante reglamentos. Como lo precisa la Ley de Honduras, los órganos de la administración no pueden mediante actos de carácter general, "regular, salvo autorización expresa de una ley, materias que sean de la exclusiva competencia del poder legislativo" (art. 40, lit. b).

En otros casos, la reserva legal deriva de principios constitucionales que encontraron su expresión positiva en las leyes. En efecto, las áreas reservadas al Legislador y que implican un límite a la potestad reglamentaria normativa, derivan de tres ámbitos clásicos de regulaciones constitucionales: el régimen de los derechos y garantías constitucionales, es decir, la limitación de los derechos humanos; el establecimiento de sanciones e infracciones, y el establecimiento de tributos y contribuciones, todas áreas de regulación reservadas al legislador.

Estos ámbitos de reserva legal, si bien se construyeron progresivamente por la jurisprudencia, es decir, tanto por el juez administrativo como por el juez constitucional, luego encontraron su expresión concreta en textos normativos, como las leyes de procedimientos administrativos.

En particular, en cuanto al régimen de derechos y garantías constitucionales, la Ley General de la Administración de Costa Rica establece que el mismo "está reservado a la ley" (art. 19,1).

En el caso de Venezuela, en cuanto al régimen sancionatorio e impositivo, la Ley Orgánica de Procedimientos Administrativos establece que "Ningún acto administrativo podrá crear sanciones, ni modificar las que hubieran sido establecidas en las leyes, crear impuestos u otras contribuciones de derecho público, salvo dentro de los límites determinados por la ley" (art. 10).

En esta forma se regula la reserva legal en materia de sanciones, lo cual se corrobora en la Ley de Honduras, que establece que los órganos de la administración no pueden, mediante actos de carácter general, "establecer penas, ni prestaciones personales obligatorias, salvo aquellos casos en que expresamente lo autorice la ley" (art. 40, lit. c).

En sentido similar, la Ley General de la Administración Pública de Costa Rica dispone que: "Los reglamentos, circulares, instrucciones y demás disposiciones administrativas de carácter general no podrán establecer penas ni imponer penas, exacciones, tasas, multas ni otras cargas similares" (art. 124).

Se encuentran así, en la legislación de Costa Rica, las tres clásicas áreas constitucionales de reserva legal consagradas en forma expresa en la Ley General: el régimen de los derechos constitucionales, el régimen de las sanciones e infracciones, y el régimen de los tributos o exacciones, que sólo pueden establecerse por ley.

C) *El respeto a la jerarquía de los actos administrativos*

a) *El respeto de los actos de grado superior.* Otro de los principios del procedimiento administrativo derivado del principio de la legalidad es el de la jerarquía, que también tiene su antecedente formal en la Ley española de Régimen Jurídico de la Administración del Estado, de 1958, al prescribir que "ninguna disposición administrativa podrá vulnerar los preceptos de otra de grado superior" (art. 23, 1).

Esa norma fue recogida textualmente en la legislación venezolana, al establecer el artículo 13 de la Ley Orgánica de procedimientos administrativos que "ningún acto administrativo podrá violar lo establecido en otro de superior jerarquía". Consecuente con esta prescripción, el ordenamiento venezolano, además, establece el orden jerárquico de los actos administrativos, así: "decretos, resoluciones, órdenes, providencias y otras decisiones dictadas por órganos y autoridades administrativas" (art. 14).

Por tanto, el principio de jerarquía en la organización administrativa rige en materia de legalidad, obligando a que los actos administrativos de los órganos inferiores se sometan a los dictados por los superiores. Tal como lo precisó la Ley de Bolivia (art. 4, lit. h) *Principio de jerarquía normativa.* La actividad y actuación administrativa y, particularmente las facultades reglamentarias atribuidas por esta Ley, observarán la jerarquía normativa establecida por la Constitución Política del Estado y las leyes".

b) *El principio de la inderogabilidad singular de los reglamentos.* Otro principio derivado del principio de la jerarquía es el que en España se ha llamado "principio de la inderogabilidad singular de los reglamentos", es decir, la obligación que tiene la administración de respetar los actos normativos cada vez que se dicte un acto individual o de efectos particulares. No solo se trata de que el órgano inferior respete el acto normativo dictado por el órgano superior, sino de que el mismo órgano que dictó un acto normativo lo respete al dictar un acto de efectos particulares e, incluso, que el órgano superior respete el acto normativo del inferior al dictar un acto administrativo de efectos particulares.

Este principio también tiene relación con el principio del paralelismo de las formas: el reglamento solo puede ser modificado por otro reglamento, dictado por la misma autoridad que produjo el primero, conforme al mismo procedimiento. Por tanto, dictado un acto administrativo normativo en una determinada área de competencia, el mismo no puede ser modificado o derogado singularmente cuando se dicte un acto administrativo individual, aun cuando este lo dicte un órgano superior, el mismo órgano, o uno inferior.

Este principio encuentra regulación expresa en la Ley Orgánica venezolana, en cuyo artículo 13 se señala que los actos administrativos de carácter particular no pueden "vulnerar lo establecido en una disposición administrativa de carácter general, aún cuando fueren dictados por autoridad igual o superior a la que dictó la disposición general". En igual sentido se reguló en la Ley de El Salvador: (art. 29):

"Las resoluciones administrativas de carácter particular no podrán contradecir lo establecido en una disposición de carácter general, aunque aquellas procedan de un órgano de igual o mayor jerarquía al que dictó la disposición general".

En el caso de la Ley General de Costa Rica, su artículo 13 establece:

"La administración estará sujeta en general a todas las normas escritas y no escritas del ordenamiento administrativo, y al derecho privado supletorio del mismo, sin poder derogarlos ni desaplicarlos para casos concretos.

"La regla anterior se aplicará también en relación con los reglamentos, sea que estos provengan de la misma autoridad, sea que provengan de otra superior o inferior competente".

En consecuencia, dictada una norma reglamentaria esta no puede derogarse singularmente mediante un acto individual, sino que tiene que ser modificada por la misma autoridad, mediante otro acto reglamentario.

En Honduras, la Ley es todavía más precisa al prescribir que los órganos de la administración, incluso mediante actos de carácter general, no pueden "vulnerar los preceptos de otro acto de carácter general dictado por un órgano de grado superior" (art. 40, lit. d).

En Panamá, el principio se enuncia en el artículo 36 de la Ley, indicando que "ningún acto podrá emitirse o celebrarse con infracción de una norma jurídica vigente, aunque este provenga de la misma autoridad que dicte o celebre el acto respectivo".

D) *El principio del paralelismo de las formas*

Un principio que también se debe indicar como consecuencia de la regulación del procedimiento administrativo, vinculado al principio de legalidad es el principio del paralelismo de las formas.

Es decir, regulado un procedimiento para la producción de actos administrativos, cualquier modificación posterior del acto dictado, aun cuando no esté regulada expresamente, debe seguir las mismas formas y formalidades prescritas para la producción del acto inicial. Este principio puede tener una aplicación importante, porque muchas veces el ordenamiento sólo regula el procedimiento para la emisión del acto, pero no sus modificaciones. El principio del paralelismo de las formas obliga a que las modificaciones también se rijan por los mismos principios que guiaron la emisión.

La consagración de este principio, por ejemplo, está en la Ley del Perú, la cual al regular la potestad de la Administración para rectificar los errores materiales o aritméticos en los actos administrativos indica que "la rectificación adopta las formas y modalidades de comunicación o publicación que corresponda para el acto original" (art. 201,2).

E) *El régimen de la discrecionalidad*

Así como Adolf Merkl definió el derecho administrativo como "el derecho del procedimiento administrativo" y Maurice Hauriou lo había definido como el derecho relativo a las personas jurídico públicas, Marcel Waline, por su parte, también definió esta disciplina jurídica como "el derecho relativo al poder discrecional" con lo que se pone de manifiesto la importancia que tiene el ejercicio del poder discrecional en relación con los procedimientos administrativos.

En efecto, la discrecionalidad se da cuando la ley le otorga al funcionario cierta libertad para elegir entre uno y otro curso de acción, para hacer una u otra cosa, o hacerla de una u otra manera, apreciando la oportunidad o conveniencia de la medida que debe tomar. En los casos de ejercicio de poderes discrecionales, es la Ley la que permite a la administración apreciar la oportunidad o conveniencia del acto según los intereses públicos, sin predeterminar cuál es la situación de hecho. En esos casos, la administración tiene la elección, sea de las circunstancias ante las cuales dictará el acto, sea del acto que se dictará ante una situación de hecho, por lo que puede afirmarse que la potestad discrecional es más una libertad de elección entre diversas alternativas igualmente justas.

Por ello, en algunas de las leyes de procedimientos administrativos se ha regulado el ejercicio de la potestad discrecional, entendida como la posibilidad que da la ley al funcionario de adoptar decisiones según su apreciación de la oportunidad y conveniencia, pudiendo normalmente adoptar varias decisiones que de acuerdo a la apreciación de los hechos y a la finalidad de la norma, todas, si se aplican, podrían ser igualmente justas. Es decir, como lo precisó la Ley de El Salvador, "de acuerdo con el principio de legalidad, solo podrán dictarse actos discrecionales, *cuando así lo autorice el ordenamiento jurídico*" (se ha subrayado) (art. 25).

En esos casos, sin embargo, hay que precisar en el ordenamiento jurídico cuándo se está en realidad en el campo de la discrecionalidad, para separar de ello lo que corresponde a la actuación conforme a los "conceptos jurídicos indeterminados", en cuyos casos hay una evidente reducción de la libertad de apreciación pues allí solo hay en realidad una sola solución justa. Este principio se encuentra consagrado en la legislación de Costa Rica al disponer la Ley General, que la actuación de la administración "en ningún caso podrá consistir en dictar actos contrarios a reglas unívocas de la ciencia o de la técnica" (art. 16).

Por otra parte, en cuanto a lo que si se trata de ejercicio del poder discrecional, las leyes de procedimiento han venido incorporando en su normativa, lo que la jurisprudencia había venido elaborando como límites a la discrecionalidad. En tal sentido, las leyes de Venezuela (art. 12), Honduras (art. 19) y Costa Rica (art. 15,1) por ejemplo, establecen el principio de que en el caso de actos discrecionales, siempre debe haber una adecuación a los fines de la norma y el acto debe ser proporcional a los hechos o causa que lo originen, conformándose, así, los principios de racionalidad, razonabilidad, justicia, equidad, igualdad, proporcionalidad y finalidad, como límites a la discrecionalidad.

Conforme a la Ley de El Salvador: "Los actos discrecionales se considerarán ilegales, cuando incurran en desviación de poder o de cualquier otro modo contravengan las leyes" (art. 25).

La Ley General de Costa Rica establece, en efecto, de manera expresa que un acto discrecional es inválido, "cuando viole reglas elementales de lógica, de justicia o de conveniencia, según lo indiquen las circunstancias de cada caso" (art. 160). En todo caso, la administración debe adoptar sus resoluciones en el caso de las actuaciones discrecionales con apego, "a los límites de racionalidad y razonabilidad implícitos en aquél" (art. 261,1). En la misma orientación, el artículo 16 de la misma Ley General agrega que en ningún caso pueden dictarse actos contrarios "a principios elementales de justicia, lógica o conveniencia". En todo caso, el juez puede controlar la conformidad con estas reglas no jurídicas de los elementos discrecionales del acto, como si ejerciera contralor de legalidad.

El Código de Ecuador bajo el acápite de "Principio de interdicción de la arbitrariedad", en su artículo 18 dispone:

"Los organismos que conforman el sector público, deberán emitir sus actos conforme a los principios de juridicidad e igualdad y no podrán realizar interpretaciones arbitrarias. El ejercicio de las potestades discrecionales, observará los derechos individuales, el deber de motivación y la debida razonabilidad".

En la Ley venezolana, también se destaca este principio general de la limitación al poder discrecional al disponerse en el artículo 12 lo siguiente:

"Aún cuando una disposición legal o reglamentaria deje alguna medida o providencia a juicio de la autoridad competente, dicha medida o providencia deberá mantener la debida proporcionalidad y adecuación con el supuesto de hecho y con los fines de la norma, y cumplir los trámites, requisitos y formalidades necesarios para su validez y eficacia".

El mismo principio se encuentra en el Código colombiano (art. 36), así:

"En la medida en que el contenido de una decisión, de carácter general o particular, sea discrecional, debe ser adecuada a los fines de la norma que la autoriza, y proporcional a los hechos que le sirven de causa".

Por su lado, en la Ley del Perú, entre los principios del procedimiento administrativo que enumera y describe el artículo IV del Título Preliminar, se destaca el de *razonabilidad* señalándose, al efecto:

"Las decisiones de la autoridad administrativa, cuando creen obligaciones, califiquen infracciones, impongan sanciones, o establezcan restricciones a los administrados, deben adaptarse dentro de los límites de la facultad atribuida y manteniendo la debida proporción entre los medios a emplear y los fines públicos que deba tutelar, a fin de que respondan a lo estrictamente necesario para la satisfacción de su cometido" (art. IV, 1.4).

Debe señalarse, particularmente, que este principio de la razonabilidad se encuentra muy desarrollado en Argentina donde se originó, tanto para control de la constitucionalidad de las leyes como en materia de control de la actividad de la administración particularmente en el ámbito del poder discrecional. En tal sentido, el principio de la razonabilidad, con términos como equivalencia, proporción, adecuación, igualdad, paridad, justa distribución, dar a cada quien lo que le corresponde, se ha utilizado con frecuencia por la jurisprudencia en Argentina y Uruguay para definir los límites a la discrecionalidad.

En todo caso, con enunciados de esta naturaleza en una ley y, en particular, en una ley de procedimiento administrativo, sin duda el juez contencioso administrativo dispone de efectivas herramientas para controlar la legalidad de la actuación de la administración, más allá de los aspectos formales de tal actuación.

Como puede apreciarse de lo anteriormente expuesto, en general, las leyes de procedimiento administrativo dictadas en España, Italia, Francia y en quince de los países de la América Latina que antes hemos analizado, muestran dos características fundamentales y es la consagración de los principios generales que rigen la materia, por una parte, y como consecuencia de ello, el afianzamiento del principio de legalidad, en textos normativos en los cuales se ha regulado formalmente el iter procesal administrativo y su consecuencia inmediata que es la emisión de actos administrativos.

Estas características se han destacado en todos los importantes estudios que conforman este volumen, y que han preparado los profesores HERNÁN CELORRIO (Argentina), TOMÁS CANO CAMPOS (España), RENÉ HOSTIOU (Francia), CRISTINA VÁZQUEZ (Uruguay), MANRIQUE JIMÉNEZ MEZA (Costa Rica), ARMANDO RODRÍGUEZ (Venezuela), AUGUSTO R. CHÁVEZ MARIN (Colombia), FABRIZIO FRACCHIA (Italia), LUIS JOSÉ BEJAR y CARLOS A. VILLANUEVA MARTÍNEZ (México) y EFRAÍN PÉREZ (Ecuador), a quienes una vez más quiero agradecer en nombre del Instituto su colaboración.

Para analizarlas comparativamente, sin embargo, teniendo en cuenta lo expuesto por los diversos autores, en lugar de analizarlas partiendo solo de los estudios presentados, la aproximación comparativa que he realizado la he hecho, además, partiendo directamente de lo prescrito en las leyes que en buena parte ellos comentaron, lo que por lo demás, me ha permitido referirme también a la legislación de los otros países como Honduras, Brasil, Panamá, Perú, Bolivia, Chile, República Dominicana y El Salvador, que no están comprendidos en los estudios recibidos para el volumen. Espero que esta aproximación sea de interés para todos los estudiosos de este importante tema.

New York, noviembre 2020

LABORE ET CONSTANTIA

www.ingramcontent.com/pod-product-compliance
Lightning Source LLC
LaVergne TN
LVHW070756051026
849558LV00045B/570
* 9 7 8 9 5 8 3 5 1 9 0 1 7 *